中国历史研究院中国历史学学科体系学术体系话语体系研究中心丛书

中国历史学"三大体系"建设研究

徐志民 李政君 主编

中国社会科学出版社

图书在版编目（CIP）数据

中国历史学"三大体系"建设研究 / 徐志民，李政君主编. —北京：中国社会科学出版社，2023.12

（中国历史研究院中国历史学学科体系学术体系话语体系研究中心丛书）

ISBN 978-7-5227-2752-3

Ⅰ.①中⋯　Ⅱ.①徐⋯②李⋯　Ⅲ.①史学—研究—中国　Ⅳ.①K092

中国国家版本馆CIP数据核字（2023）第224850号

出 版 人	赵剑英
责任编辑	吴丽平
责任校对	王　京
责任印制	李寡寡

出　　版	中国社会科学出版社
社　　址	北京鼓楼西大街甲158号
邮　　编	100720
网　　址	http://www.csspw.cn
发 行 部	010-84083685
门 市 部	010-84029450
经　　销	新华书店及其他书店

印刷装订	三河市华骏印务包装有限公司
版　　次	2023年12月第1版
印　　次	2023年12月第1次印刷

开　　本	710×1000　1/16
印　　张	22.25
插　　页	2
字　　数	343千字
定　　价	128.00元

凡购买中国社会科学出版社图书，如有质量问题请与本社营销中心联系调换
电话：010-84083683
版权所有　侵权必究

目　　录

前　言 ………………………………………………………… （1）

第一编
历史理论"三大体系"建设的回顾与思考

以唯物史观为指导，加快构建中国特色马克思主义史学理论和
　　史学学科创新体系 …………………………………………（3）
加快构建新时代历史理论研究"三大体系" ………………（16）
试论史学理论学术体系的建设 ………………………………（27）
构建具有中国特色的史学理论学科体系和话语体系的思考 ………（43）

第二编
中国古代史"三大体系"构建的学理探讨

新时代中国古代史学科建设问题 ……………………………（57）
说创造性转化与创新性发展
　　——关于历史学学术体系构建的一点思考 ………………（61）
郭沫若与中国马克思主义史学体系构建 ……………………（71）
70年来中国古代史学科建设历程的回顾与反思 ……………（79）

第三编
中国近现代史"三大体系"建设的回顾与前瞻

20世纪中国近代史学科体系问题的探索 ……………………（93）

70年来中国近代史学科建设的成就与新使命 …………… （117）
新时期以来中国近代史学科体系的建设与前瞻 ………… （135）
中国近代史学术话语体系建设的若干思考
　　——以"近代""近世"等概念为论述中心 ………… （144）

第四编
中共党史"三大体系"建设的契机与探索

中共党史学"三大体系"建设的历史性契机 …………… （155）
加快构建新时代中共党史学学科体系、学术体系、话语
　体系的思考 ……………………………………………… （168）
构建中共党史学科话语体系若干问题 …………………… （180）
新时代中共党史研究话语体系建构的维度 ……………… （188）

第五编
中国边疆学"三大体系"的构建与思考

夯实构建中国边疆学的基础 ……………………………… （201）
试论中国边疆学"三大体系"建设 ……………………… （206）
中国边疆学构筑再思考
　　——"三大体系"建设之我见 ………………………… （224）
中国边疆学"三大体系"建设论析 ……………………… （237）

第六编
构建世界史"三大体系"的理论与方法

构建世界历史体系的方法和原则 ………………………… （263）
以现代化为主题构建世界近现代史新的学科体系 ……… （275）
论新时代中国世界历史学话语体系的构建 ……………… （291）
中国史学话语体系建构中的"西方中心论"问题 ……… （325）

后　记 ……………………………………………………… （349）

前　言

2016年5月17日，习近平总书记在北京主持召开的哲学社会科学工作座谈会上发表重要讲话时提出："着力构建中国特色哲学社会科学，在指导思想、学科体系、学术体系、话语体系等方面充分体现中国特色、中国风格、中国气派。"即所谓加快构建中国特色哲学社会科学"三大体系"。2019年1月，习近平总书记致中国历史研究院成立的贺信中，明确提出"加快构建中国特色历史学学科体系、学术体系、话语体系"，强调构建中国特色历史学"三大体系"的重要性和紧迫性。同年6月，中国历史研究院成立"中国历史学学科体系学术体系话语体系研究中心"，设于中国历史研究院历史理论研究所，主要组织开展中国历史学"三大体系"建设相关的学术研究、学术活动和学术交流。2022年10月，习近平总书记在党的二十大报告中，再次强调："加快构建中国特色哲学社会科学学科体系、学术体系、话语体系，培育壮大哲学社会科学人才队伍。"那么，如何以习近平新时代中国特色社会主义思想为指导，如何学习领会并贯彻落实习近平总书记的重要讲话精神和党的二十大报告精神，加快构建中国特色哲学社会科学"三大体系"，值得广大哲学社会科学工作者深思。尤其是作为习近平总书记特别关注的中国历史学"三大体系"建设，究竟做了哪些工作，取得了怎样的成绩，是否从实践和理论上真正实现了"主动破题""系统解题""全面答题"？

习近平总书记的"5·17"重要讲话和致中国历史研究院成立的贺信，不仅为繁荣发展新时代中国特色哲学社会科学事业提供了根本遵循，指明了前进方向，而且引起了中国哲学社会科学界尤其是史学界的广泛讨论和强烈反响。如，中国哲学社会科学各学科学者纷纷围绕本学科的学科设置、学术研究、话语体系等展开研究，呼吁学界同仁一道努力加快构建本学科"三大体系"；再如，有学者围绕中国特色哲学社会科学的"三大体系"，以及"三大体系"之间的关系展开研讨，取得了显著的研究成果。其中，谢伏瞻在《中国社会科学》2019年第5期发表的《加快构建中国特色哲学社会科学学科体系、学术体系、话语体系》一文，颇具代表性。中国历史研究院中国历史学学科体系学术体系话语体系研究中心，相继于2019年11月召开了"海外中国学研究学科建设"研讨会、于2020年11月举办了"中国历史学话语体系建设"学术研讨会、于2021年9月参与承办"社科论坛（史学·2021）：新时代中国历史学'三大体系'建设"国际学术研讨会、于2023年4月主办了"中国历史学'三大体系'建设学术论坛"，且与《史学理论研究》编辑部、历史理论研究所青年工作组和其他高校及科研机构创设了"中国历史学'三大体系'与史学期刊建设学术论坛"及其相关工作坊，引领与呼应史学界关于中国历史学"三大体系"建设的研究热潮，使之真正落地生根、开花结果。

与之同时，中国哲学社会科学尤其是历史学"三大体系"建设及其研究，也出现一些值得注意的倾向。一是原本应从宏观层面建设的"三大体系"出现了微观化、精细化或碎片化倾向。以中国历史学"三大体系"建设为例，除个别文章从中国历史学，或从考古学、中国史、世界史三个一级学科，乃至从中国古代史、中国近现代史、史学理论与史学史、中国边疆史地等若干二级学科出发，研究加快构建本级学科的"三大体系"外，不少研究成果从更为细微的地方史或区域史视角，或者从某个时段的断代史视角，或者从某个领域的专题史视角进行探讨，虽然有助于从具体领域或微观层面深化与丰富中国历史学"三大体系"建设研究，但也提出了中国历史学"三大体系"建设究竟下探到何种层级，以及这些层级的"三大体系"建设与中国历史学"三大体系"建设之间关系的问题。二是中国历史学"三大体系"建设研究的虚化、泛化或口号化现象。有的文章通篇研究的是某个具体历史问题，往往只是在标题、前言或结语部分空喊加快中国历史学"三大体系"建设，或生拉硬套、牵强附会"三大体系"建设，意在以此提升论著的政治站位或学术层级，这种现象在学术研究中要不得，也有损论著的学术价值。三是人为割裂"三大体系"这个相辅相成、辩证统一的系统整体。有的文章从某一体系进行研究或探讨，虽然"各个击破"、逐个深入研究也有其相应的学术意义，但如何更加系统、科学、完备地思考加快构建中国历史学"三大体系"，既是我们必须回应的现实问题，也有其宏观、全局、创新发展等更高层面的意义。

其实，从传统的"四部"之学到近代学术分科，中国历史学结合近代以来中国革命、建设和改革开放的历史进程，其学科领域、学术研究、话语表述均发生了巨大变化，奠定了中国历史学"三大体系"建设的坚实基础。首先，从传统史学到"新史学"，再到马克思主义史学出现和占据主导地位，既涌现了不少史学名家、大家，也出现了不少承前启后、影响深远的史学成果。党的十八大之前，史学界已有论著在探讨中国历史学的学科问题、研究范式与话语表述，但主要集中于学科体系问题。其次，新时代特别是习近平总书记的"5·17"重要讲话和致中国历史研究院成立的贺信发表以来，史学界关于中国历史学"三大体系"建设研究呈现三大特点。一是分科探讨。目前，根据中国历史学"三大体系"建设研究的已有成果，大致可分史学理论与史学史、中国古代史、中国近现代史、中共党史、中国边疆学、世界史六个方面，尽管关于某些学科可能存在争议，但基本符合中国历史学分科的主流观点和中国历史学"三大体系"建设的研究现状，这也是本书选取相关学术成果的主要依据。当然，随着中国历史学"三大体系"建设研究的发展，我们将在后续研究、发表和出版中不断调整、补充和完善，特此恳请学界谅解。二是研究不均衡不充分。总体而言，中国历史学"三大体系"建设研究成果，多为学术论文，鲜少厚重专著。即使仅有的这些研究成果，也主要集中于学科体系和话语体系，学术体系研究相对薄弱。三是研究时段大多集中于新时代，往往缺少必要的历史追溯，相对忽视中国历史学"三大体系"建设研究的学术深度和厚度。最后，在回顾与评述中国历史学"三大体系"建设研究史的基础上，要善于从历史与现实、国际与国内、可能与需要等层面总结经验，综合思考中国历史学"三大体系"建设的路径与方向，以期为加快构建中国历史学"三大体系"、建立中国历史学自主的知识体系提供智慧与力量。

  我们选编这部《中国历史学"三大体系"建设研究》，目的就是展示近年学界关于中国历史学"三大体系"建设研究的代表性成果，展现学界关于中国历史学"三大体系"建设的思考与努力，不断夯实加快构建中国历史学"三大体系"的学术根基，为新时代中国的历史研究、历史教育、历史普及等提供学术参考，从而坚定历史自信、文化自信。作为新时代的史学工作者，我们不仅要勇于"领题"，敢于"破题"，善于"解题"，勤于"答题"，自觉承担起新的文化使命，而且在强国建设、民族复兴的伟大历史进程中积极投身于中华民族现代文明建设，努力推动中国历史学与世界历史学的平等交流与学术对话，而平等交流和学术对话的重要前提之一，就是中国历史学必须展示标识性的历史概念、原创性的历史理论、独特的话语表述体系和强大的议题设置能力。因此，中国历史学"三大体系"建设征途漫漫，或将经历艰难险阻、激流险滩，但具有五千多年文明史和丰富史学遗产的中国历史学终将风光无限、重现辉煌。

徐志民
2023 年 11 月 11 日

第一编

历史理论"三大体系"建设的回顾与思考

以唯物史观为指导，加快构建中国特色马克思主义史学理论和史学学科创新体系[*]

为了更好地贯彻落实习近平总书记在哲学社会科学工作座谈会上的重要讲话精神，必须把巩固马克思主义在我国哲学社会科学领域的指导地位，坚持以唯物史观为指导，加快构建中国特色马克思主义史学理论和史学学科创新体系作为中国史学界的重要任务。

一 坚持唯物史观的立场、观点和方法

唯物史观的创立，是人类思想史上的一次伟大革命。它将唯心主义从社会历史领域彻底清除出去，从而彻底解决了历史观领域唯心史观长期占统治地位的状况，实现了自然观上的唯物主义与历史观上的唯物主义的统一，马克思主义哲学成为彻底的和完备的唯物主义学说。

习近平总书记指出，在革命、建设、改革各个历史时期，我们党运用历史唯物主义，系统、具体、历史地分析中国社会发展的规律，在认识世界和改造世界过程中不断把握规律、积极运用规律，推动党和人民事业取得了一个又一个胜利。历史和现实都表明，只有坚持唯物史观，我们才能更好地识别各种唯心主义观点、更好地抵御各种历史虚无主义

---

[*] 本文作者王伟光，中国社会科学院大学教授。本文原载于《世界社会主义研究》2016年第1期。

谬论，才能不断把对中国特色社会主义规律的认识提高到新的水平，不断开辟当代中国马克思主义发展新境界。

坚持唯物史观，需要准确理解和全面掌握历史唯物主义的科学体系。历史唯物主义理论体系的内容十分丰富。马克思和恩格斯在《〈政治经济学批判〉序言》《路德维希·费尔巴哈和德国古典哲学的终结》等著作中，对唯物史观的基本思想作了精辟论述，论证了唯物史观的基本范畴和规律，勾画出了唯物史观理论体系的基本框架和主要理论观点，如生产观点、群众观点、阶级和阶级斗争观点，以及社会存在和社会意识相互关系理论、社会经济形态理论、社会基本矛盾理论，国家、社会革命和无产阶级专政理论，社会意识形态理论、社会利益理论、人和人的自由全面发展理论，等等。

唯物史观是一个完整的、系统的、科学的理论体系，弄懂弄通唯物史观的基本观点，就可以更坚定地坚持工人阶级和人民群众的立场。而始终坚守工人阶级和人民群众的立场，又可以坚定地把握唯物史观的基本观点，就可以把这些基本观点作为思想方法和工作方法运用到实践中去，认识世界、改造世界；就可以坚守崇高理想信念，坚持正确方向，驳斥种种谬误，不断取得胜利。

近年来，唯物史观受到历史虚无主义思潮的严重挑战。当前，在我国存在一股否定历史唯物主义、否定马克思主义史学理论的错误倾向，集中体现为"三化"：一是把历史唯物主义、马克思主义史学理论"边缘化"，二是在史学研究中"去政治化"，三是在史学研究中"去意识形态化"。这"三化"集中起来可以称作彻底的"告别革命"。这个"告别革命"，不仅是要告别中国共产党领导的新民主主义革命和社会主义革命，而且对于历史上一切推进社会进步的革命，都要告别。这股"告别革命"的错误思潮，实际上是一种逆历史而动的唯心主义历史观，形成了一股历史虚无主义思潮。

批判历史虚无主义，就应该坚持唯物史观的基本立场、基本观点、基本方法。江泽民同志多次强调："在任何时候任何情况下，与人民群众同呼吸、共命运的立场不能变，全心全意为人民服务的宗旨不能忘，坚信群众是真正英雄的历史唯物主义观点不能丢。"① "要在全党范围内进行马克思主义唯物史观的教育，批判各种否定、贬低人民群众在社会发展中的地位和作用的历史唯心主义观点，牢固树立推动历史前进的决定性力量是人民群众的科学观点。"② 要落实习近平总书记2013年12月在中共中央政治局就历史唯物主义基本原理和方法论进行集体学习时的要求："推动全党学习历史唯物主义基本原理和方法论，更好认识国情，更好认识党和国家事业发展大势，更好认识历史发展规律，更加能动地推进各项工作。"③

二 坚持唯物史观对历史学的指导作用

习近平总书记在哲学社会科学工作座谈会上指出："坚持以马克思主义为指导，是当代中国哲学社会科学区别于其他哲学社会科学的根本标志，必须旗帜鲜明加以坚持。"④ 坚持以唯物史观指导我国史学研究，是我国史学发展必须解决好的首要问题。我国的历史研究离开了唯物史观指导，就会迷失方向，丧失灵魂。我们必须牢牢把握坚持以唯物史观为指导的灵魂和方向。

（一）历史学具有鲜明的意识形态属性

历史学是研究人类社会历史运动过程及其规律的科学，历史学的研究对象离不开社会历史现象、历史事件、历史人物、历史思潮。历史学的任务，是在广泛收集、占有、鉴别史料的基础上，揭示历史的真相，说明历史规律，以便科学地总结历史经验，准确地阐释人类社会历史活

---

① 《江泽民文选》第3卷，人民出版社2006年版，第271页。
② 《江泽民文选》第1卷，人民出版社2006年版，第98—99页。
③ 习近平：《推动全党学习和掌握历史唯物主义 更好认识规律 更加能动地推进工作》，《人民日报》2013年12月5日第1版。
④ 习近平：《在哲学社会科学工作座谈会上的讲话》，《光明日报》2016年5月19日第6版。

动的本质和规律。人类社会处于阶级社会阶段的历史特点决定了历史学鲜明的意识形态属性和政治属性。我国当代历史学，作为思想精神力量，作为观念形态的文化，首先是社会主义方向、性质的理论学术，是为中国特色社会主义的政治经济服务的，是党的思想文化和意识形态的重要战线，从属、服务于社会主义主流意识形态，不能脱离党的政治领导和马克思主义指导。正确认识这一问题，关系到我国当代历史学的性质方向和繁荣发展。我们不否认也不反对个人研究兴趣、爱好和追求，但作为党领导的历史学工作者，个人的兴趣要服从于人民、党和国家的需要，要为现实服务、为人民服务、为中国特色社会主义服务。

强调历史学的意识形态属性，绝对不会否定或削弱其科学属性和文化、学术价值。在历史研究中，必须处理好学术与政治、与意识形态的关系，正确区分学术问题和政治问题，不要把一般的学术问题当成政治问题，也不要把政治问题当作一般的学术问题；既反对把学术问题、理论问题和不同观点的讨论无限上纲，与政治问题、意识形态问题不加区别地混淆在一起，反对"打棍子、扣帽子、抓辫子、装袋子"的阶级斗争扩大化做法和用解决政治问题的办法对待学术问题的简单化做法，也反对打着学术研究旗号从事违背历史学属性、背离学术道德、违反宪法法律，与中国特色社会主义、与人民群众背道而驰的虚假的"学术"行为。

（二）唯物史观是史学研究的利器

习近平总书记指出："无论时代如何变迁、科学如何进步，马克思主义依然显示出科学思想的伟力，依然占据着真理和道义的制高点。"[①]

唯物史观是科学的历史观，是史学研究的思想武器。坚持以唯物史观为指导，是中国特色历史学最鲜明的特色，是中国特色历史学繁荣发展的题中应有之义，是我们在错综复杂的形势下，保持清醒头脑，保持坚定正确的政治方向和学术导向的思想政治保证。当年，郭沫若在谈到

---

① 习近平：《在哲学社会科学工作座谈会上的讲话》，《光明日报》2016年5月19日第6版。

唯物史观对他学问和人生的作用时说："尤其辩证唯物论给了我精神上的启蒙，我从学习着使用这个钥匙，才认真把人生和学问上的无门关参破了。我才认真明白了做人和做学问的意义。"①

我国老一辈马克思主义历史学家在研究历史问题时始终坚持历史唯物主义世界观和方法论，坚持阶级分析法。著名马克思主义历史学家翦伯赞精辟地指出："要严格地运用历史唯物主义的原则，把历史事件和历史人物放在他们自己的历史条件之下，用无产阶级的阶级观点加以说明。如果离开无产阶级立场，不用阶级观点进行分析，而只是用历史条件与历史倾向、历史局限性等为某一历史事件或人物的落后、反动进行辩护，这就不是历史唯物主义而是客观主义。"② 著名马克思主义历史学家尚钺提出要对史料进行阶级性分析："运用史料还要严肃地掌握阶级性，马列主义告诉我们：历史科学就是严肃的党性科学，所以必须掌握阶级观点，因为不严肃掌握阶级观点，就要犯大的原则上的错误，同时我们搞历史的人是知道的，过去历史记录权不掌握在人民群众手里，掌握在奴隶主阶级手里，掌握在封建主阶级手里，掌握在资产阶级手里，因此我们运用过去史料，要不严格地批判地来看这些史料，就很容易落在地主阶级和资产阶级那个迷魂阵里边去。"③

我国一些国学功底很深的史学家坚信唯物史观的立场、观点和方法，坚持阶级分析方法。著名史学家吕思勉在晚年自述中说："予之将马列主义与予旧见解相结合融化，其重要之点如下：（一）旧说皆以为智巧日开，则诈欺愈盛……得今社会学家之说，乃知欺诈之甚，实由于社会组织之变坏，非由于智识之进步……（二）超阶级之观点，希望有一个或一群贤明之人，其人不可必得……今知社会改进之关键，在于阶级斗争……（三）国家民族之危机，非全体动员，不能挽救，而阶级矛盾存在，即无从全体动员……故今日之社会主义，实使人类之行

---

① 郭沫若：《中国古代社会研究（外二种）》（下），河北人民出版社2000年版，第1041页。
② 翦伯赞：《对处理若干历史问题的初步意见》，《光明日报》1963年12月22日。
③ 《尚钺史学论文选集》，人民出版社1984年版，第33页。

动,转变一新方向也。"① 著名经学家周予同总结用阶级分析方法分析中国经学演变时说:"根据经学家在不同历史时期中对某些'经学'问题的一定共同点的思想体系而形成经学派别,而这种派别归根到底又受经学家的世界观的直接支配。就其'继承'的形式来看,有其师承关系或治学方法的基本一致性;但就其本质来说,是有其阶级性的,是和时代的特点密切相关的。"②

(三)弘扬我国史学研究的马克思主义优良传统

近代以来,马克思主义传入中国,我国许多老一辈历史学家深受马克思主义影响,学习、运用唯物史观的立场、观点、方法于史学研究,开创了我国史学研究的崭新局面。李大钊曾这样描述唯物史观在中国早期的传播:"晚近以来,高等教育机关里的史学教授,几无人不被唯物史观的影响,而热心创造一种社会的新生。"③ 1923 年,著名清史专家萧一山在《史学之研究》中专门论述了"唯物史观在史学上之价值"。他说:"唯物史观在史学之价值,既如此其重大,而人生所被之影响,又如此其紧要,我辈不可不明其真义,藉得一新人生之了解。"④

新中国成立后,一大批历史学家更加自觉地接受唯物史观指导,努力构建马克思主义史学理论,形成用马克思主义指导史学研究的新风。著名经学家周予同在自传中记述了他对唯物史观的看法:"我研究中国的经学与史学,主观上是要从思想上文化上清算长期的封建社会……清算封建社会,如同医学家解剖尸体,需要有犀利而合适的解剖刀。我年青时试用过多种解剖刀,也就是中国的和西方的社会历史学说,主要是进化论。但用来用去,还是认定只有马克思主义的唯物史观,才能帮助我们解决封建的、资产阶级的学者们总是纠缠不清的问题,指引我们把社会历史的研究变成科学。我在五四时代就已结识毛泽东同志,听过李大钊同志的演说,也访问过鲁迅先生。他们努力

---

① 《吕思勉遗文集》(上),华东师范大学出版社 1997 年版,第 440—441 页。
② 《周予同经学史论著选集》(增订本),上海人民出版社 1983 年版,第 768—769 页。
③ 《李大钊文集》(下),人民出版社 1984 年版,第 365 页。
④ 萧一山:《史学之研究》,《学汇(北京)》第 274 期,1923 年 1 月 10 日。

把马克思主义的普遍真理同中国革命的具体实践相结合，实事求是地解决中国面临的各种问题，使我十分钦仰。我觉得我们研究学问，也应该走他们开辟的道路，解剖刀才能发挥作用，既不会泥古不化，也不会乱砍一气。"① 著名魏晋南北朝史专家唐长孺1955年在出版《魏晋南北朝史论丛》跋语中写道："在研究过程中，我深刻体会到企图解决历史上的根本问题，必须掌握马克思列宁主义的理论。"② 著名历史地理学家谭其骧1979年回忆新中国成立初期学习唯物史观带来史学的巨大进步："记得建国初期，史学工作者都在努力学习马克思主义理论，并试图应用到自己的专业研究中去。在史学界展开了关于古史分期、汉民族形成、资本主义萌芽……一系列的讨论，编辑了大部头的史料丛刊。史学界出现了一片欣欣向荣的新气象。"③ 著名历史学家何兹全晚年表示："辩证唯物主义和历史唯物主义仍是指导历史研究的最正确的历史理论和方法。"④

（四）坚持用唯物史观指导史学研究

习近平总书记指出："我国广大哲学社会科学工作者要自觉坚持以马克思主义为指导，自觉把中国特色社会主义理论体系贯穿研究和教学全过程，转化为清醒的理论自觉、坚定的政治信念、科学的思维方法。"⑤ 广大史学工作者落实、贯彻习近平总书记的讲话精神，要自觉以唯物史观为指导，必须首先做到解决好真学真懂真信，最终要落实到怎么用上来。

1944年2月，毛泽东同志在《整顿党的作风》一文中指出："对于马克思主义的理论，要能够精通它、应用它，精通的目的全在于应用。"⑥ 马克思主义不仅在于解释世界，更重要的在于改造世界。掌握

---

① 《周予同自传》，《晋阳学刊》1981年第1期。
② 唐长孺：《魏晋南北朝史论丛》，河北教育出版社2000年版，第433页。
③ 谭其骧：《勿空破，认真立》，《中国史研究》1979年第3期。
④ 何兹全：《何兹全学述》，浙江人民出版社2009年版，第123页。
⑤ 习近平：《在哲学社会科学工作座谈会上的讲话》，《光明日报》2016年5月19日第6版。
⑥ 《毛泽东选集》第3卷，人民出版社1991年版，第815页。

马克思主义必须体现在用上。对于史学工作者来说，体现在运用唯物史观于史学研究，提出历史问题、分析历史问题、认识历史问题，出成果，出人才。当前，史学工作者的一个重要任务就是要坚持运用唯物史观，反对历史虚无主义思潮的蔓延和危害，坚持史学研究的正确政治方向和学术导向。

三 努力推进以马克思主义为指导的中国特色史学建设

人事有代谢，往来成古今。习近平总书记在致第22届国际历史科学大会的贺信中指出："历史研究是一切社会科学的基础，承担着'究天人之际，通古今之变'的使命……重视历史、研究历史、借鉴历史，可以给人类带来很多了解昨天、把握今天、开创明天的智慧。所以说，历史是人类最好的老师。"[①] 希望广大历史工作者能够深入学习贯彻习近平总书记在哲学社会科学工作座谈会上重要讲话精神，积极构建以马克思主义为指导的中国特色史学创新体系。

（一）树立强烈的社会责任感，灵活运用马克思主义世界观方法论，努力为人民而从事史学研究

今天，党所领导的中国特色史学，特就特在坚持马克思主义历史观的指导地位上。坚持马克思主义指导，首先必须解决好史学研究为什么人的问题。习近平总书记指出："我国哲学社会科学要有所作为，就必须坚持以人民为中心的研究导向。"[②] 作为历史研究者，核心要解决好为什么人的问题，时刻关注人民对历史研究的需求。如果无法满足人民的需求、脱离了人民，史学便不能吸引人、感染人、影响人，也就失去

---

① 《习近平致信祝贺第二十二届国际历史科学大会开幕》，《人民日报》2015年8月24日第1版。

② 习近平：《在哲学社会科学工作座谈会上的讲话》，《光明日报》2016年5月19日第6版。

了生命力,更不可能发挥自己的社会功能。侯外庐先生曾说过,伟大的时代驱使他将全身心投入新史学的踏勘。著名历史学家陈垣在反思新中国成立前"为学术而学术"的治学方法时说,以前的研究"谈不到大众化,更谈不到为人民服务","糊里糊涂做了一辈子学问,也不知为谁服务"①。新中国成立后,"我们可以按照人民的迫切需要、国家当前的任务来从事科学研究工作了"②。新中国成立后,历史学界坚持为人民书写历史,撰写了一大批反映劳动人民的史学著作。譬如加强了农民战争的研究,开辟了中国农民战争史新学科。英国著名历史学家巴勒克拉夫对此评价说,新中国历史研究由于强调了农民战争的革命性以及对促进社会变革的推动作用,"从根本上改变了中国历史的语言","建立了评估和重现中国过去历史的标准","这个问题为中国历史学增添了一个新领域,却是毫无争议的"③。

坚持马克思主义指导地位,自觉为人民做学问,就要站在人民的立场上,坚持科学性与革命性的统一。科学性和革命性在马克思主义中是内在地、不可分割地结合在一起的。马克思主义要求历史学必须把严格的、高度的科学性和革命性结合起来。研究立场是任何一位史学工作者都无法回避的。列宁明确指出:"唯物主义本身包含有所谓党性,要求在对事变作任何评价时都必须直率而公开地站到一定社会集团的立场上。"④ 只有坚持马克思主义的严肃立场,才不会被个人私心、个人恩怨和狭隘利益遮蔽住自己的眼睛,在纷繁复杂的历史现象中抓住本质。站在工人阶级和广大劳动人民群众的立场,运用唯物史观研究历史,才能得出有益于广大人民群众的观点和结论;如果站在剥削阶级立场,运用唯心史观,就会得出不利于人民群众的观点和结论。郭沫若在阐明自己的历史研究时说:"我是以一个史学家的立场来阐明各家学说的真相。

---

① 参见周少川《陈垣晚年史学及学术思想的升华》,《史学史研究》2000年第4期。
② 参见周少川《陈垣晚年史学及学术思想的升华》,《史学史研究》2000年第4期。
③ [英]杰弗里·巴勒克拉夫:《当代史学主要趋势》,杨豫译,上海译文出版社1987年版,第222、220页。
④ 《列宁全集》第1卷,人民出版社1984年版,第363页。

我并不是以一个宣教师的态度企图传播任何教条。"① "是什么还他个什么，这是史学家的态度，也是科学家的态度。"② 翦伯赞也说过："历史学是一门科学，第一是科学性，第二是革命性。"③ 党领导下的历史学工作者要学会运用马克思主义立场、观点、方法从事史学研究。

（二）不辜负时代要求，努力推进我国马克思主义史学理论及其话语体系创新建设

习近平总书记指出："面对世界范围内各种思想文化交流交融交锋的新形势，如何加快建设社会主义文化强国、增强文化软实力、提高我国在国际上的话语权，迫切需要哲学社会科学更好发挥作用。"④ 习近平总书记对哲学社会科学界提出了"不断推进学科体系、学术体系、话语体系建设和创新"的任务。⑤ 在我国发展的重要阶段，推进哲学社会科学理论和话语体系建设具有十分重要的意义。我国史学界应直面不足，努力在马克思主义指导下，体现继承性、民族性、原创性、时代性、系统性、专业性，推进中国特色史学创新体系建设，努力掌握学术话语权。

一要坚持我国老一辈马克思主义史学家形成的史学共识。从20世纪20年代开始，李大钊、陈独秀、李达、郭沫若、吕振羽、范文澜、翦伯赞、侯外庐等一批中国学者就开始坚持以马克思主义为指导，运用唯物史观研究中国历史，形成了最基本的马克思主义史学共识。这些基本共识是我们构建中国特色史学理论和话语体系的重要前提。今天，建设中国特色史学学术体系、提升话语权，关键在继承前辈学者的基础上，总结、概括出新的科学概念和学科范式。要坚持原始社会、奴隶社会、封建社会、资本主义社会、社会主义社会和共产主义社会的社会形

---

① 郭沫若：《中国古代社会研究（外二种）》（上），第589页。
② 郭沫若：《中国古代社会研究（外二种）》（上），第590页。
③ 翦伯赞：《关于历史教学和研究的几个问题》，《广西师范学院学报》1978年第4期。
④ 习近平：《在哲学社会科学工作座谈会上的讲话》，《光明日报》2016年5月19日第6版。
⑤ 习近平：《在哲学社会科学工作座谈会上的讲话》，《光明日报》2016年5月19日第6版。

态演变规律和我国半殖民地半封建社会、社会主义初级阶段社会性质判断等一系列科学范畴，要坚持反帝反封建反官僚资本主义斗争，旧三民主义和新三民主义，旧民主主义革命、新民主主义革命和社会主义革命等科学概念，在更多史料的支持下进一步论证和丰富这些范畴概念；要对我国学者有较多话语权的，以马克思主义为指导的，关于社会历史发展规律，以及关于历史现象、历史事件、历史人物、历史思潮的学说、观点进行更加深入的学术研究和论证……只有在这些方面进行努力，我国史学界才能把中国特色史学创新体系提升到一个新的水平，而不是跟在西方学者后面亦步亦趋。

二要开展扎实深入的史学研究。史学工作者要大力弘扬实事求是、理论联系实际的优良学风，推动形成崇尚精品、严谨治学、注重诚信、讲究责任、扎实深入的道德风尚，营造风清气正、互学互鉴、积极向上的学术生态；树立良好学术道德，自觉遵守学术规范，讲究博学、审问、慎思、明辨、笃行，崇尚"士以弘道"的价值追求，真正把做人、做事、做学问统一起来；要有"十年磨一剑"的执着坚守，耐得住寂寞，经得起诱惑，守得住底线，立志做大学问、做真学问；要把社会责任放在首位，严肃对待学术研究的社会效果，自觉践行社会主义核心价值观，做真善美的追求者和传播者，以深厚的学识修养赢得尊重，以高尚的人格魅力引领风气，在为祖国、为人民立德立言中成就自我、实现价值。历史学者要有甘坐冷板凳的精神，研究要有十分扎实的史料根据、十分严谨的论证逻辑，要有令人信服的阐释力。只有这样的研究，才能在学术上有说服力，才有助于提高我国史学创新体系建设水平。

三要自觉贯彻"双百"方针，提倡学术创新。百花齐放、百家争鸣是繁荣发展我国哲学社会科学的重要方针。要提倡理论创新和知识创新，鼓励大胆探索，开展平等、健康、活泼和充分说理的学术争鸣，活跃学术空气。要坚持和发扬学术民主，尊重差异，包容多样，提倡不同学术观点、不同风格学派相互切磋、平等讨论。著名马克思主义史学家刘大年1954年就提出："只有创造性的讨论，自由的批评，科学才能发展；反之，如果放弃了争论，取消了批评，任何科学都是不可能发展，不可能进步的……如果我们要学习马克思主义而又不要批评的精神，这就抛弃了马克思主义的灵魂。有了批评与自我批评，就可以使我们学习马克思主义的速度加快。"①

四要发挥集体和个人的双重积极性。建设中国特色史学创新体系，既需要学者个人开展深入的研究，产出一系列运用史料得当、见解独到的精深专著；又需要发挥我国制度的优越性，运用集体力量组织学者攻关，产出多种体系宏大、结构严密的大部头著作；还需要具有战略思考能力的学者在专门研究的基础上对研究成果进行新的概括，提出具有主体性、原创性的概念和理论，使我们的研究在史学理论和史学方法论意义上对国际史学界产生重要影响。

（三）加大马克思主义史学理论与史学研究成果普及，反对历史虚无主义

毛泽东同志1959年就说过："历史上不管中国与外国，凡是不应该否定一切的而否定一切，凡是这么做了的，结果统统毁灭了他们自己。"② 我们在构建中国特色史学体系过程中，要注重普及马克思主义史学理论创新和史学研究成果，旗帜鲜明地反对历史虚无主义思潮的侵袭。

当前某些历史研究成果和历史题材作品竭力淡化马克思主义关于生产力与生产关系、经济基础与上层建筑的矛盾运动是推动人类社会历史前进动力的观点，淡化人民群众在历史上的地位，淡化阶级分析方法，淡化主流意识形态，去政治化、去意识形态化，"告别革命"，从而使历史发展的动力观、阶级观、群众观、社会形态观等许多牵涉唯物史观的重大基本理论问题受到挑战。在某些历史著述和作品中，剥削阶级意识形态沉渣泛起，剥削阶级价值观得到弘扬，客观上形成了与当前建设社会主义先进文化的冲突。某些历史著述和作品肆意曲解中国历史的发展道路，某些历史著述和作品不顾历史背景、历史事实，颠倒是非，甚

---

① 刘大年：《历史研究所第三所的研究工作》，《科学通报》1954年第8期。
② 《毛泽东在省、市、自治区党委书记会议上的讲话（1959年2月2日）》，《党的文献》2007年第5期。

至盲目宣传某些在历史上曾经对中国犯有侵略行为的历史事件、人物等。这些都需要引起我们史学工作者的高度警惕！

史学研究成果要真正能够服务于人民群众，服务于中国特色社会主义事业。要坚决反对错误的历史观，将科学的历史观和历史知识传播给大众，杜绝人为杜撰的虚假历史。要积极运用现代科学技术，创新历史研究的手段、方法、载体。要注重发挥互联网等现代传媒在人们工作和生活中的独特作用，弘扬20世纪五六十年代大家写小书的传统，加大科学历史观的宣传教育和历史知识普及力度，遏制历史虚无主义思潮的影响。

习近平总书记在哲学社会科学工作座谈会上指出："历史表明，社会大变革的时代，一定是哲学社会科学大发展的时代。当代中国正经历着我国历史上最为广泛而深刻的社会变革，也正在进行着人类历史上最为宏大而独特的实践创新。这种前无古人的伟大实践，必将给理论创造、学术繁荣提供强大动力和广阔空间。这是一个需要理论而且一定能够产生理论的时代，这是一个需要思想而且一定能够产生思想的时代。我们不能辜负了这个时代。"① 中国特色社会主义事业是前无古人的伟大实践，为历史学的发展提供了广大的舞台、空间和不竭的源泉。中国历史学不仅要记录这个人类历史上的重要篇章，更要参与这个重要历史篇章的创造。中国历史学工作者应该不辜负这个伟大的时代，要大有可为，一定可为，一定能够创造出无愧于伟大时代和伟大实践的灿烂的中国特色的历史学。

---

① 习近平：《在哲学社会科学工作座谈会上的讲话》，《光明日报》2016年5月19日第6版。

加快构建新时代历史理论研究"三大体系"[*]

一

五卷本《新时代历史理论研究前沿丛书》终于问世了！这是历史理论研究所建所后首次推出的集体研究成果，是《史学理论研究》改刊三年来刊发优秀论文的集中呈现，从一个侧面反映了我们的建所思路和成长轨迹。

历史理论研究所的建所方案经过多方论证、再三斟酌，最终由中央审定。该所名为历史理论研究所，不是史学理论研究所，如此取舍是含有深意的。一是突出强调了唯物史观的指导地位，强调要旗帜鲜明地坚持唯物史观。我们所说的历史理论主要指马克思主义历史理论，即唯物史观；本所下设九个研究室，马克思主义历史理论研究室排列第一。二是解决了概念之争。顾名思义，历史理论指阐释客观历史本身的相关理论，史学理论指历史学发展过程中形成的相关理论，两者内容有交叉，但主体不一。关于"历史理论""史学理论"概念的异同、大小，学界看法并不一致。研究所名称的确定给出了明确答案，即"历史理论"概念大于或优先于"史学理论"概念，有不同

---

[*] 本文作者夏春涛，中国社会科学院历史理论研究所研究员。本文原载于《史学理论研究》2023年第1期。

意见可以保留，仍可以深化思考，但不必拘泥于概念之争。①

历史理论研究所诞生于新时代，是应运而生。中国历史研究院由六个研究所组成，除中国社会科学院原有的五个相关研究所外，历史理论研究所是唯一新建的研究所。中央为什么要专门成立历史理论研究所？我想，这大体可以从三个方面来理解。

一是在全社会牢固树立正确历史观。

新中国诞生给中国历史学带来的最大变化是明确了唯物史观的指导地位，确立了人民的主体地位，澄清了若干重大理论问题，尤其是科学解答了历史学为谁著书立说这一根本性、原则性问题，进而为研究工作树立了正确导向，极大推动了新中国历史学的繁荣发展。改革开放以来，历史学在蓬勃发展的同时，也面临挑战——随着社会经济成分、组织形式、就业方式、利益关系和分配形式的多样化趋势的发展，以及东西方各种思想文化的碰撞、交汇，我国社会思想呈现出多样、多元、多变的特点，唯物史观遭冷落、质疑和冲击的现象日渐显现出来。有人矫枉过正，出于对过去一度盛行的极"左"思潮的抵触心理，说了一些过头话。也有人蓄意挑战主流意识形态，不时发出一些噪音杂音，随意涂抹、肆意歪曲历史尤其是中共党史，借谈论历史来否定现实，散布错误的历史观，形成历史虚无主义思潮，产生恶劣影响。

历史观涉及对是非、正邪、善恶、进步与落后的评判，与价值观密不可分。否定历史发展的主题主线、主流本质，颠倒是非、正邪、善恶、荣辱，就会使人丧失对历史的敬畏之心，模糊对方向、道路等原则问题的认识，导致价值观扭曲。价值观一旦混乱，我们这样一个大党大国就会成为一盘散沙，社会上道德失范、诚信缺失现象就会滋蔓，乃至乱象丛生，其后果将是灾难性的。一言以蔽之，历史虚无主

---

① 目前，"历史理论""史学理论"两个概念实际上仍在交叉使用。例如，历史理论研究所所刊名为《史学理论研究》，2022年9月完成换届选举的全国性学术团体名为"中国史学会史学理论分会"，这是延续历史，而变更名称洵非易事，须走较为繁杂的报批程序。学界时下召开的相关学术会议大多仍约定俗成，冠名为"史学理论研讨会"。我们似应在概念使用上力求统一，避免掰扯不清的困扰。

义思潮一旦泛滥,就会肢解我们的自信,消磨我们的意志,腐蚀我们的精神。党的十九大报告明确提出"引导人们树立正确的历史观、民族观、国家观、文化观"。① 由此观之,加强历史理论研究,巩固唯物史观的指导地位,引导人们树立正确历史观尤其是正确党史观,已是刻不容缓。坚持以唯物史观为指导,是坚持正确的政治方向、学术导向、价值取向的重要前提,是当代中国历史研究区别于欧美国家历史研究的根本标志。

二是以史为鉴,为当代中国发展进步提供学术尤其是理论支持。

改革开放以来,经济学、法学、政治学、社会学等学科基础理论研究与应用对策研究并重,积极参与当代中国的社会变革与发展,成为万众瞩目的显学。历史学与时俱进,也取得累累硕果,但相比之下,总体上参与有限、发声有限。这与历史学本质上属于基础理论研究有关,也与其研究滞后有关。平心而论,我们的历史研究存在两个缺陷,不能很好地顺应大势。其一,与现实脱节。有人自诩"清高",搞所谓"纯学问",有意识地远离现实、回避政治。其实,历史是一条奔腾不息的河流,不可能抽刀断水;昨日中国是今日中国的延续和发展。研究历史,不能就历史论历史,不能也不可能脱离现实,遑论历史学原本带有鲜明的意识形态属性。其二,重考证、轻理论,研究呈现"碎片化"、条块分割。有人专注细枝末节研究,研究题目小、研究范围窄,死守自己的"一亩三分地",一谈到理论或现实问题便张口结舌,茫然莫知置对。考据是治史的基本功,没有考证便无信史可言,但不能"只见树木不见森林",不能无视或忽视宏观理论思考。

中国特色社会主义已进入新时代,当代中国正进行着伟大的理论与实践创新,迫切需要历史学发挥鉴古知今、资政育人的作用。"明镜所以照形,古事所以知今。"② 新中国的前途为什么是社会主义而不是资本主义?为什么说中国特色社会主义是实现中华民族伟大复兴的必由之

---

① 习近平:《决胜全面建成小康社会 夺取新时代中国特色社会主义伟大胜利——在中国共产党第十九次全国代表大会上的报告》,人民出版社2017年版,第43页。

② 《三国志》卷59《吴书·孙奋传》,中华书局1982年版,第1374页。

路？为什么说中华民族伟大复兴的历史进程不可逆转？以中国式现代化全面推进中华民族伟大复兴，如何深刻领会中国式现代化的中国特色和本质要求？中国式现代化道路的原创性贡献是什么？回答此类重大理论问题，都必须从历史上来追根溯源。当代历史学若想真正成为显学，具有生命力、体现影响力，就必须顺应时代需要，力戒那种选题无足轻重、搞烦琐考证、内容空洞的学究式学院式研究，有意识地加强历史与现实的对话，积极回应重大现实问题，立时代之潮头，通古今之变化，发思想之先声。[①] 这也是我国史学的一个优良传统。司马迁以"通古今之变"相期许写《史记》，司马光为资政著《资治通鉴》，均具有鲜明的现实关怀。北宋大儒张载"横渠四句"有云："为天地立心，为生民立命，为往圣继绝学，为万世开太平。"[②] 身处新时代，我们的胸襟应当不比古人逊色，理应具有强烈的使命和担当意识。

三是加快构建新时代中国历史学"三大体系"。

目前，我国经济总量稳居世界第二，日益走近世界舞台中央，为维护世界和平、促进共同发展作出巨大贡献，而历史学的发展总体上与我国综合国力和国际地位还不太相称，未能居于国际学术界中央，在国际上的声音还比较小。笔者 1994 年在哈佛大学访学时，哈佛—燕京学社主任、明清小说研究专家韩南（Patrick Hanan）教授在交谈时善意地表示："谈到人文和社会科学方面，目前世界上重要的学术思想主要来自英、美、德、法等西方国家。然而在将来，重要的学术思想同样很有可能来自中国、日本等国家。"比照现实，我们做得远远不够。

历史研究是一切社会科学的基础，历史理论则是历史研究的指南和灵魂。中国历史研究院中国历史学学科体系学术体系话语体系研究中心

[①] "立时代之潮头，通古今之变化，发思想之先声"语出习近平总书记致中国社会科学院中国历史研究院成立的贺信，是党中央对广大历史研究工作者提出的殷切希望，而我们做得远远不够，应努力争取更大作为。西方学界很重视研究、思考那些宏大理论问题，重视提出新概念新表述，以迎合本国的内外政策。举凡"历史终结论""文明冲突论"等，均为融合政治学、历史学等学科作出的新概括新阐释，弗朗西斯·福山和他的老师塞缪尔·亨廷顿都是西方名噪一时的历史哲学家。

[②] 张载：《张载集》，章锡琛点校，中华书局1978年版，第396页。

设在历史理论研究所。① 党的二十大报告在阐述"推进文化自信自强,铸就社会主义文化新辉煌"时,再次郑重强调"加快构建中国特色哲学社会科学学科体系、学术体系、话语体系"。② 加快构建新时代中国历史学学科体系、学术体系、话语体系,必须加快构建新时代历史理论研究的学科体系、学术体系、话语体系。要继续以开放胸怀加强中外学术交流与合作,既"请进来",更要"走出去"。要以我为主,努力提出具有原创性、主体性的学术思想,努力打造自己的学术特色和优势。要增强学术自信,摒弃学术上的"崇洋"心理,对西方的后现代主义史学、公民社会理论以及全球史、"新清史"、新文化史、情感史研究等,我们要有鉴别和取舍,决不能被别人牵着鼻子走,决不能邯郸学步、鹦鹉学舌。特别是中国史研究,其学术根基、学术中心理应在中国。我们要有这种自信、底气和气魄,主动引领学术潮流、推进学术创新,积极掌握学术话语权。

总之,历史理论研究所是时势的产物。新时代是历史学可以也必须大有作为的时代,是历史理论研究受到空前重视、享有前所未有发展机遇的时代。我们要把握机遇,乘势而上。

二

按照中央审定的建所方案,历史理论研究所下设九个研究室,依次是:马克思主义历史理论研究室、历史思潮研究室(又称"理论写作组")、中国史学理论与史学史研究室、外国史学理论与史学史研究室、国家治理史研究室、中华文明史研究室、中国通史研究室、中外文明比

---

① 该中心成立于 2019 年 6 月,至今已多次开展活动:2019 年 11 月,与中国社会科学院国际中国学研究中心联合举办"'海外中国学研究'学科建设研讨会";2020 年 11 月,主办"'中国历史学话语体系建设'学术研讨会";2021 年 9 月,参与承办"社科论坛"(史学·2021)"新时代中国历史学'三大体系'建设国际学术研讨会"。另以"研究中心"成员名义相继发表学术论文 10 篇,《中国历史学"三大体系"建设研究》一书正在策划出版中。

② 习近平:《高举中国特色社会主义伟大旗帜 为全面建设社会主义现代化国家而团结奋斗——在中国共产党第二十次全国代表大会上的报告》,人民出版社 2022 年版,第 43 页。

较研究室、海外中国学研究室。排在前面的四个研究室，其名称均有"理论"二字。从中国社会科学院层面讲，本所是唯一一个以"理论"二字命名的研究所。这种定位是荣誉，更是一种使命和责任。

这九个研究室即九个学科，构成完整的历史理论研究学科体系，史学理论研究仅是其中的一个分支，在学科设置上真正实现了各历史学科的融合。我将其特点概括为"打通古今中外，注重大历史、长时段研究"。[①]

马克思主义历史理论研究室排列第一，是学科建设的重中之重。其主旨是以唯物史观为指导，加强理论思考与研究，以总结历史经验、揭示历史规律、把握历史趋势。党的十九届六中全会审议通过的《中共中央关于党的百年奋斗重大成就和历史经验的决议》堪称历史理论研究的典范：作为科学历史观，唯物史观科学诠释了人类社会发展规律和历史现象，以此为指导来总结百年党史所形成的历史观便是正确党史观；以 3.6 万字来总结百年党史，进行长时段、贯通式研究与思考，生动体现了大历史观。唯物史观被确立为指导思想后，究竟给中国历史学带来哪些深刻变化？对中国历史进程产生哪些深刻影响？在极"左"思潮泛滥的年代，我们在理解和运用唯物史观上存在哪些偏差？这一历史很值得好好总结。2021 年，本所申报的《中国马克思主义史学家口述访谈录》《马克思主义历史理论发展史研究》，分别被列为国家社科基金重大专项课题、重点课题。

从事马克思主义历史理论研究，须具备相应的理论素养，用马克思主义中国化的最新理论成果——习近平新时代中国特色社会主义思想来指导研究，努力做到既不丢老祖宗，同时又能讲新话。对唯物史观及时作出新阐释新概括是一个具有战略意义的重大课题。坚持唯物史观与发展唯物史观是辩证统一的关系，发展是最好的坚持。马克思主义深刻改变了中国，中国也极大丰富和发展了马克思主义。与时俱进是马克思主义的理论品质，党的百年奋斗史就是一部不断推进理论创新、实践创新的历史，坚持理论创新是党百年奋斗的十条历史经验之一。从毛泽东、

[①] 参见《史学理论研究》2019 年第 3 期"卷首语"。

邓小平、江泽民、胡锦涛到习近平，在唯物史观上都是坚持与发展、继承与创新相统一。譬如，"五种社会形态"理论是唯物史观的一个最基本观点，我们党将之作为指南而不是教条，科学分析中国具体国情，据此提出新的原创性理论作为科学决策的遵循：创立新民主主义革命理论，指出近代中国的社会性质是半殖民地半封建社会，其前途是社会主义；创立中国特色社会主义理论体系，指出我国正处于并将长期处于社会主义初级阶段；习近平同志提出"新发展阶段"说，进一步发展了社会主义初级阶段理论。党带领人民筚路蓝缕攻坚克难，跨越资本主义发展阶段，成功走出中国革命和中国特色社会主义这两条新路，使中国阔步走向繁荣富强，与我们党创造性地运用"五种社会形态"理论密不可分。"理论是灰色的，而生活之树常青"。需要进一步思考的是，唯物史观诞生在大机器生产时代，而现在已处在后工业时代，是大数据、人工智能时代，由此引发的变化是深刻的、全方位的，生产力、生产关系的内涵必然会随之发生变化。再如，人民是历史的创造者，这是唯物史观的基本原理。人民在我国的主体地位始终没有变也不能变，而"人民"概念的内涵以及当代中国阶级、阶层的构成，与过去相比确已发生深刻变化，江泽民同志敏锐注意到这一新变化，在2001年"七一"讲话中分析指出我国已出现六个新的社会阶层。① 在百年光辉历程中，我们党是如何既坚持唯物史观，同时又丰富和发展了唯物史观，赋予其新的历史内涵？就此进行系统总结和研究对推进理论创新大有裨益。

历史思潮研究室的旨趣是关注历史思潮演变，及时就当下社会上的热点话题作出回应，释疑解惑，正本清源，宣传、阐释正确历史观，解析、批驳历史虚无主义错误思潮。该研究室又名"理论写作组"，写理论文章是主业，带有时效性，出手要快。要加强两方面素养。一是理论素养。建所之初，我分析了研究队伍存在的短板，其中一个短板是"只会讲老话（马克思主义基本原理），不会讲新话（马克思主义中国化最

---

① 他们是民营科技企业的创业人员和技术人员、受聘于外资企业的管理技术人员、个体户、私营企业主、中介组织的从业人员、自由职业人员。参见江泽民《在庆祝中国共产党成立八十周年大会上的讲话》，人民出版社2001年版，第31页。

新成果），甚至是老话讲不好、新话不会讲"。补短板须加强理论学习，我们专为本所青年学习马克思主义中国化经典文献开列了书单。二是专业素养。宣传要以研究为依托，以深厚的学术积淀作为支撑，深入才能浅出。再就是要注意两点：其一，严格区分政治原则问题、思想认识问题、学术观点问题，既敢于斗争，又要把握好分寸，不能无端上纲上线。其二，善于用学术话语来表达政治话语。写理论文章不是贴标签、喊口号、表决心，不能居高临下板着面孔说教，要具有感染力和说服力，努力收到春风化雨、润物无声的社会效果。2021年，本所申报的《历史虚无主义思潮解析和批判》被列为国家社会科学基金重大专项课题，计划写三卷。

中国史学理论与史学史研究、外国史学理论与史学史研究是中国社会科学院的传统优势学科。近二三十年来，这种优势在不知不觉中削弱，研究成果萎缩，研究队伍青黄不接，由盛转衰趋势明显。这也是全国范围内带有普遍性的现象。这两个学科被列为本所重点学科，须尽快止跌回升。从学术史角度看，这两个领域是块"熟地"，以往研究虽已取得骄人成绩，名家辈出、成果丰硕，但毋庸讳言，仍存在不足。一是深耕式、开拓创新性的研究相对较少，粗放式、低水平重复的研究较多。一些著述偏重于介绍、描述，缺乏思想性。二是有些学者画地为牢，专注中国古代史学理论或外国史学理论研究，唯物史观被边缘化。其实，我们研究中外史学理论，主旨是推陈出新，通过兼收并蓄、博采众长，致力于丰富和发展当代中国的马克思主义历史理论。要着力在古为今用、洋为中用上下功夫。本所新近申报了两个国家社会科学基金重大专项课题，分别是《"中国之治"的历史根源及思想理念研究》以及六卷本《西方历史理论发展史》课题。①

与历史思潮研究相似，国家治理史研究属于新兴学科。本所的国家治理史研究室是国内首个专门的研究机构。党的十八届三中全会提出推

---

① 2022年11月30日，全国哲学社会科学工作办公室公示了国家社会科学基金中国历史研究院重大历史问题研究专项2022年度重大招标项目立项名单。本所申报的《"中国之治"的历史根源及思想理念研究》《西方历史理论发展史》获得立项。

进国家治理体系和治理能力现代化这一重大战略课题。提高国家治理体系和治理能力现代化水平是实现中国式现代化的题中应有之义，其途径之一是总结、反思我国古代漫长的治国理政实践，从中获取有益借鉴。《中国历代治理体系研究》是我们在建所当年承担的首个重大项目，属中国历史研究院交办课题。我们随即组成课题组，设立中央与地方、行政与监督、吏治与用人、礼治与法治、思想与文化、民本与民生、边疆治理、民族治理、宗教治理、环境治理、基层秩序11个子课题，用三年多时间完成近一百万字的书稿撰写，结项评审等级为"优秀"。目前书稿已完成第三次修订，处在出版前的审稿阶段。

中国通史研究室、中华文明史研究室、中外文明比较研究室、海外中国学研究室，均有别于通常的专题或专史研究，要求研究者是通才，具有大历史视野和世界眼光、学养深厚、思辨能力强，能登高望远，深入思考、科学解读一些前沿性重大问题，以便从中汲取历史智慧，增强历史自觉，坚定文化自信、道路自信。例如，通过深入研究中华文明的发展历程、特质和形态，为今天的人类文明新形态建设提供理论支持——倘若按照西方"文明三要素"标准，中华文明仅有3300年历史；我国于2002年启动的中华文明探源工程提出了文明定义和认定进入文明社会标准的中国方案，实证了我国百万年的人类史、一万年的文化史、五千多年的文明史。这是很了不起的学术贡献，为相关研究提供了范例。本所这四个研究室起步晚、起点低，缺乏学术积累，须苦修内功、奋起直追。

概括地说，历史理论研究所在学科设置上打通古今中外，实现了各相关历史学科的融合发展，体现了前沿性、战略性、理论性。基于这一学科布局，要努力做到"两个结合"：基础理论研究与应用对策研究相结合，历史研究与现实问题研究相结合。"三大体系"建设是一个整体，学科体系相当于学科的顶层设计，学术体系是学科体系的支撑，话语体系是学术体系的外在表达形式，而贯穿其中的核心要素是人才。说到底，学科靠人来建设，学术带头人有权威、形成研究梯队，推出一批高质量、有影响的研究成果，就构成学术体系，支撑起学科建设；权威学者及论著所阐释的成系统的观点、思想、理论等，被学界奉为圭臬，便构成话语体系。因此，衡量"三大体系"建设之成效，关键看是否出成果、出人才。这无捷径可走，从个人角度讲，归根到底靠潜心治学。从研究所角度讲，加快构建新时代历史理论研究"三大体系"、引领全国历史理论研究，除组织实施课题、主办各种专题学术研讨会、积极利用中国史学会史学理论分会这一平台开展活动外，另一重要途径是办好所刊《史学理论研究》。

三

《史学理论研究》创刊于1992年，原由中国社会科学院世界历史研究所牵头主办，2019年第3期起，正式转为历史理论研究所所刊。为顺应振兴新时代历史理论研究的需要，我们举全所之力办刊，依据中央核准的建所方案成立专门的编辑部（以前是研究室兼职编稿），并果断改季刊为双月刊；在办刊风格上与历史理论研究所的学科布局和建所思路对接，在论文选题上精心策划，在栏目设置上推陈出新，并致力于制度化、规范化管理和运作。一分耕耘，一分收获。改刊后，该刊论文转载量、转载率和综合指数排名均显著提升。以2021年论文转载量为例，合计《新华文摘》5篇（2篇全文转载），《中国社会科学文摘》5篇，中国人民大学复印报刊资料24篇。

这套五卷本《新时代历史理论研究前沿丛书》主要从改刊三年来发表的论文中编选而成。遗憾的是，限于主题和篇幅，不少优秀论文未能一并辑录。这五卷按主题编排，依次是《唯物史观与历史研究》《马克思主义史学与史家》《中国史学理论与史学史》《外国史学理论与史学史》《历史理论研究的新问题·新趋向》，集中体现了我们的建所及办刊思路，展示了全国学界同仁的最新研究成果。

在建所半年后举办的中国社会科学院暑期专题研讨班上，我在历史学部发言时坦陈："建所了，牌子挂起来了，并不代表立刻就能按照上级要求发挥应有的作用，两者之间存在很大距离。我们要做的，就是百倍努力，尽量缩小这个距离，缩短这个周期。"现在回想起来，不免有几分感慨。这一路走来，激励、支撑我们砥砺前行的是一种精神。姑妄言之，可称为"建所精神"，其内涵为"团结，务实，奋进"六字。

建所第一步，是把近代史研究所、古代史研究所、世界历史研究所的三拨人整合在一起，接着是面向社会招聘人员。我们起始就强调，新所要树立新风气，大家共同营造风清气正的环境。近四年来，本所没有人事纠葛，没有意气之争，大家有话好好说，有事好商量，形成合力。"兄弟同心，其利断金"，是为团结。本所核定编制 80 人，应聘者纷纷。我们一开始就明确，进人不是"拉壮丁"，不能一味追求数量，应首重质量，宁缺毋滥。至于学科布局，我们意识到，在人员不足、人才匮乏情况下，九个研究室不可能齐头并进，应有所侧重；具体到每个具体学科，不求四面开花，应集中力量找准突破口，争取逐渐形成自己的研究特色和优势。是为务实。我们在建所之初仅有两人，连公章都没有，千头万绪，一切从零开始。我们起始就确立"边建所、边搞科研"的工作思路，迎难而上。本所是中国社会科学院最年轻的研究所，至今建所不到四年，在职人员平均年龄不到 40 岁，朝气蓬勃。目前，我们已大体完成建所任务，搭建起作为一个研究所的完整架构，科研稳步推进并取得显著成绩。本所综合处兼具科研处、人事处、党办、办公室的职能，在岗人员仅五人，爱岗敬业，表现出色。是为奋进。建所不易，亲身参与建所是荣幸更是责任，大家很辛苦，同时又很享受这个过程，展现出好的精神面貌。

有了这种精神，历史理论研究所未来可期。新时代是历史理论研究大有作为的时代，曾有一位前辈学者感叹：历史理论研究的春天到来了。让我们以此共勉，抓住机遇，不负韶华，不辱使命，加快构建新时代历史理论研究"三大体系"。

试论史学理论学术体系的建设[*]

在中国，历史学的产生和发展可谓源远流长，在史学长足发展的基础上，理所当然地产生予以总结和概括的要求。对历史学发展状况进行抽象性的概括，达到从具体研讨到理论思维的升华，这样形成的史学理论，在历史学整体结构中具备高层次、宏观性的特征，应为历史学科的核心内容，需要坚持不懈地建设与发展。迄今为止，史学理论的研究虽有了很多论著，但如何建立起中国史学理论的学术体系，还有诸多亟须探索的问题，其中厘清基本概念和基本的学术范畴，是必不可少的起点。

一 历史与史学

史学理论的建设从何说起？首先应当厘清"史学理论"这一范畴的内涵和外延，方能够形成提出问题与解决问题的目标导向。但"史学理论"的概念、内容并不是孤立的，它混含在史学发展和中外史学交流过程的概念系列之内，需要从头道来。

在中国古代，单音词多所盛行，"史"字最初是指执行某种使命的官员，即所谓史官，当史官中分配出一部分人作为内史，参与从事撰述政府公文和记载事宜之职务，就越来越倾向于把史官看作记事、记言的

---

[*] 本文作者乔治忠，廊坊师范学院特聘教授，南开大学历史学院教授。本文原载于《中国史研究》2017年第2期。

职官,这显现于西周末期到春秋时代,也正是中国上古史学萌发和早期发展阶段。约于战国时期,"史"也渐渐代指史官记载的文化产品,孟子说,"晋之《乘》,楚之《梼杌》,鲁之《春秋》,一也。其事则齐桓、晋文,其文则史,孔子曰:'其义则丘窃取之矣'"①,《庄子·天下》篇称:"其明而在数度者,旧法世传之史,尚多有之。"这里的"史",明显是指史文、史书。但是,史官与史书都言之为"史",二义并行,在中国古代长期处于这种一词多义状况,撰史之人与撰写的史籍,二者在语词上不严格划分,全凭整句整段语义加以理解,却很少会出现误读。对于以往的史事,多直言某个朝代之事,或以"古"字表达,"殷鉴"就是以殷商的史事为鉴戒,"唐鉴"就是以唐代的政治得失为鉴戒。唐太宗说:"夫以铜为镜,可以正衣冠;以古为镜,可以知兴替;以人为镜,可以明得失。"②请注意语句中是"以古为镜"而不是"以史为镜"。宋代刘随上奏说:"臣闻以古为鉴,可以知兴亡。不敢远稽前典,且以近代言之:唐太宗何如主也!十八起义师,二十四定天下,二十九即帝位。鉴情伪之理,明治乱之由,圣文神武,高于三代。然犹每与大臣会议,政事必令谏官、宪臣、史官预闻之。苟诏令不便,大臣不直,刑赏不当,邪正未分,则谏官得诤之,宪臣得弹之,史官得书之。是以上下无壅,而君臣同德,太平之风可谓至矣。"③刘随虽然引证最近的唐代史事,仍称"以古为鉴"。近代以来几乎成为口头禅的"以史为鉴"这种语词表达,在中国古代直至清朝前期,却是极其罕见的。诚然古代也有"史鉴"这个词语,但"史鉴"乃是指可以用来作为鉴戒的史籍,如明黄佐、廖道南撰《殿阁词林记》卷九载明英宗谕旨"翰林官中有才识忠行者,日轮二员入直东阁,凡经书、史鉴有关君德者,日录所闻以赞朕不逮";清《钦定国子监志》卷五三载大臣王熙上奏要求国子监"设立课程,定期稽查,必使各习一经,兼习史

---

① 《孟子·离娄下》,(宋)朱熹:《四书章句集注·孟子集注》卷八,中华书局1983年版,第295页。

② 《旧唐书》卷七一《魏徵传》,中华书局1975年版,第2561页。

③ (宋)刘随:《上仁宗论当今所切在纳谏》,《宋朝诸臣奏议》卷五一,上海古籍出版社1999年版,第554页。

鉴，详为讲解，俾令贯通，务期成材，以收实用"。① 以史鉴与经书相对应，其意甚明，均为正宗而有益的经史典籍。即使极其偶然出现"以史为鉴"的语句，其中"史"的含义仍然是史籍，清乾嘉时倪思宽读书笔记《二初斋读书记》有言曰"古称史，今亦称鉴，'鉴'字，本于《说苑》公扈子曰'《春秋》，国之鉴也'一语。宋司马温公编集《历代君臣事迹》，神宗赐名《资治通鉴》，以史为鉴，殊觉意味深长"。② 此处"以史为鉴"是说宋神宗把"史"称为"鉴"，这与现代所言"以史为鉴"的内容、含义是大不相同的。③

　　以上的辨析，并非无端的咬文嚼字，绵延几千年的语词、话语的特征，应当映射着某种基本的观念和认知，就是中国古代在史学的发展中，"史"字虽然从史家、史官等人员的指称延伸到对典籍的指认，但却避免了将客观史事与人们对于历史的撰写混为一谈，即单一的"史"字，很少用以表示过去所发生的客观史事，史事与对于史事的记述，二者有清晰的分界。在东晋南北朝时期，还出现了"史学"这个词语，先是北方少数民族石勒政权委令"任播、崔浚为史学祭酒"④，后南朝刘宋政权于元嘉年间"上留意艺文，使丹阳尹何尚之立玄学，太子率更令何承天立史学，司徒参军谢玄立文学"⑤，此后历代言"史学"者充满官、私文献和四部之书，表明在中国古代已经明确了史学是一种专门的学问。与此大体同时，中国古人也将"事实"这一概念，用来表示与书史记载可能不同的真实史事，例如《晋书·裴秀传》载其《禹贡地域图序》说大量书籍记述的历史地理"或荒外迂诞之言，不合事实，于义无取"⑥；《宋书·裴松之传》言裴松之"以世立私碑，有乖事实，上表陈之"⑦；北宋史家范祖禹指出史官应当"执简记事，直书其实而

---

① （清）王熙：《请严国学官学疏》，（清）文庆等：《钦定国子监志》卷六七《艺文一》，北京古籍出版社2000年版，第1166页。
② （清）倪思宽：《二初斋读书记》卷九，清嘉庆八年涵和堂刻本。
③ 除了上引倪思宽的语句之外，笔者再未发现中国古代有"以史为鉴"的词语运用。
④ 《晋书》卷一〇五《石勒载记下》，中华书局1974年版，第2735页。
⑤ 《南史》卷七五《隐逸·雷次宗传》，中华书局1975年版，第1868页。
⑥ 《晋书》卷三五《裴秀传》，中华书局1974年版，第1039页。
⑦ 《宋书》卷六四《裴松之传》，中华书局1974年版，第1699页。

已",但"后之为史者,务褒贬而忘事实,失其职矣"。[①] 所谓的"事实",是与"史学"之记述相区别的概念,相互对比,反映了客观历史与历史认识之间的辩证关系,这是中国传统史学在概念体系上的重大成果,值得重视。

整个世界历史学的发展,自上古就形成了两大最具活力的史学体系,一是以中国传统史学为核心的东亚史学,另一是以古希腊史学为起源的西方史学。在古代,两大史学体系各自独立发展。西方史学的概念与观念,与中国传统史学存在许多异同之处。至近代,西方史学依靠政治、经济、思想文化各个方面的综合优势影响东方,而最初的一些新概念,是因日本以汉字翻译西文的方式传入中国,其中包括"历史"这一词语,很快就被中国史学界、文化界所接受。遗憾的是,在西方的概念中,客观的历史与人们对于历史的撰述含混不分,在词语上都可以用History来表示,自希罗多德之后两千年没有产生如同中国"史学"一语的明确概念。这反映了西方古典史学的一个先天的不足。虽然西方古代学者也有人坚持历史撰述绝不同于文学作品,但大部分史家还是将历史撰著的文学色彩作为最重要的追求,因为古代西方没有中国传统史学中组织化、制度化的官方史学,不像中国史学那样被纳入国家的政治机制,西方史著不仅依靠内容的鉴择,也需要笔法的睿智和文采,才会获得社会的接受,文学性是古代西方历史著作生存、传世的条件之一。把史书的文采和文学性当作撰述的焦点,这不可避免地限制了对于真实历史与史籍记述之间关系的理论性关注。

"历史"这个词语,由日本对西文的翻译而输入中国,如果用于表达人类社会业已经历过的客观进程,包括以往所有的人物、事迹、生产、生活,确是非常有价值的概念。与"史学"一语配合,一个表示客观历史,一个表达对于客观历史的记述与研究,有助于形成确切的学术理念。杨鸿烈《史学通论》指出:"概念不明瞭的结果,可使人的思想混乱……'历史'是历史,'史学'是史学,两者截然为二事。现在

[①] (宋)范祖禹:《唐鉴》卷六《太宗四》,《丛书集成初编》,(上海)商务印书馆1936年版,第45页。

若更进一步,寻本溯源,就不得不要首先就明白'什么是历史?'和'什么是史学?'"①

区分"历史"与"史学"这两个概念,看上去简单,实际意义颇大,为史学理论建设正途的第一步。承认以往客观"历史"的独立存在,意味着"史学"研究必须力求符合历史的真实,即求真是其学术的底线,这与马克思主义认识论若合符契。人类社会曾经存在过一个不以今天人们意愿为转移的历史过程,这是极其简明、最无可置疑的常识,但除唯物史观之外,西方近现代各种史学流派,大多回避或曲解这一常识,把客观历史消解在无休止的诡辩之中。例如意大利思想者克罗齐有"一切真历史都是当代史"②的论点,直至21世纪我们有些学者还为之叫好,这是理论界很悲哀的事情。克罗齐立论的理由是说只有与"现在生活的一种兴趣打成一片"、表现当下之思想的撰述才算"真历史"③。他划定的"历史"圈子排除了史料汇编性的"编年史",排除了历史的叙述,将之定性为"死历史",也排除了充满爱憎激情对历史人物、事件进行评论的史著(克罗齐称之为"诗歌性历史"),排除了自然史等,将之归结为"假历史"。④ 那么克罗齐的"真历史"还剩下什么?他既然提倡联结"现在生活的一种兴趣"才是"真历史",是不是要主张历史学为现实中的政治或其他利益服务呢?有些人正是这样把克罗齐的观念联系到中国的"史学经世"思想。可是真的对不起!克罗齐倘若有知,也会对此报以嗤笑,因为他对所谓"实用性历史"也颇多微词,"偏颇的历史,如果细加考虑,其实不是诗歌性历史就是实用性历史",实用性历史"它并不是历史",它讲究的是"道德功效",而"真历史"是"作为思想的历史",它应当具备的乃是现在"思想的

---

① 杨鸿烈:《史学通论》第1章《导言》,(长沙)商务印书馆1939年版,第2页。
② 在克罗齐等人的理念中,根本没有以往客观史实的内容,我们姑且将他们所云的"历史"视为史学。
③ [意]贝奈戴托·克罗齐(Benedetto Croce):《历史学的理论和实际》,傅任敢译,商务印书馆1982年版,第2、8页。
④ [意]贝奈戴托·克罗齐(Benedetto Croce):《历史学的理论和实际》,傅任敢译,第17、23、27、28、105页。

生活兴趣"。① 于是，克罗齐的"真历史"只剩下一种，就是像他的著述那样，驰骋个人想法而不时地选择一些史事当作实例，没有历史叙述、没有对历史事件的褒贬、没有历史评论。如同史学界之外的一个思想暴君，断然否定了以往几乎所有历史著述作为"历史"的资格，当然，对于独立于史著之外的客观历史，更从论述的开始就被抛到九霄云外了，用其自己的话说就是达到了"这种思想主观性的高度"。② 有的学者认为按照克罗齐的理论乃是"根本不可能写出一部真实的历史"③，是很正确的评判。

广泛流传的英国史家卡尔《历史是什么》一书提出："历史是历史学家与历史事实之间连续不断的、互为作用的过程，就是现在与过去之间永无休止的对话。"④ 这里承认历史事实的存在，甚至还承认历史研究是一种社会的过程，现在与过去的对话"不是一场抽象的、孤立的个人之间的对话，而是今日社会与昨日社会之间的对话"。⑤ 表面上声称历史学家与历史事实之间是平等互动的关系，但实际仍然以折中主义和诡辩论方法取消了客观历史事实的独立地位，抛弃历史学最根本的求真准则，在所谓"对话"中选择事实和加以解释，都是由历史学家做主，怎能实现与事实之间的平等和互动关系？卡尔同样认为只有被历史学家选择的事实才会成为历史，并且断言："历史学家当然对事实有所选择。相信历史事实的硬核客观独立于历史学家解释之外的信念，是一种可笑的谬论。"⑥ 这清楚地体现了一切主观唯心主义史学理论都着意混淆客观历史与历史学的区别，否定客观历史独立存在的地位，从而消解史学必须力求符合真实历史的原则，以便于任凭己意地选择史事和随意

---

① ［意］贝奈戴托·克罗齐（Benedetto Croce）：《历史学的理论和实际》，傅任敢译，第29、28、30、23页。

② ［意］贝奈戴托·克罗齐（Benedetto Croce）：《历史学的理论和实际》，傅任敢译，第23页。

③ 刘修明：《非"一切真历史都是当代史"——兼评一种现代史学思潮的形成与前途》，《江汉论坛》1987年第5期。

④ ［英］爱德华·霍列特·卡尔（E. H. Carr）：《历史是什么》，陈恒译，商务印书馆2007年版，第115页。

⑤ ［英］爱德华·霍列特·卡尔（E. H. Carr）：《历史是什么》，陈恒译，第146页。

⑥ ［英］爱德华·霍列特·卡尔（E. H. Carr）：《历史是什么》，陈恒译，第93页。

解说。

总之，区分客观历史与人们研讨历史的史学，虽然是中国古代学者就得出清晰认识的常识，但至今还是坚持正确历史观念和史学观念的基点，是建设史学理论体系在概念组合中的底线，必须明确历史是指客观的、独立于历史学者之外的、以往人类社会的发展历程，而史学则是人们对于客观历史的系统性研究，史学的研究结论必须符合历史的真实状况。这个求真的进程是持续的，其中某些问题的偏差要在研究进程中纠正和修订。以往历史的一去不返并不影响其独立地存在并约束史学探讨的作用，因为第一，大量史料（包括文献、实物与遗迹）的存在，可以考订历史的真相；第二，运用系统性知识的推理可以弥补一些史料的缺环，如掌握太平天国自广西金田起事后的多次战役和定都南京，可基本推断其主力的进军路线和壮大过程。学术界自有不少学者会将考订史实当作他们"思想的生活兴趣"，不容许自由的思想者任意解说历史。在面对形形色色史学流派云遮雾罩的辩词之时，只要用是否承认客观历史的存在、是否主张史学的准则为求真来检测，其观念体系与宗旨就可以烛照无遗。可见对于无论多么抽象和高深的理论，最基础的概念总会是很有效的试金石。

二　历史理论与史学理论

历史研究与其他门类的学术研究一样，认知的积累会逐步形成系统性的知识结构，与此同时，历史认识会迈向概括提炼、抽象总结的理论化趋向，逐步形成系统的历史观即历史理论。具备宏观性和高度抽象性的历史理论，也被称作历史哲学。当然，历史理论除了具有指导具体历史研究的作用之外，它本身也要经受进一步历史认识的检验，因而做出改造和修订，有些历史理论体系会被否定，而有些历史理论自产生之日起，整体上就不能合乎客观历史及其系统的知识结构。被否定的历史理论，也可能留下某些启示和借鉴。这是历史认识发展的一般规律。

历史理论与其他历史认识的具体知识一样，都是人们对于人类社会以往生活历程的反思，比较丰厚、比较系统的反思形式即可成为史学，历史进程的系统描述和系统概括，都是史学研究的成果，换言之，史学就是对人类历史的较丰厚、较系统的反思。而史学也处于不断发展的进程之中，它本身的认知积累也一定会予以反思，其反思采取两种方式，一是系统描述性的反思，即史学史；二是抽象概括性的反思，即史学理论。这种以历史认识论反思角度考察的关系，可以作图示意如下：

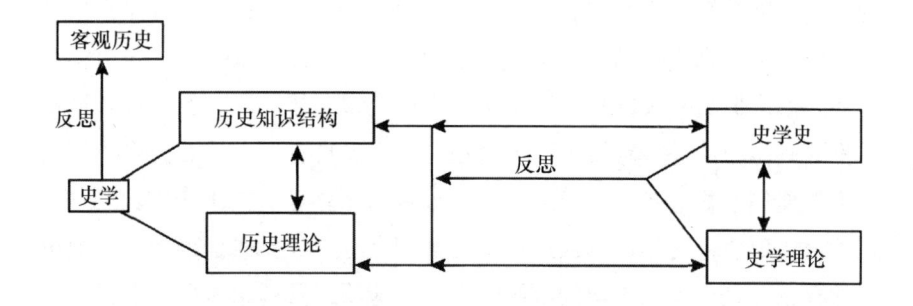

上图的单箭头表示反思的指向，双箭头表示具有明显的学术互动的关系。而客观的历史作为所有广义历史认识的依据，史学之内所有发展出来的认知之间有着互动、互补、互为检验的关系，都是不言而喻的，图中不作标示。这里需要注意的是历史理论与史学理论的联系与区别，重点在于厘清二者乃为不同的概念，具有很不一致的内涵。在上文已经辨明"历史"与"史学"两个概念之区分的基础上，顺理成章，历史理论与史学理论的区别也应当是清晰的，然而情况并不那么简单。因为历史理论和史学理论都在广义的历史认识范围之内，都是历史学科中的事项，许多人没有察觉将之区别开来的必要，而且二者确有较为密切的联系，很容易混含在一起。西方史学大多流派既然不分历史和史学，也就没有区分历史理论与史学理论的概念。中国的马克思主义史学，虽然对客观历史与历史学的区别有明确的认识，但马克思主义的经典作家，主要致力于历史理论即唯物史观的探索和论述，不暇进行史学理论方面深入、系统的研究。所有这些因素，致使史学界长期忽略了历史理论与史学理论的区别，至今行世的大量书名中标示为"史学理论"的撰述，内容多含有高比例的历史理论的内容，甚至完全以历史理论的论述为主，可见其普遍与严重的程度。

　　历史理论与史学理论的联系，主要在于研究方法，二者都体现着理论思维的高度概括性、抽象性，历史理论先行发展，其较为成熟的思维方法，特别是提升到哲学层次的方法论，被史学理论的探讨所借鉴。历史理论与史学理论的区别，是研究对象的不同，历史理论研究和思考的是客观历史的发展问题，是对以往客观历史的概括和抽象，是宏观考察古今中外历史发展的总结，提出和所要解决的问题有：人类社会是怎样产生的？人类社会组成结构的根本机制是什么？历史上个别人物与人们群体的关系如何？不同群体之间的关系在历史进程中如何演化？历史人物与事件的评价标准如何掌握？人类历史是否发展？历史发展的动力是什么？社会的发展有无规律？社会发展的进程和方向如何？诸如此类，都是针对客观历史的深入探讨。史学理论则是对于历史学的概括性、抽象性认识，研究和思考的是史学的发展问题。诸如历史学是如何产生的？历史学产生的基本条件是什么？历史学的基本属性是什么？历史认识能否符合客观历史的真实概括？历史认识如何检验？凡此均为探索史学本身的理论，与历史理论隔着一个反思和总结的层次。学术研究的方法论在很多学科中可以相通，而研究对象是决定学术方向的标的，是决定学术属性的关键。如果把历史理论与史学理论含混地视为一体，谈论史学理论往往跑题到历史哲学问题，就会使真正的史学理论问题淡化、隐没而不彰明，造成亟须解决的理论问题得不到关注，反而把形形色色历史哲学的议论重复组合，烦琐炒作，不着边际。为了正本清源，现在强调一下史学理论与历史理论的区别是必要的，因为将二者混淆的时间和程度已经很过分了。

　　值得提出的是，西方许多史学流派虽没有客观历史与史学相区别的意识，但在理论的探研中还是体会到历史理论与史学理论的区别，因为二者思考与研究的对象明显不同，但他们用另外的话语来表达，即所谓"历史哲学由思辨向分析的转移"。自20世纪以来，西方史学流派杂沓纷呈，例如文化形态史观、新黑格尔主义史学、新文化主义史学、后现代主义史学，等等，而在理论上的一个共同的话语之一是区分"思辨的"与"分析的"历史哲学，这是一个值得关注的重要问题。什么是思辨的历史哲学？什么是分析的（也称为"批判的"）历史哲学？学术界有过多次同样的解释，"思辨的历史哲学试图在历史中（在事件的过程中）发现一种超出一般历史学家视野之外的模式或意义"[①]，其含义指探索历史发展的动力及其规律性，考察历史事物的评价和意义，很明显，这是对社会历史作理论层次探讨的历史理论。"分析派的历史哲学"乃是"从解释历史事实的性质转移到解释历史知识的性质上来……是对历史学的探讨和解释"[②]，这也很明显，乃是对历史学做理论性总结的史学理论。因此，所谓"思辨的"与"分析的"历史哲学，实质不过是历史理论与史学理论而已，此乃中国史学界早就具备的学术概念。

西方学者之所以采用了词不达意和蹩脚的表述方式，部分原因是语词的贫乏——据说西方缺少区别"历史"与"史学"的语词概念，但这绝非主要原因，因为语词很容易根据需要而构建出来。如果明确划分历史与史学的概念、划分历史理论和史学理论的范畴，一开始就清晰地展示了客观历史与人们之历史认识的区别和联系，这是西方"分析派"历史家所不愿意看到的，他们主张历史依赖于史家的主观精神、个人思想，从而以主观主义或相对主义的方法消解了客观历史。历史理论与史学理论的概念，是平行存在的，二者各有探索领域，不可混淆也不可取代，而所谓"历史哲学由思辨向分析的转移"，乃是抛弃历史发展理论的研究。在现代西方史学流派看来，历史是无客观性、无规律性的，甚至反对宏观地研究"大写历史"，因而才转移到关注史学理论的问题。"思辨的""分析的"历史哲学，无论原文还是译文，皆表意模糊，扞格不通，却正好被用于填塞反历史科学的议论。一些中国学者，对本国史学界固有的准确概念熟视无睹，却津津乐道地向西方流派学舌，如果不是故弄玄虚，就是在理论上的一塌糊涂。中国史学界毫无必要接纳

---

① ［美］威廉·德雷（William H. Dray）：《历史哲学》，王炜、尚新建译，生活·读书·新知三联书店1988年版，第8页。

② 何兆武：《从思辨的到分析的历史哲学》，《世界历史》1986年第1期。

"思辨的、分析的历史哲学"一类话语，区分历史与史学、区分历史理论和史学理论，这是中国史学界的理论优势，这一点与现代西方史学理念格格不入，而符合马克思主义的唯物史观。

史学理论与历史理论的区别原本十分明显，而其联系也很明晰。史学理论可以将以往的历史理论作为史学现象予以总结和反思，而史学理论的研究也离不开先进历史理论的原则和方法，如唯物史观和唯物辩证法对史学理论的建设具有原则性的指导作用。但只有厘清二者的区别，才能把握二者的联系，否则只是一团迷茫。遗憾的是多年以来，国内史学界习惯于把史学理论看作唯物史观的附庸，或者在史学理论的论著中填塞关于唯物史观的常识性知识，而对于史学理论的探索则尚难达于差强人意，许多问题语焉不明。当前的史学理论研究，应当打破现代西方史学概念工具的套路，建设具有中国话语指征的史学理论体系，这是历史学界当前的要务。

三　史学理论建设的基础与构想

将史学理论作为一个相对独立的专业来建设，在逻辑上必然面对一个问题：史学理论研究的起点和基点何在？史学理论建设所依靠的知识基础和学术前提是什么？这是不能不提出的问题。对此，我们先从历史理论的来源说起。众所周知，历史唯物论是马克思主义的历史哲学，且与辩证唯物主义构成马克思主义哲学的完整体系。但历史唯物论虽然是贯穿唯物辩证法的思想方法，但其全部观点和结论，不是将辩证唯物主义降临在历史问题上套出来的，而是立足于对历史事实的研讨和考察。真实的历史进程如何，真实的历史状况如何，才是历史唯物论的基点和研究的起点，唯物辩证法只是研究中的指导思想，而且这种指导思想也是在研究史实中发展、完善的。这就是说，历史唯物论是从历史真情实况的研究出发。恩格斯说："如果不把唯物主义方法当作研究历史的指南，而把它当作现成的公式，按照它来剪裁各种历史事实，那它就会转变为自己的对立物。"① 很明显，马克思主义历史理论并不是从哪种一般的哲学体系中推衍出来，而是必须通过研究历史来作出总结、概括和抽象，整个研究过程当然包含着科学思想方法的指导，但真正研究历史和参考历史研究已有的成果，是必不可缺的基础。

正如历史理论是对历史事实和社会发展真实历程的抽象性概括，史学理论的建设基础也应当来自历史学发展状况和发展历程的总结。这里仍然需要唯物辩证法的指导，但不能简单地套用某种历史哲学的范畴和观念。对史学发展状况予以描述性总结的学科，就是史学史，不言而喻，史学理论应当以史学史的研究为基点，从史学史研究的可信成果出发，抽象出理论化的论断，建立自己的认识体系。不少史学理论的著述，习于从唯物史观的论断推衍出史学理论的论述，总想着怎样套用马克思主义哲学的观点，似乎坚持了马克思主义的理念，但这种作法从一开始就违反了马克思主义的唯物论，那不是从史学发展的史实出发，犯了把历史唯物论当作现成公式来剪裁史学事例的错误，乃是根本思想方法的问题。平实而言，以某种哲理推衍具体的学术问题，也可以提出某种富于启发性的见识，但不能获得关键的核心认知，不能解决主要的难点，更不能建立系统而正确的理论体系。根据唯物辩证法的认识论原理，史学理论的研究务必摒弃观念推衍的论述方式，将之牢牢立足于史学史研究成果的基础之上。

中国史学史在世界文化史中占有十分特殊的地位，梁启超说："中国于各种学问中，惟史学为最发达；史学在世界各国中，惟中国为最发达。"② 作为史学理论建设的知识基础，中国史学史不能缺位，而根据中国连续发展的史学发展史且参照西方史学史，概括为史学理论，就能够取得高屋建瓴的学术水平。这样得出的史学理论，毫无疑问会带有中国自古以来优良史学遗产中的概念、命题与思想因素，即具有明显的中国式的话语指征，这应是史学理论新建设的特点之一，也是其优点

---

① 《致保·恩斯特（1890年6月5日）》，《马克思恩格斯选集》第4卷，人民出版社1995年版，第471页。

② 梁启超：《中国历史研究法》第2章《过去之中国史学界》，上海古籍出版社1987年版，第10页。

之一。

中国史学在长足的发展中,形成了丰富的概念组合,如表达史家必备资质的史才、史学、史识、史德等概念,反映史籍存在官修、私修以及不同级别的国史、野史、正史、杂史等概念,说明史学社会功能的鉴戒、资治、经世等概念,彰显治史准则的直书、实录、实事求是等概念,归纳史书编纂方式和内容范围的体例、书法、通史、断代史等概念,揭示史学内在结构和层次的"事""义""文"概念,等等,不胜枚举。这些概念经过整合与新的阐释之后,大多能融会到当代史学理论之中,发挥积极的作用。例如意大利思想家克罗齐认为:只有灌注了当代思想和精神的历史才是"真历史",他说:"既然一件事实只有当他被人想起时才是一件历史事实",那么在史学家思想之外,"事实其实并不存在"。① 而中国传统史学关于区分史学"事""义""文"层次的理念,即可破解克罗齐的观点,北宋史家吴缜说:"夫为史之要有三,一曰事实,二曰褒贬,三曰文采……至于事得其实矣,而褒贬、文采则阙焉,虽未能成书,犹不失为史之意。若乃事实不明,而徒以褒贬、文采为事,则是既不成书,而又失为史之意矣。"② 作为历史思想的"义"是附从于史事的,二者关系不能颠倒,也不可搅合一团,克罗齐的主观主义狡辩是站不住脚的。在史学理论建设中,以唯物辩证法的思想方法为指导,充分利用中国史学史的知识体系,是大有可为的。总结和概括几千年来中国史学以及史学思想的发展,必须得到格外重视,让中国话语成为当代史学理论的显著指征。建设中国的史学理论,并非盲目排外、闭门造车。相反,史学理论的探索,应当观照古今中外的史学发展状况,外来史学理论的优秀成果,需要认真鉴别并汲取精华。新的史学理论体系的建设,正是需要理解中外史学史的系统知识,从而进行中外史学发展状况的深入比较,探索其中的异同并且析解造成这种异同的原因,方可概括出深切的史学理论。

---

① [意] 贝奈戴托·克罗齐(Benedetto Croce):《历史学的理论和实际》,傅任敢译,第83、54页。
② (宋)吴缜:《新唐书纠谬》序,载《四部丛刊三编》本《新唐书纠谬》卷首,(上海)商务印书馆1936年版。

关于史学理论的组成结构，史学界、理论界进行了长期的研讨，提出许多卓识。例如将史学理论的内容概括为"本体论""历史认识论""史学方法论"三大组成部分（当然也有不同的意见）。其所谓"本体论"，是指历史唯物论的主要观点和基本原理。于是给人以这样的印象：既然本体在于历史哲学，似乎史学理论还是历史唯物论观念的延伸。现在的作为，应当贯彻区分历史理论与史学理论的理念，贯彻对于中外史学史的总结、比较与概括的思路，加以调整、充实、更新和提高，以建设史学理论的新体系。

史学理论的结构应当包括三个组成部分，即史学本体论、史学认识论、史学方法论。史学本体论不应叙述唯物史观的原理，因为那属于历史理论的范围。史学本体论要探讨历史学的本质是什么，是科学还是艺术？客观历史与历史学的关系如何？历史学是如何产生和发展的？是否各个民族或地区都会原发性地产生史学？史学存在和运行的社会机制是什么？历史学的发展有无规律？等等。

史学认识论，是史学理论的核心内容，大量难点皆在此中，例如：历史认识能否达到符合客观历史的真实概况？历史认识是否可以检验、如何检验？历史学研究的宗旨是什么？不妥善解决这些难点，马克思主义的史学理论就不能说是建立起来了。对此，回避不可以，随便解说不可以，套用别的一种观念也不可以，必须结合史学史的研究予以阐明，没有史学认识论的史学理论，不仅是残缺的，而且缺少了主要内容，回避要点与难点，就不成为一种系统的理论。将史学理论建立在史学史研究的基础上，那些认识论的难点就可以解决。例如历史认识如何检验的问题，是主观唯心论历史观否认历史学科学性的主要说辞，而从史学史上考察，凡属可靠的和正确的历史论点，都是史学探讨者群体在求真、求是准则下，经过研究与论辩得出的。因此，在求真、求是理念下，历史学界共同进行的历史学学术实践，才是检验历史认识的唯一标准。而顺理成章，求真与求是，乃是历史学的根本宗旨。

史学方法论的主要内容，不应只是讲述研究历史的具体技能，那种如何搜集史料、如何判别文献史料和其他资料的具体方法和事例，可以提到一些，但必须将治史方法概括、提高为理论化的总结，以高度抽象的纲领，纳入具体实例。在方法论的层面上，历史研究的根本方法只有三项：历史的方法、逻辑的方法、系统与层次的分析方法。

历史的方法是社会科学和人类思维活动的基本方法之一，其特征是事物的产生、发展从何时何地开始，我们的考察就从该时该地开始，按照事物本身的发展过程展开研究程序，通过事物发展中包括时间顺序在内的有机联系，探索其因果关系、演化过程与发展趋向，从而得出深入系统的历史认识。逻辑的方法是暂时摆脱事物的原初状态，抓住典型、有代表性的现象，进行一系列归类、分析、综合、概括以透视历史内涵，以归纳、演绎等推理过程而揭示事物的本质。逻辑的方法具有抽象性，在运用中往往撇开事物的曲折过程与偶然的、枝节的表象。系统和层次的分析方法具有总体、宏观地考察事物的特征，即将持续存在、有序发展的事物视为一种系统。就社会而言，每一由社会关系组成的集团、民族、国家，都可以看作一个社会系统，随着社会联系的日益广泛，直至全世界人类社会组成一个大的系统。同时，社会与自然又时时组成自然—社会生态系统，这是系统由分支组成整体的进程，而系统内部又有不同的层次。分析历史现象，要将之放在不同层次的系统中考虑，既注意总的整体系统的作用，注意大的系统的作用，也要注意子系统、小系统相对独立的作用，在系统与层次的结构中研究事物所处的地位及内外联系。其余具体的研究方法和技能，或者是从大的方法论中衍生出来，或者如历史比较方法、计量史学方法、心理史学方法等等，虽也被称为历史研究的基本方法，但其实仅仅可以针对某些具体课题，并不普遍适用，故不能归结为史学方法论，毋宁将之视为历史研究的一种切入方式更为妥当。

史学理论在本体论、认识论、方法论的探讨上，有着广阔的有待开发的领域，还有许多问题需要解决，其学术前景灿烂辉煌，但也充满难点。发现史学发展的动力和社会运行机制，揭示史学发展的规律，是史学理论达于成熟化的标志，不解决这一史学本体论的高端问题，史学理论体系的建设就不算成功。源远流长、连续不断、特别兴盛的中国史学，为史学理论的探研提供了丰富、清晰的素材与发展线索，运用唯物辩证法深入研究，完全可以揭示中国史学起源与繁荣的原因和机制，阐明中国史学的发展规律。解决了中国史学的理论问题,进而考察整个世界史学的发展机制与规律,总结其方法和理路,反过来给社会历史规律的探讨以启迪,推动历史理论研究的进展,这些都是可能达到的目标。当然,这些理论研究工作的每一进展,仍是十分艰难的,需要史学界更多的学者勇于投入,锲而不舍地共同努力。

构建具有中国特色的史学理论学科体系和话语体系的思考*

面对西方社会科学理论和方法的巨大影响，面对中华民族伟大复兴需要理论概括、理论论证和理论指导的时代要求，社会科学各学科构建具有中国特色的学科体系、学术体系和话语体系已经成为具有时代紧迫性的重大课题。历史学也不例外。历史学的"三大体系"建设已经成为历史学目前关注度最高的重大课题，其中构建具有中国特色的史学理论学科体系和话语体系在历史学的"三大体系"建设中具有突出的重要地位。因为，不管承认与否，历史研究都是需要理论指导的，有什么样的理论指导就会产生什么样的历史学。不解决史学理论学科体系和话语体系建设的问题，历史学的"三大体系"建设就如无本之木、无源之水而无从谈起。本文拟对构建具有中国特色的史学理论学科体系和话语体系谈些思考，希望能有助于历史学的"三大体系"建设。

一 需要构建适应新时代需要的唯物史观的解释体系

中国历史学的最大特色就是以唯物史观为指导。但是，唯物史观对历史学的指导地位目前面临挑战，因此，要构建具有中国特色的历

---

* 本文作者吴英，中国社会科学院历史理论研究所研究员。本文原载于《江海学刊》2022年第1期。

史学的学科体系、学术体系和话语体系，首先必须重塑唯物史观对历史学的指导地位。而要重塑唯物史观的指导地位，则必须构建适应新时代需要的、对重大历史和现实问题具有解释力和说服力的唯物史观解释体系。

从苏联借鉴而来的唯物史观的解释体系是在"战争与革命"的时代主题下，适应社会主义革命和社会主义改造的需要构建的。它是强调"通过阶级斗争夺取政权以改变落后的生产关系、建立先进的社会主义生产关系，以促进生产力发展"的解释模式。但是，随着冷战结束，尤其是进入21世纪以来，"和平与发展"成为时代主题。就中国特色社会主义建设而言，"中华民族伟大复兴"和"构建人类命运共同体"成为中国学术界应该予以优先阐释的两大课题。面对研究内容的扩展，研究主题的转换，传统的以阶级斗争为主导的解释体系呈现出相对滞后的状态，很难给出令人满意的解析。由此造成的后果，一方面是唯物史观对诸门社会科学研究的指导地位逐渐被弱化，主张指导理论多元化、反对宏大叙事、历史虚无主义等错误思潮纷纷涌现；另一方面由于迟迟未能构建出一套适应新时代需要的唯物史观解释体系，使得中国学术界在对国际社会已经转换的时代主题和中国特色社会主义建设取得的伟大成就的阐释上未能交出令人满意的答卷。因此，构建适应新时代需要的唯物史观解释体系已经成为中国学术界亟待完成的一项任务。

但这是一项非常艰巨的工作。因为它需要从基本概念、基本原理和历史叙事等方面来重建唯物史观的解释体系。在传统的解释体系下，为了适应"通过革命推翻资产阶级统治，建立社会主义政权"的时代需要，我们在基本概念的界定、基本原理的阐释和历史叙事与书写上已经形成了一套完整的体系。如在基本概念的界定上，我们简单地把马克思有关劳动过程的三要素说（劳动者、劳动对象和劳动工具）移植来界定生产力，又在生产力的"三要素"中用易于衡量的劳动工具作为衡量生产力水平的标准；我们主要用所有制形式来界定生产关系，用阶级关系来界定社会形态，用阶级压迫的工具来界定国家。因为从原始社会一直到资本主义的工场手工业阶段，都是在使用手工工具，所以很难从劳动工具的改进来解释社会历史发展的进步和社会历史发展阶段的更替。由此，我们便主要从阶级矛盾和阶级斗争来解释社会历史发展的进步和社会历史发展阶段的更替。通过阶级斗争，被压迫阶级夺取国家政权，尔后通过改变所有制形式来服务于自身的阶级利益，至于社会历史的发展阶段，则是根据阶级关系划分为不存在阶级的原始社会、奴隶主阶级和奴隶阶级对立的奴隶社会、封建地主阶级和农民阶级对立的封建社会、资产阶级和无产阶级对立的资本主义社会、消灭阶级对立的社会主义社会，这就是著名的五种社会形态理论。由此形成的历史叙事往往将阶级矛盾和阶级斗争作为历史发展的主要动力，在很大程度上，将历史发展史写成了阶级斗争的发展史。有关奴隶社会的历史书写，往往突出奴隶和奴隶主之间的矛盾以及由此造成的奴隶反抗斗争甚至奴隶起义；有关封建社会的历史书写，较为强调农民和地主之间的矛盾以及由此造成的农民反抗斗争甚至农民起义；有关资本主义社会的历史书写，重在突出无产阶级和资产阶级之间的矛盾以及由此造成的无产阶级的反抗斗争甚至无产阶级革命。在阶级斗争的话语体系中，从奴隶社会向封建社会的过渡、从封建社会向资本主义社会的过渡、从资本主义社会向社会主义社会的过渡，则是阶级矛盾激化，引发被统治阶级的反抗，后者进而通过革命夺取政权而实现。

尽管唯物史观的传统解释体系从基本概念到基本原理再到历史叙事已经形成一套完整的体系，并且它也确实能够从经典作家的一些论述中获得做出这种解释的支持，但我们必须清醒地认识到，传统的解释体系是在"战争与革命"的时代主题下，为了满足后发国家通过发动革命夺取政权，建立先进的社会主义生产关系以促进生产力发展的产物。在构建这种解释体系的过程中，我们重点引用了经典作家的论述中强调阶级斗争的动力作用、国家等上层建筑对改变生产关系的反作用等方面的论述，而相对忽略了经典作家有关生产力是历史发展的最终动力、由生产力发展水平决定的劳动分工决定所有制形式、经济基础决定上层建筑、人类历史发展进程是一种自然历史过程等方面的论述。

正是由于受时代主题和面对所要解决问题的影响，唯物史观传统解释体系的构建有选择地引用了经典作家的一些论述，而遮蔽了可能对这种解释体系质疑的另一些论述。在时代主题和所要解决的问题不变的情况下，并不容易对这种传统解释模式质疑。随着时代主题的转换和所要解决问题的变化，对传统解释模式的质疑或不同观点开始显露。用它来解释历史和现实重大问题的说服力受到质疑。

从唯物史观的解释逻辑看，我们知道唯物史观的基本原理是生产力决定生产关系、经济基础决定上层建筑，也就是说唯物史观解释体系的逻辑出发点是生产力。但在传统的解释体系中，生产力的决定作用被淡化甚至被忽略，阶级斗争取代了生产力的位置；相应地，生产力决定生产关系变成了阶级斗争决定生产关系，即通过阶级斗争夺取国家政权（掌握上层建筑）以改变所有制形式（生产关系）。这样，唯物史观就不是生产力决定生产关系，而是上层建筑决定生产关系。这也是西方马克思主义研究发展史当中不断出现的观点，持上层建筑决定生产关系观点的学者由此质疑唯物史观基本原理的科学性。由此可见，夸大阶级斗争的决定作用实际上是违背唯物史观的基本原理的，而且它根本不是唯物史观的解释逻辑。马克思将阶级斗争的作用比作"助产婆"[1]或"杠杆"[2]。

再从历史和现实看，对唯物史观逻辑前提的不当使用会给历史研究带来争议。像中国封建社会是阶级矛盾和阶级斗争最激烈的社会，每个王朝都有多次大大小小的农民起义，而且王朝大多是由农民起义推翻的，但通过阶级斗争和农民起义建立的都是新的封建王朝，并没有斗出一种新的社会形态。与之相比，西欧尤其是英国封建社会的农民起义屈指可数，却率先向新的社会形态过渡。用恩格斯的话说就是："当居于统治地位的封建贵族的疯狂争斗的喧嚣充塞着中世纪的时候，被压迫阶级的静悄悄的劳动却在破坏着整个西欧的封建制度，造成封建主的地位日益削弱的局面。"[3] 再如"文化大革命"期间，我们将唯物史观解释成阶级斗争起决定作用的史观，指导现实的政策是"阶级斗争为纲"，造成的后果是经济下滑。经过拨乱反正，我们将经济建设放在首位，将

---

[1] 《马克思恩格斯文集》第5卷，人民出版社2009年版，第861页。
[2] 《马克思恩格斯文集》第3卷，人民出版社2009年版，第484页。
[3] 《马克思恩格斯文集》第4卷，人民出版社2009年版，第215页。

发展生产力作为硬道理，通过改革开放，为发展生产力提供内部和外部的有利条件。经过广大人民40多年的辛勤劳动，迎来了中华民族伟大复兴的光明前景。

由此可见，在新的时代主题和时代背景下，唯物史观的传统解释体系必须被适应新时代需要的解释体系所取代；而且也只有在唯物史观新的解释体系的指导下，我们才能对新的时代主题和新时代中华民族取得的伟大成就做出全面而深入的阐释。

二　需要力戒运用唯物史观的教条主义倾向

唯物史观对历史学指导地位的边缘化，一方面是唯物史观传统解释体系的影响下降的结果，另一方面则是我们在将唯物史观用于历史研究中犯了教条主义错误的结果。教条主义是不顾时间、地点和具体条件的不同，不做是否适用的研究，就将经典作家从特定研究对象概括出的观点照抄照搬到新的研究对象上来。对马克思的理论加以教条主义运用的错误在马克思恩格斯在世时就已经出现，他们对此坚决反对，并反复予以告诫。恩格斯就曾告诫："如果不把唯物主义方法当做研究历史的指南，而把它当做现成的公式，按照它来剪裁各种历史事实，那它就会转变为自己的对立物。"[①]

唯物史观是博大精深的知识体系，既包括经典作家对基本原理和方法的阐释，又包括其运用基本原理和方法对特定研究对象所做的经验研究。在运用唯物史观指导历史研究时，一定要厘清哪些是具有普遍适用性的基本原理和基本方法，像生产力决定生产关系、经济基础决定上层建筑、存在决定意识等就是这样的原理和方法，也要厘清哪些是运用这些基本原理和方法研究特定对象得出的经验结论。在将从特定研究对象得出的经验结论运用于其他研究对象时，一定要将产生这种经验结论的具体情况同其他研究对象的具体情况做比对研究。如果两者一致的话，

---

① 《马克思恩格斯文集》第10卷，人民出版社2009年版，第583页。

那就证明经典作家针对特定研究对象得出的经验结论适用于新的研究对象，从而扩大了原来经验结论的适用范围；如果不一致，那就绝不能不顾新研究对象的特殊情况，照抄照搬经典作家的经验结论，并用这些结论来裁剪有关新研究对象的诸种历史事实。

　　回顾唯物史观传入中国百余年来的历史，我们在这方面有许多深刻的教训值得反思。像我们把马克思在《〈政治经济学批判〉序言》中主要根据西欧历史演进归纳的四种社会形态、后来由斯大林在《联共（布）党史简明教程》中加以公式化的五种生产方式依次演进，视为放之四海而皆准的普遍规律，直接套用到中国的历史和现实中来，造成许多学术研究和现实运用上的误区。例如，以古希腊、罗马为标准的奴隶制在中国历史上找不到对应的形态，由此产生了关于中国到底有没有奴隶制的争论，目前看，主张中国没有古希腊、罗马那种奴隶制社会的史学研究者占了上风。又如，恩格斯的《家庭、私有制和国家的起源》被视为马克思主义研究早期社会的经典著作。恩格斯有关氏族社会向国家过渡的两个标准（由按血缘组织国民向按地区组织国民转变、公共权力的设立）被视为具有普遍适用性的规律，被运用到中国早期社会的研究中来。学者们无视中国社会按血缘关系组织国民的做法长期存在，即使国家的产生和发展也未打破血缘关系的纽带这一事实，直接套用恩格斯观点的做法也引起很大争论。再如，斯大林根据西欧近代民族国家形成的经验对民族所下的定义（即民族是人们在历史上形成的有共同语言、共同地域、共同经济生活以及表现于共同的民族文化特点上的共同心理素质这四个基本特征的稳定的共同体），并确定民族形成的时间是伴随着近代资产阶级的形成而形成。学者们将斯大林有关民族定义和形成时间的观点教条式地运用于中国历史研究面临的一大难题是，中华民族有五千年的文明发展史，中国从秦汉开始就形成了统一的汉民族。如果非要将民族形成的时间定于近代，那中华民族几千年的文明史和汉民族发展史就将被忽略，这成为讨论中华民族形成问题的学者主要根据中国的历史事实来讨论，而忽略经典作家观点的主要原因。从现实看，中国一度无视自己是后发国家的国情，而按照马克思在《哥达纲领批判》[①]中构想的社会主义建设模式（它是针对在发达资本主义国家建设社会主义而设计的）来制定中国建设社会主义的措施，否定市场经济存在的合理性，实行平均主义分配政策，这些都严重挫伤了劳动者的积极性，使中国社会主义建设出现挫折。

这方面的例子还很多，此不赘述，但其中的经验教训必须引起我们的反思。教条化地运用经典作家的论述迟滞了我们运用唯物史观的基本理论和方法对中国历史和现实做出科学概括的进程，由此造成的后果是严重的。要重塑唯物史观的指导地位，在构建适应新时代需要的唯物史观解释体系的同时，必须祛除教条主义这一大顽疾。

三 需要理顺史学理论与史学史学科内部的两种关系

在历史学科内部，唯物史观解释体系与时俱进的发展需要史学理论学科为其提供原料和养分。可以说，没有史学理论学科的整体发展，唯物史观的研究是不可能单独发展的。这就需要在史学理论学科建设过程中纠正各分支学科之间发展的不平衡，加强史学理论尤其是历史理论研究，为构建适应新时代需要的唯物史观解释体系提供助力。

（一）史学理论与史学史的关系

在历史学学科目录划分中，史学理论与史学史是历史学的二级学科，有时被简称为史学理论二级学科。在中国史和世界史分别成为一级学科后，史学理论与中国史学史和世界史学理论与史学史仍然作为二级学科存在。这说明史学理论与史学史是两个联系紧密的学科。但在目前

[①] 1875年5月在德国的哥达召开了德国工人运动代表大会，在会上由李卜克内西和倍倍尔领导的社会民主工党（爱森纳赫派）与由哈森克莱维尔等人领导的拉萨尔派的全德工人联合会合并为德国社会主义工人党。大会起草的纲领草案请马克思审定，马克思的修改稿即是《哥达纲领批判》。它是针对德国当时状况而提出的争取实现社会主义和共产主义的方案。参见《马克思恩格斯文集》第3卷，第419—450页。

的中国史学界，史学史研究与史学理论研究的发展处于冷热不均的状态。史学史尤其是中国史学史研究处于繁荣发展状态，从事研究的学者人数和成果数量都相当可观；而与之形成鲜明对比的是，史学理论研究却被严重边缘化，从事研究的学者人数和成果数量都寥寥可数。正是由于两个学科在发展态势上的巨大差异，以致有从事史学史研究的学者对将两个学科放在同一个二级学科之下质疑，认为这根本就是两个不同的学科，没有必要"拉郎配"。"史学理论与史学史原本属于两个学科，因为都是关于历史学的研究，所以在学科分类上被划在一起。事实上，史学理论与史学史的研究任务并不相同。"① 但从事史学理论研究的学者却不同意这种观点。他们认为，史学理论和史学史都是以历史学的发展为研究对象的，目标都是揭示历史学的发展规律，只不过史学理论着重从论的方面揭示历史学的发展规律，而史学史则着重从史的方面揭示历史学的发展规律。一些从事史学史研究的学者之所以会产生史学史和史学理论属于不同学科的认识，是因为史学史研究还没有将揭示历史学的发展规律作为自身的研究目标，而是满足于由梁启超开创的以史家史书为研究对象的研究路数。对此，李振宏先生认为："'史学理论与史学史'是一个独立而完整的学科，不可将二者割裂开来，而实际上在这个学科内部却是两个似乎并不相涉的群体。从史学史的角度说，我们应该强调的是加强自身的理论修养，这是这个学科未来能否取得突破性发展的关键所在。"② 一些从事史学史研究的学者对此也有清醒的认识："对史学史的反思需要借助史学理论研究的新成果，这样不仅会开阔史学史研究者的视野，改变他们看待史学史的角度，而且会促使史学理论与史学史的交融，提升史学史研究的价值。"③

从一些从事史学史研究的学者对史学史研究现状的反思看，史学史研究的路数基本上还是在沿用100年前梁启超开创的、以史家史书为研究对象、按时间顺序记述的方法。这种研究方法在已经非常成熟的同时

---

① 孙美娟：《构建中国特色史学理论学科体系》，《中国社会科学报》2020年8月3日。
② 李振宏：《开辟中国史学史研究新局面的思考》，《史学月刊》2012年第8期。
③ 王记录：《回归与变革：中国史学史研究及学科发展趋向》，《史学月刊》2012年第8期。

却阻碍着史学史研究在理论和方法上的创新,以致史学史研究成果目前更多的是量的积累,而缺乏质的创新。存在的问题包括:第一,理论修养不足;第二,缺乏问题意识;第三,缺乏对历史学发展规律的宏观思考。

从目前史学史研究发展面临的瓶颈看,理顺史学史同史学理论之间的关系是实现史学理论与史学史学科发展的正途。要提高理论修养离不开对史学理论研究的关注;要提高问题意识,同样离不开史学理论的修养;要揭示历史学发展的规律,更离不开史学理论的指导。与此同时,史学理论研究要获得发展同样也离不开史学史的支持。对此,朱本源先生作了精辟的概括:"没有史学史的历史方法论是空洞的,没有历史方法论的史学史是盲目的。"①

首先,史学理论的一些命题需要从史学史研究的成果中予以归纳。史学史研究越具有理论意识,就越能为史学理论研究提供好的原材料,供史学理论研究者加工。其次,史学理论的命题需要在史学史的研究中予以检验。理论命题的正确与否需要到史学研究实践中进行检验。所以史学史研究的问题意识就产生于对史学理论的敏锐把握,从而能够自觉地为发展史学理论和检验史学理论提供原材料。当然,史学史研究者如果具有理论和问题意识,同样能够提供一些理论概括,这本身就构成史学理论的发展。对此,王记录教授指出:"中国史学史研究在理论与方法上往往处于被动状态,研究者将太多注意力集中在某些具体的历史文本的解读中,既对史学理论呼应不够,又不能够从具体的研究中抽绎出具有普遍意义的理论。"② 由此可见,史学理论学科的振兴与史学史学科在自身已有成就的基础上实现进一步的发展,有赖于双方的密切合作与良性互动。

(二) 历史理论与史学理论的关系

对历史发展进程本身做出理论思考是历史学和哲学共同的研究论

---

① 朱本源:《历史学的理论与方法》,人民出版社2007年版,第28页。
② 王记录:《回归与变革:中国史学史研究及学科发展趋向》,《史学月刊》2012年第8期。

题。在历史学中称这种研究为历史理论，在哲学中称这种研究为思辨历史哲学或历史本体论。与之相对应，对历史知识性质和特点所做的理论思考，在历史学中被称为史学理论，在哲学中被称为分析历史哲学或历史认识论。在作为历史学二级学科的史学理论与史学史中，"史学理论"概念是一广义用法，包括历史理论和史学理论两个部分；"史学理论"概念的狭义用法仅仅指对历史知识性质和特点的研究。国内史学界对历史理论和史学理论的了解和研究是从改革开放开始的。通过引介西方历史哲学的研究成果，我们了解到西方历史哲学分思辨历史哲学和分析历史哲学两种，而且在第二次世界大战之后，西方历史哲学发生了研究范式的转向，即从思辨历史哲学研究转向分析历史哲学研究。受西方历史哲学研究范式转向的影响，国内史学界在20世纪80年代中后期开始了对分析历史哲学（历史学界称之为史学理论）的研究。同样受西方历史哲学研究范式转向的影响，西方历史理论研究并未引起国内史学界的足够重视，反而被视为一种在西方已经过时的学问，研究者更多是以批判眼光看待像斯宾格勒和汤因比等思辨历史哲学代表人物的研究成果；加之，作为揭示人类社会历史发展规律的科学历史理论的唯物史观已经成为历史学的指导理论，学者们认为似乎没有做进一步研究的必要，由此造成一个时期以来我们对历史理论研究的忽视，而专注于史学理论研究。21世纪以来，忽视历史理论研究的后果逐渐显现。一方面是如前所述，唯物史观的传统解释体系面对新的时代主题、面对重大历史和现实问题，解释力逐渐下降，由此造成其对历史学的指导地位逐渐被边缘化；另一方面，由于对历史理论的研究兴趣和研究能力弱化，历史学出现碎片化倾向，甚至出现历史虚无主义思潮传播的态势。这使得历史理论研究开始得到重视。新成立的中国历史研究院专门新设立了"历史理论研究所"，就是要加强历史理论的研究。

要加强历史理论研究，首先必须厘清历史理论同史学理论的关系。受西方历史哲学研究范式转向的影响，国内史学界往往将历史理论（主要指那种思辨的、带有历史目的论和命定论特征、已经被现实的历史进程证伪的思辨历史哲学）视为一种已经过时的学问，而将狭义的史学理论视为应该予以加强的、能够弥补历史理论研究不足的前沿性学问。至于这两种理论研究到底是什么关系则很少有学者关注。我们认为，对历史过程本身做出理论认识的历史理论，决定着对历史知识性质和特点做出理论认识的史学理论，即对历史是如何发展的认识，决定了研究者会采用何种方法去认识历史。分析历史哲学的代表人物柯林武德，由于在对历史本身的理论思考上认为，"历史过程则是各种思想的过程"，导致他在史学理论的理论思考上认为"历史学家所要寻求的正是这些思想过程"，"历史学家必须在他自己的心灵中重演过去"，① 即通过设身处地地重现历史人物的思想来理解历史。与之相对，逻辑经验主义的代表人物亨普尔则认为，历史学和自然科学的研究对象都是可以观察的"经验事实"，而且两类现象都受本领域的普遍规律所支配，因此，历史认识同自然科学认识并没有什么不同，都是要通过经验归纳发现本领域的普遍规律，然后借助于初始条件加上普遍规律来对历史现象做出解释。② 至于后现代史学，由于他们认为历史现象是一去不复返的而无法客观地予以认识，所以对实际历史进程是如何演进的避而不谈，主张对历史如何书写并不存在什么客观限制，而完全取决于历史书写者的主体意识。由此可见，有什么样的历史理论就会有什么样的史学理论，从事史学理论研究的学者必须自觉地反思自己的历史理论，由此将自己的史学理论研究奠基于科学的历史理论之上，而不是否认或回避历史理论对史学理论的指导作用。其次，需要捋顺唯物史观同其他各种历史理论的关系。唯物史观本身就是一种历史理论，而且是经过历史和现实检验证明为科学的历史理论。但唯物史观不是一种终结性的历史理论，正像它在创建时需要汲取像黑格尔、亚当·斯密、圣西门等思想家的历史理论中的有益成分一样，它的与时俱进同样需要新的历史理论研究提供养分。目前史学界在历史理论研究方面的严重缺失，未能为唯物史观适应新时代需要的发展提供坚实基础。这也是唯物史观传统解释体系未能实现与时俱进，其对历史学的指导地位被边缘化的重要原因。由此可见，

---

① ［英］柯林武德：《历史的观念》，何兆武、张文杰译，中国社会科学出版社1986年版，第245、244、319页。

② Carl Hempel, "The Function of General Laws in History", in Patrick Gardinar, ed., *Theories of History: Readings from Classical and Contemporary Sources*, New York: Free Press, 1963.

加强历史理论研究，构建起我们自己的历史理论话语体系，并为构建具有中国特色的、适应新时代需要的唯物史观解释体系提供资源和借鉴，实现唯物史观与时俱进的发展，才能为历史学走出碎片化的泥淖和打破历史虚无主义的迷思奠定坚实的理论基础。

从目前中国史学界的发展现状看，理论研究兴趣和理论研究能力的薄弱，是构建具有中国特色的史学理论学科体系和话语体系的最大障碍，而史学理论学科体系和话语体系的建设又是一项难度颇大的系统工程。因此，这项建设工作是一项长期的系统工程，不能指望在短时间内迅速完成。但是，这并不意味着史学理论工作者可以以此为借口放松努力、自甘平庸。作为发展史学理论学科的主力军，史学理论工作者必须行动起来，既不能坐等史学理论发展春天的到来，又不能浮躁地试图走捷径，幻想从西方借用某种理论来改变目前史学理论研究的颓势。只有踏踏实实地从理论研究做起，振兴研究的弱势领域，补齐研究的短板，争取尽快实现史学理论诸门学科的均衡发展，在此基础上实现重点研究领域的尽快突破。同时，我们必须狠抓史学理论课程的教学工作，培养史学理论研究的后备人才，建设好史学理论研究的梯队力量。如果史学理论工作者能够在紧迫意识和危机意识的促动下，经过两三代人的艰辛努力，我们可以期待史学理论研究繁荣发展局面的出现，到那时，具有中国特色的史学理论学科体系和话语体系的建设将顺利完成，以此为契机，历史学的学科体系、学术体系和话语体系即"三大体系"建设也将获得重大推进，每一位参与到具有中国特色史学理论学科体系和话语建设中的史学理论工作者都会感到与有荣焉！

第二编

中国古代史"三大体系"构建的学理探讨

新时代中国古代史学科建设问题[*]

党中央决定成立中国社会科学院中国历史研究院、习近平总书记致信祝贺中国历史研究院成立,是对全国史学工作者的巨大鼓舞,是推动中国史学发展的强大动力。对于如何建设新时代中国古代史学科,我认为需要注意以下几点。

第一,以发展的马克思主义为指导,深入探索中国历史发展道路。习近平总书记在十九大报告中明确提出了当前建设新文化的总方针:"以马克思主义为指导,坚守中华文化立场,立足当代中国现实,结合当今时代条件……坚持创造性转化、创新性发展,不断铸就中华文化新辉煌。"[①] 这也是我们思考如何加强新时代中国古代史学科建设的总方向。中国是拥有五千多年历史的文明古国,历史传承绵延不绝。中华民族走过漫长曲折而又波澜壮阔的发展道路,中间有升平盛世,也有坎坷劫难,但又终于衰而复振,浴火重生。中国历史中蕴涵的经验、智慧和创造精神,无比丰富。中华民族的发展既符合全人类历史发展的普遍规律,又有本民族鲜明的特点。新时代中国古代史学科建设的第一项重要任务,就是在发展的马克思主义指导下,进一步深入探索中国历史发展道路。中国几千年历史的演进经历了哪些阶段?各个阶段的基本特点是什么?在世界各国中,中国封建社会经历时间最长,发展程度最高,其主要的运行机制是什么?有什么规律?几千年中促进中华民族融合的内

---

[*] 本文作者陈其泰,北京师范大学历史学院教授。本文原载于《历史研究》2019年第1期。

[①] 习近平:《决胜全面建成小康社会 夺取新时代中国特色社会主义伟大胜利——在中国共产党第十九次全国代表大会上的报告》,人民出版社2017年版,第41页。

部动力是什么？古代中国创造了辉煌灿烂的文化，成功的真谛是什么？中国如何加强与世界各国的联系，并为人类文明作出自己的重大贡献？围绕"中国历史发展道路"这个总题目，在前辈学者既有成果的基础上，进一步深入探讨，能够激发民族自豪感和自信心。我们应当从历史发展连续性的视角，阐明古今之间的内在关联，为当前坚定"四个自信"提供历史依据和智力支持。这项课题意义重大，任务艰巨，我们可以采取举行多种形式研讨会和开展合作研究的形式，不断向前推进，最终写好这篇大文章。

今天的中国是由历史上的中国发展而来的，研究历史可以使我们更深刻地认识国情，总结历史上兴亡盛衰的经验教训，对于今人具有重要的借鉴意义。近年来，已有大量立足于当今时代主题、从多方面总结历史经验的课题立项，如：古代治国理政经验、廉政文化、礼治与法治的理论与实践、官吏诠选与奖惩制度、边疆开发与治理、生态文明、水利建设、"一带一路"沿线国家的历史与文化等。这些项目的实施取得了十分可喜的成绩，彰显了历史研究与实现国家现代化的关系。今后推进古代史学科建设，对此还需持续高度关注，以进一步发挥历史学服务现实的作用。

第二，打造精品力作，提高学术影响力，进一步推动中华学术走向世界。史学名著是一个时代学术进展的标志性成果，集中体现了史家的史识、史学、史才，继往开来，启迪后人。改革开放以来，许多史学名家精心撰成优秀之作，产生了广泛的社会影响，如白寿彝主编《中国通史》，夏鼐《中国文明的起源》，杨向奎《宗周社会与礼乐文明》，侯外庐、邱汉生、张岂之主编《宋明理学史》，田余庆《东晋门阀政治》，胡如雷《中国封建社会形态研究》，漆侠《宋代经济史》，宁可《中国封建社会的历史道路》，刘泽华《中国古代政治思想史》等。我们当前正处在社会主义学术文化发展的黄金期，应当以前辈学术名家为榜样，潜心钻研，志存高远，发奋努力，继续奏出 21 世纪中国史学的华彩乐章。名著的产生，还需要有学术部门领导的支持和同行的关心，应当进一步优化学术评价体制，发展健康的、热情关心学术新秀成长的学术评论。中国社会科学院和全国不少高校、科研机构已经建立起鼓励优秀科研人才多出成果的良好机制，并且积累了支持首席专家贯彻其构成体系的学术思想、充分发挥团队成员的学术专长、取得具有领先水平科研成果的好经验，都很值得总结推广。

第三，加强理论创新，这是许多专家共同呼吁的问题。理论和学说，是对一种历史现象或是对某一历史时段的恰当概括和本质性认识，对具体的研究工作有指导意义。一种理论的形成又需要提升、完善的过程。改革开放以来，古代史领域已经提出了一些理论主张并发挥了良好作用。譬如，中华民族多元一体（或"中华一体"）格局、历史文化认同与统一多民族国家发展、中国封建社会发展地区不平衡性和广大边疆地区封建化进程、大宋史观和新"宋学"观、明清时期江南地区早期工业化、清朝前期的历史地位等，足以说明我们在理论创新上有很好的势头。20世纪50年代学术界提出了明代后期江南地区资本主义萌芽的观点，对明清经济史研究起到了良好的促进作用。而后来有的研究者对此加以讥评，认为是"教条式的套用"五种生产方式原理。近年来又有学者提出"江南地区早期工业化"的观点，虽然比之前者探讨范围更广、时段更长，但同样是指明代后期及其以后江南地区商业活跃、商品经济发达，较之传统社会已有了新的经济因素，说明这一观点是对客观存在的历史现象的概括，具有学术创新价值。至于如何定名，如何恰当估价，可以自由讨论，各抒己见。

同样应当重视的是，中国传统史学高度发达，包含着古代史家观察历史而形成的深邃智慧，正如习近平总书记所指出的，应当把其中"跨越时空、超越国度、富有永恒魅力、具有当代价值的文化精神弘扬起来"。[①] 譬如，司马迁著史的多维视野，春秋公羊学说的历史阐释学特色，刘知几构建历史编纂学体系的建树，章学诚对历史哲学（"道"）的探索，不同史书体裁的互相补充和"新综合体"的创造，传统史学向近代史学的转变等，我们都能从中得出具有中西学理融通意义的新概括，值得大力挖掘，进行创造性阐释。

[①] 习近平：《建设社会主义文化强国　着力提高国家文化软实力》，《人民日报》2014年1月1日第1版。

第四，拓展新的研究领域，创新研究方法。既拥有极其丰富的传世典籍，又拥有大量出土史料，是我们的最大优势。新史料能带来大量新的研究成果，学者们利用丰富的出土简牍史料，在研究古代事件、官制、赋役、乡里、律令、土地关系、交通、习俗、宗教信仰等领域获得了大量有价值的新成果。敦煌、吐鲁番文书和西夏文史料、多种古文书的利用，其收获也堪相媲美。同时，学者们对大量传世史籍进行创造性阐释，也相继开拓了中国古代历史理论、古代史学思想、历史编纂学、历史文献学、经史关系等领域的研究，成绩斐然，呈现方兴未艾之势。研究方法也多有创新，如采用传世文献、出土新史料与民族史调查三结合的方法，以及比较研究法、历史分析法、区域研究法、田野调查等。以上这些，都应给予大力支持！

第五，坚持以科学理论为指导的正确方向，发扬严谨扎实、勇于创新的优良学风。坚持以马克思主义为指导，才能在复杂散乱的史料中发现历史现象之间的本质联系，才能在各种主张纷至沓来之际保持清醒的头脑。历史研究应当重视史料的搜集、考辨等基础性工作，但不能满足于细小问题的考证。应将实证性研究与贯通考察相结合，将局部的、具体的史实考辨与一个时期的政治局面变迁、社会演进趋势相联系，揭示出具体史实内在的价值，有效地防止研究工作的"碎片化"。正确的理论指导加上严谨治学的优良学风，我们就能不断求得真知。当今普遍使用的电脑检索带来了查找资料的方便，但只能作辅助手段。重要的是认真读书，深入钻研，要对本人从事研究的这一阶段历史或这一领域有总体认识和深刻体悟，才能得出真知灼见。我们要热情帮助青年史学人才的成长，其中尤为重要的是，启发他们认真学习前辈学者严谨务实、攻坚克难的治学精神，"不忘本来、吸收外来、面向未来"[1]，塑造优良的学术品格。

---

[1] 习近平：《决胜全面建成小康社会 夺取新时代中国特色社会主义伟大胜利——在中国共产党第十九次全国代表大会上的报告》，第23页。

说创造性转化与创新性发展

——关于历史学学术体系构建的一点思考*

一 面临的一个新问题

构建习近平新时代中国特色历史学学科体系、学术体系、话语体系，是构建中国特色哲学社会科学体系的一个重要方面。而中国特色哲学社会科学发展的总目标要体现三个特点：一是继承性、民族性，二是原创性、时代性，三是系统性、专业性。① 这表明，哲学社会科学各学科，首先必须在继承性、民族性方面有所作为，因为这是"中国特色"的基本要求和主要标志。

对于历史学来说，这是面临着在新时代如何把史学遗产纳入学科体系、学术体系、话语体系建设的重大问题。运用马克思主义的立场、观点和方法批判继承文化遗产，我们讲了很多年了，也在很大程度上推动了教学和科研的发展。但是，自觉地把"遗产"纳入当今的学科体系的构建中来思考、研究，确是面临的一个新问题。

习近平主席的《在哲学社会科学工作座谈会上的讲话》指出：

---

* 本文作者瞿林东，北京师范大学历史学院教授。本文原载于《史学理论与史学史学刊》2020 年第 1 期。

① 习近平：《在哲学社会科学工作座谈会上的讲话》，《人民日报》2016 年 5 月 19 日第 2 版。

中华文明延续着我们国家和民族的精神血脉，既需要薪火相传、代代守护，也需要与时俱进、推陈出新。要加强对中华优秀传统文化的挖掘和阐发，使中华民族最基本的文化基因与当代文化相适应、与现代社会相协调，把跨越时空、超越国界、富有永恒魅力、具有当代价值的文化精神弘扬起来。要推动中华文明创造性转化、创新性发展，激活其生命力，让中华文明同各国人民创造的多彩文明一道，为人类提供正确精神指引。①

这段论述表明：从重要性来看，中华文明延续着我们国家和民族的精神血脉；从研究工作来看，要挖掘和阐发中华优秀传统文化中的积极成果，使其与现代社会相协调；从方法论来看，要推动中华文明创造性转化、创新性发展而使其焕发出新的生命力。本着这样的认识，史学工作者必将自觉地把研究史学遗产同当今学科建设密切结合起来。一般说来，这种结合至少要经历三个实际步骤：第一，有系统地梳理史学遗产的存在状况；第二，从梳理过程中发现那些与当今历史学学科建设有密切关系的概念与观念及相关成果；第三，尝试着对这些概念与观念及相关成果作创造性转化与创新性发展，使其融入当今历史学学科建设中来获得新的生命力，并推动当今史学的发展。

上述三个步骤中的前两个步骤，史学界同行做了不少工作，笔者在有关论述中也讲到过一些。而关于第三个步骤，是我们面临的一个新问题，需要进行新的探索。

二 关于历史理论方面的思考

对史学遗产中的优秀成果作创造性转化，是否可以作这样的理解：一是要讲清楚某一观念或某一成果所产生的历史时代与社会环境；二是要指出这一观念或成果在何种意义上可以融入当今历史学学科建设。

---

① 习近平：《在哲学社会科学工作座谈会上的讲话》，《人民日报》2016年5月19日第2版。

这里，先从历史理论方面作一点说明。《古文尚书》的《五子之歌》篇有"民惟邦本，本固邦宁"①的说法，大意是把本（即民）稳固了，邦（指国家）才可能安宁，而人君则是这里的主体。这里，就《五子之歌》所说"民惟邦本，本固邦宁"的观念来看，是关于君、民、邦三者之间的关系：君是统治者，为了"邦"的安宁，首先要"民"稳定好。其意托名"太康失邦"，"述大禹之戒以作歌"②等说法，后人多有异议，但其关于君、民、邦三者关系的观念，尤其是"民"的重要性，多为后人所关注。在这个观念中，"民"不是主体，君为维护"邦"的安宁而必须使"民"得以稳固而不乱。尽管如此，"民"的重要性还是凸显出来了。

在先秦思想家的论著中，这种"重民"的思想也很突出，《孟子·尽心下》这样说："民为贵，社稷次之，君为轻。"③这里也是讲到君、社稷（国家）、民三者的关系，但"民"排在首位，"君"放在最后。显然，在孟子看来，三者之中，"民"是最重要的。这种"重民"思想，在司马迁《史记》及其以后的历史著作中，也多有反映，司马光的《资治通鉴》是具有代表性的著作之一。司马光在《进书表》中写道：《资治通鉴》"专取关国家盛衰，系生民休戚，善可为法，恶可为戒者，为编年一书"。④这一撰述主旨，是司马光的撰述思想的集中表述。在这里，接受《资治通鉴》的宋神宗及其统治集团为主体，而"国家盛衰""生民休戚"是同等重要的两件大事。宋代是中国古代史学继魏晋南北朝隋唐史学发展之后继续发展时期，其达到的成就多为近人所称许。在这种学术背景下，司马光从纷繁复杂的史事中，极其鲜明地突出"国家盛衰""生民休戚"两个重大的、根本性的问题，反映了这位史学家的深邃的历史眼光。

类似这样的观念，在中国史学上还可以举出一些。这表明，在中国历史上，"重民"思想是有久远的传统的。尽管它产生于不同的历史时

---

① 《尚书·五子之歌》，《十三经注疏》本，中华书局1980年版，第156页。
② 《尚书·五子之歌》，《十三经注疏》本，中华书局1980年版，第156页。
③ 杨伯峻编著本《孟子·尽心下》，中华书局1958年版，第328页。
④ 司马光：《进书表》，《资治通鉴》附录，中华书局1956年版，第9607页。

期，也有不同的表述形式，但"重民"始终占有重要的位置。不过我们也应当看到，在以往的历史上，不论是把"民"置于最重要的位置，还是把"民"视为"国本"，以及把"民"之休戚看作与"国家盛衰"同等重要之事，其中有一个政治前提也是始终存在的，即"民"是人君、君主、皇帝维护其政治统治的施政方针之一。在这种历史条件下，"重民"思想本身必然带有避免不了的历史局限性。

对"重民"思想这一历史理论方面的珍贵遗产实行创造性转化，是有条件的。这个条件就是：近代以来马克思主义传入中国，人们运用马克思主义唯物史观观察历史、研究历史并联系现实的历史运动，进而对人民在历史上的地位和人民群众创造历史的伟大作用，提出本质上的认识。1944年9月，毛泽东同志在《为人民服务》这篇著名的文章中，阐述了中国共产党为人民服务的政治观、历史观。他指出："我们的共产党和共产党所领导的八路军、新四军，是革命的队伍。我们这个队伍完全是为着解放人民的，是彻底地为人民的利益工作的。""因为我们是为人民服务的，所以，我们如果有缺点，就不怕别人批评指出。"[①] 毛泽东在抗日战争胜利前夕的1945年4月所作的《论联合政府》中有这样的论断："人民，只有人民，才是创造世界历史的动力。"[②] 这一论断，反映了中国共产党人运用马克思主义唯物史观从本质概括了人民群众的历史地位。1945年5月，毛泽东进而指出："群众是从实践中来选择他们的领导工具、他们的领导者。被选的人，如果自以为了不得，不是自觉地作工具，而以为'我是何等人物'！那就错了。我们党要使人民胜利，就要当工具，自觉地当工具。"他进而强调说："这是唯物主义的历史观。"[③] 毛泽东在一个月中间两次论述人民的作用和地位，并说这种观念是"唯物主义的历史观"，从而划清了与历史上"重民"思想的界限，确立了中国马克思主义的人民观。这表明，中国马克思主义的人民观，视人民为历史的主人，这既是传统的"重民"思想转化的

---

① 毛泽东：《为人民服务》，《毛泽东选集》第3卷，人民出版社1991年版，第1004页。
② 毛泽东：《论联合政府》，《毛泽东选集》第3卷，人民出版社1991年版，第1031页。
③ 毛泽东：《第七届中央委员会的选举方针》，《毛泽东文集》第3卷，人民出版社1996年版，第373—374页。

条件，也是其转化的归宿。可以认为，在新的历史条件下，我们运用马克思主义人民观为武器，驱除笼罩在传统"重民"思想四周的"人君""君主""皇帝"的神圣光环，使其获得新生，从而丰富了中国马克思主义人民观的历史内涵。

历史的发展总是在推动着理论的发展。新中国的成立，中国人民成了国家的主人，随着社会主义建设事业前进的步伐和改革开放事业的不断扩大和深入，中国历史迈入新时代，"人民"这个伟大的名称在中国这块辽阔的、生机勃勃的土地上，再一次升华，获得更深刻、更庄严的含义。习近平在党的十九大报告中论述"新时代中国特色社会主义思想和基本方略"时指出："必须坚持以人民为中心的发展思想""坚持以人民为中心。人民是历史的创造者，是决定党和国家前途命运的根本力量。必须坚持人民主体地位，坚持立党为公、执政为民，践行全心全意为人民服务的根本宗旨，把党的群众路线贯彻到治国理政全部活动之中，把人民对美好生活的向往作为奋斗目标，依靠人民创造历史伟业。"① 这是当代马克思主义人民观的最新表述，是对马克思主义唯物史观的一个新发展。

当我们把问题提到当代认识的新高度时，才有可能进一步讨论和践行对史学遗产作"创新性发展"的问题。这是因为：第一，"创造性发展"，首先是明确发展的方向。所谓"方向"，一是正确性，二是时代性，把握住这两条，可以说是明确了发展方向。第二，在以人民为中心的发展思想指导下，对史学遗产中的某个命题、某种观念或某一论著作新的解说，从不同的方面对这一发展思想进行阐述，使其内涵更加丰富。如以人民为中心的发展思想表明，人民是历史进程诸因素中最重要的因素，人民的利益同国家的利益是完全一致的，从国家层面来说人民乃是国家之本，等等。是否可以认为，这是从一个方面体现了历史学学术体系构建中的继承性与民族性特点。

---

① 习近平：《决胜全面建成小康社会 夺取新时代中国特色社会主义伟大胜利——在中国共产党第十九次全国代表大会上的报告》，《人民日报》2017年10月28日第1版。

三　关于史学理论方面的思考

上文是从历史理论方面举例说明，这里再从史学理论方面举例说明。历史理论是人们关于客观历史运动的认识，与此不同的是，史学理论是人们关于史学这门知识或这门学科的认识，二者研究对象不同但又存在密切的联系。

中国史学遗产中蕴含着丰富的史学理论遗产。二十多年前，我们承担了《中华大典》的《历史典·史学理论与史学史分典》的编纂工作。在"史学理论总部"中，我们划分了史学功用部、史家修养部、史学方法部和史学批评部，而于各部中又各划分若干子目。应当说，这种划分是带有探索性的，比如，"史学功用部"分为史学与蓄德、史学与彰往察来、史学与惩劝、史学与资治、史学与经世、史学与明道、史学与历史七目。其实，其中蓄德与惩劝相近，彰往察来与明道相近，资治与经世相近，这种细分只是为了便于编次罢了。

以史学理论遗产为例，我们怎么认识和践行创造性转化和创新性发展呢？就以"史学功用"来说，它所涉及的内容非常广泛，历史上这方面的名言、佳句所反映出来的观念亦时有所见。如唐太宗明确表示，"览前王之得失，为在身之龟鉴"①、"大矣哉，盖史籍之为用也"②；刘知幾指出："史之为用，其利甚博，乃生人之急务，为国家之要道"③；杜佑更是明确宣示："所纂《通典》，实采群言，征诸人事，将施有政"④；顾炎武引用唐人殷侑建议科举考试增设"三史"科及"三传"科之事，认为明朝"若能以此法举之，十年之间，可得通达政体之士，

---

① 王钦若等：《册府元龟》卷554《国史部·恩奖》，中华书局1960年版，第6657页。
② 唐太宗：《修晋书诏》，载宋敏求编《唐大诏令集》卷81，中华书局2008年版，第467页。
③ 刘知幾：《史通·史官建置》，上海古籍出版社2009年版，第281页。
④ 杜佑：《通典》，中华书局1988年版，书首自序第1页。

未必无益于国家也"。① 王夫之进而把问题说得更为具体、明白:"盖尝论之,史之为书,见诸行事之征也。则必推之而可行,战而克,守而固,行法而民以为便,进谏而君听以从,无取于似仁似义之浮谈,只以致悔吝而无成者也。则智有所尚,谋有所详,人情有所必近,时势有所必因,以成与得为期,而败与失为戒,所固然矣。"② 这一段话,对史学功用做了极好的概括。

显然,对于上述这些思想遗产,确有必要作创造性转化和创新性发展,激活其新的生命力,在当今史学发展中发挥作用。白寿彝先生在20世纪60年代至80年代,一方面谈史学遗产,一方面谈历史教育,而他的历史教育思想蕴含着一种庄严的使命意识,他的许多论述,实质上就是自觉或不自觉地在做着转化与发展工作。③ 今天,我们更应该高度自觉地把转化和发展的工作做好。

这里,我们举史学功用部的一个方面即史学与明道的关系,略作分析。历代史家与学人,多有论述史学对于人们明"道"的作用和意义,重在强调史学对于人们的思想、观念、主张的影响。"道"是中国思想史上含义最复杂的概念之一。《老子》称:"有物混成,先天地生,寂兮寥兮,独立而不改,周行而不殆,可以为天地母。吾不知其名,字之曰道。"④ 这是把"道"视为万物之本原。孔子说:"道不同,不相为谋。"⑤ 显然,这里说的"道"是政治主张的意思。孟子则这样说:"得道者多助,失道者寡助。"⑥ 孟子是在讲"天时不如地利,地利不如人和"时说这番话的,有学者把这里的"道"解释为孟子主张的"仁政",意谓好的治国主张。孟子还说过:"仁也者,人也。合而言之,

---

① 顾炎武:《日知录》卷16"史学"条,黄汝成集释本,岳麓书社1994年版,第597—598页。
② 王夫之:《读通鉴论·叙论三》,中华书局1975年版,第1110页。
③ 参见瞿林东《史学工作者的光荣职责——白寿彝历史教育思想的使命意识》,《光明日报》2020年3月25日。
④ 《老子·二十五章》,《诸子集成》本,中华书局1954年版,第14页。
⑤ 《论语·卫灵公》,杨伯峻译注本,中华书局1958年版,第177页。
⑥ 《孟子·公孙丑下》,杨伯峻译注本,中华书局1960年版,第87页。

道也。"① 这同上文讲"人和"是有联系的。介于《老子》和孔孟之间的一种观点，认为："道者，万物之所然也，万理之所稽也。"② 这表明，"道"是万事万物生成变化的法则，是无数事物生成变化的依据。关于道，还有其他一些观点，上述三种观点是比较重要的，尤其是后两种观点在史学上比较常见，应是我们关注的重点。

司马迁在《史记·太史公自序》中不止一次地讲到"道"。他在回答上大夫壶遂的问题时，说道："夫《春秋》，上明三王之道，下辨人事之际。"他在提到孔子、屈原、左丘明、孙子、吕不韦、韩非各有著作以及《诗》三百篇时，认为这是"贤圣发愤之所为作也。此人皆有所郁结，不得通其道也，故述往事，思来者"。③ 这里说的"三王之道"，是"三王"治理社会的主张；而"不得通其道"的"道"，当是指人的社会思想或学术见解，二者有一定的相近之处。

宋代思想家、史学批评家叶适认为："明于道者，有是非而无古今。至学之则不然，不深于古，无以见后；不监于后，无以明前：古今并策，道可复兴，圣人之志也。卓然谓王政可行者，孟子也；晓然见后世可为者，荀卿也。然言之易者行之难，不可不审也。"④ 在笔者看来，叶适讲的前一个"道"贯通古今，指的是法则；后一个"道"指的是"圣人之志"，是治理社会的主张及其践行。清代思想家、史评家龚自珍极看重史学，多有这方面的评论，他在史评文章《尊史》中指出，史者之尊在于深于史而明察社会、国家，最后写道："尊之之所归宿如何？曰：乃又有所大出入焉。何者大出入？曰：出乎史，入乎道，欲知大道，必先为史。此非我所闻，乃刘向、班固之所闻。向、固有征乎？我征之曰：古有柱下史老聃，卒为道家大宗。我无征也欤哉？"⑤ 龚自珍提到刘向、班固，其实他比刘向、班固所论要深刻得多。他又归结到老聃，但他并非在讨论万物之本原，也不是在讨论韩非所说的"万物之

---

① 《孟子·尽心下》，杨伯峻译注本，中华书局1960年版，第329页。
② 韩非：《韩非子·解老》，《诸子集成》本，中华书局1954年版，第107页。
③ 司马迁：《史记》卷130《太史公自序》，中华书局1959年版，第3297、3300页。
④ 叶适：《习学记言序目》卷19《史记一》，中华书局1977年版，第269—270页。
⑤ 龚自珍：《龚自珍全集》第1辑《尊史》，上海古籍出版社1975年版，第81页。

所然也"。从《尊史》全文来看，龚自珍正是说的史学及其与社会之所然也的问题，即其中的法则、规律，人们为了认识这一法则、规律，首先必须研究和认识历史。从这个意义上说，《尊史》这篇短文，是一篇阐述历史哲学的大文章。

自司马迁以后尤其是两宋以后，许多史家和学人都谈到史学与明道的关系，反映了这方面的思想遗产是很丰富的。因此，我们在运用唯物史观考察它们产生的时代条件及其本来意义的基础上，对它们作创造性转化和创新性发展，也就有了更多的条件和更大的空间。在现代汉语中，"道"可以作为方向、方法、道理来理解，这同孔子、司马迁说的"道"比较相近，就是同孟子说的"道"有"仁政"或"仁"的含义（"得道多助，失道寡助"），也相去不远。毛泽东曾在1970年发表了著名的《全世界人民团结起来，打败美国侵略者及其一切走狗》（"5·20声明"），其中就引了"得道多助，失道寡助"这句名言[1]，给我们作"转化""创新"工作以深刻的启示。

如前所述，古代史家与学人所言之"道"，往往带有后人所言法则、规律的含义，毛泽东在讲到认识规律的方法论时，同样给予我们极大的启示。他指出："规律自身不能说明自身。规律存在于历史发展的过程中。应当从历史发展过程的分析中来发现和证明规律。不从历史发展过程的分析下手，规律是说不清楚的。"[2] 这一论述，深刻地揭示认识历史发展过程对于认识规律的关键作用。显然，运用这一方法论来看待史学上的"史学与明道"的种种说法，也就有了明确的方向并对其作"创造性转化"与"创新性发展"，进一步丰富当代史学理论的内涵。举例来说，龚自珍的"欲知大道，必先为史"的名言，由此而被激活获得新的生命力。

新时代中国特色历史学基本理论问题研究是一项重要的学术工程，需要史学界同仁共同致力于此，才能有所建树。这一学术工程首先要体

---

[1]　参见毛泽东《毛泽东外交文选》，中央文献出版社、世界知识出版社1994年版，第586页。

[2]　毛泽东：《读苏联〈政治经济学教科书〉的谈话（节选）》，《毛泽东文集》第8卷，人民出版社1999年版，第106页。

现继承性、民族性，这是由工程的性质所决定的。而继承性、民族性的关键所在，在于对学术遗产中的优秀部分作创造性转化和创新性发展。在马克思主义唯物史观的指导下，做到并做好这方面的工作，一是要了解学术遗产的面貌，二是要对当前学术发展态势有较全面的认识，三是要对学术前景有所判断。这不是一个人的能力所能达到的，需要集体的努力和团队精神。这篇短文只是把问题提出来，用举例的方法作粗浅的说明，希望能够起到抛砖引玉的作用，经过大家共同努力，完成这一重要的学术工程。

郭沫若与中国马克思主义史学体系构建[*]

史学体系是史学学科体系、学术体系、话语体系的综合体现，也是社会需要在史学教育、研究与人才培养上的客观反映。古往今来，社会性质不同、社会发展阶段不同、社会需要不同，史学体系经历了不同的历史时期，内涵也各不相同。20世纪初，风雨如晦，鸡鸣不已，中国史学体系经历了从传统史学体系向近代史学体系的转化；与此同时，马克思主义传入中国，其学说同正在发生深刻变化的中国实际相结合、同中华优秀传统文化相结合，催生了中国马克思主义史学的诞生，推动了近代史学体系向马克思主义史学体系的转化。新中国建立后，马克思主义史学体系在这个古老的史学大国的史坛上占据了主导地位，中国史学体系发生了千古以来根本性的变化。郭沫若既是这两个转化的亲历者，又是实践者。作为中国马克思主义史学的开拓者和奠基人，郭沫若为中国马克思主义史学体系建设做出过重大贡献，也为今天中国特色历史学"三大体系"构建留下了丰厚遗产。

一 关于史学的性质、任务与指导思想

在长期的史学研究实践中，郭沫若对史学性质、任务与史学指导思

---

[*] 本文作者卜宪群，中国社会科学院古代史研究所研究员。本文原载于《中国史研究》2022年第3期。

想、史学学科规划发展均有系统思考。

第一，关于历史学的性质。史学的性质是史学体系的核心问题之一，对这个问题的不同认识，是区分不同史学体系的关键。20世纪初，梁启超倡导"新史学"，将史学视为一门独立的学科体系并试图用进化论的观点解释历史发展过程，得出了不同于传统史学体系对史学性质的全新认识，具有重大进步意义。但梁启超在历史观上最终还是陷入了主观唯心主义，并没有能够给中国近代史学体系奠定科学的理论。近代中国对史学性质的理解，是以胡适、王国维、陈寅恪、顾颉刚、傅斯年等为代表的实证派占据主导，而真正开始构建科学的史学体系的是李大钊。李大钊在《史学要论》这本书中，以马克思主义唯物史观为指导，对史学的学科性质、架构、作用，以及史学与社会、史学与其他学科的关系等作了系统分析，构建出马克思主义史学体系的基本框架。由于李大钊为革命牺牲较早，他的很多思考没有能够继续下去，郭沫若继承了他的遗志，承担起这项事业并为之奋斗终生。郭沫若对历史学的性质有着唯物史观的科学认识，并随着时代的发展而不断前进。1929年9月，他在为《中国古代社会研究》一书所写的《自序》中说"认清楚过往的来程也正好决定我们未来的去向"，又说："我们的要求就是要用人的观点来观察中国的社会。"[①] 1950年，他在《中国奴隶社会》一文中指出："旧的历史家对于历史的看法，认为历史是过去的，固定的，死的东西，或者把过去看成比现在还好。他们不知道历史是向前发展的，用新的历史观来看，'历史'就等于'发展'。"[②] 历史学的性质是以人为主体研究对象的学科，历史是不断向前发展着的，历史学应当面向未来，这些都十分准确地概括出马克思主义史学不同于其他学派的本质特点。

第二，关于历史学的任务。为人民研究历史、研究人民的历史、站在人民的立场研究历史，始终被郭沫若视为历史学研究的重要任务，也

[①] 《郭沫若全集·历史编》第1卷，人民出版社1982年版，第6页。
[②] 《郭沫若全集·历史编》第3卷，第422页。

是他史学思想的鲜明特点。他强调他是在"人民本位的标准下边从事研究"①，他认为学术研究总的方向"应该是为人民服务，为社会主义服务。史学研究的任务自然也不能例外"。② 比如在历史人物的评价上，他认为"特别是要看他对于当时的人民有无贡献"。③ 他写曹操、写王安石，写李自成、写李岩，观点未必都十分完美，但都是出于"人民本位"这一思想。特别是他的《甲申三百年祭》一文，不仅运用唯物史观探讨了明朝灭亡与李自成起义失败的教训，也被当时的中国共产党人作为避免骄傲自满的生动教材，要求全党学习，充分发挥了史学的经世致用功能。

第三，关于历史学的指导思想。学科理论是学科体系的基石，只有科学的理论指导才能保证学科体系方向的正确。郭沫若是一位坚定的马克思主义史学家，他确立的史学体系指导思想就是马克思主义唯物史观。郭沫若真诚信仰唯物史观，早在20世纪20年代，他就翻译、研读过马恩《政治经济学批判》《家庭、私有制和国家的起源》《德意志意识形态》《资本论》等重要著作，并将日本著名学者河上肇阐释唯物史观的著作《社会组织与社会革命》翻译成中文，从而奠定了他坚实的马克思主义理论基础。社会形态理论是唯物史观的核心，郭沫若始终将社会形态研究作为观察分析中国古代社会的一把钥匙。他在《中国古代社会研究》的导论《中国社会之历史的发展阶段》中指出："人类社会的发展是以经济基础的发展为前提，这已经是成了众所周知的事实了。"④"经济基础"一词正是社会形态理论的核心观念。此外还在《奴隶制时代》一书的开篇中说："中国历代的生产方式，经过了原始公社制、奴隶制、封建制等，一直发展到现阶段，在今天是无可争辩的事实了。"⑤ 这样的叙述贯穿在他很多论著中。

第四，关于历史学的学科规划。1949年前由于政治原因，马克思

---

① 《郭沫若全集·历史编》第4卷，第3页。
② 《郭沫若全集·历史编》第3卷，第477页。
③ 《郭沫若全集·历史编》第3卷，第470页。
④ 《郭沫若全集·历史编》第1卷，第13页。
⑤ 《郭沫若全集·历史编》第3卷，第14页。

主义史学不可能登上讲坛，学科规划更无从谈起。1949年后不久的1954年，郭沫若不仅提出要加强研究汉民族史、少数民族史、亚洲各民族史和世界史，还提出要研究通史和专门史。他说："我们在目前还得不到一部完整的通史或其他各文化部门比较精密的专史。"① 1959年，他在《关于目前历史研究中的几个问题》一文中，又对通史、断代史、专业史、专题史以及历史研究所的研究方向提出了更加具体的意见。关于通史，他指出："一部中国通史，是中国整个社会的全面发展史。以马克思列宁主义的观点，编写出一部完整的中国通史，这是大家所一致期待的。"通史要搞，断代史也要搞，断代史研究的根本不是看以不以朝代为段落，"重要的是看站在什么立场、用什么观点方法去研究"。旧的方法是以朝代为段落，而新的方法"是根据社会发展的五个时期来划分段落"，也就是把断代史放在五种社会形态演变中来研究。郭沫若的这个看法既保留了断代史的传统方法，又赋予了断代史研究新的内涵，十分有新意。文章中他特别提到要重视思想史、经济史、文化史、文学史、戏剧史、诗歌史、小说史、工艺史等专门史的研究，对"最近出现的崭新的事物"如工矿史、公社史研究也要重视，"并且尽可能把它们写好，这是很有价值的"。但是他又指出，撰写这些工矿史、公社史的目的是"提供材料"，不能代替通史、专业史的研究，更不能与通史、专业史对立起来。这是十分有见地的看法。关于历史研究所的工作，他认为应当扩大业务范围，应该"从文献中研究以前的历史"转而"侧重到修史方面来"。在研究的组织形式上，他"欢迎个人撰述"，但他更主张"以任务带动科学研究"，"如果脱离任务，孤立地进行研究，是不容易搞出成绩来的"。② 实际上，在郭沫若的领导下，历史研究所自20世纪五六十年代启动的一批集体性质的大课题，如《中国史稿》《甲骨文合集》等，其成果不仅奠定了历史研究所近70年来在国内外学术界的地位，更培养了一大批人才，这是任何不带有偏见者都应该承认的事实。尤其是郭沫若对历史研究所工作性质与方向的界定，今

---

① 《郭沫若全集·历史编》第3卷，第442页。
② 《郭沫若全集·历史编》第3卷，第477—480页。

天仍有深刻借鉴价值。

二 关于史学研究的理论与方法

　　史学体系建设除了科学的理论指导外，还需要有自身的研究方法，有明确的研究方向，郭沫若在理论与实践上都做过许多探讨。他强调史学研究必须实事求是，必须重视史料。众所周知，在撰写《中国古代社会研究》之前，他不仅广泛涉猎传世文献资料，也阅读了大量新发现整理的甲骨金石文献。在该书《自序》中，他说："大抵在目前欲论中国的故学，欲清算中国的古代社会，我们是不能不以罗、王二家之业绩为其出发点了。"① 所谓"罗、王二家之业绩"指的就是罗振玉、王国维在史料学上的贡献。该书1954年的新版引言中，他把这个思想表达得更加充分："研究历史，和研究任何学问一样，是不允许轻率从事的。掌握正确的科学的历史观点非常必要，这是先决问题。但有了正确的历史观点，假使没有丰富的正确的材料，材料的时代性不明确，那也得不出正确的结论。"他还特别强调："地下发掘出的材料每每是决定问题的关键。"② 1959年，他在答《新建设》编辑部问而作的《关于目前历史研究中的几个问题》一文中，专门列有"史料、考据和历史学的关系问题"，更加完整系统地表达了自己的看法。他指出历史研究应当分为三个步骤：第一步是"尽可能地占有大量资料"，并对资料进行辨别，去其糟粕，取其精华。但他同时强调"没有史料固然不能研究历史，专搞史料也绝不能代替历史学"，那种"整理史料即历史学"的观点"显然是错误的"。第二步是整理史料。整理史料时要分清主次，"要引导大家从大处着眼，把精力集中在大的事业上"。他特别强调"对民族的发展、经济的发展、文化的发展等有关的史料是头等重要的，应该尽量搜集，优先整理"。不仅要重视文字资料，物质资料也要重视，

---

① 《郭沫若全集·历史编》第1卷，第8页。
② 《郭沫若全集·历史编》第1卷，第4页。

"劳动人民直接创造的东西，比文字记载还可靠"。第三步是运用史料。他认为如何运用史料"这是历史研究中更重要的问题"。"有了史料，如果没有根据辩证唯物主义和历史唯物主义的方法加以处理研究，好像炊事员手中有了鱼、肉、青菜、豆腐而没有烹调出来一样"。但是他绝不主张以论带史，他指出："固然，史料不能替代历史学，但在历史研究中，只有历史唯物主义的一般原理而没有史料，那是空洞无物的。"[1] 我们很少在郭沫若的论著中看到单纯抽象的谈理论，正是他践行这一原则的反映。郭沫若是最早科学阐释理论与史料关系的马克思主义史学家。在郭沫若的史学论著中，"二重证据法"以及跨学科的研究方法随处可见，因为新史料的发现，郭沫若多次修改自己的看法也是大家知道的事实。有人说郭沫若是"史观派"，其实这个看法未必完全符合他的本意，也未必符合他的研究事实。史料是史学的基础，但历史学的方向并不只是追求史料，不能只是"知其然"，而是要"知其所以然"，探寻历史发展的规律才是历史学的真正目标。郭沫若在《中国古代社会研究》中引用了马克思《政治经济学批判·序言》中的那段话："亚细亚的、古典的、封建的和近代资产阶级的生产方法，大体上可以作为经济的社会形成之发展的阶段。"进而指出："这样的进化的阶段在中国的历史上也是很正确的存在着的。"[2] 新中国成立后，他又明确指出："研究历史的目的，是要用大量的史料来具体阐明社会发展的规律。"[3] 既反对以"国情的不同"拒绝承认中国历史与唯物史观所发现的人类历史普遍规律相吻合的错误观点，又从中国历史实际出发，积极探讨符合中国实际的历史发展规律，是郭沫若一生在历史学上的追求。正是秉持这种观点，郭沫若在中国历史研究上做了许多开创性的研究，林甘泉、黄烈主编的《郭沫若与中国史学》[4]，谢保成撰写的《郭沫若学术思想评传》[5] 等论著对此作了很好的总结，这里不再一一叙述。

---

[1] 以上引文见《郭沫若全集·历史编》第3卷，第483—486页。
[2] 《郭沫若全集·历史编》第1卷，第154页。
[3] 《郭沫若全集·历史编》第3卷，第485页。
[4] 林甘泉、黄烈主编：《郭沫若与中国史学》，中国社会科学出版社1992年版。
[5] 谢保成：《郭沫若学术思想评传》，北京图书馆出版社1999年版。

郭沫若在中国马克思主义史学体系构建上的贡献当然远远不止以上内容。譬如说，他将马克思主义唯物史观基本原理结合中国具体实际，考证史料中记载的殷周直接生产者的社会身份，首次提出了中国存在奴隶制社会形态说。他从物质生产条件的变化考察社会制度的变迁，提出了划分中国奴隶制社会向封建制社会转化的具体时间，即所谓古史分期说。他把马克思关于亚细亚生产方式的论述断定为原始社会，并强调中国也经历了这一阶段，肯定了中国历史上社会形态演变的完整性。他科学区分了三代的"封建"与秦汉以后封建社会的联系与区别，用马克思主义唯物史观辨析清楚了"封建"的名与实问题。他既运用唯物史观歌颂劳动人民的活动，又认为不能盲目否定王朝体系，不能不写历史上统治阶级的活动，坚持了历史研究实事求是的态度。他既汲取中国传统史学考据学的精华，又重视批判借鉴西方学者的有益成果，开辟了中国马克思主义史学的新境界。郭沫若这些史学思想都极大丰富了中国马克思主义史学体系内涵。如果没有郭沫若以及以他为代表的一大批马克思主义史学工作者的不懈努力，我们对中国历史的认识不可能有今天这样深入，中国历史学也不可能在世界历史学界拥有今天的地位。

最后，我谈一点郭沫若在中国马克思主义史学体系构建上的杰出贡献及其与新时代中国特色历史学学科体系、学术体系、话语体系建设的关系。其实，如同历史上一切优秀的史学家一样，其史学精神总是会随着时代变化而不断散发出新的魅力，郭沫若也是一样。习近平总书记在《致中国社会科学院中国历史研究院成立的贺信》中对新时代中国历史学提出要求，这就是要加快构建中国特色历史学学科体系、学术体系、话语体系，坚持历史唯物主义立场、观点、方法，立足中国、放眼世界，立时代之潮头，通古今之变化，发思想之先声，推出一批有思想穿透力的精品力作，培养一批学贯中西的历史学家，充分发挥知古鉴今、资政育人作用。郭沫若就是一位坚持唯物史观立场、观点、方法，立足中国、放眼世界，立时代潮头，通古今变化，发思想先声，学贯中西，知古鉴今，资政育人，推出有思想穿透力的精品力作的马克思主义史学家。他为构建中国马克思主义史学体系所做出的杰出贡献，与新时代习近平总书记所要求构建的中国特色历史学学科体系、学术体系、话语体系在精神实质、内涵要求上是完全一致的，我们今天仍然要认真学习，继承弘扬郭沫若留给我们的这份珍贵遗产。

70年来中国古代史学科建设历程的回顾与反思[*]

历史时间的实质，是既与政治和价值观念相纠缠，也与知识观念发展相纠缠的人文时间。在中华人民共和国成立70周年这一充满政治、价值和知识意义的时间节点即将到来之际，回首中国古代史学科70年来走过的道路，对于未来的前行，无疑是一件有意义的事情。

一 十七年和四十年：中国古代史研究的两阶段

学术史上，一般将1949年至今70年的中国当代史学史，划分为前十七年的史学、"文化大革命"十年的史学以及改革开放以来的史学三大阶段。这种划分，无疑是从社会政治对学术影响的角度考量的。由于"文化大革命"十年除了配合政治运动的影射史学外，几无可以称道的学术内容，因此，道及中华人民共和国成立70年来的中国古代史研究，实际上只有前十七年史学和改革开放以来四十余年的史学研究属于正常学术阶段。

首先是前十七年。

对于中国古代史研究来说，1949年中华人民共和国的成立，作为

---

[*] 本文作者向燕南，北京师范大学历史学院教授；戚裴诺，北京师范大学历史学院博士研究生。本文原载于《河北学刊》2019年第5期。

标志性的时间节点,其意义是自此以后的中国古代史的研究从问题意识到解释体系都开始了革命性的转变。从那一时期开始,1930年代已显示出强大生命力的历史唯物主义逐渐成为中国古代史研究的统一指导思想。此后一直到1960年代中期"文化大革命"开始,中国古代史研究的成就,主要是在"马克思主义理论"指导下的一些理论讨论和对相关"问题"的研究。其中,以中国古代史分期、中国封建土地所有制形式、中国封建社会农民战争、中国资本主义萌芽和汉民族形成等问题最为重要,曾被形象地概括为"五朵金花"。① 从当时整个中国史的学术研究看,在这"五朵金花"中,中国古代史分期问题因属于"马克思主义"史学话语体系中的基本问题,涉及以什么历史观认识历史进程和发展阶段的问题,所以它在当时的理论意义最大,其影响已超越了问题本身,直接或间接地影响着对其他重要问题的探讨。从成果数量上看,"五朵金花"中,农民战争问题,因取径阶级革命理论的分析,故而投入研讨的学者最多,堪称一时之"显学"。至于对汉民族形成问题的探讨,则是随着新政权在全国统一与稳定局面形成,无论是从国家治理、协调国内民族关系以及周边国家边界问题的处理,都已超出单纯的民族史讨论,而显示出与现实政治的关联。

在以上的表述中,之所以将马克思主义理论和问题的表述带上引号,是因为从今天看来,当时的问题,更多是先以"苏式"教条化的"马克思主义理论"引出貌似问题的"问题"。而且当时的中国古代史研究也更多表现为依照教条的逻辑引述材料的推导,因此对于当时所讨论的问题,今天很有必要作出重新的思考及审视。

当然,在前十七年中,除了集中讨论"五朵金花"外,还是有一些史学家在相关领域发表了富有学术价值的论著。其中,研究先秦史的杨宽、蒙文通、顾颉刚等,研究秦汉魏晋南北朝史的高敏、安作璋、唐长孺、周一良等,研究隋唐史的陈寅恪、岑仲勉、杨志玖、吴枫、韩国磐等,研究辽宋金西夏元史的冯家昇、陈述、张家驹、漆侠、蔡美彪、陈高华等,研究明清史的李洵、李光壁、谢国桢、梁方仲、傅衣凌、韦

---

① 《历史研究》编辑部:《建国以来史学理论问题讨论举要》,齐鲁书社1983年版。

庆远、莫东寅等，其学术成果至今仍是相关领域的重要参考著作。

总的说来，前十七年的中国古代史研究，各断代史研究成果并不平衡。其中，先秦至隋唐，因先前的学术积累相对丰厚，研究成果也就显得很突出。辽宋以后的研究，因为先前的研究相对薄弱，故而研究成果多偏向于基础性的研究层面。整体看来，前十七年的中国古代史研究大多表现出努力运用马克思主义重新架构和解释的取向。关注社会经济史的研究、注重阶级分析方法的应用，是这十七年中国古代史研究的显著特点，而这方面的一些研究也确实弥补了1949年以前中国古代史研究的某些不足。同时亦须看到，前十七年中国古代史研究领域苏式教条化的"马克思主义理论"对中国古代史研究产生影响。

其次是改革开放迄今的四十余年。这也是中国古代史研究，历经解放思想，恢复实事求是的学风，逐步挣脱教条主义束缚而走向繁荣的时期。

新时期最初几年，由于长期与外部世界隔绝造成的学术思维局限，包括中国古代史研究在内的史学界主要讨论的问题尽管多了一些对中国古代专制政治等问题的反思，但从实际看，很多问题还是在延续"文化大革命"前关注的热点。此后于1990年代初，因对世界学术理论与方法了解有限而造成真正的史学问题意识贫乏，加上受政治和社会经济氛围变化的影响，一度使史学界陷入缺乏学术热情和动力的"史学危机"。这种感慨历史无用的危机意识，在专业远离社会现实的古代史学界尤其突出。它既体现了学者对研究现状的不满，也预示着中国古代史研究范式即将发生变革。此后，随着中国经济的发展和国际地位的提高，民族文化自信空前提高，以及对世界学术认识的不断加深，中国古代史研究也渐"预流"其中，先是文化史，继而是社会史和"新文化史"，不同取向的研究热潮先后迭起，不仅摆脱了"史学危机"，而且成为全社会关注的"显学"。

新时期的中国古代史学科，从恢复到繁荣发展的历程，仅从相关研究机构的建立，即可窥其一斑。其中，1977年，中国社会科学院成立，历史研究所为下设机构之一。接下来，中国唐史学会与中国宋史学会率先成立，为断代史研究交流平台的建立开创了先例。此后，先秦史、秦汉史、魏晋南北朝史和明史学会等学术机构纷纷成立。

与此同时，依托研究机构和各断代史学会创办的学术刊物陆续创刊发行。例如，中国社会科学院历史研究所的《中国史研究》；中国秦汉史学会在出版了13辑《秦文化论丛》后，改名《秦汉研究》作为会刊；中国唐史学会与陕西师范大学合作出版《唐史论丛》；中国元史研究会会刊为《元史论丛》；中国明史学会则办有《明史研究》。

此外，一些高校纷纷按照本单位研究基础建立相关学术机构并出版刊物。例如，武汉大学创建了中国三至九世纪研究所，出版了《魏晋南北朝隋唐史资料》；兰州大学创办敦煌学研究所，出版《敦煌学辑刊》；河北大学建有宋史研究中心，主办《宋史研究论丛》；宁夏大学设有西夏研究院；中国人民大学设有清史研究所，主办《清史研究》，等等，不一而足。

这一时期，中国古代史研究学术成果成倍增长，即从先秦至晚清之前的中国古代史研究，论文发表、论著出版的数量一直呈持续增长态势。

中国古代史研究的繁荣与发展，离不开研究队伍的成长与壮大。特别是高等教育改革，硕士、博士研究生培养制度的恢复和建立，将一批又一批受到良好学科训练、具有国际学术视野、思维活跃的学人输送到中国古代史研究领域，并逐渐成长为研究的有生力量。

二 新材料与新问题：新时期古代史学科发展的重要推力

许多前辈学者，如王国维、陈寅恪等在谈到历史学进步时，都谈到新材料和新问题两大因素的意义。回顾改革开放四十余年来中国古代史学科的进步与发展，除了思想解放、恢复实事求是的学风等因素之外，同样离不开两大因素的推动。

所谓新材料，应包括两个方面：一是通过考古发掘出现的新材料；二是依据新理论的理解从旧材料中发掘出新解释价值的材料。

新中国成立后，随着社会主义建设的展开，一些有计划、有组织、科学的考古发掘和整理有序进行。然而，从前十七年的情况看，其成果对古代史学科的影响远远没有改革开放后来得深刻。这里既有发掘规模的问题，也有整理的时差问题。以对古代史研究影响最直接的出土文献为例，如湖北江陵望山楚简、云梦睡虎地秦墓竹简、湖南长沙马王堆汉墓简帛等，虽出土的时间皆在"文化大革命"时期，但相关资料的整理和成果发表则都是在"文化大革命"末期或改革开放之后。

改革开放后，随着国家经济现代化建设，事关国计民生的基础建设大规模展开，由此加快了考古出土材料的频率和数量。从包括甲骨卜辞和金文、战国至晋简牍、魏晋南北朝隋唐碑文墓志到唐宋律令等均有所发现和整理，而且其数量之巨，年代覆盖之长，类型涵盖之广，都是前所未有的。其中，仅就出土的简帛文献来说，其著名者就有湖北包山楚简和郭店楚简、湖南里耶秦简、湖北江陵张家山汉简、长沙走马楼西汉简牍、成都老官山汉墓医简、江苏连云港尹湾汉简、湖南长沙东牌楼东汉简牍和湖南长沙走马楼吴简等。这些新材料的发现，为解读中国古代的观念世界、生活世界提供了大量的新佐证，拓展出不少新的课题和新研究领域，简牍之学一时成为显学，吸引众多的学者加入其中。至于被称作"史上最完整"的宋代"干部档案"的《武义南宋徐谓礼文书》的出土和整理出版，则对南宋官制及政务系统运转提供了第一手翔实资料。

新材料的发现，除上述考古出土材料外，原收藏于国内外各机构以及地方上的文书、谱牒的整理，也成为某些领域专题性研究值得一提的促进因素。例如，1999年发现的天一阁藏明抄本北宋《天圣令》，就为唐宋礼制史和法制史等相关研究提供了极有价值的新材料。大量"发掘"、整理出来的宋元明清"纸背文书"和明清徽州、清水江、太行山等地方文书，以及更路簿、谱牒等等，这些非传统意义的新属性文献迄今已成为研究元明清地方组织结构和区域史的重要材料。此外，域内非汉文史料和域外史料，如《夏汉字典》《天盛改旧新定律令》及黑水城文书等非汉文文献的整理、翻译与出版，也为当下的相关研究可获得较之前辈学者更多的视角来讨论相关问题，提供了颇有价值的史料。

对于中国古代史研究来说，较之新材料的发现影响更大的，应属与海外学术交流的开展以及随之出现的介绍和引进海外学术著述的热潮。

随着对外开放的逐步扩大，到1980年代末期，中国史学界与海外的学术交流越来越活跃，大批海外研究中国史的著作先后被译介到国内。其中，不计零散翻译的论著，仅江苏人民出版社组织翻译出版的"海外中国研究丛书"，从1989年出版了第一批开始，到2018年已先后翻译出版了176种，其中大部分属于古代史论著。此外，诸如社会科学文献出版社"阅读中国系列"等，也多有海外研究中国古代史的论著。加上1990年代由中国社会科学出版社组织翻译引进的《剑桥中国史》系列等，使得国内学人对海外汉学的研究有了更加直观、全面的认识，为中国古代史的研究从问题意识到解释框架，从叙述方式到研究视角和方法，都提供了富有启发的范例。

综观四十余年以来，受国外运用各种社会科学理论和方法研究事例的影响，中国古代史学者不断开拓出新的研究领域，诸如妇女史、心态史、区域史、民间信仰史、城市史、日常生活史、环境史、医疗史、身体史、书籍史、传播史、阅读史不同名目的研究领域，皆有新的研究成果。例如，在环境史方面，一些学者依据考古材料和传世文献，对中国远古时期环境、历代农业的耕作以及不同时期农业开发与环境演变等方面展开研究；一些学者则将环境、医疗与日常生活结合研究，探讨古人对医疗卫生知识的认识及其日常应对措施和起居安排。又如，在书籍史方面，突破传统的出版史和文献目录学的研究路径，以社会文化史的视角审视中国古代书籍的生产、受众和传播等，使之有可能成为古代史研究的新热点。此外，在区域史方面，一些学者提出从区域的脉络解释中国历史结构，并引进人类学、社会学的理论和方法，对一些区域作系列研究，并于2019年创办《区域史研究》作为研究成果发表阵地。而近年域外史料的"发掘"和从域外看中国的提出，则对中国古代史一些问题的认识提供了一个"他者"视角。同时，历史认识论研究的突破，导致史料批判方法流行，促使研究者从知识社会学的视角重新审视传统史料。总之，四十余年来，这种新材料、新问题、新理论和新方法的范例，层出不穷，在推进中国古代史研究的进程中扮演了不容忽视乃至可以说是关键性的角色。

三 问题与思考：如何保持中国古代史研究的必要张力

关于四十余年中国古代史研究的梳理与反思，在2018年改革开放四十周年之际，诸多学术期刊都组织刊载了相关研讨文章予以系统总结。① 其中，中国社会科学院历史研究所主办的《中国史研究动态》还将该刊组织的专题综述文章结集为《与时同辉——改革开放40年来的中国古代史研究》出版。由这些综述性研究文章来看，改革开放四十余年，伴随着新出史料的增加以及各种史学观乃至社会科学理论的引入，中国古代史研究获得了新视角和新途径。今日的中国古代史研究，不仅形成了与世界同步，而且在很多领域已经出现了引领世界学术的新趋向。老一辈学者所发出的要将敦煌学等汉学研究中心夺回中国的宏愿，在新一代学者的手中大致可以说是实现了。当然，回顾四十余年中国古代史研究，我们在为取得的成就感慨万分的同时，也确实感到其中还存在许多有待改进的问题。

关于目前中国古代史研究所存在的问题，应该说学术界的基本判断

---

① 当时发表的包括古代史在内的历史学整体总结论著，较具代表性的有张海鹏主编《中国历史学40年（1978—2018）》（中国社会科学出版社2018年版）、李红岩《中国史学四十年：样态、潜流、走向》（《中华读书报》2018年12月5日）、王学典《学术上的巨大转型：人文社会科学40年回顾》（《中华读书报》2019年1月2日）等。在专题方面，《史学史研究》2018年第3期设专栏"改革开放40年来史学理论与史学史研究"，《中国经济史研究》2018年第5期设专栏"改革开放40周年的回顾与展望"，《北京师范大学学报》2018年第5期设专栏"改革开放40年学科发展专题研究"，《河北学刊》2018年第5期设专栏"改革开放40年专题研究"，《陕西师范大学学报》2018年第6期设专栏"纪念改革开放40周年"等等，较集中地从史学史及史学理论研究、经济史研究等角度回顾和总结了相关学科40年来的研究历程。此外，在2018年底，史学界开了两次纪念改革开放40周年重要学术会议：一是12月8—9日由南开大学历史学院主办的"改革开放四十年中国史学的回顾与前瞻研讨会"，二是12月22日由山东大学儒学高等研究院主办的"改革开放四十年中国古代史断代研究的回顾与反思"学术研讨会。两次会议都有相当多的内容涉及中国古代史的研究问题。

还是大致一致。其中《中国史研究》主编彭卫的表达相对明确，他在《近十年中国古代史研究之观感》①一文中归纳了三点：一是学术资源获取更加便捷与对数据库、检索工具的过度倚重。二是出土文献对古史研究强有力的推动作用与对新出史料的过度依赖。三是中国古代史研究出现若干薄弱领域，亟待均衡发展。与此同时，彭卫还提出了对未来研究的三方面展望：一是关注宏观论题，关注中国古代史研究的基本问题。二是重视学术评论的积极作用。三是整合相关研究，推出新的通论性成果。应该说，回顾四十余年中国古代史研究尤其是近十几年来的研究状况，我们大致赞同彭卫的判断。在此基础上，我们认为在今后的中国古代史研究中还有必要在以下几个方面注意保持必要的张力：

第一，保持吸收国外史学理论和方法与建立中国古代史自身话语体系之间的张力。

随着新时期改革开放的深入，所谓新文化史、新社会史、新政治史、新观念史等，一个个标榜着"新"的"主义"，走马灯似的被引入中国古代史研究舞台。这些对于解放思想、开拓学术视野以及推进中国古代史学科建设无疑具有很大意义，然经过三四十年的引进和吸收，当前的中国古代史研究已到了考虑如何建立自己学术理论体系和话语体系的时候了。保持对外吸收与建立自己体系之间必要的张力，不仅是关乎中国古代史研究主体性的问题，也是有可能促进中国古代史研究进一步深化的问题。因为我们所研究的对象，毕竟是中国古代史。对于自己国家和民族的历史，中国人自有自己的家国文化情怀，也有我们理解问题的视角与考量。更重要的是，这里除了学术话语权外，一些问题还涉及国家安全和民族文化自尊，所以有必要保持必要警觉。

古代历史虽是过去的事实，但也是与今天丝丝相连的史实。域外者的研究，毕竟是以"他者"文化立场的视野投射，其中必然潜伏有其不曾言明的自我中心的预设，例如西方人的"西方中心论"之预设。在一些欧美人眼中，最不能理解的是中国历史之长和统一疆域之大，因

---

① 彭卫：《近十年中国古代史研究之观感》，《史学理论研究》2012年第2期。

而总是以其民族国家的视角、帝国征服与殖民的视角来理解中国的古代历史。一些人更是以其别有用心的政治意识形态,试图解构中国历史的长与大。如欧美学术界提出的"内陆亚洲"概念,原初本是单纯地理概念,后来又被用来作为一个跨国界的历史文化概念来讨论中亚史。近来,这个建立在欧美人而非中国人历史视角的概念,却频频被欧美汉学界用于一些涉及辽、金、元及清朝等中国古代历史的讨论。尤其值得注意的是,目前在一些讨论中,一些欧美学者往往将此异化为政治概念,以所谓"内亚性"否认历史上的"中国"一直是作为跨内亚、多民族政治实体这样的客观存在,否定古代中国对边疆地区和非汉民族统治的合法性、正当性、历史性。在这中间,美国汉学界兴起的"新清史",就是按照此论来强调清朝的"满洲"特性,认为清朝是一个内亚政权,不属于中国历代王朝序列之中的王朝,从而否定清朝与中国传统王朝之间的连续性。[①] 然而,一些中国学者却不明就里,盲从引述跟进,这就不能不引起我们的高度警觉。

也许这样一些观点确实是出于欧美学者的学术认识,我们只能说他们对于中国历史文化真实的不理解或浅薄无知。但对于中国学者来说,绝不能盲目采用这些出自不同话语体系的观点。我们很有必要在吸收外来学术理论与建立自己的中国古代史话语体系之间保持清醒的头脑和必要的张力,否则我们"一旦丧失阅读和思考的主动性,陷入别人的话语场中而无力自拔,就有可能被别人特有的问题意识所覆盖,乃至从此失去难以名状自己的切身体验,暴露出文化分析的失语和学术洞察的失明"。[②]

第二,在细节研究和宏观贯通性的论述之间保持必要张力。这个问题实际也是上述建立中国古代史研究理论和话语体系问题的具体延伸。

关于史学研究碎片化的问题,早已引起学术界的关注。自从1990

---

① 参见刘文鹏《内陆亚洲视野下的"新清史"研究》,《历史研究》2016年第4期。
② 参见刘东《喜玛拉雅学术文库·阅读中国系列》"阅读中国序",社会科学文献出版社2002年版。

年代初,在各种因素影响下,中国古代史研究的重心也开始从宏观论题讨论转向具体问题的研究。同时呼应海外史学潮流,提出"眼光向下的革命",从此中国古代史的研究开始越做越细,课题越做越小,问题越做越深,但也难免由此走上宏观空洞讨论的另一个极端,走上了碎片化之路。

应该说,具体历史问题做具体研究,并没有错,揭示历史细节,有助于对事关历史宏观问题的讨论,也有助于建立对历史的整体认识。但若走上碎片化的极端,则有失历史研究的原本目的。事实上,任何断代的、具体问题的研究,都需要一个通史的视野。所以,如何保持细节研究与宏观、贯通阐述的张力,便成为今后中国古代史研究中有必要作深度思考的问题。

对于中国古代史来说,宏观问题与贯通性的阐述,关联密切。改革开放四十余年来,除白寿彝主持编纂于1980年代的多卷本《中国通史》外,迄今没有几部有影响、在理论观点上有重大突破的通史著作出版。究其原因,很大一部分是对于诸如古代社会基本结构、性质和分期,中国古代历史演进的基本轨迹,中国古代社会演变及其向近代社会转变,中国古代文明在世界文明中的相对位置,中国统一多民族国家的发展等等宏观问题,长期未能形成充分的理论探讨有密切关系。这中间,重大的理论突破是中国通史撰述的关键所在。因此,这就需要围绕上述宏观理论,以"中国主体意识"为中心,从中国自身历史中概括出符合历史实际的认识,在获得宏观问题认识的突破后,才能为最终的通史整合奠定坚实的学术基础。可喜的是,现在已有一批学者已着手这方面的工作并发表了相关论著。一些学术刊物,如《文史哲》《史学月刊》和《中国史研究》等,也分别以"古典学""秦至清末中国社会形态""封建社会形态"以及"唐宋变革论"等为题组织文章讨论,说明这个问题已开始引起史学界的关注及重视。

第三,除上述两重张力外,从目前中国古代史研究的情况看,还有必要强调以下三个具体方面的张力:

一是保持"阶级革命"视角与国家视角的张力。1949年至今,"阶级革命"的历史分析方法,尽管在改革开放后已经极大减弱,但是在长期的思维惯性作用下,在某些学者的表述中仍时有痕迹可辨。如在评价某古人思想的价值时,往往竭力强调他对现实及统治者的批判,似乎不如此便不足以构成其思想的进步性。这里的评价者似乎没有考虑到,以这样的评价标准如何评价当今的思想者?思想文化史涉及的问题一般还算简单,但是遇到一些历史上地方性的尤其是涉及民族地区骚乱作价值判断或正误之分时,我们是否可以转换一下立场,改变以往一味追求正面的价值判断或正误之分,注意把握一下"阶级革命"视角与国家视角间的张力,适度把握住其中事实判断和价值判断之间的度,重新建立对中国古代史的叙述模式及话语体系,以避免与对现实问题乃至未来问题的解释发生矛盾。

二是保持地方叙事与国家叙事之间的张力。通观中国古代史研究,会发现一个有趣的现象:研究地方史和民族史的往往会竭力突出地方性或民族性,而研究边疆史地的则过度强调国家的统一性。因此,在这种情况下,如何保持地方性和国家整体性之间在研究中的张力,也是一个关乎国家安全的问题。尤其是在当代国际环境背景下,相邻周边一些国家往往会出于维护各自国家的利益,以歪曲或臆造、捏造历史事实的方式来建构其民族主义倾向的历史叙事。在这种情况下,我们对一些边疆区域特别是一些边疆民族区域的历史表述,就有必要小心、谨慎、公正地处理,保持地方与国家之间利益诉求的张力。

三是保持在中国古代史的研究中使用不同史料之间的张力。首先是传统文献史料的使用方面。近来,受现代历史认识论尤其是后现代主义对历史书写讨论的影响,国内古代史学界也出现了从史料批判的视角分析史料文本形成背后"影响和制约这一过程的历史图景"。[①] 应该说,这种带有知识社会学性质的方法,是一种历史认识和方法论的进步,但一些人由于受后现代相对主义的影响,而忽视历史记载的客观性和历代史家对"实录"的追求,在证据并不充分的情况下,以臆想代替实证,或动辄以"虚构""制造"说去质疑以往历史文献的真实性,将史料批

---

① 孙正军:《"历史书写"的回顾与展望——通往史料批判研究之途》,《中国史研究动态》2016年第6期。

判的方法推向极端，结果是动摇了古代史研究的实证根基。因此，如何保持客观实证与史料批判之间的张力，已成为中国古代史研究者很有必要严肃对待的问题。

此外，对于中国古代史研究来说，大量简帛文献的出土，带来了如何处理传世文献与出土文献使用中孰轻孰重的问题。从目前的情况看，普遍重出土文献、轻传世文献，这种倾向有必要引起高度重视。至于 E 时代专业数据库联网检索的便易，在获取资料便捷的同时，也带来一些研究者过分依赖信息检索而不去认真读书，引文断章取义，或有意不关注上下文间的必要联系等弊端，这同样值得中国古代史学科建设注意。

总之，回顾一路坎坷走过来的 70 年，总结成就，反思问题，瞻望未来，中国古代史学科的发展可能还需要做不少的工作，可谓任重而道远。

第三编

中国近现代史"三大体系"建设的回顾与前瞻

20世纪中国近代史学科体系问题的探索[*]

一 百年来中国近代史研究的回顾

20世纪对于中国近代史研究来说，是开端的世纪，是转型的世纪，是创新的世纪，也是收获的世纪。

中国近代史研究是20世纪中国历史学的一个重要分支。20世纪中国历史从半殖民地半封建社会转变到社会主义社会，发生了翻天覆地的变化。20世纪中国近代史研究也发生了翻天覆地的变化，它从传统中国历史学中分离出来，三四十年代为半殖民地半封建社会服务的、代表统治阶级利益的资产阶级倾向的中国近代史研究占统治地位，马克思主义为指导的中国近代史研究在新民主主义革命中产生，新中国建立以后，马克思主义的中国近代史研究逐渐占了主导地位。

最近半个世纪以来，中国近代史研究取得了很大成绩，首先是学术地位发生了根本变化。半个世纪以前，中国近代史研究在中国历史研究中是不被看重的，新中国成立后，中国近代史研究成为显学，不仅对中国历史学的发展做出了贡献，而且在对人民群众的爱国主义教育中发挥了重要作用。半个世纪以来，在中国近代史的分期、中国近代史的基本

---

[*] 本文作者张海鹏，中国社会科学院近代史研究所研究员。本文原载于《近代史研究》2005年第1期。

线索与革命高潮、中国近代史的学科对象与指导思想等各方面，学术界做了广泛而深入的讨论，有不少分歧意见。总结20世纪中国近代史研究的发展趋势，研究中国近代政治文化转型对中国近代史学科发展的意义，阐述在中国近代史研究的总体把握中运用马克思主义、唯物史观理论指导的成败得失和分歧，对于整合和提升中国近代史研究的学术水平，对于指导新世纪的中国近代史研究会有积极意义。中国近代史是一门与现实政治和社会关系密切的学科，对中国近代史抱有何种看法，会影响到对中国社会未来发展的看法。全面回顾总结20世纪中国近代史研究，对于发挥中国近代史对中国社会主义建设的理论指导和历史借鉴作用具有一定的现实意义。

中国近代史研究作为20世纪中国历史学的一个重要分支出现，是中国近代社会转型的产物，也是中国近代学术转型的产物，受到国外史学包括马克思主义唯物史观及各种资产阶级史学观的重大影响。20世纪中国近代史研究经历了萌生（20世纪初至30年代）、兴起（20世纪30年代至新中国成立）、发展（新中国成立至"文化大革命"）、停滞（"文化大革命"期间）、繁荣（改革开放至2000年）几个阶段。在兴起时期，中国近代史研究中的马克思主义学派开始出现并挑战那时占主导地位的近代史研究。在发展时期，国家建立涉及近代史研究的专门研究机构，各大学历史系设置近现代史教研室，近代史学界结合研究中国近代史学习唯物史观，以马克思主义指导研究中国近代史成为主流，中国近代史学科成为学术研究中的显学。在繁荣阶段，近代史学界拨乱反正，纠正了学习马克思主义过程中的教条主义、形式主义倾向，出现了用现代化的理论和方法研究中国近代史的主张和实践，研究领域大大拓宽，研究专题大大加深；同时又出现了淡化意识形态、轻视唯物史观、轻视阶级分析方法的倾向。所有这些，都需要认真加以总结，并针对各个时期的学术潮流进行分析，提出看法和建议。中国近代史研究不能脱离政治，又不等同于政治，如何把握其中分寸，是总结以往的研究，提出今后研究方向的关键。

本文研究百年来中国近代史研究中学科体系建设问题。这里讨论的不是各个历史时期有关中国近代史研究具体问题的进展，这种进展是巨大的，正是这种进展推动了我们对中国近代历史认识的深化，推动了我们对近代中国国情全面深入的了解，推动了中国近代史学科的巨大进步；这里讨论的是建设中国近代史学科体系方面的演化和趋势。一门学问的学科体系是什么面貌，关系到我们对这门学科基本面貌、总体面貌的认识，关系到这门学科的学术性、科学性问题。通过这种研究与讨论，我们可以看到不同历史时期，不同政治倾向的学者是如何建设中国近代史的学科体系的，看到中国近代史的学科体系的演化，以及它如何发展到今天这个样子，今后还可能发展到哪里去。

中国近代史研究的学科体系，主要是指中国近代史研究的对象、研究对象所涵括的时间范围，怎样看待中国近代史的基本线索，建立这样的学科体系所必须使用的基本研究方法，以及研究工作中所秉持的基本的指导思想，等等。我们依据这里所提示的线索，来分析20世纪不同时期、不同历史背景下，学者们探索中国近代史学科体系的情况。①

二 中国近代史学科对象的探讨

中国近代史究竟研究哪一个时期的历史？不同时期的学者认识是不一样的。中国历史载籍中早有近代的提法，但是近代以来历史科学中近代的概念，大致上来自欧洲的史家。在西文里，modern times 大致是指从公元1500年左右以后一直到现今的历史时期，也就是文艺复兴以来的历史。清末民初翻译西方著作时，人们把 modern times 译为"近世史"。在20世纪上半叶，学者们采用"近世史""近代史"这两个概念时，往往指的是离他们不远，仍在发展中的历史。如梁启超将"乾隆末

---

① 怎样看待中国近代史的基本线索，是讨论中国近代史学科体系时不可避免的话题。关于这个话题，20世纪80年代以还，学术界有着许多讨论，本人也曾撰文滥竽其间。对于这些讨论的基本状况，笔者亦曾著文加以检讨，请参见《50年来中国近代史研究的理论和方法评析》，《近代史研究》1999年第5期，收入曾业英主编《五十年来的中国近代史研究》，上海书店出版社2000年版，第1—18页。又可参见笔者所撰《建国50年来中国近现代史の基本問題に関する検討及び研究課題の概述》，《近きに在りて》（东京〈近邻〉）第36号，1999年12月。为节省篇幅，本文有关这个话题的讨论从略。

年至今"称为"近世史"。① 20世纪初，李泰棻在所著《中国最近世史》② 中将"近世史"的开端定于道光时期。

事实上，绝大多数作者主张以鸦片战争作为中国近代史的起点，这是考虑到鸦片战争以后的中国社会发生了重大转变，理由是很充足的。也有部分作者把中国近代史的开端放在明末，认为新航线的开辟是欧洲近代史的开端，也是中国近代史的开端。如郑鹤声认为："自新航路发现以来，世界交通，为之大变，人类生活与国际关系，较之中古时代，显有不同之处，是即中古史与近世史之所由分界也。近世史之演变，有'继往开来'之趋势，其一切表现，皆在根据往古事迹而发扬光大之。且推陈出新，由此而孕育未来之局势。每一民族思想为其演变之原动力。故近世史之范畴，实包括近三四百年之历史，无论中西，大都皆然。"③ 郭廷以也把近代中国历史的开端放在16世纪初的葡人东来。④ 吕思勉在《中国近代史讲义》中也认为中国近世史始于明代中叶，欧人东来。⑤

把中国近代史开端比肩欧洲近代史的想法，是希望借此说明中国近代种种巨大变化的由来，自有其著述的理由。但是，欧洲资本主义的发生、发展，及其影响到中国，其间经历了极其复杂的历史过程。就中国历史来说，从明末到鸦片战争前夕，有着300年之久的历史过程，在这个过程中，固然不能说欧洲的近代历史对中国毫无影响，但是要指出，这种影响对于中国自身的历史发展是微不足道的。一部中国近代史，把明末到有清一代的历史全要讲到，我们还是不能进入近代中国历史的主题。这从著作的技术性要求来说，也是不无困难的。郭廷以的《近代中国史》长编两卷只作到了鸦片战争前夕，郑鹤声的《中国近世史》是中央政治学校的讲义，其南方印书馆的版本从明末作到清朝康雍乾年

---

① 梁启超：《中国史叙述》，《饮冰室合集》文集之六，中华书局1989年版，第10页。
② 李泰棻：《中国最近世史》（影印本），（台北）文海出版社1990年版。
③ 郑鹤声：《中国近世史》"编纂凡例"，南方印书馆1944年版。
④ 郭廷以编：《近代中国史》"例言"，商务印书馆1947年版。按郭著《近代中国史》，据著者"例言"说明，该书"仿长编体，又可称之为史料选录或类辑，绝不以历史著作自承"。这里仅取其近代史开端的主张为例。
⑤ 参见吕思勉《中国近代史》，华东师范大学出版社1997年版，第4页。

间，中央政治学校的印本，上册与南方印书馆版本基本相同，下册从鸦片战争讲到辛亥革命。本来要叙述中国近代史，但大部分篇幅用在叙述鸦片战争以前的历史，鸦片战争以后的历史却叙述简略。这些作者在抗战期间从事撰述，劳碌奔波，困苦莫名，难竟全功，是可惜的；但这与中国近代史的起点定得不合适，不无关系。

有趣的是，给郭廷以的《近代中国史》作"引论"的罗家伦，却不同意郭廷以的看法，而把鸦片战争作为中国近代史的开始，他在"引论"中说："如果史学家从'鸦片战争'开始讲中国近代史，也不过是为研究便利，和认定这件事对于中西短兵相接后，所发生的各种影响的重要性起见，把它当作一个重要时期的开始而已。"① 蒋廷黻与罗家伦一样，认定中国近代史开始于第一次鸦片战争，认为虽然自明季以来中西有接触，但那时欧洲仅产生了商业革命，因此对于中国影响不显著；第一次鸦片战争后，中国与西方发生了新的关系，因为欧洲产生了工业革命，对中国产生很大影响。②

20世纪三四十年代，因为民族救亡的需要，越来越多的学者反思百年国耻，倾向于以鸦片战争作为中国近代史的开端，因为这场战争是资本—帝国主义侵略中国的开始，也是近代中国民族危亡的开始。自1933年李鼎声出版《中国近代史》（上海，光明书局）以后，陆续有陈恭禄、蒋廷黻、范文澜的著作用了《中国近代史》作为书名。可见，20世纪30年代起，"中国近代史"这一概念已经普遍地为人们所接受。以"中国近代史"作为教材或专著的中国近代史类著作多达数十种。③

马克思主义史学传入中国以后，马克思主义史学家开始接受苏联史学的分期法，把十月革命作为一个划时代的历史标志。十月革命以前的时期称为"近代"，从世界范围来说，那是资本主义形成、发展的时

---

① 罗家伦：《研究中国近代史的意见和方法》，载郭廷以编《中国近代史》，原载《武汉大学社会科学季刊》第2卷第1期，1931年3月。
② 蒋廷黻：《中国近代史》，艺文研究会1938年版。
③ 这类近似中国近代通史的著作，据笔者在中国社会科学院近代史研究所图书馆、北京师范大学图书馆、北京大学图书馆、清华大学图书馆检索，并且亲眼所见的，在1949年以前出版的有65种。据笔者估计，可能有遗漏，但不会太多。

代,是资本主义战胜封建主义和前封建主义的时代,一部世界近代史,就是世界资本主义形成和发展的历史;十月革命以后的时期,称为"现代",指的是世界无产阶级革命和社会主义时代。因此"近代"与"现代"就成为具有不同含义的两个时间尺度,被赋予了不同的社会属性,成为两个前后相接的历史时期,其中"近代"作为一个概念指的是已经结束了的历史时期,"现代"指的是最近的,现今仍在发展中的一个历史阶段。以此观点,观照中国历史,认为中国没有独立的资本主义发展史,但是1840年鸦片战争后,中国有一个属于资本主义体系的半殖民地半封建时代。"我们通常所说的中国近代史,就是指中国半殖民地半封建的历史。因此,历来应用马克思主义观点研究中国历史的人都主张1840年中英鸦片战争是中国近代历史的起点,因为中国半殖民地半封建社会是从此开端的。"①

关于中国近代史的下限,1949年以前的著作,绝大部分作者都将中国近代史的下限与学者生活的当前时代联系起来。1947年华北新华书店出版的范文澜著《中国近代史》上编第1分册,出现了关于中国近代史时限的完整定义,表现了一个马克思主义的历史学家对中国近代史学科的创造性贡献,是中国近代史学科开始趋向成熟的一个标志。范著把1840年以后的中国社会定义为半封建半殖民地社会,把1840—1919年的中国历史划为中国近代史的旧民主主义革命时期,把1919年五四运动以后的历史,称为中国近代史的新民主主义革命时期,这虽然是从革命史的角度定义中国近代史,却对于整个中国近代史的时限给出了科学的、符合学术规范的规定。范文澜的书是1945年完成写作,1947年出版的,那时他还不可能预计新民主主义革命到1949年获得最后胜利。但是,他在该书的"说明"中劈头就说:"《中国近代史》分上下两编,上编叙述旧民主主义革命时代,下编叙述新民主主义革命时代。上编又分两个分册,1840年至1905年为第一分册,1905年至1919

---

① 刘大年:《中国近代史研究的几个问题》,《历史研究》1959年第10期。主张马克思主义观点的学者中也有不同认识,如侯外庐、尚钺。参见侯外庐《侯外庐自传》,《中国现代社会科学家传略》,山西人民出版社1982年版,第273页;尚钺《明清社会经济形态研究》,"序言",上海人民出版社1957年版。

年为第二分册。本书是上编的第一分册。"该书目录明确标明："上编旧民主主义革命时代——鸦片战争至五四运动。"① 他的志愿未遂，上编第 1 分册只写到 1901 年《辛丑条约》的签订，以后便无下文。但是，中国近代史学科的大框架，却基本上奠定下来了。

根据范文澜的设计，华北大学历史研究室（中国社会科学院近代史研究所的前身）荣孟源、刘桂五等学者在 1948 年编写了初中历史课本《中国近代史》上编，明确标举"鸦片战争至五四运动"。这本课本的"编辑说明"指出："本书为初级中学中国近代史课本。全书分二编：上编叙述旧民主主义革命时代（1840—1919）；下编叙述新民主主义革命时代（1919—1945）。"② 这本课本是一个完整的《中国近代史》上编，它不仅为新中国建立之初迫切需要的初中历史教材解了燃眉之急，而且是对 1949 年以前中国近代史书编纂体系的一个良好的总结，也为新中国建立以后的中国近代史研究指出了基本的方向。

但是，在 20 世纪 50 年代，由于历史和现实的原因，多数学者主张以 1919 年五四运动为下限，并且以 1840—1919 年作为中国近代史学科的研究对象和时间范围，而把五四运动作为中国现代史的起点。在 40 年代及其以前，中国近代史与中国现代史本来没有明确的界限。如李鼎声著《中国近代史》和同一作者著的《中国现代史初编》（香港，国泰出版公司 1940 年版）所处理的内容和时间范围基本相同。50 年代起，中国近代史和中国现代史的分期明确了。王廷科论证了中国近代史和中国现代史的划分，他根据列宁关于区分不同时代的基本特征，是哪一个阶级为时代的中心，决定着时代的主要内容、时代发展的主要方向的判断，提出："所谓'近代史'，就是指以资产阶级为中心的时代的历史；所谓'现代史'，就是指以无产阶级为中心的时代的历史。"他主张 1919 年为中国近代史的下限，同时，也是中国现代史的开端。他认为，自 1919 年五四运动到 1949 年新中国成立，正是中国无产阶级及其先锋

---

① 范文澜：《中国近代史》上编第 1 分册，华北新华书店 1947 年版。有趣的是，该书"说明"宣布第 1 分册截至 1905 年，实际上写到 1901 年，1947 年以及此后的各种版本都是如此。可见第 1 分册也不是完整的本子。

② 华北大学历史研究室编：《中国近代史》上编，"编辑说明"，新华书店 1949 年版。

队中国共产党站在时代的中心,决定着时代的主要内容、时代的主要方向;因此,中国历史就由"近代"进入"现代";不能将我国新民主主义革命时期的历史与我国旧民主主义革命时期的历史不加区别地一并划入中国现代史范围;应当如实地把我国新民主主义革命时期的历史与我国社会主义革命时期的历史联系起来,写成一部完整的中国现代史;如果将新民主主义革命时期的历史与旧民主主义革命时期的历史并列起来,一起划入中国近代史范畴,"那么在客观上就贬低了我国新民主主义革命的地位"。[1]

在20世纪五六十年代,以马克思主义为指导的中国近代史学科体系刚刚建立,学者们的兴趣和研究方向还在晚清时期,中国近代史是以革命史为中心的,就是晚清政府的历史,也只能作为革命史的陪衬;1919年以后的历史,主要是中共党史的研究和新民主主义革命史的研究,还刚刚起步。事实上,国外的中国近代史研究,也在追寻新中国成立的由来,他们的研究视线,也仍旧停留在晚清时期的社会历史变化上。

这是因为,新中国刚成立,革命时期的热情还在继续,人们迫切希望知道新民主主义革命之所由来,旧民主主义革命如何向新民主主义革命发展、转变,以及帝国主义侵略中国的历史,所以对五四运动以前的近代革命史给予高度重视。从政治上说,1949年以前的历史刚过去未久,许多历史当事人还在,加之海峡两岸还处于敌对状态,因此对1919年后的历史做自由的学术研究,在当时的政治环境下有碍难之处。

事实上,早在20世纪50年代讨论中国近代史分期问题时,就有学者主张以1949年中华人民共和国成立为中国近代史的下限,"因为1840—1949年,中国社会性质仍然是半殖民地半封建社会,革命性质也还是反帝反封建(以后加上反官僚资本主义)的资产阶级革命"。[2]

同时,"近代史和现代史的划分,不应该是一个社会内部的分期,

---

[1] 王廷科:《正确估计我国新民主主义革命的地位》,《四川大学学报》1981年第1期。
[2] 林敦奎:《中国人民大学第六次科学讨论会上关于"中国近代历史分期问题的讨论"》,《历史研究》1956年第7期。

而应是标识这一种革命到另一种革命的交替,这一社会形态到另一个社会形态的转变"。"近代中国是一个半殖民地半封建社会,1840年的鸦片战争是半殖民地半封建社会的开端,1949年中国共产党领导中国人民革命在全国范围内取得的胜利是半殖民地半封建社会的结束"。这个社会,"不是有完整意义的资本主义社会,而是在外国资本主义侵略下的变态社会"。"因此,以近代史概括充当资本主义社会形态的半殖民地半封建社会的历史,而不因五四运动把一个社会形态分割为两截的近代、现代史,是更为科学的,也更能完整地反映鸦片战争以来中国社会变化、发展的规律。"① 当时,李新、刘大年、荣孟源都持这种看法。

随着时间的推移,人们对近代中国的认识不断加深,越来越多的学者认为以1919年作为中国近代史的下限,对历史认识和学科建设都没有好处,主张将1840—1949年的历史打通来研究。胡绳早在1981年所著《从鸦片战争到五四运动》"序言"中就说道:"在中华人民共和国成立已经超过30周年的时候,按社会性质来划分中国近代史和中国现代史,看来是更加适当的。"②

《从鸦片战争到五四运动》出版后,中国近代史学界再次关注中国近代史的下限问题,列举出不以1949年为中国近代史的下限的种种弊端,主要是不利于了解和把握中国历史发展的全过程,不利于揭示和认识中国近代历史发展规律;主张把近代中国110年作为一个完整的历史时期,"所谓完整的历史时期,就是说这个110年不同于秦汉以来任何一个历史时期,而是一个特殊的历史社会形态,即封建社会崩溃中被卷入资本主义世界的半殖民地半封建社会"。③

1997年胡绳在祝贺《近代史研究》创刊100期时,重提"把1919年以前的八十年和这以后的三十年,视为一个整体,总称之为'中国近代史'是比较合适的。这样,中国近代史就成为一部完整的半殖民地半封建中国的历史,有头有尾。1949年中华人民共和国成立以后的历史

---

① 陈旭麓:《关于中国近代史的年限问题》,《学术月刊》1959年第1期。
② 胡绳:《从鸦片战争到五四运动》"序言",人民出版社1981年版。
③ 陈旭麓:《关于中国近代史线索的思考》,《历史研究》1988年第3期。

可称之为'中国现代史',不需要在说到1840—1949年的历史时称之为'中国近现代史。'"① 笔者也曾附会其中,继续阐释胡绳有关中国近代史分期的意见并且讨论与中国近代史分期有关的问题。② 经过这一次讨论,大体上统一了中国近代史学界的认识。

这样,经过近一个世纪的发展,中国近代史的学科对象终于得以确立:以半殖民地半封建社会的中国历史作为研究对象。这个研究对象的时间范围是从1840年鸦片战争到中华人民共和国成立,大约110年的历史。这种认识,是在马克思主义基本原理指导下得出的,是以对近代中国的社会经济形态即近代中国的社会性质的考察为出发点的。应该说,这个认识是符合近代中国真实的历史进程的,也就是说,中国近代史学科对象的确立,是在几代学者长期探索、争鸣的基础上形成的,是科学的学科体系。

在做出这种结论性认识的时候,有两个问题需要提出讨论。一是苏联的历史分期主张。苏联把十月革命以前的历史看作资本主义发生、发展的历史,是世界的近代史;把十月革命以后的历史,看作无产阶级革命和社会主义时代的历史,是世界的现代史。这种观点打破了西欧中心论的传统观点,体现了历史观的进步,但是不能简单地拿来套在中国历史分期上,正像我们不能简单地拿欧洲的历史分期法套在中国历史上一样。中国历史发展有自己的特点,中国有自己的国情。中国近代历史所经历的半殖民地半封建社会,是欧洲和苏联都未曾经历过的。结合中国五千年的历史发展,主要考察近代以来发生的历史巨变,把1840—1949年所经历的半殖民地半封建社会作为中国的近代史,是符合中国历史自身的规律和特点的。1949年10月中华人民共和国的成立,标志着中国结束了半殖民地半封建社会的历史,中国开始了独立地开展社会主义现代化建设的历程,中国历史越出了近代,进入了自己的现代时期。

---

① 参见张海鹏《关于中国近代史的分期及其"沉沦"与"上升"诸问题》,《近代史研究》1998年第2期。

② 张海鹏:《中国近代史的分期问题》,《光明日报》1998年2月3日第5版;《关于中国近代史的分期及其"沉沦"与"上升"诸问题》,《近代史研究》1998年第2期。

另一个问题是新民主主义革命和旧民主主义革命的关系问题。新民主主义革命和旧民主主义革命问题的提出，是中国共产党人的主张。新民主主义革命的理论是中国共产党人在处理自己面临的革命任务的时候所确立的基本理论纲领，也是自己的革命实践纲领。提出这个革命理论的基本事实根据，是中国的革命是在半殖民地半封建社会的国度里进行的。这个革命的任务，对外是争取民族独立，对内是推翻封建统治，也就是通常所说的反帝反封建的民族民主革命。这个革命任务贯穿于整个半殖民地半封建的历史时期，在1921年中国共产党成立以后及其以前，这个任务都没有变化。其区别在于革命的具体对象随着时代的变化而变化，革命的领导力量因有无产阶级登上历史舞台和代表无产阶级的政党中国共产党的产生而出现变化。反帝反封建的民族民主革命是资产阶级性质的民主革命，而不是无产阶级性质的社会主义革命。这种资产阶级性质的民主主义革命，因为领导力量的不同而出现新民主主义革命和旧民主主义革命的区别。毛泽东在《中国革命和中国共产党》和《新民主主义论》等著作中，对近代中国的新民主主义革命和旧民主主义革命有系统论述。毛泽东在1935年说："中国革命的现时阶段依然是资产阶级民主主义性质的革命，不是无产阶级社会主义性质的革命，这是十分明显的。只有反革命的托洛茨基分子，才瞎说中国已经完成了资产阶级民主革命，再要革命就只是社会主义的革命了。一九二四年至一九二七年的革命是资产阶级民主主义性质的革命，这次革命没有完成，而是失败了。一九二七年至现在，我们领导的土地革命，也是资产阶级民主主义性质的革命，因为革命的任务是反帝反封建，并不是反资本主义。今后一个相当长时期中的革命还是如此。"[1] 毛泽东在1939年说："我们现在干的是什么革命呢？我们现在干的是资产阶级性的民主主义的革命，我们所做的一切，不超过资产阶级民主革命的范围。现在还不应该破坏一般资产阶级的私有财产制，要破坏的是帝国主义和封建主义，这就叫做资产阶级性的民主主义的革命。但是这个革命，资产阶级已经无

---

[1] 毛泽东：《论反对日本帝国主义的策略》，《毛泽东选集》（一卷本），人民出版社1964年版，第155页。

力完成，必须靠无产阶级和广大人民的努力才能完成。这个革命要达到的目的是什么呢？目的就是打倒帝国主义和封建主义，建立一个人民民主的共和国。这种人民民主主义的共和国，就是革命的三民主义的共和国。它比起现在这种半殖民地半封建的状态来是不相同的，它跟将来的社会主义制度也不相同。"① 这两段话，已经把新民主主义革命理论的基本问题讲清楚了。概括地说，反对封建制度的革命，是资产阶级革命。这个革命理应由资产阶级来领导。但是在半殖民地半封建的中国，资产阶级的力量幼弱，无力完成领导这个革命走向胜利的任务，不能不由无产阶级通过它的政党中国共产党来承担这个领导任务，所以称之为资产阶级性质的民主主义革命，也就是新民主主义革命。因此，无论从近代中国的社会性质说，还是从近代中国的革命性质说，在中国近代史的学科体系内，把旧民主主义革命时期和新民主主义革命时期的历史完全纳入近代中国的历史，是符合历史实际的，也是符合历史科学的要求的。这样的划分，不存在贬低或轻视新民主主义革命的历史地位和作用的问题。历史进程像一条大河，曲曲折折，奔流不息，永不停止。人们为了认识大河，把它分为发源处、上游、中游、下游，认识历史分期也是同样的道理。历史分期，是人们观察和研究历史过程时寻找的一种方法，一个大致反映不同发展阶段的标志，一个关键时期的节点，同时又不可以看得太绝对。以中国共产党的领导为理由，把新民主主义革命时期的历史和社会主义革命时期的历史都包括在中国现代史的范围里，固然不失为一种分期法，但是中国共产党至今存在，而且还将存在下去，今后的历史还需要分期吗？

近代中国历史是中国历史上极其重要的一段时期。它是自1840年起逐渐走向半殖民地半封建社会的历史，也是中国人民从旧民主主义革命走向新民主主义革命，并最终赢得民族解放的历史。从另一个意义上说，是世界走向中国，中国被迫走向世界的历史，也是中国艰难走向现代化的历史。近代中国历史，是中国社会发生大变动的历史，无论从经济基础到上层建筑，从国内生活到国际关系，变化的广度和深度，都是

---

① 毛泽东：《青年运动的方向》，《毛泽东选集》（一卷本），第550—551页。

过去所有王朝无法比拟的。这段历史在中国历史长河中虽然短暂，却是中国从传统农业社会走向现代社会的转型时期，具有自身的独特性。以这段历史为对象的学科，是一个自成体系的学科。因此，虽然"近代"的内涵会随着时间的推移而有所变动，半殖民地半封建社会的历史仍然可以作为独立的学科对象研究，是其他断代史无法取代的。因此，中国近代史学科不会因时间的改变而丧失其独立的学科地位。

中国近代史学科，作为一门独立的历史分支学科，要回答：中国是如何在外国资本主义、帝国主义侵略下走上半殖民地半封建社会的，半殖民地半封建的中国较之封建中国有什么不同，外国侵略给中国社会怎样的打击，又给中国社会什么新的东西，近代中国社会怎样形成了区别于封建中国的社会阶级力量，这些新的社会阶级力量又是如何决定中国社会的发展方向，影响这个社会的经济文化思想演变，推动这个社会逐步向新的发展阶段转型，在社会的深刻转型过程中，在新的社会物质力量主导下，使改良，尤其是革命成为社会深刻转型的动力，以及这些新的社会阶级力量怎样同帝国主义、封建主义作斗争，去争取中国的民族解放，去准备中国现代化的起步条件，等等。

三 "革命史范式"或者"现代化范式"问题

所谓"范式"，是近些年从美国学术界传过来的概念，是美国的学者们在反省他们的中国近代史研究时提出来的。它大约是指研究中国近代史过程中所遵循的某种规范。在一定意义上，这里所谓"范式"与本文所说的学科体系有相近似的地方。

中国近代史作为中国历史学分支学科，从20世纪初一开始就是为了满足当时中国的救亡需要而出现的。在20世纪上半叶，对中国近代史的认识与当时中国各种政治派别的政治主张有极大的关系。中国近代史研究是直接为了回答"中国向何处去"这一近代中国历史变迁的主题而产生的。对"中国向何处去"这个百年中国主题的回答，是现代化，还是革命，还是保持传统政治的情况下进行社会改良，不仅决定于近代中国的客观历史进程，也与对近代中国的客观进程的历史思考相关。因此，对近代中国历史的考察，不仅是认识历史进程的过程，也是现实的社会改造实践的过程。

通史著作常常是史学领域总体水平最典型、最充分的反映，也是史学体系建立的标志。20世纪三四十年代出版的中国近代通史代表著作有：李鼎声的《中国近代史》、陈恭禄的《中国近代史》（上海，商务印书馆1935年版）、蒋廷黻的《中国近代史》，范文澜的《中国近代史》上编第1分册、胡绳的《帝国主义与中国政治》（香港，生活书店1948年版），等等。这些近代通史著作大体可归结为两种中国近代史体系：一种是将中国近代史视为在西方冲击下走向近代化的历史，可称之为"近代化（现代化）体系"，或者"现代化范式"，以蒋廷黻的《中国近代史》为代表；一种是把中国近代史视为帝国主义入侵及中国变为半殖民地半封建社会的过程和中国人民反抗外来侵略的过程，可称之为"革命史体系"，或"革命史范式"，以范文澜的《中国近代史》上编第1分册为代表。"革命史范式"是近些年来学术界颇为弥漫的一种说法，提出者的本意含有否定这种学术体系的意味。中国近代史研究中的学术范式转换问题，学术界存在着不同的意见。考虑到"革命史范式"这个提法虽然不是很准确，但是它反映了中国近代史学科体系的核心内容，且为许多学者所采用。在找到更为准确的提法以前，本文在讨论时也采用这个提法，当然不包含否定或轻视的意味。

蒋廷黻认为20世纪30年代，中国的首要问题就是现代化，抗战建国的关键也取决于现代化，"为了加强中国反抗日本侵略的力量而实行现代化，这是蒋廷黻及其他人士支持南京国民党政府所献身的事业"。① 在蒋廷黻看来，中国现代化的进程不是20世纪30年代才开始的，而是从鸦片战争西方开始侵略中国之后就提出的问题，是由外侮所激发的救国之道。近代化是近代中国的历史主题，中国近代化就是在与外部世界交往中，学习西方，摆脱中古的落后状态，全面地走上政治、经济、文化、外交等变革之路，完成民族复兴的使命。从这一观点出发，他以中

---

① ［美］费正清：《费正清对华回忆录》，陆惠勤译，知识出版社1991年版，第102页。

西关系为中心，以近代化为主线，建构了他的中国近代史分析框架。

蒋廷黻认为，近代中国的悲剧，肇因于嘉庆、道光年间的中国还处于中古世界：一是科学不如人，当时西方的科学基础已经打好，而我们的祖先还在那里作八股文，讲阴阳五行；二是西方已经开始使用机器，中国的工农业还维持着中古时期模样；三是西方民族观念已发达，中国仍死守着家族和家乡观念。① 所以近代中国的根本问题就是走出中古，走向近代化。走向近代化，是贯穿全书的主线，也是他评价近代中国一切人和事的标准。

蒋廷黻在1938年出版的《中国近代史》一书中，实际上提出了中国近代史研究中的"现代化范式"问题。在中国近代史研究中提出现代化问题，不是没有一点新意，但是，当时日寇深入国土，全国人民处在悲壮的抗战热潮中，中国近代史研究中的"现代化范式"问题的提出，几乎得不到什么喝彩。② 另一方面，蒋著在保卫大武汉的时候所提出的其他一些观点，比如对林则徐的"民心可用"的强烈批判，对抗战低调的提倡，等等，无异于对抗战热潮泼冷水，引起一些爱国主义者的批判。延安的中国共产党人曾专门著述《中国现代革命运动史》给予批驳。范文澜的《中国近代史》上编第1分册，实际上也是针对蒋廷黻《中国近代史》中的观点而撰述的。范著把1840年以后的近代中国历史作为半殖民地半封建社会的历史，把1840—1919年的历史作为旧民主主义革命时期的历史，把1919年以后的历史作为新民主主义革命时期的历史。范著《中国近代史》是完整地开辟"革命史范式"的典型著作。

从整体上来说，20世纪中国政治的演变对中国近代史研究的演进影响最大。20世纪中国近代史的研究取向的变化，折射着20世纪中国社会历史本身的变迁，尤其是折射着百年来中国社会政治思潮的起伏涨落。纵观20世纪中国近代史研究，每一时期占支配地位的对中国近代

---

① 蒋廷黻：《中国近代史》，"总论"。
② 欧阳军喜在《论"中国近代史"学科的形成》（《史学史研究》2003年第2期）一文中专门分析了蒋廷黻的《中国近代史》，认为一种新的现代化的叙事模式建立起来了。他认为蒋廷黻的看法具有一定的普遍性。恐怕不尽然。

史的总体判断，主要地不是来自学术本身，而是来源于对当时中国现状与未来走向的判断。每一时期的社会政治思潮、政治意识形态和普遍的社会政治心理，往往构成这一时期中国近代史研究的学术话语和基本概念。这种学术话语所形成的学术氛围，规定和控制着中国近代史研究的方向，左右着中国近代史研究"范式"的命运。

范著所开创的"革命史范式"，在50年代以后得到规范和发展，成为很长时间里中国近代史学者所遵循的基本学术范式。当然，范著的缺点，也为此后的学者所注意。如：范著基本是一部政治史，或者说是一部革命史，依据主要历史事件做了纪事本末似的叙述，有的地方史料根据不足，由于服务现实斗争，存在着简单地影射现实的现象，科学性不足。刘大年在主持郭沫若主编《中国史稿》第4册（人民出版社1962年版）时，认为1840—1919年近代中国80年的历史中，在不同的历史时期里，帝国主义、中国社会各阶级的相互关系、他们的矛盾斗争各有特点。其中社会经济状况、阶级斗争、意识形态是结合在一起的，统一的。因此，新的著作要求根据历史演变的时间顺序讲述事件；不只讲政治事件，也要讲经济基础、意识形态，不只讲汉族地区的历史，也要讲出国内各民族在斗争中与全国的联系和相互关系。《中国史稿》第4册就注意到了政治状况、经济发展、思想文化、阶级斗争，以及汉族地区和边疆少数民族地区，就是总结了1949年以来中国近代史学科的理论建树和研究成果，加以概括和升华，给中国近代史的学科体系，或者说对革命史的学术范式做了新的概括和完善，进一步强调了近代史研究著作的科学性，强调了经济史研究对于突破近代史研究局限性的必要性。

蒋廷黻在1938年提出"现代化范式"以来，经过了半个世纪，并无应者。20世纪50—80年代出版的通史一类的著作，大体上还是按照"革命史范式"来写的。70年代末起，由于国家确立改革开放、以经济建设为中心（一个中心、两个基本点）的方针，现代化事业成为国家和人民共同关注和进行的主要事业，这很自然影响到中国近代史研究者的视线，中国近代史研究中以现代化为主题的主张再次提了出来。1998年出版的《重新认识百年中国——近代史热点问题研究与争鸣》是一本用新范式为指导撰写的近代史著作。在这部著作的总序中，作者写道："这种新'范式'与旧'范式'的最大不同，就在于它更主要是从'现代化'的角度来看待、分析中国近代史，而不把中国近代史视为仅仅是一场'革命史'"，"'以农民起义'为主线的'旧范式'，是以'革命''夺权''反抗''斗争'为'时代精神'的那一社会阶段的必然且合理的产物"，"此时的'时代精神'已由激烈的'革命''斗争'转向现代化追求，尽管为时嫌晚，这就为从'现代化'的角度来重新认识百年中国的'新范式'的出现和影响的不断扩大提供了先决条件"。① 这里的概括，主要是对所谓旧范式的概括是很不准确的，但是作者所说社会的转型、时代的变换是学术范式转型的先决条件大体上是对的。这方面，下面还要分析。

以现代化为主题研究中国近代史，引起了广泛的关注。这个话题很快进入了中国近代史前辈研究者的笔下。1990年9月，中国社会科学院近代史研究所为纪念建所40周年，举办了以"近代中国与世界"为题的国际学术讨论会。名誉所长刘大年在开幕式上讲话，他说，近代世界的基本特点不是别的，就是工业化，也就是通常所说的近代化。适应世界潮流，走向近代化，是中国社会发展的必然趋势。"如何来自立于世界民族之林，其核心，就是中国社会能否走向近代化。""近代中国没有实现西方那样的近代化，但它凭自己的力量打开了走进近代化世界的大门。"② 中国社会科学院院长胡绳也应邀在这次会议上做了演讲。关于近代中国的近代化问题，他说了下面一大段话：

> 近代中国并不是近代化的中国，不是一个商品经济发达，教育发达，工业化、民主化的国家。在近代中国面前摆着两个问题：即一、如何摆脱帝国主义的统治和压迫，成为一个独立的国家；二、如何使中国近代化。这两个问题显然是密切相关的。因为落后，所

---

① 冯林主编：《重新认识百年中国——近代史热点问题研究与争鸣》上册，"总序"，改革出版社1998年版，第2页。
② 刘大年：《中国近代化的道路与世界的关系》，《刘大年集》，中国社会科学出版社2000年版，第34、43页。

以挨打；因为不断地挨打，所以更落后。这是一个恶性的循环。

以首先解决近代化问题为突破口，来解除这种恶性循环，行不行呢？在半殖民地半封建的中国，一切工业救国、教育救国，以合法的途径实现民主化、近代化的主张都不能成功。致力于振兴工业、振兴教育的好心人虽然取得了一些成就，但并不能达到中国近代化的目的，不能使中国独立自强。不动摇原有的政治和社会秩序而谋求实现民主化的努力更是毫无作用。这些善良的愿望之所以不能实现，就是因为有帝国主义及其在中国的代理人的严重的阻力。

首先解决民族独立的问题，是很艰难的。要在十分落后的社会基础上，战胜已经在中国居于统治地位的帝国主义势力，当然不是一件轻而易举的事情。但历史经验证明，只有这样做，才能改变中国所面临的恶性循环的命运。就是说，只有先争取民族的解放和国家的独立，才能谈得到近代化的政治、经济、文化的建设。①

刘大年、胡绳是力主用马克思主义理论指导中国近代史研究的著名学者。这时候，他们都在思考近代中国的民族独立与近代化的关系问题，他们有关近代中国的近代化问题的看法是大致相近的。

1995年12月，胡绳为《从鸦片战争到五四运动》写了再版序言。再版序言特别提出三个问题，一个是阶级和阶级斗争问题，其次是对外开放问题，第三是可否以现代化问题为主题来叙述和说明中国近代的历史。对于第三个问题，胡绳的答复是："这种意见是可行的。"胡绳认为："从1840年鸦片战争以后，几代中国人为实现现代化作过些什么努力，经历过怎样的过程，遇到过什么艰难，有过什么分歧、什么争论，这些是中国近代史的重要题目。以此为主题来叙述中国近代历史显然是很有意义的。"② 1996年、1997年，刘大年再次提起近代化话题。他说："中国近代110年的历史，基本问题是两个：一是民族不独立，要

---

① 胡绳：《关于近代中国与世界的几个问题》，《胡绳全书》第3卷（上），人民出版社1998年版，第7页。

② 胡绳：《〈从鸦片战争到五四运动〉再版序言》，《胡绳全书》第6卷（上），第8页。

求在外国侵略压迫下解放出来,一是社会生产落后要求工业化、近代化。两个问题内容不一样,不能互相替代,但又息息相关,不能分离。"①"中国人民百折不回追求民族独立,最终目的仍在追求国家的近代化。1949年,毛泽东说:'夺取全国胜利,这只是万里长征走完了第一步。'第二步,第三步是什么,那就是解决近代化问题了。"他还说,民族独立与近代化毕竟是两个不同的问题,它们各有各的特定内容。"民族独立是要改变国家民族被压迫的地位,推倒半殖民地半封建统治秩序。从根本上说是要解决生产关系的问题。近代化则是要改变中国经济、文化落后的地位,要发展以近代工业生产力为主干的社会生产力。从根本上说是要解决生产力的问题。两个问题的内容不同,解决的方法也就不一样。人们无法来实现两任务同时并举,或者毕其功于一役。"②结论是只有先走革命的路,取得民族独立,打开走向近代化的道路。两位去世未久的前辈学者的思考,大体是相近的。刘大年坚持了自己一贯的意见。胡绳则提出了以现代化为主题叙述中国近代历史的问题。

我注意到,有的学者已经明确提出现代化是中国近现代历史发展的主题。③ 有的学者认为用现代化史观考察鸦片战争以来的历史进程,不仅包纳了百年的反帝反封建的革命斗争,而且涵盖了像戊戌变法这样的改革运动和其他众多的社会变迁,这就比革命史观广泛得多,也较接近历史的真实。④ 显然,这位作者是希望,在考察近代中国历史时,用现代化史观取代革命史观。

观察用"现代化范式"编著的若干著作,对于"现代化范式",大概有这么几种见解。一是主张用"现代化范式"取代"革命史范式"。前述《重新认识百年中国》体现了这种趋势。该书主张"一百年来的中国近代史其实是一场现代化史",试图用这种观点重新解释近代中国的历史进程。在这种范式下,洋务运动便成为"近代中国的第一次现代

---

① 刘大年:《中国近代史的两条线》,《刘大年集》,第30页。
② 刘大年:《当前近代史研究中的几个理论问题》,《刘大年集》,第7—8页。
③ 陈勤、李刚、齐佩芳:《中国现代化史纲》上册,广西人民出版社1998年版,第6页。
④ 李喜所:《戊戌变法百年再审视》,《历史教学》1998年第7期。

化运动"①，戊戌维新运动的失败与变法派人士所做出的激进主义政治选择的失误有关②，义和团运动"貌似爱国，实属误国、祸国"③，辛亥革命的前提条件不足以成立，"完全是近代中国特殊历史条件下革命志士鼓吹、争取的结果"④，等等。这些用"现代化范式"重新审视过的观点是否符合历史的真实，已经有学者提出了讨论。⑤ 这里要指出：用"现代化范式"替代"革命史范式"，其结果，对近代中国历史进程的基本面貌的解释，与人们通常熟知的中国近代史知识完全相反，不能认为是正确的替代。主张研究中国近代的现代化进程的美国著名资产阶级学者费正清在他的《观察中国》一书中指出，"帝国主义的侵略使中国人民蒙受了耻辱，正是这种耻辱唤起了中国的民族主义并激发了二十世纪的中国革命"，"革命是近代中国的基调，美国人要想了解这一点，必须首先要懂得中国的历史"。⑥ 这是一个符合基本历史事实的观察，因而是一个正确的观察。费正清是一个生活在最先提出现代化理论的国家的学者，而且并不反对采用现代化的研究方法研究中国近代史，他的结论何以与我们主张"现代化范式"的学者相差如此之远？是"现代化范式"出了问题还是我们主张此一范式的学者在运用中过于标新立异、不求甚解值得检讨？

提出替代主张的学者，对"革命史范式"的否定并不符合事实。说"旧范式"把中国近代史仅仅看作是一场革命史，"以农民战争为主线"，显然是一种严重的歪曲。用"革命史范式"写的中国近代史书，在一定的时代背景下，主要写了革命史、政治史，但是绝不仅仅是革命史，更不是"以农民战争为主线"。哪一本中国近代史书不写戊戌维新的历史呢，哪一本中国近代史书不写辛亥革命的历史呢，哪一本中国近代史书不写新文化运动和五四运动的历史呢，难道这些都是"以农民战

---

① 冯林主编：《重新认识百年中国——近代史热点问题研究与争鸣》上册，第3页。
② 冯林主编：《重新认识百年中国——近代史热点问题研究与争鸣》上册，第53页。
③ 冯林主编：《重新认识百年中国——近代史热点问题研究与争鸣》上册，第81页。
④ 冯林主编：《重新认识百年中国——近代史热点问题研究与争鸣》上册，第171页。
⑤ 参见吴剑杰《关于中国近代史"新范式"的若干思考》，《近代史研究》2001年第2期。
⑥ ［美］费正清：《观察中国》，四川人民出版社1992年版，第13、96页。

争为主线"吗？哪一本中国近代史书不写洋务运动开始的近代机器工业的发展，不写近代资本主义经济的发展历史，不写清末统治阶级的内部状况，不写北洋军阀的历史，不写近代改良主义思想的发展，不写西方资产阶级思想在中国的传播？难道仅仅写了一场革命史吗？

二是以现代化为视角研究中国近代史，或者说研究近代中国的现代化史。这种研究主题，与"一百年来的中国近代史其实是一场现代化史"不尽相同，它并不追求以"现代化范式"替代"革命史范式"。它与胡绳所期望的似乎比较切近。这类著作我们已经看到了几种，诸如《比较中的审视：中国早期现代化研究》（章开沅、罗福惠主编，浙江人民出版社1993年版）、《中国现代化史》第1卷（许纪霖、陈达凯主编，上海三联书店1995年版）、《中国现代化历程》（虞和平主编，江苏人民出版社2001年版）等。这些著作，大体上是用经中国学者改造过的现代化研究理论和方法，观察近代中国的历史，分析现代化事业在中国的迟滞、发展和曲折。这样的观察是有意义的，它使读者通过另一个视角看到了近代中国的历史。但是，这样的观察和研究，也终究不能把一部完整的中国近代史呈现在读者的面前。

在这种范式下，出现了一种包含论。它不是用"现代化范式"替代"革命史范式"，而是认为"现代化范式"可以包含"革命史范式"。包含论认为："如果就完整意义上的现代化而言，反帝反封建的改革和革命应该包含在现代化进程之中。这是因为，反帝是为了争取国家独立、建立平等互利的国际关系，以便合理地利用国外资源；反封建是为了争取民主、建立政府与社会的良性互动关系，更好地进行现代化的社会动员。所以，反帝反封建的改革和革命既是现代化的一个组成部分和一种重要动力，也为现代化建设解决制度、道路问题，并扫除障碍。问题的关键是如何分析改革和革命的现代化意义。"[1] 如果可以把这种意见理解为包含论的话，那么，可以说，这种意见反映了中国学者对现代化理论的改造，反映了他们试图用现代化理论调和革命化理论的努力。因为发源自美国的原初现代化理论是绝对没有这样的含义的。现代化理

---

[1] 虞和平主编：《中国现代化历程》第1卷，"绪论"，第2页。

论的最初提出者把自己的著作命名为"非共产党宣言",明显是挑战马克思主义的阶级斗争学说的,不可能把革命包含在现代化进程之中。20世纪末的中国学者对西来的现代化理论加以改造,使之适应于近代中国的发展情况,做出这样的努力是值得赞许的。这也许是现代化理论的中国化吧。但是,这种用现代化理论来解释近代中国的反帝反封建、解释近代中国的改良与革命的"现代化范式",是否能够代替"革命史范式"来撰写中国近代史呢?胡绳曾经说过,至今尚未有以现代化为主题写出来的中国近代史,看过了上述列出的几部有关中国现代化史的著作后,我不能不说,胡绳的这句话至今仍未过时。这几部书,在解释近代中国的现代化进程方面是做了有益的工作的,但是还不足以揭示整个中国近代史的全部历程。因为近代中国历史的全部内容,不是现代化的进程所能够包容的。

现在是否可以说,关于"现代化范式",大体上可以有两种理解。一种是以现代化的范式重新解释中国近代史;另一种是研究近代中国的现代化进程。研究近代中国的现代化进程也可以从政治现代化的角度说明近代中国的改良与革命,但很难从历史进程的方向叙述完整的近代中国的历史。可以认为,撰写近代中国的现代化进程,和撰写中国近代的历史,是并行不悖的两种写作模式,其间并不存在相互替代的问题。

从现代化的视角解读中国近代史,也不失为一个新的思路。但是,现代化的视角如果不与革命史的视角相结合,仅仅用现代化理论揭示近代历史,也难以科学地复原历史的真实面目。胡绳在说到这个问题的时候特别提到:"以现代化为中国近代史的主题并不妨碍使用阶级分析的观点和方法。相反的,如果不用阶级分析的观点和方法,在中国近代史中有关现代化的许多复杂的问题恐怕是很难以解释和解决的。"[①] 从马克思主义的观点来看,这是至理名言。因为,要分析近代中国的现代化问题,就要分析"从1840年鸦片战争以后,几代中国人为实现现代化作过些什么努力,经历过怎样的过程,遇到过什么艰难,有过什么分

[①] 胡绳:《〈从鸦片战争到五四运动〉再版序言》,《胡绳全书》第6卷(上),第8—9页。

歧、什么争论",这些都是中国近代史中的重要题目。① 在近代中国这样的阶级社会中,现代化的进程也是十分复杂的,并不是一个单线的发展。在中国,有资本帝国主义的现代化,有封建地主阶级的现代化,有民族资产阶级的现代化,有无产阶级追求的现代化,有孙中山主张的现代化,也有毛泽东主张的现代化。我们如果放弃了阶级分析的方法,如何去分析这样复杂的社会现象呢?

在讨论"现代化范式"和"革命史范式"的时候,有一个问题还要提出来,这就是"革命史范式"是否就过时了呢?我认为没有过时。如果拿"革命史范式"来套五千年的中华历史,或者套整个世界史,容或可以说有削足适履之病,如果拿来作为研究近代中国历史的学术范式,正好足履相适,所用甚当。这是由近代中国半殖民地半封建社会的特殊历史国情决定的,是由近代中国的历史实际进程所表现的,是由那时复杂的阶级斗争形式所规定的。批评者说:"旧范式"是以"'革命''夺权''反抗''斗争'为'时代精神'的那一社会阶段的必然且合理的产物"。从一定的意义说,这个批评是对那个时代的"时代精神"的正确的肯定。从鸦片战争到中华人民共和国成立的那110年历史,确是充满了革命、夺权、反抗、斗争的基调。经济的发展状况、文化思想领域的方方面面,中国和世界关系的处理,都受限于这个基调;用现代化理论的话语来说,那个时代中国现代化的进程,传统与现代性的冲突,现代化的酝酿和启动,现代化道路的选择,现代化的社会动员,等等,无不受制于革命、改良、夺权、反抗与斗争的基调。是革命、改良、夺权、反抗与斗争的基调,制约了现代化的进程,而不是现代化的进程带动了革命的进程。胡绳说"只有先争取民族的解放和国家的独立,才能谈得到近代化的政治、经济、文化的建设"②,刘大年说只有先走革命的路,取得民族独立,打开走向近代化的道路,说的就是这个意思。这也就是说,用革命的视角观察那个时代,用"革命史范式"撰写近代中国的历史,最符合近代中国的时代特征。所有这一切,并不

---

① 胡绳:《〈从鸦片战争到五四运动〉再版序言》,《胡绳全书》第6卷(上),第8页。
② 胡绳:《关于近代中国与世界的几个问题》,《胡绳全书》第3卷(上),第7页。

因为今天社会的发展主题是社会经济而变化。时代变化了，今天社会发展的主要任务变化了，如果以今天变化了的社会发展的眼光观察昨天的中国，以为昨天的中国也完全适应于现代化的研究方法，则是一种误会。

因为近代中国的时代基调是革命，从革命的视角审视，中国近代史上的政治、经济、军事、文化思想、社会变迁，以及中外关系的处理，区域发展，少数民族问题，阶级斗争的状况，无不或多或少与革命的进程、革命事业的成败相联系。一部中国近代史，如果抓住了这个基本线索，就能够顺藤摸瓜，理清近代中国社会历史的各个方面。当然用"革命史范式"撰写中国近代史，局限于革命史的视角，可能对社会经济的发展、社会的变迁注意不够。如果在"革命史范式"主导下，兼采"现代化范式"的视角，注意从现代化理论的角度，更多关注社会经济的发展、更多关注社会变迁及其对于革命进程的反作用，就可以完善"革命史范式"的某些不足。反过来，如果不注意"革命史范式"的主导，纯粹以"现代化范式"分析、撰写中国近代史，就可能改铸、改写中国近代史，而使得中国近代史的基本面貌变得面目全非，令人不可捉摸了。这样的研究，新意是有的，但是脱离了历史真实的新意，将为智者所不取。

当然，如前所述，如果这种"现代化范式"只是运用现代化理论研究中国的现代化进程，而不求全面反映整个近代中国历史，则是另一种情况。因为现代化进程只是全部中国近代史的一个侧面，一个重要部分，把这个侧面、这个重要部分弄清楚，对于全面认识中国近代史是有积极意义的，这样的研究模式也值得支持。

70 年来中国近代史学科建设的
成就与新使命[*]

学科意义上的中国近代史研究是从 1949 年中华人民共和国成立后才开始的。回顾中国近代史学科的建设和发展，可以说，70 年来中国近代史学科建设所涉及的各个方面，无论是学科体系，抑或是研究内容、研究领域、研究方法等，都取得了令人瞩目的成就。在中国历史学这个大门类中，中国近代史作为一门独立的学科，已趋向成熟。70 年来，中国近代史学科建设的成就突出表现在以下几个方面。

一 学科体系的确立与发展

综观 70 年来中国近代史学科建设所取得的成就，首先体现在确立学科体系的一系列问题上，由认知分歧趋于一致。如何建设中国近代史学科体系，涉及如何确定学科研究的时限，如何认识历史发展的基本线索等问题。在对这些问题的认知上，都经历了由分歧到相对统一的过程。

（一）关于中国近代史的研究时限

中国近代史的研究时限究竟从何时开始，止于何时？在相当长的一段时间里，学术界未形成共识。早在新中国成立之前，就有学者撰写了

---

[*] 本文作者朱汉国，北京师范大学历史学院教授。本文原载于《河北学刊》2019 年第 5 期。

不同版本的冠以《中国近代史》的著作。如李鼎声、陈恭禄、蒋廷黻、范文澜等都出版了以"中国近代史"为名的著作。① 翻阅他们的著作，在"中国近代史"时限上并不一致。虽然他们大多主张把鸦片战争作为中国近代史的开端，但下限却各不相同。

1949年中华人民共和国成立后，中国近代史学科建设迈上了快速道。学人开始运用马克思主义唯物史观去思考及辨析近代中国发展的历史，构建中国近代史学科体系。学人一个普遍的认知，即近代以来的中国历史是中国人民反抗外来列强侵略进行革命斗争直至胜利的历史。近代以来的中国革命史，以五四运动为界，又划分为新、旧民主主义革命两个时期。1840年至五四运动，是旧民主主义革命时期；1919年五四运动至1949年中华人民共和国成立，是新民主主义革命时期。为了明晰中国新、旧民主主义革命的区别，也是为了凸显中国共产党领导新民主主义革命胜利的意义，学人在构建中国近代史学科体系时，开始明确把旧民主主义革命时期的历史规定为中国近代史，把新民主主义革命时期历史规定为中国现代史。从1950年代至1980年代出版的有关《中国近代史》或《中国现代史》著作，其各自的研究时限大体如此。如林增平、李侃等的同名《中国近代史》，其时限均为1840—1919年；② 魏宏运、王桧林等的同名《中国现代史》，其时限均为1919—1949年。③ 在教育部颁布的1950年代至1980年代的中小学历史教学大纲中，也明确规定："中国近代史就是从1840年第一次鸦片战争到1919年五四爱国运动前夕的中国历史。"④ 其时，各高等院校历史系也是按照民主主义革命两个历史时期设置"中国近代史教研室"和"中国现代史教研

---

① 参见李鼎声《中国近代史》（光明书局1933年版）、陈恭禄《中国近代史》（商务印书馆1935年版）、蒋廷黻《中国近代史》（艺文研究会1938年版）、范文澜《中国近代史》上编第1分册（华北新华书店1947年版）。

② 参见林增平《中国近代史》（湖南人民出版社1958年版）、李侃、李时岳等《中国近代史》（中华书局1977年版）。

③ 参见魏宏运《中国现代史稿》（黑龙江人民出版社1980年版）、王桧林《中国现代史》（北京师范大学出版社1983年版）。

④ 《小学历史课程暂行标准（1950年8月）》，载《20世纪中国中小学课程标准·教学大纲汇编·历史卷》，人民教育出版社2001年版，第114页。

室"的。

然而，对于以新、旧民主主义革命来划分中国近代史、中国现代史学科时限的做法，在1950年代就有学者表示了不同的看法。李新、荣孟源等基于中国社会形态变迁的视角，认为中国近代史的时限应为1840—1949年。李新认为："从1840年的鸦片战争起直到1949年中华人民共和国成立以前止，这个社会性质是基本上没有改变的。因此没有理由把它划分为近代史（1840—1919）和现代史（1919—1949），而应该把它写成一部完整的包括整个半殖民地、半封建社会时代的通史。""为了方便起见，把它称为近代史也是可以的。"[①] 荣孟源也撰文指出："有人说，中国近代史的断限应从1840年起，到1949年止。我赞成这个意见。"他说："从鸦片战争起，到中华人民共和国成立以前，中国社会是一个半殖民地、半封建社会，中国革命性质是民主主义革命，这一百一十年的历史应该作为一个历史时期，叫做中国近代史。"[②]

1978年改革开放后的一段时间里，虽然学术界的主流认知仍以五四运动为界来划分中国近代史和中国现代史，但在一些有关中国近代专门史的著作中，人们开始"破界"。如范明辛等编著的《中国近代法制史》（陕西人民出版社1988年版）、何君启等主编的《中国近代体育史》（北京体育学院出版社1989年版）等，其所述的"中国近代"，即为1840—1949年的中国历史。1990年代以后，又出现了"破界"的中国近代通史性著作。1999年，张海鹏主编的以1840—1949年为时限的《中国近代史》，由群众出版社出版；白寿彝总主编的《中国通史》由上海人民出版社出版，其近代部分即为1840—1949年的历史。

2001年，教育部颁布新的《义务教育历史课程标准》明确指出，"中国近代史始自1840年中英鸦片战争爆发，止于1949年南京国民党政权覆亡"，"是中国半殖民地、半封建社会逐渐形成到瓦解的历史"。[③] 2007年和2012年，作为马克思主义理论研究和建设工程重点教材的

---

① 李新：《关于近代史分期的建议》，《教学与研究》1956年第8/9期。
② 荣孟源：《关于中国近代史分期问题的讨论》，《科学通报》1956年第8期。
③ 《义务教育历史课程标准（实验稿）》，北京师范大学出版社2001年版。

《中国近现代纲要》（高等教育出版社 2007 年版）和《中国近代史》（高等教育出版社 2012 年版）相继出版，这两部高校教材都明确把近代史学科研究时限定为 1840—1949 年。应该说，这是官方对中国近代史研究时限作出的一种制度性确认。

迄今，虽有个别学者对中国近代史学科的研究时限仍有一些异见，但 1840—1949 年为中国近代史，已成为学术界的主流认知。

（二）关于中国近代史发展的基本线索

如何认识中国近代史发展的基本线索，是确立中国近代史学科体系的另一个关键问题。在这一问题上，学术界的认知也经历了发展变化的过程。

早在 1949 年之前，学人在论述中国近代史时，对近代以来的历史发展线索就表达了不同的认识。其中，代表性认识有两种：

一种是向西方学习的"近代化"认知。1923 年，梁启超在《五十年中国进化概论》中从中西文化差异的视角勾画了中国近代史发展的主线，即向西方学习。[①] 此后，蒋廷黻在梁启超"西化论"的基础上，揭示了中国近代历史发展的"近代化"线索。他在《中国近代史·总论》中指出，近百年的中华民族根本只有一个问题，即中国能否近代化？[②] 走向近代化，是贯穿蒋氏著作的主线，也是其评价近代中国历史人物、历史事件的标准。

另一种则是反抗外来列强侵略的"革命史"认知。1939 年，毛泽东在《中国革命与中国共产党》中提出了著名的"两过程"说，他指出，近代以来的中国历史，就是帝国主义和中国封建主义相结合，把中国变为半殖民地和殖民地的过程，也就是中国人民反抗帝国主义及其走狗的过程。[③] 与此同时，一些马克思主义史学家在论述中国近代史时大体持此认识。例如，李鼎声所著《中国近代史》明确声明，撰写此书

[①] 梁启超：《五十年中国进化概论》，载《饮冰室合集·文集》，中华书局 2015 年版，第 39—43 页。
[②] 蒋廷黻：《中国近代史》，（长沙）艺文研究会 1938 年版，第 3 页。
[③] 毛泽东：《毛泽东选集》第 2 卷，人民出版社 1991 年版，第 632 页。

的目的就是要"暴露国际资本的群魔,怎样从中国吮吸膏血来膨胀他们自身,怎样驱使他们的鹰犬,来榨取中国广大的勤劳人口,以及中国被压榨的奴隶大众,怎样用自己的战斗力量反抗此种残酷的吸血与狡诈"。① 他认为,中国近代史就是一部帝国主义侵华史,中国近代史的发展主线就是中国人民反帝斗争史。范文澜撰写《中国近代史》上编第 1 分册时基本上也是按"革命史"视角来论述的。只要翻阅该书目录,即可清晰地看到这一点。②

1949 年中华人民共和国的成立,标志着中国新民主主义革命取得伟大胜利。中国人民革命斗争的胜利,加之冷战格局的国际形势,极大地影响了中国人对中国近代史发展主线的认知。在此后相当长的一段时间里,从"革命史"的视角来认识中国近代史发展的过程,逐渐成为学术界的主流认知或唯一视角。在这方面,胡绳作出了特殊的贡献。1954 年,胡绳在《中国近代历史分期问题》一文中依据马克思主义阶级斗争的观点阐释了中国近代历史发展的主线是中国人民反帝、反封建的革命斗争。他强调,讨论中国近代历史的分期,就是要揭示近代中国历史发展的客观规律及其演进脉络。而中国近代历史的发展主线,就是在近代中国几乎无处不在的阶级和阶级斗争。从阶级斗争引发革命,由革命推动历史进步,这就是中国近代历史发展的基本线索。③ 据此,胡绳把中国近代史主线勾画为太平天国、戊戌维新和义和团运动、辛亥革命"三次革命运动高涨"的过程(即"三次革命高潮说")。胡文发表之后,立即在近代史学界引起强烈反响。随后展开了一场围绕中国近代史发展主线和具体分期的讨论。从参与讨论的论文内容和观点来看,基本上是重复和完善胡绳的观点。所以,这场讨论实际上进一步强化和传播了胡绳的观点。此后,直至 1980 年代,胡绳阐发的"阶级斗争→反帝、反封建革命→推动历史进步"的"革命史"观点,成为近代史学界公认的权威观点,所揭示的"三大革命高潮"为主线的近代史叙事

---

① 李鼎声:《中国近代史》,(上海)光明书局 1933 年版,第 5 页。
② 范文澜:《中国近代史》上册第 1 分册,人民出版社 1953 年版。
③ 胡绳:《中国近代历史的分期问题》,《历史研究》1954 年第 1 期。

体系也被普遍采用。

1978年召开的中国共产党十一届三中全会，决定把全党的工作重心转移到经济建设上来，重新恢复党的实事求是思想路线，由此而引发了学术界关于中国近代史学科体系的重新思考。1980年，李时岳在《历史研究》发表了《从洋务、维新到资产阶级革命》一文，提出了与胡绳的"三次革命高潮"说不同的看法，主张把农民战争、洋务运动、维新运动、辛亥革命看作中国近代历史发展的主线。① 李时岳的文章反映了学术界对以往把中国近代史简化成"三次革命高潮"认知的反思。此文的发表，在学术界引起了极大震动，促发了中国近代史学界对中国近代史发展线索的进一步思考。

从1980年代开始的关于中国近代历史主题的讨论，即中国近代史究竟是一个主题（反帝、反封建革命），还是两个主题（反帝、反封建革命和争取近代化）？而到了1990年代，又开始了"革命史范式"与"现代化范式"之争。说到底，这都是学术界关于中国近代史发展线索的重新思考。事实上，近代中国的社会性质决定了中国近代史的内容有两大主题：一是进行反帝、反封建革命，争取民族独立和人民解放；二是争取社会近代化（现代化），争取国家富强、民生幸福。中国近代史的"民族民主革命"和"近代化"这两大主题，密切关联，并行不悖，共同构成了中国近代史发展的主要线索。

胡绳晚年在谈到中国近代历史发展线索时曾明确指出："在近代中国前面摆着两个问题：即一、如何摆脱帝国主义的统治和压迫，成为一个独立的国家；二、如何使中国近代化。这两个问题显然是密切相关的。"②

应该说，中国近代史发展两大主题的揭示，并非要简单地否定以往的"革命史"认知，而是力求更全面、客观、辩证地认识中国近代历史发展的线索。张海鹏在撰文分析"革命史范式"与"现代化范式"的关系时指出，"撰写中国近代史，局限于革命史的视角，可能对社会

---

① 李时岳：《从洋务、维新到资产阶级革命》，《历史研究》1980年第1期。
② 胡绳：《关于近代中国与世界的几个问题》，《人民日报》1990年10月17日。

经济的发展，社会的变迁注意不够"；"反过来，如果不注意'革命史范式'的主导，纯粹从'现代化范式'的视角观察中国近代史，很可能改铸、改写中国近代史，而使得中国近代史的基本面貌变得面目全非"。①

学术界对中国近代史发展主线的新认知，从一定意义上可以说，反映了中国近代史学科体系已渐趋成熟。

二 学科研究领域的拓展和内容的丰富

70年来中国近代史学科建设成就还体现在学科研究领域的拓展和深化方面。

中华人民共和国成立后，中国近代史学科很快就建设起来。中国科学院成立了专门的研究近代史的机构，综合性的高等院校也相继成立了中国近代史教研室或现代史教研室。但综观1978年前的中国近代史学科建设，无须讳言，仍有不少值得反思之处。一是学科研究领域狭窄。其时的中国近代史研究主要是政治史研究，所涉及的经济史研究也只是部门经济状况的研究，所涉及的人物也仅仅限于孙中山、毛泽东等。其他有关近代思想史、文化史、社会史、外交史、民国史等领域几乎无人涉足。二是研究内容单调、简单。其时的政治史虽构成了中国近代史的主体内容，但被简化成中国革命史，其内容主要是"三次高潮""八大事件"。1919—1949年的历史也被简化成中共党史。在"文化大革命"期间，中共党史更被机械地理解为路线斗争史。

改革开放之后，随着思想解放的推进，上述状况很快得以扭转。1981年2月，刘大年在《光明日报》上发表题为《中国近代史研究从何处突破》一文，提出了要从中国近代经济史的研究角度寻找突破口。② 与此同时，中国近代史学界（其时限为1840—1919年）和中国

---

① 张海鹏：《中国近代通史》第1卷，江苏人民出版社2006年版，第50页。
② 刘大年：《中国近代史研究从何处突破》，《光明日报》1981年2月17日。

现代史学界（其时限为1919—1949年）相继开展了建立学科体系的讨论，讨论的核心问题是关于研究对象与内容。随后，在《历史研究》编辑部的牵头下，以"把历史的内容还给历史"为题，发起了关于开展社会史研究的倡议。由此开始，以经济史和社会史为突破口，中国近代史研究开始突破传统的革命史框架，延伸到近代经济史、社会史、文化史、思想史、外交史、军事史等各个领域，并向纵深发展。

关于中国近代经济史研究。1985年后，随着严中平主编《中国近代经济史（1940—1894）》（人民出版社1985年版）以及陆仰渊、方庆秋主编《民国社会经济史》（中国经济出版社1991年版）等著作的出版，中国近代经济史领域的研究呈现了精、深、细趋势。其研究对象涉及近代工业史、农业史、手工业史、金融史、交通史、区域经济史等各个方面；其分析框架涉及经济方针政策、企业制度、产业结构、价格结构、投资与市场、生产与消费等经济要素。

关于中国近代社会史研究。1980年代学术界开展了关于"中国社会史研究对象和研究范围"的讨论，由此推进了中国近代社会史研究的兴起和发展。至1990年代，乔志强主编《中国近代社会史》（人民出版社1992年版）、陈旭麓《中国近代社会的新陈代谢》（上海人民出版社1992年版）、龚书铎总主编《中国社会通史》（山西教育出版社1996年版，八卷本，其中包括史革新主编的《晚清卷》和朱汉国主编的《民国卷》）相继出版，体现了中国近代社会史作为中国近代史学科的一个分支领域的开拓与成果。进入21世纪，中国近代社会史研究已深入至近代社会构成各要素及近代社会生活的方方面面。如对近代中国的人口、婚姻家庭、政区社区、阶级阶层、社团群体以及日常的物质生活、精神生活、社会习俗等都有相应成果问世。亦有对中国近代社会史的分支领域，如近代交通社会史、医疗社会史、区域社会史、乡村社会史等，作了更精细的研究。

即使是以往作为主干的中国近代政治史研究，也突破了传统的"革命史"框架，对一些曾被视为"禁区"的领域或历史人物，作了开拓性研究。

关于中华民国史研究。在中华人民共和国成立至1978年期间，由于"革命史"研究框架的限制，民国史上的诸多事件和人物被屏蔽在中国近代史叙事之外。即使有一些关于民国史的研究，也只是局限于揭露北洋军阀和国民党反动统治方面。1978年后，随着思想解放，学术界不再视中华民国史研究为禁区，而是越来越予以重视。1981年，李新主编《中华民国史》第一编第一卷由中华书局出版，该书奠定了中华民国史研究的学科基础。此后，有关中华民国史研究的队伍迅速壮大，研究成果不断涌现。迄今，通史性的中华民国史著作有张宪文主编《中华民国史》（四卷本，南京大学出版社2006年版）、朱汉国等主编《中华民国史》（10册，四川人民出版社2006年版）、李新主编《中华民国史》（12卷，中华书局2011年版）等。此外，有关中华民国史上重要历史事件的研究成果也不断问世。如金冲及、胡绳武《辛亥革命史稿》（上海辞书出版社2011年版），谢本书等《护国运动史》（贵州人民出版社1984年版），彭明《五四运动史》（人民出版社1984年版），黄修荣《国民革命史》（重庆出版社1992年版），军事科学院军事历史研究部《中国抗日战争史》（解放军出版社1991年版）等。有关民国人物的研究，近年来更是成为近代史学界的一个热点。2006年，四川人民出版社出版的《中华民国史》，全书10册中有4册人物传，收录民国时期有影响的代表人物数百人。2011年，中华书局出版的《中华民国人物传》（八卷）收录民国人物近千人。以往在革命史叙事中，作为革命对象的一些民国人物，如袁世凯、蒋介石、汪精卫等现在都有相关传记出版。中华民国史研究的兴起与发展，无疑是对以往以革命史为主线的中国近代政治史的突破与拓展。

中国近代史各研究领域的开拓与深化，极大地丰富了学科建设意义上的中国近代史研究，中国近代史研究内容更为充实、丰富和生动起来。在此不妨举两本书为例，试说明中国近代史研究内容之变迁。

一本是胡绳写于1950年代的《中国近代史提纲》，全书五章，约4万字：第一章为"外国资本主义势力开始侵入中国和太平天国农民革命运动（1840—1864）"；第二章为"半殖民地半封建统治秩序的形成（1864—1895）"；第三章为"资产阶级改良主义运动和失败了的农民反侵略斗争（1895—1901）"；第四章为"资产阶级领导的革命运动及其失败（1901—1912）"；第五章为"资产阶级革命的幻灭、帝国主义大战和俄国十月革命时期的中国、五四运动（1912—1919）"。[①] 这份提纲反映了胡氏对中国近代史的基本认识，在当时产生了巨大影响。但必须承认，这份提纲所构建的中国近代史学科内容基本上属于革命史的范畴。

另一本书是张海鹏主持编写的《中国近代通史》（江苏人民出版社2006年版）。该书写于21世纪，距胡绳写作《中国近代史提纲》的时间，达50余年。全书共10卷，500余万字，以"通史"为视角，以政治史、革命史为主干，对1840—1949年间近代中国经济发展、社会生活、思想文化、边疆地区发展等作了近乎全方位的论述。

在此将两书作比较，并不是将两书对立，也不是比较二者容量的大小或时限之长短，而是力求说明历经数十年学科建设，中国近代史研究在内容结构上的变迁。说到底，中国近代史是中国通史的一个组成部分。作为中国通史的一段，其内容绝不应仅仅局限于革命史范畴，而应全面、客观反映中国社会政治、经济、文化、社会等方面的发展、互动及变迁的过程。张海鹏主编的《中国近代通史》，在充分吸收以往研究成果的基础上，在学科内容体系上体现了由传统革命史内容向通史内容的转变。在一定意义上，也可以说，这部书体现了中国近代史学科建设在研究领域和内容拓展上的成就。

三　学科研究方法的探索与创新

中华人民共和国成立后，在唯物史观指导下的中国史学由边缘走向中心。中国近代史研究作为中国史学的一部分，迅速确立了马克思主义对学科建设的指导地位。

范文澜的《中国近代史》和胡绳的《帝国主义与中国政治》均为中国近代史学科建设的奠基之作，也是作者运用马克思主义观点、方法

[①] 胡绳：《中国近代史提纲》，《胡绳全书》第5卷，人民出版社1998年版。

研究中国近代史的典范。这两部著作虽成书于1949年前,但在中华人民共和国成立后人们接受马克思主义史学观点和方法的过程中起到了极其重要的作用。

1954年,由胡绳发起的关于中国近代历史分期问题的讨论,实际上是一场如何运用马克思主义观点观察和研究中国近代史的大讨论。在这场讨论中,胡绳运用马克思主义阶级和阶级斗争观点,来研究中国近代史的方法,得到了近代史学界的普遍认同。通过这场讨论,中国近代史学者大致形成了一个共识:中国近代社会是一个阶级矛盾复杂、阶级变动频繁的阶级社会,只有用阶级分析的方法才能抓住近代中国的特点,把握近代中国社会发展的主线,揭示历史真相。可以说,通过这场持续三年的讨论,近代史学界基本接受了用马克思主义阶级和阶级斗争观点来研究中国近代史的方法。

1978年召开的中国共产党十一届三中全会,实行改革开放,由此引发了学术界在全党工作转向以经济建设为中心的历史新时期开始反思近代史研究分析方法。与此同时,随着对外学术交流的增多,对国外社会科学理论与方法逐渐加深了解,也引发了学人探索新的理论与方法的热情。在此背景下,从1980年代开始,中国近代史学界展开了几次围绕理论与方法问题的讨论。

(一) 关于是否坚持唯物史观的讨论

1980年代以来,学术界出现了反思历史的思潮。在反思中,一些人开始质疑阶级斗争理论,也有一些人以中国有没有"封建社会"讨论为由,开始质疑马克思主义的五种社会形态理论。所有的质疑,都指向如何认识唯物史观问题。

面对质疑,中国近代史学界展开了一场是否坚持唯物史观的讨论。金冲及、胡绳等纷纷撰文,畅谈自己对唯物史观的认识。金冲及指出,尽管马克思主义学说需要随着时代变化加以丰富和发展,但马克思主义基本原理并没有过时,决不能抛弃。我们必须要坚持用马克思主义辩证唯物论和历史唯物论指导历史研究。在坚持马克思主义基本原理的同时,我们可以吸收其他社会科学的方法和成果,包括非马克思主义者正确的方法和成果。① 胡绳针对有人主张从现代化视角来解读中国近代史的尝试，明确指出，以现代化为中国近代史的主题，并不妨碍使用阶级分析的观点方法。相反的，如果不用阶级分析的观点和方法，在中国近代史中有关现代化的许多复杂的问题恐怕是很难解释和解决的（《〈从鸦片战争到五四运动〉再版序言》）。② 张海鹏指出，我们在注意吸收各种有价值的西方史学理论时，不能放弃马克思主义的方法论和世界观。③ 针对有人质疑马克思主义社会形态理论，王伟光等分析了马克思主义社会形态的科学性及其对历史研究的指导意义，强调马克思主义社会形态理论未因时代变迁而丧失其理论光彩。④ 瞿林东则撰文阐述了在新的历史条件下，坚持和发展唯物史观的具体举措。⑤

经过讨论，人们在是否坚持唯物史观的问题上达成了基本一致的认识，同时也认识到唯物史观是一个开放的系统，在坚持唯物史观的同时，还应注意吸收其他正确的研究方法和成果。

（二）围绕"冲击—回应"论和"中国中心"论的讨论

改革开放后，中外史学界交流日益便捷频繁。在交流中，国外一些新理论、新方法被相继引入国内。所谓的"冲击—回应"论和"中国中心"论一经传入中国之后，就引起中国学术界的热议，促发了对中国近代史研究取向的进一步思考。

"冲击—回应"论，系美国学者费正清在其著作《中国与美国》《中国对西方的反应》中所揭示的。他认为，传统中国社会长期停滞不前，缺乏内部动力所带来的改变和突破。自经历了19世纪中叶开始的西方诸国一次次入侵后，古老的中国才开始缓步向近代社会演进。因而，发生于中国近代的诸多事件均可套用"西方冲击，中国回应"的

---

① 《金冲及先生治学问答》，《史学月刊》2014年第5期。
② 《胡绳全书》第6卷（上），人民出版社1998年版。
③ 张海鹏：《六十年来中国近代史学科的确立与发展》，《历史研究》2009年第5期。
④ 王伟光：《深入研究中国发展道路和发展经验 丰富和发展马克思主义社会形态理论》，《中国社会科学》2011年第1期。
⑤ 瞿林东：《在唯物史观指导下，推动中国史学走向新的发展》，《史学理论研究》2015第1期。

公式加以解释。中国近代史就是一部回应冲击的历史。"冲击—回应"论作为费正清哈佛学派学术研究的主要理论，长期占据着美国中国近代史研究的主流。

"中国中心"论，系美国学者保罗·柯文在其著作《在中国发现历史——中国中心观在美国的兴起》提出的。他在书中批判了"冲击—回应"论所张扬的"西方中心"色彩，就中国近代史的研究取向，提出了"中国中心"论。柯文希望在中国近代史的研究取向上摆脱西方中心先入为主的假设来审视中国的过去，倡导以中国为出发点来深入探索中国社会内部的变化动力与历史进程。

"冲击—回应"论和"中国中心"论，与以往中国学者书写的以革命史为中心的近代史不同，都是从现代化的视角来审视中国近代社会发展的进程。二者间的不同之处在于，对推动中国近代历史发展的决定因素，究竟是外因，还是内因？这两种理论模式传入中国后，很快得到了中国近代史学界的热议。有认同者，也有批评者。对于"冲击—回应"论，由于宣扬的是西方中心观，学人对此是批判多于认同。对于"中国中心"论，则是有认同，也有批评。

刘大年曾对"冲击—回应"论和"中国中心"论有过精辟的评说："'冲击—回应'公式决不是一个接近于反映历史真相的公式。""它完全不能说明中国人民反对外国侵略的态度，完全没有能够估计到中国人民的力量"。对于"中国中心"论，刘大年肯定了其对西方中心观的批驳，以及在"极力寻找中国内部情节"的努力，但又批评其"显得过于看轻了外部世界的作用，对于外部势力深入到中国社会内部结构里面发生的毒害影响估计不足"。[①] 李伯重从世界工业化的角度批判了"冲击—回应"论，他指出，"从根本上来说，一个国家或地区能否工业化，主要取决于其内因而非外因"。[②]

罗志田、李学智、熊月之、夏明方等则对柯文的"中国中心"论展开批评，并剖析了柯文在方法和逻辑上的内在矛盾，以及理论上存在

[①] 刘大年：《中国近代化的道路与世界的关系》，《求是》1990年第22期。
[②] 李伯重：《江南的早期工业化》，社会科学文献出版社2000年版，第2页。

的缺陷。① 吴怀祺、耿云志则结合柯文的"中国中心"论，阐述了中国近代社会变化的内因与外因关系问题。吴怀祺指出，柯文的理论牵涉到内因与外因的问题，丰富了我们对中国社会变化的认识，但未能对内因、外因的辩证关系做深入的探讨。② 耿云志认为，柯文的理论过分高估了传统文化内部某些变动的程度，"外因与内因的关系，绝不是某一个总是主要的，另一个总是次要的。何者为主，何者为次，完全要看具体情况"。③

总之，中国近代史学界围绕"冲击—回应"论和"中国中心"论的讨论，深化了学术界对中国近代史发展取向的认识。

（三）关于中国近代史研究"碎片化"问题的讨论

历史研究的"碎片化"概念，源于法国学者佛朗索瓦·多斯《碎片化的历史学——从〈年鉴〉到"新史学"》一书。④ 他在书中尖锐地批评年鉴学派背弃了前辈学者注重总体史的传统，致使历史研究出现了"碎片化"的倾向。受多斯观点的影响，中国史学界对近代史研究选题日趋细碎的现象表示了担忧，从而引发了历史研究的"碎片化"问题讨论。2012年，《近代史研究》连续发表了多篇关于"碎片化"问题的笔谈。

对于中国近代史学界是否存在着如多斯所批判的"碎片化"问题，学者有不同的认识和看法。

李长莉认为，目前中国史学出现"碎片化"趋向是一个不争的事实，尤其在近年来兴起的中国近代社会史和社会文化史领域表现最为突

---

① 参见罗志田《近三十年中国近代史研究的变与不变》（《社会科学研究》2008年第6期）、李学智《冲击—回应模式与中国中心观》（《史学月刊》2010年第7期）、熊月之《研究模式移用与学术自我主张》（《近代史研究》2016年第5期）、夏明方《一部没有"近代"的中国近代史——从"柯文三论"看"中国中心观"的内在逻辑及其困境》（《近代史研究》2007年第1期）等。

② 吴怀祺：《内因与外因：柯文"中国中心观"的解析》，《海外中国学评论》（第4辑），上海辞书出版社2012年版。

③ 耿云志：《近代中国文化转型研究导论》，四川人民出版社2008年版，第6页。

④ 该书中文译本于2008年由北京大学出版社出版。

出。"碎片化"的具体表现是，论题小而微，缺乏大关怀、大问题；论题细而散，缺乏大联系、大序列；论题小而平，缺乏大理论、大阐释。并提出了矫正"碎片化"的具体方法，即要在具体实证的基础上加以描述和展现具体史事表象后的抽象的社会结构与文化形态。①

王笛则认为，在现阶段的中国史学界，"碎片化"未必是一个我们值得担忧的问题。1949年后，中国史学界热衷于发现历史规律，热衷于将复杂而丰富的历史简化成若干重大课题，以致对历史的"整体"表象了解多，而对一些历史的细节却缺乏必要的了解。从中国历史研究的传统和不足来看，应容忍对一些历史细节的研究。到目前为止，中国史学界研究"碎片"不是多了，而是远远不够。②

还有一些学者则是从方法论上辩证地论述了史学的"碎片化"问题。郑师渠指出，"碎片化"的语义有两层：一是将物体打破，使之成为碎片；二是先将物体打碎，使之成为待铸新体必需的材料或过程。二者的区别在于，价值取向上的不同。前者的目的只在于碎片化本身；后者的目的则在于追求新的综合化。当下中国近代史研究中出现的对一些微观问题的研究，是新旧思潮更替在特定阶段上的应有之义，因而并"不存在多斯所批评的现象"。③

关于"碎片化"问题的讨论，其实质是历史研究中的宏大叙事与微观研究的关系问题，是史学的整体史与个体史的关系问题。学人对"碎片化"问题的认识，至今虽见仁见智，但关于这一问题的讨论，对于探索近代史研究方法还是赋予了深意。

此外，从1980年代以来，中国近代史学界在理论和方法问题上还就"革命史范式"与"现代化范式"、后现代思潮与近代史研究、大数据时代的史学走向等问题进行过论争或讨论。这些都进一步深化了人们的史学认识，也丰富了史学研究的理论与方法。

综观70年中国近代史学科在研究理论和方法上的突破，在以下几

---

① 李长莉：《"碎片化"：新兴史学与方法论困境》，《近代史研究》2012年第5期。
② 王笛：《不必担忧"碎片化"》，《近代史研究》2012年第4期。
③ 郑师渠：《近代史研究中所谓"碎片化"问题之我见》，《近代史研究》2012年第4期。

方面已取得显著进步：

第一，在对马克思主义史学理论的认识上，已改变一度出现过的把马克思主义史学理论简化成阶级观点或阶级分析的方法，强调要在研读马克思主义经典著作基础上，全面、系统地理解马克思主义唯物史观的内容，把唯物史观正确运用于中国近代史研究之中。

第二，在观察和分析中国近代历史发展进程中，已改变一度流行的把中国近代史简化成革命斗争史的认知，认识到中国近代历史发展进程并不是单线形的发展，而是在政治史、革命史主导下，呈现了多线形的发展。中国近代史的发展过程，是近代中国政治、经济、文化、社会等相互交织、相互影响，共同演进的过程。

第三，中国近代史研究，已从相对封闭的中国史研究形态，走向中外历史的比较研究和整体研究。中国是世界的一部分，近代中国历史的发展与世界历史进程密不可分。因此，必须把中国近代史置于世界历史进程中去研究，加强中外历史比较研究和整体研究，才能更加准确把握中国近代历史发展的脉动和走向。

第四，中国近代史研究，已从单一的文献史研究，扩大到文献史、口述史相结合的研究方法。如在中国近代社会史、抗日战争史等研究方面，已出版了一批口述史研究成果。

第五，以开放的姿态，加强了与海外学者的合作研究。在这方面，已有较好的尝试，并推出了研究成果。如中国社会科学院近代史研究所王建朗与中国台湾学者黄克武合作主编的《两岸新编中国近代史》由社会科学文献出版社2016年出版。该书邀请了50余位学者联合编写，其中大陆学者34位、台湾学者21位、香港学者2位。再如，南京大学张宪文和中国台湾学者张玉法共同主编的《中华民国专题史》（南京大学出版社2015年版），共18卷，邀请了70余位大陆、台湾、香港、澳门学者联袂编写。

综观70年来中国近代史学科建设在研究理论、方法上的突破，可以用"一元多维"来概括学人的共识：其"一元"，就是在中国近代史研究中必须坚持唯物史观的指导地位；其"多维"，就是在研究的方法上可以是多维度的、多样化的。

四 新时代中国近代史学科建设的新使命

综上所述，中华人民共和国成立70年来中国近代史学科建设业已取得了巨大成就。但回顾70年的中国近代史学科建设历程，我们应清醒地认识到，仍存在一些问题。中国近代史学科体系、学术体系、话语体系虽已确立，但总体水平、学术原创力均有待进一步提升。特别是随着中国特色社会主义进入新时代，中国近代史学科建设如何适应时代和社会的发展，仍面临着新挑战和新使命。

2016年5月17日，习近平在哲学社会科学工作座谈会上的讲话指出："哲学社会科学的特色、风格、气派，是发展到一定阶段的产物，是成熟的标志，是实力的象征，也是自信的体现。"但目前在学术命题、学术思想、学术观点、学术标准、学术话语上的能力和水平同中国综合国力及国际地位还不太相称。我们必须"要按照立足中国、借鉴国外、挖掘历史、把握当代、关怀人类、面向未来的思路，着力构建中国特色哲学社会科学，在指导思想、学科体系、学术体系、话语体系等方面充分体现中国特色、中国风格、中国气派"。[1]

2019年，习近平在致中国社会科学院中国历史研究院成立的贺信中要求广大历史研究工作者"总结历史经验，揭示历史规律，把握历史趋势，加快构建中国特色历史学学科体系、学术体系、话语体系"；要"立时代之潮头，通古今之变化，发思想之先声，推出一批有思想穿透力的精品力作"。[2]

如何解决在学术命题、学术思想、学术观点、学术标准、学术话语上的能力和水平同中国综合国力及国际地位不太相称的问题？如何构建中国特色、中国风格、中国气派的学科体系、学术体系和话语体系？如

---

[1] 习近平：《在哲学社会科学工作座谈会上的讲话》，《人民日报》2016年5月19日第2版。

[2] 习近平：《习近平致信祝贺中国社会科学院中国历史研究院成立》，《人民日报》2019年1月4日第1版。

何创造出一批有思想穿透力的精品力作？这应该是中国近代史学科建设在新时代的新挑战、新使命。

为此，中国近代史学科建设应在以下几方面加大建设力度：

1. 进一步加强理论创新、方法创新。新时代的中国近代史学科建设，须坚持以马克思主义唯物史观为指导。马克思主义唯物史观是一个博大精深的理论体系和知识体系。如何全面认识及深刻理解唯物史观的理论和观点？如何运用唯物史观，并结合中国传统史学理论，借鉴西方史学理论，创新中国近代史研究的理论和方法，是新时代中国近代史学科建设的重要使命。

2. 进一步加强对外学术交流，扩大国际影响力。新时代的中国近代史学科建设，需要向国际化发展。新中国70年来，中国近代史学科的对外交流，与其他学科一样曾经历了曲折发展的过程。前30年，基本上是闭门建设。改革开放后，对外学术交流逐渐增多，海外的一些研究理论和方法相继被传入国内。对外学术交流，有力地促进了中国近代史的学科建设。但综观对外学术交流的场景，在学术体系、话语体系等方面，基本上是"海外声音"。因此，新时代的中国近代史学科建设必须通力改变这种状况，继续加强对外学术交流，并在交流中发出"中国声音"，扩大中国学术的国际影响力。

3. 进一步完善学科体系，打造精品力作，提高学术影响力。新时代的中国近代史学科建设，目标是建设具有中国气派、国际上有影响的一流学科。这绝非一句口号，必须合力形成具有中国特色的学科体系、学术体系和话语体系，必须推出一批具有思想穿透力的精品史学力作。

4. 进一步加强学科队伍建设。新中国70年来，中国近代史学科建立了较为完整的人才培养体系，新的专门人才源源不断。迄今，中国近代史学科专门研究人员数十倍于改革开放之前，其素质也极大优化。但从总体上看，学贯中西的学术大家大师，凤毛麟角。所以，培养一批学贯中西的中国近代史学术大家，是新时代中国近代史学科建设义不容辞的使命。

我们期待中国近代史学科建设在新时代里取得更大的成就。

新时期以来中国近代史学科体系的建设与前瞻[*]

新时期以来，中国近代史学科体系建设获得了长足的发展。从研究领域看，从过去注重政治史研究，发展到渐次开拓经济史、文化史、社会史、思想史等领域的研究。1981年2月17日，刘大年在《光明日报》发表《中国近代史研究从何处突破》一文，提出中国近代史研究要从"最薄弱、最繁难而又最重要的内容"即中国近代经济史研究的角度寻找突破口的主张，这实际上发出了开展中国近代经济史研究的号召，中国资本主义发展史、中国早期现代化史研究随后成为新的热点。1984年11月3日至9日在郑州举行了首届中国近代文化史学术研讨会，这次会议由《中国近代文化史丛书》编委会、河南省社会科学院历史研究所和河南省历史学会等单位发起召开。[①] 1985年中华书局开始启动出版《中国近代文化史丛书》，先后推出钟叔河著《走向世界——近代知识分子考察西方的历史》，汤志钧著《近代经学与政治》，张岂之、陈国庆著《近代伦理思想的变迁》，王晓秋著《中日文化交流史》等书，由此带动了中国近代文化史研究。20世纪90年代以后，中国近代社会史研究成为引人注目的新的学术生长点。1990年湖南教育出版社出版李文海等著《近代中国灾荒纪年》，这是第一部中国近代灾荒史著作。1992年人民出版社出版乔志强主编《中国近代社会史》，这是我国

---

[*] 本文作者欧阳哲生，北京大学历史学系教授。本文原载于《近代史研究》2022年第4期。

① 参见郑永福《中国近代文化史学术讨论会在郑州举行》，《历史教学》1985年第1期。

第一部较为系统、完整的中国近代社会史著作。随后围绕中国近代乡村社会、市民社会等议题的探讨成为热点。从20世纪80年代出现的中国近代思潮研究到20世纪90年代渐成规模，以近代民主思想、民族主义、文化保守主义为研究对象的论著一本接一本问世，熊月之著《中国近代民主思想史》（上海人民出版社1987年版）、高瑞泉主编《中国近代社会思潮》（华东师范大学出版社1996年版）、吴雁南等主编《中国近代社会思潮》（湖南教育出版社1998年版），可谓中国近代社会思潮研究的新锐或集成之作。可以说，至20世纪末，中国近代史研究的诸多拓展，各个分支的次第展开，已打破政治史为主的旧格局，逐渐形成了全方位发展的新阵势。

从研究范式看，从原来单一的革命史范式，发展到出现新的现代化范式、"国家—社会"范式、"新革命史"范式。崔志海在《历史研究》2020年第3期刊文《中国近代史研究范式与方法再检讨》，对这一问题作了系统的探讨，在此不加赘述。

从理论方法看，从原来以马列经典作家的历史诠释为主，发展到运用与借鉴欧美汉学研究的新理论（如"中国中心"观）和各个学科的研究方法（如社会学研究方法、概念史研究方法、计量史学方法）并存的局面。多学科研究方法的引入和运用，为中国近代史研究打开了新的天地。

与此同时，中国近代史话语体系也发生了极大的变化，从过去单一的革命话语逐渐转换为丰富、多面、多维的话语体系。20世纪80年代，学术界解放思想，打破禁区，对中国近代史的重大历史事件，如太平天国运动、洋务运动、戊戌变法、义和团运动、辛亥革命、五四运动、国共合作、抗日战争等进行了广泛而深入的讨论，提出了许多不同此前的新观点、新看法。一般来说，这些新观点、新发现主要是基于还原历史的客观原则和现代化叙事的启蒙取向而提出，它们使用的术语范畴、表达方式和行文风格对过去的革命话语都有新的改进。

不过，中国近代史研究的最大拓展也许还不是上述的"软件"改进，而是表现在新的文献材料的"硬件"发掘。改革开放前中国近代史资料的整理成就主要体现在中国史学会组织编辑、整理的《中国近代史资料丛刊》。近40年来，中国近代史文献史料可以说获得了大规模的拓展，从档案史料的发掘，到域外史料的引进；从历史人物文集、书牍、日记的整理，到各种单位机构的史料汇编；从地方史志文献的编辑，到《中国近代史资料丛刊》的续编。中国近代史文献整理、汇编的工作可谓遍地开花，硕果累累，这为中国近代史研究的繁荣打下了牢固的文献基础。

中国近代史研究除了来自内在的解放思想和现代化改革的推动这一驱动力，还与外来学术的输入、译介和影响密切相关。20世纪80年代中期以后，以刘东主编的《海外中国研究丛书》、中国社会科学出版社组织翻译的《剑桥中国晚清史》和《剑桥中华民国史》、国家清史编纂委员会主持的《编译丛刊》为标志，海外中国近代史研究著作大量译介出版，这些译著的引进对重建中国近代史学科具有不可低估的作用。国内学术界与海外学者的交流、互访日益增多，吸收海外学术成果逐渐成为新风尚，国际汉学研究引人注目地迅捷发展。国内学者放宽自己的视野，在课题设置、研究方法上都不同程度借鉴外来的成果，海外中国近代史研究成为国内学者必须参考的文献，中国近代史研究内外壁垒分明的局面被打通，外部影响成为中国近代史研究向前发展的新的动力资源。无可讳言，海外汉学的优长主要表现在其宏阔的世界视野、异域外文材料的运用和其深植的社会科学传统。因此，对中国学者来说，海外汉学不仅可以参考借鉴、启迪灵感，还可以相互补充、弥补弱项。在新时期频繁的双向交流中，逐渐形成"你中有我，我中有你"的互动，在中国发现历史的中国中心主义与"冲击—反应"范式的西方中心主义形成新的对照。中国近代史研究显现出多维的价值取向。

中国近代史学科体系日益繁丰、细密、复杂。新世纪以来，随着学位制度在高等教育的全面推展和制度化，学术人才的培养逐渐层次清晰、进阶分明；随着从国家到地方各种层级的社会科学基金评审和评奖机制的建立及日益完善，中国哲学社会科学研究体制化倾向日益加强。学术研究基本上都在体制化的框架内或者按照体制化的要求运行。与其他学科一样，中国近代史研究呈现项目化、规范化、常规化的状态。与20年前相比，现今中国近代史研究的规模和成果产量可以说有了大幅度的提升。由此也带来新的问题，这就是中国近代史研究呈现"碎片化"的样态，学者们陷入个案研究而难以自拔，具体细化、以小见大的专业精致主义无形之中成为大家崇尚的取向，宏大历史叙事被人们摒弃，这样中国近代史各个分支、各个区域细微枝节的研究得以强化，"学科性学术"的倾向由此也得以加强。中国近代史研究在个性化的表现中逐渐显得支离破碎，为此《近代史研究》曾组织讨论，对学术共同体这种碎片化和"失范"状态，人们一度感到忧虑并要求纠偏。①

从发展的眼光和构建学科体系的要求看，中国近代史研究的确存在两大问题：一是过于局限中国近代史时限内部的问题研究，很少顾及打通近代与古代、近代与当代、近代中国与世界的壁垒。中国历史的所谓古代、近代、当代分期，将从事不同阶段研究的学者分割开来，长期以来大家习惯于画地为牢的历史分期，局促于在自己的专攻领地耕耘，中国近代史研究者上不通古代，下不管当代，这种缺乏前后联系的孤立研究，无形之中截断了历史的连续性。然而，中国历史的最大特点是它的连续性，中国近代史不过是中国历史最近的一个历史阶段，它上承明清，下引当代，是漫长的历史的中段。近代并非传统的中断。研究中国近代政治，行政权力的分割、中央与地方的关系、边疆少数民族治理这些自古即存的问题在近代不仅没有消失，而是以新的形态继续存在，因而探究中国近代政治中的传统渊源或传统因素自然是必不可少的重要课题。研究晚清民国学术，溯源穷流，自然要对宋明理学、清代汉学作相应的追溯研究，如果缺乏中国传统学术的根底，缺乏经学的素养，近代学术史的"内史"研究就很难走向深入。研究近代中西关系，如不拉长历史的镜头，对自大航海时代以来，西方向东方殖民扩张所产生的东西贸易、耶儒矛盾、中西冲突有通透的了解，就很难把握中西方冲突的大历史背景。研究近代史的学者如果过于拘谨，与现实保持距离，缺乏应有的现实关怀，就很难在当代中国有所作为。近代中国与世界的联系本来密不可分，研究晚清以来的对外战争，如对18世纪以来的中西关

---

① 参见"中国近代史研究中的'碎片化'问题"笔谈，《近代史研究》2012年第4、5期。

系和世界经济的大分流趋势缺乏全面的关照,对晚清中国与西方的关系很少结合欧美各国之间的互动关系来研究,就很难真正理解、把握近代中国在世界的地位。遗憾的是,中国近代史学者缺乏与世界史学者对话与交流,我们的分析框架仍常常滞留在中国与世界、中国与西方的二元分析架构之中,欠缺将近代中国置于全球史视野之中的自觉。中国近代史研究实际上是在自身的框架内循环,是一种比较孤立、缺乏全球史眼光的学术研究。

二是缺乏理论自觉,理论意识淡化,更遑论理论创新。在革命史话语支配下的中国近代史研究比较注重整体研究。现今的中国近代史研究强调个案研究、区域研究和文献整理。从细化、深入、专精的角度看,中国近代史研究的确取得了很大的进步。但大家的研究基本上是各说各话,注重具体问题研究,这就使得诸多中国近代史的个案研究失去体系的支撑。如果不将具体的个案研究连缀起一根链条或一个系统,任其支离破碎,就不可避免地呈现出现今大家不满意的碎片化状态。我们只要细心观察就不难发现,在具体操作层面,现在出版的许多中国近代史研究论著常常是由一些内在联系不够紧密的论文拼凑合成,章节之间缺乏应有的逻辑,实在够不上专著的资格。胡适曾在《五十年来中国之文学》一文中评及章太炎时说:"章炳麟是清代学术史的压阵大将,但他又是一个文学家。他的《国故论衡》《检论》,都是古文学的上等作品。这五十年中著书的人没有一个像他那样精心结构的;不但这五十年,其实我们可以说这两千年中只有七八部精心结构,可以称做'著作'的书,如《文心雕龙》《史通》《文史通义》等,其余的只是结集,只是语录,只是稿本,但不是著作。章炳麟的《国故论衡》要算是这七八部之中的一部了。他的古文学工夫很深,他又是很富于思想与组织力的,故他的著作在内容与形式两方面都能'成一家言'。"[①] 胡适强调"精心结构"与"成一家言",这应是"著作"的应有之义。以这样一种标准来衡量现有的学术著作,就会发现它们其中不乏半成品或未成

---

① 胡适:《五十年来中国之文学》,载欧阳哲生编《胡适文集》第3册,北京大学出版社2013年版,第206页。

品，还够不上"著作"的资格。现有的问题意识多为运用外来的西方理论萌发或捕捉的中国问题，很少从中国自身社会历史总结出新的带有本土色彩的理论。历史研究基本上停留在单纯描述研究的层面，鲜少上升到理论建构或话语建设的层面。中国近代史研究虽然新见迭出，但真正在理论上有所创新，博大精深，并且呈现概念化、系统化的成果可以说甚少有之。

一般来说，任何理论都有其依存的理据和合理性，同时也有其内在的限制，只能是"片面的深刻"。革命史理论可能这样，现代化理论也不例外。同样，研究范式也是如此，革命史范式有其阐释中国革命史发展规律的功用，现代化范式有其解释资本主义经济发展的优势。但中国近代史并不能单纯为革命史所完全概括，在革命运动之外还保有大量传统的因素；同样，现代化范式也不能全面概括中国近代史，近代社会并不成其为完整意义上的资本主义社会。所以，单纯采用革命史范式或现代化范式解释中国近代史都有其难以避免的局限，这是我们在运用这些范式时面临的困窘。正因为如此，近年才会出现为克服这一困窘的"新革命史"范式的讨论。依愚陋见，我们与其延续传统的思维惯性，不如探寻新的综合。中国近代史既是突破传统、吐故纳新、发生翻天覆地巨大变革的大时代，又是大力吸收外来新生事物，逐步走上现代化之路的转型时代。中国与西方列强之间既存在被压迫的不平等关系一面，又有被迫接受其影响的另一面。近代中国内存的复杂性和丰富性，要求我们以一种更加开放的心态去探究。对运用任何范式可能带来的限制和偏向，我们应存有警觉。

改革开放以来中国的社会实践和历史进步，给我们提出了许多新的要求。这次全球性新冠疫情的大暴发，以及随之可能出现的世界秩序重组，对中国近代史研究势必产生新的冲击。

一是过去一些比较边缘的历史问题将走向中心。如灾害史、环境史、海洋史、气候史、医疗史（特别是公共卫生史、防疫史）、移民史、华工史，这些与人类生存密切相关的问题，以往研究得很不够，投入的人力、经费都相对有限，在历史研究中所占的分量也颇为有限，在中国近代史学科体系、学术体系中也相对边缘。经此疫变，对这些领域的研究将为社会急需，学术界对它们的关注度也会大大提升，国家将加大对这些方面的研究和投入，它们势必成为新的学术生长点，这些边缘的历史问题可能逐渐移向中心，甚至成为历史研究的核心问题。

一时代有一时代之学术。学术研究中的所谓"中心"与"边缘"之定位，其实都是与时代的需要和某一时期特定的学术氛围联系在一起。最近人们在讨论中国学术现状时，提出"学科性学术"与"问题性学术"的辨析问题，重新反思"学科性学术"的精致专业主义倾向所带来的种种限制，要求回到"问题性学术"，凸显学术研究的社会功能与时代意义。这是学术界的新的转向。如从学术史的角度来清理，"学科性学术"是对过去那种比较粗糙、缺乏规范的学术研究的一个提升；而现在呼唤"问题性学术"又是对"躲进书斋成一统"，罔顾现实关怀的精致专业主义的不满。现实的中国夹处在现代化与后现代的双重压力之中，因此在现代化范式之外，越来越多的后现代问题将困扰着人们，这些问题的起源往往可上溯到近代，甚至更早，中国近代史研究过去那种条块分割的结构势必受到这些新的问题的冲击，"问题性学术"势必成为中国近代史研究新的动力资源。

二是非常态社会情形的研究将成为"常态"问题，如社会动荡、军事战争、区域矛盾、国家冲突这些非常态的变化，常常对固有的社会秩序形成不确定的冲击，它们是历史研究中的"暗角"。中国近代本身就是一个转型过程，它是一个历史过渡，并不是常态社会，这个时期存在的诸多问题都带有非常态的性质。今天，我们仍然处在大转型的时代，从近代以来开启的转型过程迄今没有完成。因此，如何认识"世变"、如何应对"世变"这个近代以来就摆在人们面前的突出问题并没有丝毫缓解，"物竞天择，适者生存"的进化论原则在今天又有了新的表现。如何适应时代变化，在不确定的、不利的变化中存活下来、持续发展，过去是、现在是、在可见的将来还是人们必须面对和思考的一个问题。

近代中国社会的基本特征是它的过渡性。这种过渡性包含两层含义：第一，它是非常态，没有比较稳固、系统的社会体系，社会平面显得颇为脆弱；第二，它又是"变态"，充满了各种变数和不确定因素，危机四伏，面临各种不同甚至相互矛盾的选择。近代中国百年，外战内战不断，外战是对国家实力的检验，内战则是民族分裂的表现，巨大的战争耗损将国家推向深重的灾难之中，战争是这个历史阶段的常态，近代中外战争的规模超过了中国历史上任何一个历史阶段。与战争并连发生的是运动，如鸦片战争后的太平天国运动，第二次鸦片战争后的洋务运动，甲午战争后的维新运动，八国联军侵华后的辛亥革命，欧战后的五四运动……运动对国家则有正负两面的效应。战争与运动这两大因素叠加在一起，使得整个社会剧烈动荡。如何处理这种非常态社会状态的历史问题，对于中国近代史学者来说是一大挑战。在革命史范式内，这些非常态的社会问题往往成为革命衍生的正当性理由。而在现代化范式里，它们又可能是国家治理必须解决的瓶颈。新时期中国现代化事业的成功推进，很大程度上得益于国内的安定环境，这种新的常态使人们易对近代的非常态社会状况产生隔膜之感或异样之感。但我们有幸走过的这40多年在历史的长河中确是绝无仅有的，全球新冠疫情的大暴发将重新唤起人们的历史记忆，我们也许又须以新的历史眼光重新审视近代中国走过的艰难历程，总结历史的经验教训。

　　三是近代中国与世界密不可分，是全球史的一部分。中国与世界的互动、中西之间的矛盾冲突始终是制约中国发展的瓶颈，中国近代的新生事物与外来影响息息相关。在近代中国的关键时刻，中西矛盾总是会以这样那样的尖锐形式表现出来。我们从来没有像今天这样感受到，中国与世界的关系如此密切。实际上，这不过是近代以来出现的全球化趋势之延续和强化而已。因此，站在全球史的制高点上研究中国近代史也将成为我们这个时代中国学者的新的立足点。

　　革命史范式指称的帝国主义与中华民族的矛盾是近代中国的根本矛盾，现代化范式所要解决的中西文明冲突，都以不同形式表现了中西关系在近代中国的特殊重要性。即使在今天中国实力有了极大提升的情况下，中西关系仍然是制约中国现代化事业和向前向外发展面临的瓶颈。因此，当我们站在全球史的高度审视中国近代史时，对中西关系所占的分量要有充分的估衡。李鸿章当年哀叹中华民族遭遇了"数千年未有之大变局"①，比较典型地说明了中西实力对比发生根本性变化这一情形初始的险恶性。"与魔鬼打交道"或"与狼共舞"的剧情伴随整个近代中国。因此，对近代中西关系的细节，我们仍需花大力气加以研究。我个人认为，中西关系史仍是中国近代史研究中比较薄弱的一个领域。实际上，中西关系史恐怕还不能当作中国近代史的一个分支或一个方面来处理，应视为渗透到近代政治、经济、军事、文化各个领域的一个关键因素或重要关系来看待，才比较恰当。

总之，当下突如其来、席卷全球的新冠大疫情给中国近代史研究带来的冲击，对原有的中国近代史学科体系必然提出挑战，随之可能出现各种新的变化。对历史学研究来说，挑战即是机遇。可以推断，百年未遇的新冠疫情大世变势将对世界秩序重组和学术研究进步产生新的巨大助力，历史学研究这门古老而常新的学科由此也将在这场疫难中迎来自己发展的新的契机。

---

① 李鸿章：《筹议海防折》（1874年12月10日），载顾廷龙、戴逸主编《李鸿章全集》第6册，"奏议"六，安徽教育出版社2008年版，第159—160页。

中国近代史学术话语体系建设的若干思考

——以"近代""近世"等概念为论述中心*

中国近代史作为一门独立学科，自20世纪30年代建立迄今已有90余年的历史。历经几代史家的建设，中国近代史学科体系已趋于成熟，既有别于1840年以前的古代史，也有别于1949年以后的当代史。但无可否认的是，因本门学科毕竟诞生于20世纪"西学东渐"的大潮之中，因此，无论是在理论范式、问题意识、研究方法乃至话语体系方面，均深受西方史学的影响，至今尚未完全实现本土化转型。

对长期以来中国近代史研究模式中所带有的"西方"特征，部分西方学者也有所反思。典型有如美国史学家柯文的名著《在中国发现历史——中国中心观在美国的兴起》。在他看来，20世纪70年代以前，西方的中国近代史研究基本上以"西方中心"论占据主导，可概括为三种模式："冲击—回应模式""传统近代模式""帝国主义模式"。为此，他提出应建立基于"中国中心观"的研究模式，即从"中国内部"而不是从"西方"着手来研究中国历史。该书中译者林同奇认为，"中国中心观对美国的中国史研究，起了真正的解放作用，其批判锋芒是相当尖锐的"。[①] 但是，针对柯文的新思考，也有中国学者质疑："《在中国发现历史》一书出版后，曾唤起国内读者对'中国中心'说的误读

---

* 本文作者马敏，华中师范大学中国近代史研究所教授。本文原载于《近代史研究》2022年第4期。

① [美] 柯文：《在中国发现历史——中国中心观在美国的兴起》"译者代序"，林同奇译，中华书局1989年版，第6页。

与追捧，冷静想想，用西方概念与知识体系叙述的'中国'真的是'中国中心化'的中国吗？"①

正是基于以上问题意识，为了从根源上建立近代中国本土化"知识体系"，最近20年来，中国史学界在词汇史、概念史、观念史、知识转型史等领域进行了广泛、深入的学术探讨，并取得了有目共睹的学术成就。如冯天瑜、沈国威等对来自日本的近代汉字术语、词汇进行的文化探源研究；方维规、李宏图、孙江、黄兴涛等的概念史研究；金观涛、刘青峰通过关键词梳理进行的观念史研究；桑兵、章清、杨念群等的近代知识转型研究。② 这些研究通过对近代中国众多名词、术语、概念、观念、知识范畴的系统梳理和文化探源，透视其背后所蕴含的思维方式和价值观念变革，揭示与之相关联的历史变迁，极大地丰富了人们对中国近代史的认知。③

目前面临的问题是，如何在前期概念史研究的基础上更进一步，利用在概念史"知识考古"中获得的大量素材和成果，有意识地去建构具有本土特色的中国近代史学术话语体系。大致包括三个方面的意涵：一是以中国为本位，对近代史上的名词术语、概念观念进行分类梳理，鉴别其内在属性；二是以历史发展大势为观照，判定哪些词语、概念和观念在推动历史实践和历史变迁上起到了更为关键的作用；三是在"话语"分析基础上对众多概念、观念进行整合，以形成既包罗宏富，又具有明确指向和内在逻辑关联的话语体系。这样做的前提是，需要为相关概念、观念的"历史化""社会化""系统化"提供更为宏观的理论思维框架，确立概念整合的相关标准和原则，并找到相应整合方法。在上述方面，研究者们都已有所探讨，但似乎还有可以进一步深化的空间。个人认为，就中国近代史学术话语体系构建而言，沿着本土化、中国化方向，大量具体的词语、概念和观念可尝试纳入以下几对更为核心的概念框架中来进行整合和讨论（当然又并不局限于这几对核心概念）。

---

① 孙江：《概念、概念史研究与中国语境》，《史学月刊》2012年第9期。
② 参见李里峰《概念史研究在中国：回顾与展望》，《福建论坛》2012年第5期。
③ 参见黄兴涛《近代中国新名词的思想史意义发微——兼谈对于"一般思想史"之认识》，《开放时代》2003年第4期。

一 时间维度上的"近世"与"近代"

根据学者们的研究,"近世"与"近代"都是中国古已有之的概念,用于指称较近的王朝或时代。清末民初,随着西方史学传入中国,尤其受日本的影响,古典的"近世""近代"概念获得了现代意义上历史分期的新意。"近世"通常指宋元明清(或仅明清)以来的中国历史,"近代"则多指1840年鸦片战争以后的中国历史。当然也有二者混用的情况。① 笔者趋向于明清近世说,但无意介入"近世"与"近代"的含义之争,而更关注同二者紧密相关的"近世化"和"近代化"趋势如何影响、制导了中国近代话语体系的形成。

众所周知,中国"近代化"通常指鸦片战争后中国在西方影响下所发生的一系列经济、政治、社会和思想的变迁过程,这是一种"天崩地裂"般的时代之剧变,或称"数千年未有之变局"。但是,人们通常忽略了在此"变局"发生之前两三百年间(大约从明代晚期开始),中国传统农业社会中已经酝酿着重大的社会变动:与工商业空前繁荣相伴随的是商业化、城市化、平民化、世俗化的经济社会变化趋势,以及由经世实学和"新民本"思想等所体现的启蒙思潮的兴起。这一系列暗潮汹涌的社会变迁可名之为"近世化"趋势——中国正以自己的方式步出中世纪而迈向近代。② 如果说,中国"近代化"过程更多体现的是由西方入侵所引发的社会"突变",那么,"近世化"则更多体现的是出自中国社会内部的"渐变",一种在传统中的"自身之变"。中国近代历史的走向,应是近代突变与近世渐变双重因素作用的结果,而越是

---

① 参见方秋梅《"近代"、"近世",历史分期与史学观念》,《史学史研究》2004年第3期;赵庆云《何为"近代"——中国近代史时限问题讨论述评》,《兰州学刊》2015年第11期。

② 有关"近世化"的提法,参见[日]伊藤正彦《"传统社会"形成论="近世化"论与"唐宋变革"》,载姜锡东主编《宋史研究论丛》(第14辑),河北大学出版社2013年版,第201—225页。但是,其内涵则尚需进一步讨论。

近代早期，内在渐变的影响和制导作用则愈加明显。①

因此，追寻中国近代历史，建构近代史话语体系，必须仔细重建鸦片战争之后"近代化"与明清以来"近世化"之间的内在关联。既要关注"近代之变"的巨大作用，也不能忽略更长时段的"近世之变"的持续影响。换言之，西方影响并非导致中国近代变局的唯一因素，许多从西方或日本引入的词语和概念，如果脱离了明清以来"近世化"渐变过程的制导，我们便很难理解其起源及真实的内涵。譬如，"经济""实业""实学""实务""商务""通商""重商""富强""利权""财务""财富""资本""民主""民生""自治""权利""格致""科学""物质""博物""制造"等概念，其内涵和外延均深受明清经世实学思想的影响，是士大夫经世事业在近代的延伸与扩展。清末民初的知识分子在选择和创制这些词语、概念时，并不是任意的，而是受制于其内在的儒学价值观，其源头又可上溯到明末清初顾炎武、黄宗羲等人的启蒙思想。

二　空间维度上的"天下""万国"与"世界"

"近世""近代"一旦与"化"相挂钩，便摆脱了单纯"朝"和"代"的时间局限，于历史时间之外同时具备了历史空间意涵。1901年，梁启超曾借用西方史学分期方法，将中国历史划分为三个大的时期："第一上世史，自黄帝以迄秦之一统。是为中国之中国"；"第二中世史，自秦一统后至清代乾隆之末年。是为亚洲之中国"；"第三近世史，自乾隆末年以至于今日。是为世界之中国"。② 此说最重要的意义便在于打破了王朝更迭的传统史观，从中国与世界的关系重新界定中国历史。

---

① 有关刘广京、余英时等对近世"渐变"的论述，参见马敏《"放宽中国近代史的视野"——评介〈近世中国之传统与蜕变〉》，《历史研究》1999年第5期。
② 梁启超：《中国史叙论》，载汤志钧、汤仁泽编《梁启超全集》第2集，中国人民大学出版社2018年版，第319—320页。

考虑到梁启超当时所言的"近世",实为"近代",因此,他所指出的这种时空结合意义上的历史"中国"的区分,揭示的乃是古代中国与近代中国"天下"观念的差异。在古代中国(包括近世),一般人心目中只有"天下"的观念,而没有"世界"的概念。茫茫宇内,中国既是大地的中心,又是"天下"的共主。中国不仅通过"华夷之辨""用夏变夷"确立了华夏与周边少数民族的关系,而且通过"朝贡贸易"体系确立了与亚洲周边国家的关系。即便是在已进入"近世"的明代中期至乾隆朝,虽已有少数西洋人(如葡萄牙人)东来,但就整体而言,中国人的"天下"视野仍局限于"中国"自身及周边的亚洲属国,只有到了鸦片战争以后,中国才被迫纳入一个更大的世界秩序之中,开始了从"天下"到"万国"乃至"世界"的转变,成为"世界之中国"。

正如许多论者业已指出的那样,晚清从"天下"观到"万国"观的转变,首先体现在世界空间意识的改变。通过传教士输入的西学及林则徐、魏源、徐继畬等人编写的地理图书,人们才逐渐具有了"地球"的概念,知道中国并非大地的中心,而只是无数国家之中的一国,"盖今之天下,乃地球合一之天下"。[①] 其次,"国际秩序"的概念逐渐取代了"华夷秩序"概念。正是在派遣驻外使节,出洋经商、留学,以及参与世界博览会(时称"万国赛会")的过程中,中国方逐步明晰由主权国家构成的近代"国际秩序",以及中外交涉(邦交)的基本规则。中国不仅只是国际大家庭中的一员,而且在弱肉强食的"殖民—帝国"体系中,还是处于弱势的一方,那种自诩为"华夏中心"的陈腐"天下"观不攻自破。20世纪初,具有更加多元、竞争和流变意义的"世界"观念,又进一步取代"万国"观,成为近代中国更为规范和流行的国际观,中国历史被进一步整合进"世界"历史。

在概念史意义上,从"天下"到"万国"和"世界"的衍变启发我们,众多同国际交涉相关的词语和概念,诸如"夷务""夷情""泰

[①] 王韬:《弢园尺牍续钞》,载中国史学会主编《洋务运动》(一),上海人民出版社1961年版,第514页。

西""西洋""东洋""地球""万国""邦交""洋人""洋务""中外""中西""交涉""赛会""竞争""商战""公法""公会"等,只有纳入从古代、近世到近代的历史转折过程之中,方能确切界定其实际内涵,并观察到其中流转衍变的规律和趋势。中国进入"近代"的重要特征之一,便是大量涉外新词语、新概念井喷式的涌现。从19世纪中期到20世纪初,短短几十年间,涉外概念的语义便从讥讽性的"夷",一变而为羡慕性的"洋",再变而为平等性的"西"与"外",相关的组合词和话语也随之大量产生,内中的嬗变因由颇堪玩味。①

三 社会维度上的"国家"与"社会"

社会学意义上,广义的"社会"概念泛指人类社会组织的总称,既包括国家,也包括区别于国家和家庭的其他社会组织;狭义的"社会"则是有别于国家的由群体和社团构成的社会组织。近代西方的society概念,除上述两层含义外,还有政治层面上的联结国家与民间社会的"公共领域"与"市民社会"。

与西方不同,传统中国社会中,"溥天之下,莫非王土;率土之滨,莫非王臣"。自秦代一统天下以来,君权至上,国家至上,民间社会的空间被严重挤压,基本上不存在西方意义的"公共领域"。总的讲,是"国家强于社会","社会"则被抽象化和空洞化,处于暂时"缺位"的状况。而在明清"近世化"过程中,随着市民阶层的兴起,国家财政状况的恶化,以及以黄宗羲、顾炎武、唐甄等为代表的"新民本思想"对专制皇权的批判,国家对社会的控制有所松动,以绅士为中心的民间社会逐步形成。进入近代以来,尤其在甲午战后,受西方自治思想的影响,各种民间社团获得空前发展,与之相关联的"公共领域"也开始成熟起来。

---

① 参见方维规《"夷""洋""西""外"及其相关概念——论19世纪汉语涉外词汇和概念的演变》,《北京师范大学学报》2013年第4期。

中国现代性政治话语体系的形成，正是在上述从"近世"向"近代"转型背景下，围绕国家、社会及其互动关系这一主轴展开的。如"政治""政府""维新""变法""新政""立宪""宪政""共和""革命""民主""民权""民族"等关键词，大体反映了从传统封建"王朝"向现代"民族国家"的转型过程；"群""会""社会""社团""结社""集会""演讲""绅士""绅董""绅商""议员""公益""公论""公理""公利""自治""民主""民治""权利""秩序"等关键词，则大致反映了19世纪至20世纪初，中国民间社会从"绅士公共空间"①向"绅商公共领域"，继而向"市民社会"转型的历程。同时也反映了国家与社会之间在近代大过渡、大转折过程中的互渗、互动及其博弈：从民间社会一度空前活跃，最终又回复到"国家强于社会"的传统。

中国近代史学术话语体系的构建，除寻找以上核心概念和话语框架进行相应整合，探索其中生成、衍变的规律外，还须着力探讨近代话语体系形成过程中的其他基本特性，比如中西二元结构特性、演化过程的阶段性特征等。

就近代话语体系的中西二元结构特性而言，罗志田曾借用王国维的话概括为"道出于二"，或中西新旧之间的缠绕互竞；金观涛、刘青峰则称之为"中西二分二元意识形态"。这些见解都极具启发性。中国近代史话语体系的构建，固然要坚守中国中心立场，以中国化、本土化为根本取向，但丝毫不意味着可以脱离西方，无视西方思想和话语的巨大影响。在近代，西力入侵和西学东渐虽带有侵略性和强制性，但相较于传统中华农业文明而言，彼时之西学毕竟是近代工业文明的产物，体现着人类文明发展的方向，因此，向西方学习，大规模引进西方的名词、概念、思想和话语，在很长一段时间是不可避免的，且已成为朝野的共识。如梁启超所言："盖大地今日只有两文明：一泰西文明，欧美是也；

---

① 参见金观涛、刘青峰《观念史研究：中国现代重要政治术语的形成》，法律出版社2009年版，第74页。

二泰东文明,中华是也。二十世纪,则两文明结婚之时代也。"① 但是,学习和借鉴西方,又并非意味着全盘西化,因为,首先当西方冲击中国之时,中国不仅已有几千年不曾中断的文化传统,而且传统本身也在变化之中,中国人毕竟还是中国人,中国社会毕竟还是中国社会;其次,中国接受西方什么,不接受什么,以及取舍选择的标准,均受到既有文化观念和价值标准的制约。因此,中国近代话语体系的形成,既要"鉴诸国",也要"法后王",系以中国文化为基盘,选择性接受并消化西学及其表达方式,其结果,只能是"不中不西即中即西"之"新学"。②会通中西、融通古今遂成为建构中国近代学术话语体系的基本原则之一。

其次,不容忽视的是近代话语体系构建过程中的阶段性特征。金观涛、刘青峰曾从观念史意义上将中国社会现代转型区分为三个阶段:儒学式公共空间形成之前的阶段(明末清初至1895年)、建立民族国家阶段(1895—1915年)、学习西方失败后的社会重构阶段(1915年至今)。与之对应的是社会思想演变亦分成近代、现代和当代三个时期。③尽管如此划分是否恰当还可以再讨论,但这对探讨如何结合中国近代社会转型来建构相应的学术话语体系却颇具启发性。

简言之,建构中国近代史学术话语体系,必须放宽历史的视野,突破110年(1840—1949)的界限,在一个更大的框架和更长的时段中来观察和思考。至少要向上延伸到明清之际,尤其要重视明清之际社会与文化的内在变迁;同时也要向下延伸到1949年之后,因为还存在一个从旧中国转变为新中国的历史过渡期。为此,结合中国史与世界史的内在关联及中国近代社会转型,中国近代学术话语体系构建过程大致可划分为:一是明清以来本土话语自我变迁为主的"近世"时期(16世纪至19世纪中期);二是1895—1919年学习西方思想和话语的高潮时期;三是1919—1949年在学习西方基础上本土话语全面重构时期;四是

---

① 梁启超:《论中国学术思想变迁之大势》,上海古籍出版社2001年版,第8页。
② 参见冯天瑜、黄长义《晚清经世实学》,上海社会科学院出版社2002年版,第590页。
③ 参见金观涛、刘青峰《观念史研究:中国现代重要政治术语的形成》,第97页。

1949—1950年新旧话语转换过渡期。其间，从话语叙事转换的视角，又大致包括自明清以来的"近世"话语叙事（以经世思想为代表）、自1840年以来的"近代"话语叙事、自1919年以来的"现代"话语叙事，以及1949年以来的"当代"话语叙事。而众多研究范式，如较普遍的"革命史"范式、"现代化史"范式、"民族复兴史"范式、"社会主义史"范式等，则是贯穿于其中的阶段性主流话语范式。所有同近代中国相关词语、概念、观念的整合，皆可融入这个更大的话语体系框架中来考虑和建构。

总之，就中国近代史学科建设而言，学科体系、学术体系和话语体系"三大体系"的建设，是一个不可分割的整体。其中，学科体系建设是基础，学术体系建设是核心，话语体系建设是前提。之所以认为话语体系建设是前提，乃是因为学科体系的宏伟大厦和自成一格的学术体系，都必须建立在能够自洽的话语体系基础之上，必须通过相应的话语体系来表达和传播。如恩格斯所言："一门科学提出的每一种新见解都包含着这门科学的术语的革命。"[①] 术语革命是实现学术理论革命的前提，但术语革命本身并不仅仅是新术语、新概念的发明和移植，更重要的是，必须借助于相应的理论框架构建起一整套由术语、概念和范畴所构成的完整学术话语体系。正因为如此，话语体系建设既是目前"三大体系"建设中相对滞后的"短板"，同时又成为建设中国特色、中国风格、中国气派历史学科的突破口。

[①] 恩格斯：《英文版序言》，《马克思恩格斯全集》第44卷，人民出版社2001年版，第32页。

第四编

中共党史"三大体系"建设的契机与探索

中共党史学"三大体系"建设的历史性契机[*]

一 引言

百年来，中国共产党的三个历史决议，都是在重大历史关头做出的纲领性文献。党的六届七中全会制定的《关于若干历史问题的决议》以及党的十一届六中全会制定的《关于建国以来党的若干历史问题的决议》，都对中共党史学学科体系、学术体系、话语体系（以下简称"三大体系"）建设产生了重大影响。前两个历史决议基于对历史过程的准确叙述和确定性评价，搭建了中共党史学的基本框架；更因其制定和讨论过程坚持了政治性和科学性相统一、实践性和理论性相统一的马克思主义方法论原则，从而确立了中共党史学方法论的示范样本。中共党史学取得今日的繁荣，一条重要经验就是，在前两个历史决议的框架范围内，进行了以历史决议精神和方法论为指导的学术研究。

党的十九届六中全会通过的《中共中央关于党的百年奋斗重大成就和历史经验的决议》（以下简称《决议》），不仅深刻总结了党的百年奋斗重大成就和历史经验，提出了许多新思想、新观点、新表述，还集中体现了以习近平同志为主要代表的中国共产党人在决议起草过程中所坚

---

[*] 本文作者宋学勤，中国人民大学马克思主义学院教授；马骋，中国人民大学马克思主义学院博士研究生。本文原载于《中共中央党校（国家行政学院）学报》2022年第4期。

持的马克思主义方法论原则。《决议》为中共党史学"三大体系"建设注入了新的活力,指明了方向,同时划定了必要的边界,是指引中共党史学发展的纲领性文献,为建立完善的中共党史学"三大体系",推动中共党史学的繁荣发展提供了历史性契机。

以中共党史学为根基,将中共党史党建学一级学科建设为与时代同呼吸、共命运,具有中国特色、中国风格、中国气派并拥有世界性影响的学科,是下一阶段亟需完成的任务。《决议》的出台为系统建设中共党史学"三大体系"、将中共党史学推上新的历史高度创造了历史性机遇,为中共党史学发展繁荣提供了新的学术增长点。本文运用中共党史学理论的基本原理,以体现我们党对自身百年历史最新认识的《决议》为主要依据,阐明中共党史学"三大体系"建设的相关问题。

二 中共党史学学科体系建设:政治自觉一以贯之

中共党史学是伴随着中国共产党的诞生、发展和壮大而逐步发展起来的。中共党史学迫切需要构筑起符合自身特性和规律的学科体系,以实现其存在和发展所应承担的使命和责任。改革开放以来,在学科体系建设上,一些专家学者曾探讨过中共党史学学科体系是什么、怎么建设的问题,且达成了一些基本的学术共识。① 但客观地讲,相较于历史学、马克思主义理论等学科,中共党史学学科体系建设仍不够成熟。就现实而言,全面建设社会主义现代化国家新征程已经开启,党的建设得到不断重视和加强,中共党史党建学一级学科设立,亟待完整的党史学科体系建制有效汲取党史经验,亟待科学的党史学科体系推动资政育人事业。总之,学术研究和实践发展都要求明确中共党史学作为学科存在的根本使命和发展脉络,进一步厘清学科内部的体系构成,提出构建

---

① 王炳林:《中共党史学科是否应该成为一级学科》,《党史研究与教学》2019 年第 3 期;杨凤城:《关于中共党史学科定位与建设的若干思考》,《中共党史研究》2021 年第 1 期。

路径。

  首先,旗帜鲜明讲政治是中共党史学学科建设必须遵循的根本原则。在历史上,坚持中共党史学的政治性是我们党砥砺前行的重要经验。蔡和森是较早关注、研究、讲授中共党史的早期共产党人之一。他在1926年就提出好党员必须"亲切的深刻的知道党的历史",理解党的发展实际和未来道路必须重视历史。① 延安时期,毛泽东指出搞清楚党的历史对推进工作十分重要,号召客观研究"整个党的发展过程"。② 第一个历史决议对于统一党的思想、夺取新民主主义革命的胜利起到了重大作用。改革开放后,基于"解放思想,实事求是,团结一致向前看"的时代需要,以邓小平为代表的中国共产党人深刻认识到正确评价新中国成立以来党的历史、正确评价毛泽东的重要政治意义,他们的系列论述为第二个历史决议的制定确定了指导原则。这一决议为工作重心的转变、中国经济的腾飞起到了重要作用。江泽民、胡锦涛也高度重视党史学的政治意义,要求把党史学习同党的建设结合起来。③ 党的十八大以来,以习近平同志为核心的党中央高度重视学习党的历史,习近平总书记关于党史的系列论述鲜明地指出了中共党史学的政治性。例如,在主持中共十八届中央政治局第七次集体学习时,习近平总书记指出,学习党史、国史是"坚持和发展中国特色社会主义、把党和国家各项事业继续推向前进的必修课"。④ 在庆祝中国共产党成立95周年大会的讲话中,习近平总书记强调,共产党人总结历史不是为了寻求慰藉,更不是为回避今天的问题而寻找借口,而是为了"总结历史经验、把握历史规律,增强开拓前进的勇气和力量"。⑤ 在党史学习教育动员大会上的讲话中,习近平总书记从"牢记初心使命、推进中华民族伟大复兴历史伟业""坚定信仰信念、在新时代坚持和发展中国特色社会主义""推

---

 ① 蔡和森:《蔡和森文集(下)》,人民出版社2013年版,第786页。
 ② 毛泽东:《毛泽东文集》第二卷,人民出版社1993年版,第399页。
 ③ 中共中央党史和文献研究院编:《毛泽东邓小平江泽民胡锦涛关于中国共产党历史论述摘编》,中央文献出版社2021年版,第122、126、145、154—155页。
 ④ 习近平:《论中国共产党历史》,中央文献出版社2021年版,第15—16页。
 ⑤ 习近平:《论中国共产党历史》,中央文献出版社2021年版,第121页。

进党的自我革命、永葆党的生机活力"三方面阐述了党史学习教育的重大意义。① 旗帜鲜明讲政治是中共党史学学科发展的重要历史经验。

从现实来讲,中共党史学应放眼中华民族伟大复兴战略全局和世界百年未有之大变局,积极承担资政育人的时代使命。苏共亡党、苏联解体的重要原因之一,是激烈的意识形态斗争下盛行的历史虚无主义搞乱了思想,这是中国共产党治国理政的前车之鉴。国内外敌对势力也的确极力攻击、丑化、污蔑中国革命史、新中国史,根本目的在于搞乱人心、颠覆中国共产党的领导和社会主义制度。②《决议》之所以是重大的纲领性文献,重要原因在于它回应了中共党史学在"两个一百年"奋斗目标历史交汇点上必须回答的现实问题:它不只回答了"过去我们为什么能够成功",还回答了"未来我们怎样才能继续成功",从而贯通了历史与现实、理论与实践,彰显了中共党史学的现实政治品格。

此外,旗帜鲜明讲政治非但无损反而能有力促进中共党史学科学性的实现。改革开放后,学界深入地讨论了中共党史学的学科性质,基本达成共识,认为它是一门具有政治性的历史科学。不过,有关研究往往着眼于科学性与政治性的可能冲突,而没有认识到两者的相互促进关系。一个时代有一个时代的学术,只有回应时代命题才能促进学术之树常青,中共党史学更是如此。《决议》以正确党史观、大历史观看待历史,以精准的判断回应了党史的重大问题,反击了历史虚无主义,为中共党史学以学术讲政治提供了样本。总之,中共党史学学科体系建设的逻辑起点必须着眼于党史学的政治性,保持学科发展与时代同呼吸、共命运。

其次,《决议》总结的"三个需要"和"五个方面的历史意义"是中共党史学构建学科体系必须回答的根本性问题。一个学科之所以成为"学",是因为这一学科有着共同的问题关怀,相通或相似的研究方法。例如马克思主义理论学科各个二级学科建制围绕着中国共产党为什

---

① 习近平:《在党史学习教育动员大会上的讲话》,《求是》2021年第7期。
② 习近平:《论中国共产党历史》,中央文献出版社2021年版,第4—5页。

能、马克思主义为什么行、中国特色社会主义为什么好展开。作为一级学科的中共党史党建学应当集中回答"中国共产党为什么能"这一历史性命题。《决议》的制定为我们回答这一问题提供了根本指引。《决议》指出总结百年党史的目的在于面向未来的"三个需要",即建党百年历史条件下开启全面建设社会主义现代化国家新征程、在新时代坚持和发展中国特色社会主义的需要;增强"四个意识"、坚定"四个自信"、做到"两个维护",确保全党步调一致向前进的需要;推进党的自我革命、提高全党斗争本领和应对风险挑战能力、永葆党的生机活力、团结带领全国各族人民为实现中华民族伟大复兴的中国梦而继续奋斗的需要。《决议》还指出了中国共产党百年奋斗对中国人民、对中华民族、对马克思主义、对世界历史、对党的建设所具有的五个方面的历史意义。"三个需要"和"五个方面的历史意义"连接未来、现实、历史,为中共党史学学科体系建设在围绕中心、服务大局、推进中国式现代化进程中满足党的工作需要指明了方向。如何建设对人民主体有意义的党史学、对中华民族伟大复兴有意义的党史学、对马克思主义创新发展有意义的党史学、对世界历史进程有意义的党史学、对党的自身建设有意义的党史学,是关乎中共党史学学科生命力的根本问题,也是中共党史党建学设置为一级学科的根本出发点。只有明确学科的使命担当,才能在学科建设上较为全面科学地解决党史学科发展方向问题,也才能确保任何时候中共党史学学科建设都不偏离正确的轨道。以课程设置和人才培养为例,有学者认为这一问题是除"学科定位"外中共党史学学科建设的一个关键问题。[1] 有学者结合各高校党史专业的课程体系专门探讨了党史学科培养体系的建设问题。[2] 从学科体系建设的角度考察,党史学科的人才培养必须具有现实关怀,使课程体系与中华民族伟大复兴相适应。中国人民大学中共党史系长期以来注重课程的及时更新,既注意讲授时段的全面性,及时讲授改革开放史研究最新成果,又

---

[1] 杨凤城:《新时代中共党史学科建设的两个关键问题》,《光明日报》2022年1月5日。

[2] 程美东:《论新时代中共党史研究与党史教育》,《党史研究与教学》2021年第5期。

注意党史的综合性，及时讲授"当代中国社会""当代中国社会思潮""当代中国国家统一与国土安全问题""当代中国民族与宗教问题"等党面临的重要问题，这些都是立足于"三个需要"和"五个方面的历史意义"的学科建设实践的有益探索。

三　中共党史学学术体系建设：新框架与新议题不断补强

学术体系是"学科内部分析和研究问题的理论框架和方法论体系、学术标准和学术评价体系"。① 学界已经意识到《决议》对中共党史学学术体系建设的重大意义。中共党史学以中国共产党的历史及执政规律为研究对象，因此，中国共产党对自身历史的认识必然对中共党史学的学术发展产生深远影响。前两个历史决议确立的中共党史研究议题、范式、方法已经融入中共党史学学术体系，至今仍有支撑性意义。《决议》确立的新框架、提出的新议题是中国共产党站在百年党史的历史高度得出的新的历史结论，不但融入了新的党史实践，也融入了新的党史理论，是中共党史学自身发展的一次新飞跃，对新时代中共党史学的继续发展具有重大价值。陈金龙认为，习近平总书记在庆祝中国共产党成立100周年大会上的讲话确立了可以统摄革命史范式和现代化范式的"中华民族复兴范式"。他分别分析了讲话对历史成就、历史主题等问题的论述，并提出，这一民族复兴的范式"实际上为中共党史研究提出了系列需要回答和思考的问题"。② 这些观点对《决议》的研究阐释具有启示意义。深入研究《决议》确立的新框架与新议题，有助于学界探索党史研究的新范式。

首先，《决议》确立了中共党史学把握百年历史的新框架。《决议》

---

① 冯俊：《加强中共党史学科建设的理论指南——习近平总书记哲学社会科学工作座谈会重要讲话学习体会》，《中共党史研究》2016年第8期。
② 陈金龙：《百年历史主题与中共党史研究的视域拓展》，《教学与研究》2021年第11期。

总结百年党史,提出了很多新思想、新观点、新表述,集中反映了以习近平同志为主要代表的中国共产党人对党的自身历史的新思考,为中共党史学学术体系建设提供了新的框架。《决议》以中华民族伟大复兴为主线,将百年党史划分为四个历史阶段,在分析每个历史阶段党面临的主要任务、创造的历史性成就基础上,提炼出了党百年奋斗的历史意义、历史经验:在新民主主义革命时期,党领导人民浴血奋战、百折不挠,创造了新民主主义革命的伟大成就;在社会主义革命和建设时期,党领导人民自力更生、发愤图强,创造了社会主义革命和建设的伟大成就,毛泽东思想是马克思主义中国化的第一次历史性飞跃;在改革开放和社会主义现代化建设新时期,党领导人民解放思想、锐意进取,创造了改革开放和社会主义现代化建设的伟大成就,形成中国特色社会主义理论体系,实现了马克思主义中国化新的飞跃;在中国特色社会主义新时代,党领导人民自信自强、守正创新,创造了新时代中国特色社会主义的伟大成就,习近平新时代中国特色社会主义思想实现了马克思主义中国化新的飞跃。党的百年奋斗从根本上改变了中国人民的前途命运,开辟了实现中华民族伟大复兴的正确道路,展示了马克思主义的强大生命力,深刻影响了世界历史进程,锻造了走在时代前列的中国共产党。党的百年奋斗的 10 条历史经验具有根本性和长远指导意义,是系统完整、相互贯通的有机整体。[①]

这一整体框架要求用全面、综合的大历史观研究党史。习近平总书记有关党史的重要论述确立了新时代党史研究的科学方法论,这在《决议》制订过程中被凝练为"坚持辩证唯物主义和历史唯物主义的方法论,用具体历史的、客观全面的、联系发展的观点来看待党的历史","坚持正确党史观、树立大历史观,准确把握党的历史发展的主题主线、主流本质,正确对待党在前进道路上经历的失误和曲折,从成功中吸取经验,从失误中吸取教训,不断开辟走向胜利的道路","旗帜鲜明反对历史虚无主义,加强思想引导和理论辨析,澄清对党史上一些重大历

[①] 《中共中央关于党的百年奋斗重大成就和历史经验的决议》,《人民日报》2021 年 11 月 17 日。

史问题的模糊认识和片面理解，更好正本清源"。① 学界以习近平总书记有关论述为指导展开了系列研究。例如，"两个不能否定"指向改革开放前后两个历史时期，其蕴含的大历史观、正确党史观可以帮助学者客观认识百年党史的一般性和阶段性，可以帮助学者客观研究党领导人民奋斗进程中曾出现过的曲折。近年来，打通1949年、1978年两个历史分界点逐渐成为中共党史、新中国史研究的重要生长点，在有关研究中坚持"两个不能否定"蕴含的方法论，对于全面认识党的历史、发挥党史的社会功能具有重大意义。

这一整体框架还要求科学设定学术评价体系。中共党史学的使命担当决定了评价学术成果的标准必须注重有用性、传播性、普及性。中共党史学研究成果十分丰富，但如何在丰富的成果中发现精品？笔者认为有用性是评价研究成果质量的首要标准，这源自中共党史学的学术追求。中共党史学在不同历史时期的发展始终围绕中国共产党的初心和使命而展开，"为中国人民谋幸福、为中华民族谋复兴"始终决定中共党史学的方向和问题域。中共党史学学术研究重在"求真"，而《决议》所总结的百年党史重大成就和经验即为最大的"真"。如果以百年党史中的某个阶段或者某个问题所犯错误或者失误为旨向而揭示出的所谓"小真"，去否定百年党史重大成就和经验这一"大真"，则背离了学术研究的初衷，从而将严肃的学术研究演变为学者的自说自话。中共党史学能否在新的历史条件下获得高质量发展，从根本上讲与其能否切实推进中国共产党初心使命的实现这一有用性密切相关。现代学术的发展日益精细化，学术前沿与社会公众间的距离往往越来越远，这是中共党史学需要警醒的现象。中共党史学不是"平静的、书斋里的事业"，而是"在思想斗争最前线的一项战斗性的工作"，② 必须承担起讲好中国共产党的故事以感染人、教育人、凝聚人的责任。许多党史通史畅销书籍未必提出了新观点，却因其传播性产生巨大社会影响，进而承担起中共党

---

① 习近平：《关于〈中共中央关于党的百年奋斗重大成就和历史经验的决议〉的说明》，《求是》2021年第23期。
② 胡乔木：《胡乔木谈中共党史（修订本）》，人民出版社2015年版，第373页。

史学的社会责任。欧阳淞指出："党史研究成果转化是党史工作履行职能、发挥资政育人作用的重要环节，也是促进党史研究不断深化的根本途径""要把纪实类党史作品和文艺类党史作品作为成果转化的主要形式"。① 在这方面，中国人民大学马克思主义学院依托高校思想政治课高精尖创新平台，积极制作党史系列视频课程，兼顾学术性和传播性，有效转化党史成果并得到多家主流媒体报道，取得了较好的社会反响。对中共党史学这样一个实践性极强的学科而言，评价学术成果的标准应该是多维的，既包括学术标准，又包括普及性和影响力。

其次，《决议》确立了中共党史学把握百年历史的新议题。《决议》相较于前两个历史决议有两个鲜明特点：一是把着力点放在总结党的百年奋斗重大成就和历史经验上；二是突出中国特色社会主义新时代这个重点，用较大篇幅总结党的十八大以来的原创性思想、变革性实践、突破性进展和标志性成果。这就为新时代中共党史学提出了需要深入研究的议题。其一，《决议》着力总结重大成就和历史经验，要求中共党史学要避免陷入琐碎、缺乏宏大历史关怀的"村庄故事"中，把学术与民族复兴的历程相结合。近年来，许多学者呼唤重新关注国家、革命等宏大议题，避免陷入无休止的微观研究中，但如何使这些宏大命题的研究有所创新则是有待解决的问题。有学者反复呼吁社会史研究要实现思想"在场"、追求"总体史"。② 《决议》高屋建瓴的阐述确立了中华民族伟大复兴这一主题，为学界实现思想"在场"提供了可行路径。其二，《决议》突出中国特色社会主义新时代这个重点，提出一系列需要中共党史学及时回应的重大问题。长期以来，史学界常有"当代人不作当代史"的观念，这是一种历史研究中需要更新的观念。当代人治当代史，实则也有独特优势，例如，渐成热点的改革开放史研究即承载着学界对当代人治当代史的新思考，对于史学功能的发挥意义重大。从中共党史学发展的历程来看，它始终与党的事业同呼吸、共命运。因应党和

---

① 欧阳淞：《关于党史研究的成果转化问题》，《中共党史研究》2013 年第 9 期。
② 宋学勤、杨宗儒：《社会史研究更应凸显"总体史"意识》，《历史评论》2021 年第 5 期。

国家的事业，将视野后移至新时代，既必要又可行。《决议》在党的十九大报告"八个明确"的基础上，用"十个明确"对习近平新时代中国特色社会主义思想的核心内容作了进一步概括。这"十个明确"在党史、新中国史、改革开放史、社会主义发展史上有何历史渊源，怎样继承发展了中华优秀传统文化，如何推进了马克思主义中国化时代化，都是需要研究的重大论题。《决议》还提出党确立习近平同志党中央的核心、全党的核心地位，确立习近平新时代中国特色社会主义思想的指导地位对新时代党和国家事业发展、对推进中华民族伟大复兴历史进程具有决定性意义。这一"决定性意义"论断的历史依据是什么，"两个确立"在党的历史上有什么必然性，这些问题成为人文社会科学界共同关注的重大问题。由于中共党史学具有从长时段观察历史的治学传统，且对中国共产党思想演进的历史脉络有着宏观把握，有助于揭示党史发展的一般规律，因此如何发挥好其研究这些学术议题的独特优势，是中共党史学学术体系建设需要着力解决的问题。

四 中共党史学话语体系建设：
新规范与新概念不断提出

话语体系包括学科的"标识性概念、新概念、新范畴、新表述"，还包括话语方式以及跨文化传播时的"可理解性和可翻译性"。[①] 一般而言，话语体系的核心功能旨在通过创设和运用一系列符号、概念、术语和言说方式，有效承载、传递和传播理论，以期阐明问题，达致意义共识，指导和规范人们的言行。"话语体系"的建设绝不只是一个纯粹的形式问题，也绝不仅仅涉及个别术语与符号的转变，而是指向某种更为实体性、更具整体性的建构，其根本目的在于掌握群众。中共党史学话语体系建构的根本任务在于通过提炼历史主线、聚焦历史成就、凝练

---

① 冯俊：《加强中共党史学科建设的理论指南——习近平总书记哲学社会科学工作座谈会重要讲话学习体会》，《中共党史研究》2016年第8期。

历史经验等一些重要途径与方式叙述和表达党史。《决议》对中共党史学话语体系建设有重大启示意义：一是从方法论层面确立了话语体系建设的新规范；二是从话语层面提出了中共党史学需要吸收和论证的新概念、新范畴、新表述。

首先，在方法论层面，《决议》谨慎的起草过程、新颖的言说方式，指导中共党史学话语体系建设必须遵循正确党史观，与党对自身历史的新认识和新看法相一致。中国共产党一向有着严肃对待历史问题、谨慎敲定概念表述的传统。毛泽东在主持起草《关于若干历史问题的决议》时，采取了谨慎原则，总结了建党以来党的历史及其基本经验教训，使全党尤其是党的高级干部对中国民主革命基本问题的认识达到在马克思列宁主义基础上的一致，实现了"既要弄清思想又要团结同志"的目的，同时又提出了"对于任何问题应取分析态度，不要否定一切"的方法论思想。① 邓小平在主持起草《关于建国以来党的若干历史问题的决议》时，强调准确，科学总结了新中国成立以来社会主义革命和建设的历史经验，指出"对建国三十年来历史上的大事，哪些是正确的，哪些是错误的，要进行实事求是的分析"。② 习近平总书记在主持起草《决议》的过程中，在党内一定范围内征求意见，包括征求党内部分老同志意见，还专门听取了各民主党派中央、全国工商联负责人和无党派人士代表的意见，得到了各地区各部门各方面的充分肯定和一致赞成。正是这种严谨的起草过程，保证了《决议》对重大事件、重要会议、重要人物的论述和评价，既同党的历史文献既有论述和结论相衔接，又体现了党的十八大以来党中央关于党的历史的新认识。习近平总书记特别强调要处理好"历史连续性和历史阶段性""全面总结和突出重点""总结成就和分析失误""已有结论和最新认识"这"四大关系"。③ 这种体系化思维是坚持辩证唯物主义和历史唯物主义方法论，坚持大历史观、正确党史观，用具体历史的、客观全面的、

---

① 毛泽东：《毛泽东选集》第3卷，人民出版社1991年版，第938页。
② 邓小平：《邓小平文选》第2卷，人民出版社1994年版，第292页。
③ 《牢记初心使命的政治宣言——〈中共中央关于党的百年奋斗重大成就和历史经验的决议〉诞生记》，《人民日报》2021年11月18日。

联系发展的观点来看待党的历史的结果,是准确把握党的历史发展的主题主线、主流本质的结果。谨慎的起草过程、新颖的言说方式也为准确翻译有关概念、促使《决议》走向世界提供了有利条件。有关翻译任务主要由中央党史和文献研究院第六研究部承担,该部认识到必须灵活处理具有中国特色的表述,分别确定了阐述原则观点、表述政策措施、描述历史事件的原则。① 这也启示中共党史研究者要在国际交流中深刻认识不同文化、语言的差别,准确把握具有重大意义的概念和术语。党的十九届六中全会所体现的重视总结历史经验的思想,全会公报的结构及贯通历史、现在、未来的深刻表述,使其便于走向社会大众、走向世界,为进一步推动完善中共党史学话语体系建设提供了示范性引领。

其次,在话语层面,《决议》提出的新概念、新范畴、新表述需要中共党史学及时吸收和论证。建设中共党史学话语体系,从根本上来说,是要形成令受众信服的中共党史上发生了什么、为什么发生、有什么意义的陈述合集,这套陈述合集在表层话语上使用着内在相互关联的概念群,在深层话语上则共享着一致的分析框架和价值取向。前两个历史决议都对党史叙述产生了重大影响,第一个历史决议确立了以阶级斗争为主轴的言说方式,第二个历史决议确立了以现代化建设为主轴的言说方式。《决议》以中华民族伟大复兴贯穿始终,在充分吸取前两个历史决议言说方式的基础上形成了新的陈述合集,可以说是百年来中共党史学话语体系建设的集大成者。党的文件、领导人的论断是问题意识的生发点,但若想使这些判断在学术上言之成理,就需要研究者加以筛选、定义,再将之与既有话语体系融合。以"中国精神"一词为例,《决议》在两种情况下使用该词:一种是评价习近平新时代中国特色社会主义思想,指出这一思想是"中华文化和中国精神的时代精华";另一种是总结党在文化建设上的作为,指出党"坚持物质文明和精神文明两手抓、两手硬","更好构筑中国精神、中国价值、中国力量,巩固

---

① 中新社:《走进中国共产党"翻译国家队":第三个历史决议是如何翻译的》,中国新闻网,http://www.chinanews.com.cn/gn/2021/12-28/9639317.shtml,2021-12-28。

全党全国各族人民团结奋斗的共同思想基础"。① 这两种用法说明了中国精神的重大意义及中国共产党对这一精神的继承发展。中共党史学则需要从学术上回答有关中国精神的若干问题：它的内涵与外延是什么，包含哪几个部分，几个部分的关系如何，与民族精神、时代精神、中国共产党精神谱系的关系如何，又有怎样的历史、理论、实践价值。为回答这些问题，学界还要特别注意深入领悟习近平总书记相关论述，习近平总书记指出："伟大抗疫精神，同中华民族长期形成的特质禀赋和文化基因一脉相承，是爱国主义、集体主义、社会主义精神的传承和发展，是中国精神的生动诠释，丰富了民族精神和时代精神的内涵。"② 这一重要论述说明中国精神贯通着历史与现实，是仍在不断丰富发展的精神体系，中共党史学需要及时跟进，将这些新的阐释有效融入中共党史学话语体系之中。

中共党史学"三大体系"作为中共党史学的三大根本支柱，是从学科体系、学术体系、话语体系三个不同侧面对中共党史学进行的新型理论表达。虽然这"三大体系"各有不同的关注重点和目标追求，但彼此间不是相互孤立而是高度融合、有机联系的，只有三者共同发展才能成就中共党史学的使命。为推动新时代中共党史学的繁荣发展，在中共党史党建学设立为一级学科的背景下，如何抓好历史性机遇，将十九届六中全会尤其是《决议》提供的政治资源和理论资源开发好、研究好，有效融入中共党史学"三大体系"建设实践中，是中共党史学界亟待开展的一项重大工程。

---

① 《中共中央关于党的百年奋斗重大成就和历史经验的决议》，《人民日报》2021年11月17日。
② 习近平：《在全国抗击新冠肺炎疫情表彰大会上的讲话》，人民出版社2020年版，第16页。

加快构建新时代中共党史学学科体系、学术体系、话语体系的思考*

2021年2月20日，习近平总书记在党史学习教育动员大会上的重要讲话中指出，在全党开展党史学习教育，是牢记初心使命、推进中华民族伟大复兴历史伟业的必然要求，是坚定信仰信念、在新时代坚持和发展中国特色社会主义的必然要求，是推进党的自我革命、永葆党的生机活力的必然要求。① 中国共产党波澜壮阔的百年历史，孕育了中华民族伟大复兴继续奋斗的智慧与力量。新时代学好党史，亟待构建中国特色党史学科体系、学术体系和话语体系。"要按照立足中国、借鉴国外，挖掘历史、把握当代，关怀人类、面向未来的思路，着力构建中国特色哲学社会科学，在指导思想、学科体系、学术体系、话语体系等方面充分体现中国特色、中国风格、中国气派。"② 持续加强中共党史学的主体性、原创性建设，有效解决中共党史学科体系边界意识不清、学术体系主体意识薄弱、话语体系针对意识不强等问题，方能牢记初心使命、坚定信仰信念，解时代之惑、发中国之声。

---

* 本文作者王广义，吉林大学马克思主义学院教授；高哲，吉林大学马克思主义学院博士研究生。本文原载于《思想理论教育》2021年第5期。
① 《习近平在党史学习教育动员大会上强调 学史悟思想办实事开新局 以优异成绩迎接建党一百周年》，《人民日报》2021年2月21日。
② 习近平：《在哲学社会科学工作座谈会上的讲话》，《人民日报》2016年5月19日。

一 拓宽中共党史研究的学科体系

近年来,中共党史在学科专业设置、师资队伍上已初具规模。但是,围绕中共党史学科的属性,学界仍有争论。中共党史学无论是属于历史学、政治学,还是属于马克思主义理论学科,都要解决现实问题、历史问题、理论问题,凸显其学科定位、学科功用。要实现资政育人,就要牢牢把握住中共党史学科的政治性、理论性、现实性,明确其立场意识、党性意识、服务意识,在马克思主义理论的指导下,树立"大学科观",正确处理政治功能与学术研究的关系。

(一)坚持"党史姓党"的学科定位,开创中共党史研究一体多元新局面

学科性质与属性,是研究学科问题的前提。中共党史的学科属性与学科归属,学界一直存在争议。有研究者认为中共党史学科属于历史学,因为从其学科内容上看,是以中国共产党的历史及自身建设的历史为研究内容;有研究者认为中共党史学科属于政治学,因为从其学科功能上看,党史发挥着以史鉴今、资政育人的作用;有研究者认为中共党史学科属于马克思主义理论学科,因为其学科指导思想为马克思主义理论。中共党史的研究对象,简而言之,是中国共产党领导全国人民在政治、经济、文化、社会、思想、军事等各个领域,进行革命、建设和改革的全部历史。具体而言,中共党史既研究中国共产党的历史发展过程,又研究马克思主义中国化历史进程与中国化马克思主义产生和发展的过程;既研究中国共产党自身建设问题,也研究执政的中国共产党与政府、社会、其他政党及各种社会团体的关系问题。可见,中共党史的研究内容囊括了历史学、政治学、马克思主义理论学科等多个学科,是一个跨多个一级学科的综合性学科,并表现出历史性、科学性、政治性、理论性、现实性等学科特点。在学科属性上,既体现了马克思主义的指导地位,又体现了一体多元的研究特色。毋庸置疑,"党史姓党"

是研究中共党史的理论前提。

坚持"党史姓党",就是要坚持马克思主义在中共党史研究中的指导地位,深刻地领会马克思主义对中国道路与命运的改变,感悟马克思主义在中国革命、建设、改革不同历史时期发挥的真理力量和实践力量,认识中国化马克思主义是在实践中形成的既一脉相承又与时俱进的科学理论。正如习近平总书记所指出的:"我国哲学社会科学坚持以马克思主义为指导,是近代以来我国发展历程赋予的规定性和必然性。在我国,不坚持以马克思主义为指导,哲学社会科学就会失去灵魂、迷失方向,最终也不能发挥应有作用。"[①] 坚持"党史姓党",就是要开创中共党史研究一体多元新局面。在构建中共党史学科体系时,只有从知识结构的组建、学科设置与专业划分、学术机构的组成体系、师资队伍的培养、学生的教育引导等方面凸显以马克思主义为指导的学科定位,开创融汇历史学、政治学、管理学、经济学等学科内容的一体多元研究新局面,才能有正确的中共党史学的学科定位。

(二)坚持"大学科观"的学科建设,协调中共党史与其他相关学科的关系

学科建设是学科知识结构在学科设置、专业划分、学术机构、师资队伍、学生教育等整体上的优化与组建。开创中共党史研究一体多元新局面,在学科建设上,要坚持"大学科观",将中共党史置于近现代中国社会历史发展和中华民族伟大复兴宏观视野中,进行学科间的整体性和贯通性研究。中共党史学研究,从研究对象内容看,包括中国共产党的历史活动、历史事件、历史言论、历史经验教训、历史发展规律、历史人物、历史器物、历史典章制度等;从地理区域看,包括全国党史和地方党史;从发展阶段看,包括新民主主义革命史、社会主义革命和建设史、改革开放及社会主义现代化建设新时期的历史、中国特色社会主义新时代的历史。可谓内涵丰富、外延广博,涉及社会前进历程中的多元学科知识。因此,坚持"大学科观"的学科建设,要协调中共党史

---

① 习近平:《在哲学社会科学工作座谈会上的讲话》,《人民日报》2016年5月19日。

与其他相关学科的关系。首先，理解党史与新中国史、改革开放史、社会主义发展史的关系。党史与新中国史、改革开放史、社会主义发展史是一个不可割裂的统一整体，它涵容新中国史和改革开放史，并且是社会主义发展史中的重要组成部分。据此，在学习"四史"时，应把改革开放史置于新中国史的大背景中学习，把新中国史置于百年党史中学习，把百年党史置于中国近现代史和社会主义发展史中学习，将党史、新中国史、改革开放史、社会主义发展史紧密联系在一起。要进一步加强中共党史史学史研究，推动中共党史学科发展。同时，还要深化中共党史研究，一方面，要进一步加强对中国共产党百年奋斗历程基本经验的研究；另一方面，要丰富中国共产党百年奋斗历程的专门史研究。其次，协调中共党史与中国近现代史基本问题研究、马克思主义中国化研究等学科之间的关系，实现优势互补、协调共进。在中共党史教学中，可以把中国共产党在中国近现代史中的实践作为研究对象，以中国近现代史基本问题研究中"四个选择"和"两大历史任务"的解决为线索，这样在实践中发展马克思主义形成的理论升华，既是中共党史学中对历史问题的回答，又是马克思主义中国化的理论体系，以此凸显中共党史学科的主体性，实现学科间的融会贯通。

（三）坚持资政育人的学科功能，实现政治功能与学术研究的结合

习近平同志指出，党史工作是党和国家工作全局中一项十分重要的工作，要充分发挥党史以史鉴今、资政育人的作用。[①] 资政育人是中共党史学科体系构建的出发点和落脚点。中共党史学的课程设置、专业划分、学术机构、师资队伍、学生教育等各个方面，必须旗帜鲜明讲政治，服务于国家意识形态的建设，坚定不移向党中央看齐，把国家理念融入中共党史学的知识体系中。中共党史研究要实现政治功能与学术研究的结合，就要把中国共产党的历史活动、事件、人物、言论、制度、器物、规律、经验等一个或多个研究对象，作为党史研究的线索，置于

---

① 《习近平会见全国党史研究室主任会议和中共党史学会代表大会代表》，《人民日报》2011年2月27日。

一体多元的学科视域和"大学科观"的维度中，探索研究对象的历史意义、影响，总结历史经验教训，揭示历史发展的脉络规律，使当代青年在学习党史知识的过程中加强政治认同。以对党史历史人物的研究为例，研究的内容可以是党史历史人物每个人生阶段的过程，是其参加每个历史事件的过程，是其自身的成长过程，也可以是其在党的发展中的活动，在党的建设中的贡献，等等。但是，与其他学科不同，中共党史学科要以历史人物在中国近现代史的革命、建设、改革，以及马克思主义发展史的双重视域下，所起到的历史意义、作用、影响为研究的线索，利用多学科多面相评价历史人物，才能彰显中共党史学科的定位与功能，实现政治功能与学术研究的结合。要通过长期的、系统的培养、教育，建立起一支政治素质过硬的中共党史学科队伍，提高党史研究和宣传水平，推动党史工作的可持续发展。

总之，学科体系是学术体系的外延。拓宽中共党史学的学科体系，从学科定位到学科建设再到学科功能，要坚持中共党史学科的主体性，规范学科定位，秉承"党史姓党"的原则，突出学科优势。统筹中共党史学科建设，要做到学科交融，取长补短，拓宽领域。要坚持政治性、理论性、现实性相统一，关注现实，重视理论，强调经验，完善体系，使中共党史学科成为国家、社会的智库。

二 深化中共党史研究的学术体系

习近平总书记在哲学社会科学工作座谈会上的重要讲话中强调，要以我国实际为研究起点，提出具有主体性、原创性的理论观点，构建具有自身特质的学科体系、学术体系、话语体系，我国哲学社会科学才能形成自己的特色和优势。[①] 构建新时代中共党史学研究的学术体系，必须突出学科主体性，坚持以马克思主义理论为指导，坚持实事求是的态度，运用历史唯物主义和辩证唯物主义的立场、观点、方法，把握党所

[①] 习近平：《在哲学社会科学工作座谈会上的讲话》，《人民日报》2016年5月19日。

面对的历史问题和新时代中国特色社会主义建设的时代问题，把研究对象置于学术体系建构的过程之中，定位它在历史纵横两个时空维度中的位置，分析它与历史事实的内在联系，以呈现其历史逻辑和现实意义，最终形成系统化、专业化的理论解答。

（一）坚持马克思主义的理论与方法，培元固本与守正创新相统一

坚持马克思主义的理论与方法，是开创中共党史研究一体多元新局面的理论前提。坚持马克思主义理论，就是要用马克思主义经典著作，以及不断创新的马克思主义中国化理论成果，指引党史研究的方向。坚持马克思主义方法，就是要坚持唯物史观，用辩证唯物主义和历史唯物主义把握党史的主题主线、主流本质。运用马克思主义的基本理论与方法，要坚持以人民为中心，分析研究对象与历史事实的内在逻辑关系，使历史成为具有生命意义的有机体，进而从根源上抵制、克服历史虚无主义。要坚持培元固本与守正创新相统一，不能固守一种研究范式与方法，而是要在坚持马克思主义的理论与方法的基础上，不断开辟中共党史研究的新境界。近几十年来，党史研究从最初的"革命史"范式，到现今"现代化""新革命史""新社会史""新文化史"等多种研究范式并存，研究方法也从传统的历史学研究方法，到现今人文社会科学类和自然科学类等多种方法并用，这些研究范式和方法拓宽了中共党史的研究视域，为中共党史研究学术体系的构建提供了更多维度的思维空间和实践空间。学术研究的"百花齐放"，多种研究范式和研究方法的运用，增强了中共党史研究的学术性和专业性，使中共党史学更加有理有据。无论选用哪种研究范式和方法，都要以马克思主义理论和方法为根基，体现具有深厚内涵的学理，彰显中共党史的学术价值，才能杜绝"以点带面"否定全局的"碎片化"历史研究，杜绝"教条化"研究成果的出现。同时，对那些丑化英雄、诋毁领袖、无限度放大历史细节的历史虚无主义进行批驳。

（二）坚持"大历史观"的学术视野，统揽中共党史学的各类问题

习近平总书记指出，在 100 年的奋斗中，我们党始终以马克思主义

基本原理分析把握历史大势，正确处理中国和世界的关系，善于抓住和用好各种历史机遇。要教育引导全党胸怀中华民族伟大复兴战略全局和世界百年未有之大变局，树立大历史观，从历史长河、时代大潮、全球风云中分析演变机理、探究历史规律，提出因应的战略策略，增强工作的系统性、预见性、创造性。①"大历史观"是"大学科观"的理论基础。"大历史观"以唯物史观为基础，统揽历史宏观进程，探究历史本质和规律，指引"大学科观"视域宏阔、眼界长远。中共党史学科的研究内容丰富而深邃、精深而广博，单一封闭的学术渠道显然无法进行系统、全面、科学的研究，想以"头痛医头、脚痛医脚"的方式逐一击破研究中的问题，不仅不能成功，反而会迷失在浩如烟海的历史材料中，陷入对历史细节的无穷枚举，错失对历史必然规律的深刻洞察。

坚持"大历史观"的学术视野，一方面，要立足世界历史的"多维度"，在人类文明史、世界近现代史和社会主义发展史的宽广视域下开展党史研究。中国共产党带领全党全国人民开辟的中国特色社会主义道路作为一条迥异于资本主义的现代化道路，既吸收和借鉴了人类社会创造的一切文明成果，又丰富和发展了科学社会主义的实践方式，既为发展中国家民族独立和国家现代化提供了新的选择，又为迈向人类文明新形态搭建了坚定支点。另一方面，要纵观中华民族发展史的"长时段"，从中华民族的精神基因、文化源流、文明发展和历史脉络中探究中华民族精神主旨与共产主义最高理想的本质关联，深刻领会中国共产党是实现中华民族伟大复兴的领导力量，是古老的中华文明从衰落到新生、从危亡到兴盛的根本保障。

（三）坚持问题意识，紧密联系时代、回应时代需求

问题意识，是中共党史学术体系构建的基本遵循。新时代中共党史的研究，要凸显学术的主体性，把历史与现实、史实与理论有机结合起

---

① 《习近平在党史学习教育动员大会上强调　学党史悟思想办实事开新局　以优异成绩迎接建党一百周年》，《人民日报》2021年2月21日。

来，坚持以唯物史观引领问题意识，在专注时代问题的基础上，从史料证据和研究实践中转换问题意识。坚持党史研究的问题意识，首先要立足中国。毛泽东指出："研究中共党史，应该以中国做中心，把屁股坐在中国身上……如果是完全坐在外国那边去就不是研究中共党史了。"① 中共党史研究必须提出中国问题，思考中国问题。要用中国意识提出中华民族实现伟大复兴的现实问题，用中国视角思考中国特色社会主义道路建设的历史问题，用中国立场总结中国道路的理论问题。其次，要紧密联系时代、回应时代需求。习近平总书记强调："当代中国的伟大社会变革，不是简单延续我国历史文化的母版，不是简单套用马克思主义经典作家设想的模板，不是其他国家社会主义实践的再版，也不是国外现代化发展的翻版，不可能找到现成的教科书。"② 过去革命战争时期中华民族面临的是"站起来"问题，现今的社会主义现代化建设时期中华民族面临的是"富起来""强起来"的问题。中华民族伟大复兴，不是轻而易举就能实现的。中共党史研究要回应时代需求，必须从历史中汲取智慧、总结经验教训，增强治国理政的预见性。党的 100 年发展历史，为中华民族伟大复兴和中国特色社会主义道路建设，提供了理论智慧和实践经验，深刻诠释了中国共产党为什么"能"、马克思主义为什么"行"、中国特色社会主义为什么"好"。中共党史学术体系构建，要呈现历史逻辑和现实意义，提出专业问题、回答时代问题，使人民群众坚定走中国特色社会主义道路的信念、信心，为中华民族伟大复兴凝聚强大的精神动力。

简言之，增强学术体系的主体性和原创性，是构建学科体系的学术基础，决定了中共党史学的边界意识和价值追求。深化党史研究学术体系建设，在学术理论与方法上，要以马克思主义理论为根基，实现培元固本与守正创新的统一，体现"党史姓党"的学科定位，丰富中共党史研究范式，防止盲目求新；在学术视野上，要力求眼观六路、耳听八方，坚持"大历史观"的学术视野指引"大学科观"的学科建设，把

---

① 毛泽东：《毛泽东文集》第 2 卷，人民出版社 1993 年版，第 407 页。
② 习近平：《在哲学社会科学工作座谈会上的讲话》，《人民日报》2016 年 5 月 19 日。

长时段研究和全景式研究紧密结合,避免一叶障目;在学术意识上,要立足中国、回应时代,实现历史情怀与现实关怀的有机结合,史论贯通,解决时代之问,从而演奏出反映时代精神的"最强音"。

二 创新中共党史研究的话语体系

中共党史学话语体系既是中共党史学科体系主体性、原创性的表达,又是对学术问题的探索、学术理论的升华,是话语方式和话语权的集中表述。当今中国立足党的百年历史新起点、统筹中华民族伟大复兴战略全局和世界百年未有之大变局的新时代,传播时代之声、把握全球大势,在说者与听者之间建立有效的沟通桥梁,需要中共党史学话语体系在遵循科学化、大众化、时代化的基础上创新时代话语、传递中国声音。

(一) 中共党史学话语体系要科学化

中共党史学话语体系的科学化,是指在求真求实的学理研究和客观准确的史料之上,实事求是、客观公允地讲述中国故事、表达时代声音。增强中共党史研究的学理性必须坚持唯物史观。唯物史观是科学的历史观,揭示了人类社会历史发展的客观基础及其本质规律,是中共党史研究必须始终遵循的指导思想,更是保障中共党史研究话语体系求真求实的基础理论。习近平总书记指出:"要坚持用唯物史观来认识和记述历史,把历史结论建立在翔实准确的史料支撑和深入细致的研究分析的基础之上。"[1] 坚持唯物史观,运用客观准确的史料,一方面,要做好文献史料、影像史料、实物资料、口述史料等的搜集和整理工作,做到有一分史料说一分话,在丰富而翔实的史料之上,史学研究的结果才能经得起时间的检验,由此形成的话语体系才能经得起历史的检验,才

---

[1] 《习近平在中共中央政治局第二十五次集体学习时强调 让历史说话用史实发言 深入开展中国人民抗日战争研究》,《人民日报》2015年8月1日。

能有力地回击历史虚无主义的戏谑解构；另一方面，要做好史料的整理和阐释工作，单一的史料不能原原本本地呈现历史的全部事实，纷繁复杂的史料描绘出混沌一体的历史表象，限制了人民群众的历史认知，这就需要党史研究工作者采取由此及彼、由表及里、去粗取精、去伪存真的辩证思维对其进行考证、分析、归纳，厘清其中的偶然性与必然性，用普遍性的概念系统对其进行适度抽象和逻辑重组，形成准确描述历史脉络、把握历史规律的话语表述。推进中共党史学话语体系的科学化，要运用唯物史观实事求是的科学精神，忠实历史、秉笔直书，明辨历史的是与非，澄清模糊的历史认识，用严谨的学术研究辨析批驳历史虚无主义，方能展现党史的说服力、激活党史的生命力。

（二）中共党史学话语体系要大众化

习近平总书记指出，我们党的百年历史，就是一部践行党的初心使命的历史，就是一部党与人民心连心、同呼吸、共命运的历史。历史充分证明，江山就是人民，人民就是江山，人心向背关系党的生死存亡。[①] 中国人民是历史的书写者，更是历史的阅读者。推进中共党史学话语体系大众化，就是要以人民为中心，满足人民的话语需求，为人民书写春秋过往，留存人民的历史记忆。推进中共党史学话语体系大众化，要充分考虑话语面对的群体特征，考虑阅读人员的时代环境、教育背景、阅读兴趣和话语方式，根据人民大众关注的热点问题、历史问题、时代问题、国际问题，凝练具有共性的核心观念，革新陈旧的叙述方式，紧跟时代变化和舆情变化，引导人们树立正确的历史观、民族观、国家观、文化观。只有这样，才能发挥中共党史话语的宣传力量、教育力量，保证中共党史话语入耳、入脑、入心。

推进中共党史学话语体系大众化，是中国共产党与人民群众关系的本质要求。让党的故事走进千家万户，亦是党史研究者的责任与使命。"我们党的一百年，是矢志践行初心使命的一百年，是筚路蓝缕奠基立

---

① 《习近平在党史学习教育动员大会上强调　学党史悟思想办实事开新局　以优异成绩迎接建党一百周年》，《人民日报》2021年2月21日。

业的一百年,是创造辉煌开辟未来的一百年。"① 中国共产党的百年奋斗历程展现了视死如归的革命精神、顽强奋斗的英雄精神、忘我奉献的先进模范精神,为人们提供了信仰的精神谱系和迈向新征程的奋进力量。让党史为人民群众深切感知,使人民群众树立正确的历史观、民族观、国家观、文化观,就要从党的百年历程中讲好党的故事、传播党的声音,加深人民群众的历史记忆。

(三) 中共党史学话语体系要立足中国、面向世界

习近平总书记在哲学社会科学工作座谈会上的讲话中指出,在解读中国实践、构建中国理论上,我们应该最有发言权。② 中共党史学话语体系必然要立足于中国大地和中华民族伟大复兴,提出中国问题、思考时代问题。习近平总书记强调,我们党的历史,就是一部不断推进马克思主义中国化的历史,就是一部不断推进理论创新、进行理论创造的历史。③ 中共党史学话语体系要立足于中国大地,就是要在实践中推进马克思主义理论创新,在时代需求下完成马克思主义经典理论话语的转换,创造性地将理论话语转化为实践话语。中共党史学话语体系要立足于中国,就是要创新时代话语,在时代中解决传统话语体系存在的问题,坚持"创新自信",做到"自己讲""讲自己"。与此同时,中共党史学话语体系还要面向世界。中国共产党的百年历程是500年社会主义发展史的一部分,这就要求中共党史学话语体系既要立足于中国实践,又要放眼国际动向,在马克思主义世界观的宏大视野中,提出中国方案、贡献中国智慧。中共党史学话语体系要面向世界,不仅要传递马克思主义中国化理论创新的声音,还要把中国特色社会主义的理论成果运用于国际文化问题的研究中。要在中国问题意识和价值取向的指引下,加入符合全球化时代特点的话语,开拓海外传播的方式,扩大国际交流

---

① 《习近平在党史学习教育动员大会上强调 学党史悟思想办实事开新局 以优异成绩迎接建党一百周年》,《人民日报》2021年2月21日。
② 习近平:《在哲学社会科学工作座谈会上的讲话》,《人民日报》2016年5月19日。
③ 《习近平在党史学习教育动员大会上强调 学党史悟思想办实事开新局 以优异成绩迎接建党一百周年》,《人民日报》2021年2月21日。

与对话。要让中西文化价值融汇的马克思主义中国化理论，产生一种精神力量，为中国特色社会主义文化的对外传播打开大门。

中共党史学话语体系是学术体系主体性和话语权的表达，是构成中共党史学科体系之网的纽结。创新中共党史学话语体系，必须让史料说话，实事求是，尊重历史，拒绝"假大空"。要以需求为导向，以人民为中心，为人民书写春秋过往。中共党史研究要在坚持中国特色、"党史姓党"之本位的同时，与国际接轨，与世界对话，勇于革新，铸造具有普遍意义的话语体系。

总之，中共党史学学科体系、学术体系和话语体系交互循环、相辅相成，加强这"三大体系"的建设，要凸显优势、拓宽领域、补足短板、回应时代，坚持问题意识和需求导向，聚焦应对世界百年未有之大变局，聚焦推进中华民族伟大复兴的历史进程，科学谋划、全景布局。要坚持马克思主义的指导地位，融通古今中外各种学术资源；要坚持问题导向，切实提高学术原创能力和水平；要提炼标识性学术概念，推进国际社会对中共党史学新概念、新范畴、新表述的理解和接受。由此推动中共党史学"三大体系"建设齐头并进、协同发展，构建一个全方位、全领域、全要素的中共党史学体系，开创新时代中共党史学发展的新局面。

构建中共党史学科话语体系若干问题[*]

言及建构中共党史学科话语体系，自然不是说中共党史学科未曾有过自己的话语理路。事实上，无论在中共党史学科萌生、初建抑或成型的不同时期，都曾生成并不断丰富着中共党史学科许多沿用至今的诸多范畴，甚至有过时代鲜明且影响至深的话语范式。然而，囿于特定的政治、社会与文化环境，在一个相当长的时期里，党史研究受制于服务现实政治的功能需要，研究主旨、叙事模式甚至编撰体例趋于固化，不同程度上阻抑了党史研究的深化发展，削弱了党史学科的学术地位。因而，当前语境下探究中共党史学科话语体系，不是纯粹修辞意义上的话语策略与表达方式的关注，而是旨在自觉审视党史学科的学术话语，不断反思传统的叙述框架与阐释模式，为逐步形成符合学科规范与时代要求的话语体系展现出可能的方向，进一步推进党史学科的学术自觉与研究实践。

一

一般而言，话语体系的中心功能旨在通过创设和运用一系列术语、符号和言说方式，有效传递和分享各种信息，以期阐明问题，达至意义共识，指导和规范人们的言行。不同学科的意义预设与功能取向，直接

---

[*] 本文作者彭祥睿，安徽大学马克思主义研究院讲师；朱志敏，北京师范大学马克思主义学院教授。本文原载于《党史研究与教学》2015年第4期。

影响着学科话语体系的创设与运思模式。

中共党史研究的意义诉求,最初来源于中国共产党革命实践与自身建设的需要。1942年,毛泽东在中央学习组的讲话中明确提出:"现在大家在研究党的历史,这个研究是必须的。如果不把党的历史搞清楚,不把党在历史上所走的路搞清楚,便不能把事情办得更好。这当然不是说要把历史上每一件事统统搞清楚了才可以办事,而是要把党的路线政策的历史发展搞清楚","我们要用这样的研究来使我们对今天的路线和政策有更好的认识,使工作做得更好,更有进步。"① 正是基于这一意义设置,毛泽东在这次讲话中,对中共党史研究的内容、方法与原则作了一次较为充分的概括。并同样是在这次讲话中,毛泽东提出《联共(布)党史简明教程》阐明了苏联社会主义国家的历史,是运用马克思主义来研究党史的典范,并表示"我们要按照同样的精神去做",使《联共(布)党史简明教程》成为此后中共党史研究与言说方式的典范。

值得指出的是,对党史学史上这篇如此突出的规范性文献,学术界采取的是一种颇具"辩证性"的审视策略,即一方面较多地发掘该文对中共党史研究的指导意义,另一方面则较为一致地检讨《联共(布)党史简明教程》之于中共党史研究的消极影响。可是这一反思路径,却不经意间肢解了这一讲话中毛泽东关于"如何研究中共党史"的整体性。事实上,正是要更好地解决"今天的路线和政策"的认识问题,才突出地需要"把党的路线政策的历史发展搞清楚",并进而确立"正确的思想路线"的指导意义。故而,《联共(布)党史简明教程》式的、以正确路线及其代表不断战胜各种机会主义路线及反对派的路线斗争史书写,似乎不失为一个切题且合意的言说方式。

说其切题且合意,无意忽略传统党史话语体系的弊端,只是说这一言说理路与意义预设存在着逻辑上的一致性。问题的另一方面恰恰是这种"合意性"同时蕴含着党史话语体系的风险性。这也就意味着,要

---

① 毛泽东:《如何研究中共党史》,《毛泽东文集》第2卷,人民出版社1993年版,第399—400页。

真正推进传统党史话语体系的创新转换，不是一个表面的、纯粹的表达形式的问题，而是要返回话语表征的意义结构，重新审视党史学科的意义域。应该说，发端于20世纪80年代的关于党史学科性质的讨论，开启了这一可能。

伴随着"文化大革命"的结束与拨乱反正的启动，党史研究逐步摆脱极"左"思潮的束缚，一部分研究者开始了对党史课程设置与党史学科关系的重新审视，并进一步明确了"党史是研究中国共产党历史发展过程的纵向学科，是近现代历史时限之内的一部专史，其性质自然应该属于历史学科"。① 这一学科性质的重新界定，事实上重构了对党史学科的意义追问方式。它涉及一系列的问题：作为历史学科的中共党史能否承担政治性的功能？如若能够，应该如何承担？这涉及的是中共党史学科学术性与政治性的关系问题。对此，学术界并不否认中共党史与现实政治间存在着密切的关联，也承认党史研究受现实政治的制约，应凸显中共党史学科的资政育人功能。但党史学科坚持政治性，必须立足于科学性，不能借口政治需要，违背历史的真实，篡改、歪曲历史。一位研究者如是通俗地表达：中共党史能够"当作政治理论课，但不应该改变其学科本身的性质"，必须首先"确定它是属于历史学科，然后再谈它的特点和功能"。② 应该说，在如何正确处理党史研究的党性与学术性的关系方面，学界已经达至相当程度的共识，为党史研究学术性话语体系的形成提供了可能。

另一系列的问题是，除了政治性功能外，作为历史学科的中共党史有无其他功能的存在？这些功能的价值处于何种位置？这实际上涉及的是对中共党史学科作为历史学本身意义的追问。从党史研究实践来看，这一问题是被包裹于前一问题序列之中讨论的，且更多指涉的是党史的客观性维度，即通过研究把握客观真实的历史。无疑，考察历史事实，探究历史发生的原委，不断增进人类的历史知识，本身就是历史学科基

---

① 张静如：《党史学科建设断想》，《党史研究》1987年第6期。
② 张静如、邹兆辰：《中共党史学是一门历史科学——访张静如教授》，《历史教学问题》2004年第2期。

本价值之一。但历史研究并没有满足于简单地了解真实的过去，而在不断尝试沟通历史的发生与人的存在意义的关系，即通过历史把握人自身。柯林伍德即曾如是说："历史学的价值就在于，它告诉我们人已经做过什么，因此就告诉我们人是什么。"① 目前，亦有个别学者关注到中共党史学的人文性，强调通过树立科学的历史观和认识论，"从历史中寻找人生、寻找世界，寻找自己的追求；从人文历史知识中发现社会发展变化的本质，完善自我的思想修养"。② 这一思路的探究虽刚刚起步，但无疑会大大丰富中共党史学科的学术内涵与文化价值，并有可能成为中共党史学科研究取向与话语体系变革的基点。

二

"任何一部专门历史，如有一个中心题材，它就构成这部历史所记载的各个事件的一种联系形式。"③ 作为研究中共历史发展过程的一部专史，其学科话语体系的系统性与完备度，很大程度上取决于如何把握其"中心题材"。

"中心题材"不等于学科的研究对象，而是将研究对象系统化的关键。一般而言，一门学科研究对象越复杂，意味着其"中心题材"的凝练就越困难。党史学科研究对象是中共的历史发展全过程。从横向结构看，这一研究对象的内涵极为丰富。就学术界自身的概括而言，这一学科至少包括两个"都要研究，不能偏废"的方面，即"中国共产党自身的发展和领导人民进行革命和建设"。④ 然而，如何将这两大类内容的研究整合为一个研究体系，至今仍未得到很好的解决。如

---

① [英]柯林伍德：《历史的观念》，何兆武、张文杰译，商务印书馆1997年版，第38页。
② 侯且岸：《中共党史研究的人文性问题——兼论反思的"人文史观"》，《中共党史研究》2012年第11期。
③ [英]汤因比等：《历史的话语——现代西方历史哲学译文集》，张文杰编，广西师范大学出版社2002年版，第303页。
④ 张静如：《党史学科建设断想》，《党史研究》1987年第6期。

若依据国务院学位委员会办公室和教育部研究生工作办公室编的《学科专业简介》，"'中共党史（含党的学说与党的建设）'是专门研究中国共产党领导全国人民进行革命、建设和改革的历史，马克思主义党的学说及其历史发展，以及在新的历史条件下如何坚持和改善党的领导、加强和改进党的建设的学科"。① 党史学科的丰富性与复杂性更是一望可知。

从纵向关系而言，党史研究对象本身更是呈现出不断发展的状态。仅就中国共产党领导全国人民进行革命、建设和改革的历史而言，由于不同时期的时代主题与历史认识的不同，党史研究就曾出现围绕不同的"中心题材"而构建的阐释体系与言说方式。如我们熟悉的"革命史范式"与"现代化范式"。这两种阐释体系形成于不同的历史阶段，体现了中共党史研究者对中国近代以来中国社会变迁的不同体认，虽有一定的合理性，但其内涵与外延均存在着较为鲜明的时代界限，而且两者之间又存在着不同程度的交叉与抵牾。因而，二者均没有完成对中共历史阐释体系的完美支撑。或许正是有感于此，有不少学者尝试自主探究、凝练中共历史的"中心题材"，并进而构建新的党史阐释体系。如有学者试图以解放和发展生产力为"中心题材"统摄中共党史研究，认为这样可以"把中国共产党历史发展全过程最核心的内容表述出来……会更易于把握，会更有助于党史研究的深入"，进而推进党史学科的体系与内容在原有基础上的调整。② 也有学者在以社会史为基础深化党史研究的理路上进一步提出："中共党史是以改造旧社会、建设新社会、促进中国社会的全面进步为主题的。那么，以唯物史观为指导，按照社会史的观点来建立中共党史研究的诠释体系，自然就应该以'变革社会'为考察党史的中心，从而在学术研究中建立'变革社会'的诠释体系。"③ 将"解放和发展生产力"或"变革社会"视为中共党史的主

---

① 转引自宋俭、丁俊萍《关于中共党史学学科建设问题的思考》，《中共党史研究》2008年第3期。
② 张静如：《解放和发展生产力与党史研究》，《北京党史研究》1993年第1期。
③ 吴汉全、王炳林：《以社会史为基础深化中共党史研究的再思考》，《中共党史研究》2014年第9期。

题，本身意味着中共党史研究新领域的拓展与深入，也自然会不断丰富党史学科的话语体系。但能否以之解决党史学科的阐释体系，似乎还有待在研究实践中予以检验。

中共历史研究虽是对中共发展历史全过程的考察，却同时需要在中国历史乃至世界历史的视野中予以审视，因而党史学科"中心题材"的凝练似乎只能是在历史的自我展开中逐步得以认知与把握。因而，当前或许无需急于确定某种主题下的阐释体系的权威地位，而是在各种自主探究与学术对话中寻求达至有限共识的可能。

值得指出的是，"中心题材"的凝练与阐释模式的建构，在形式上往往直接体现为话语体系中的叙述方式，而其内在规定性则源自对历史进程的研究。诚如马克思所言："在形式上，叙述方法必须与研究方法不同。研究必须充分地占有材料，分析它的各种发展形式，探寻这些形式的内在联系。只有这项工作完成以后，现实的运动才能适当地叙述出来。这一点一旦做到，材料的生命一旦观念地反映出来，呈现在我们面前的就好像是一个先验的结构了。"[①]

党史研究唯有扎实深入地从具体历史研究开始，才能把握中共历史发展的规律，并对中共历史进程进行抽象的、理论上前后一贯的形式上的反映，方能形成真正具有解释力的阐释体系。按照现实的历史过程本身的规律反复修正的阐释体系一旦确立，意味着中共历史进程的历史事件之间连续的、因果联系或部分与整体的联系才能更好地加以考察。如若只是把某种阐释体系当作标签贴到历史事件之上，而不进行进一步研究，将会滑向空洞的理论推演甚至教条式的套语。如若忽视阐释体系的构建及其对研究工作的指南意义，研究者则有可能跟随历史的跳跃式的和曲折的进程，在具体的历史研究中陷入许多无关紧要的历史材料中不能自拔。当前党史研究中存在的"口号化""教条化"及"碎片化"叙事方式，即可循此维度获得可能的检讨。

---

① 卡尔·马克思：《〈资本论〉1872年第二版跋》，《马克思恩格斯选集》第2卷，人民出版社1995年版，第111页。

三

　　术语、概念、范畴等语言符号是话语体系构成的基础要素。厘清中共党史学科各类语言符号的内涵，是运用其分析研究党史学科研究对象，形成表达方式，清楚阐释问题、共享意义的前提。

　　中共党史学科术语、概念、范畴的重要来源之一，是中共在革命、建设与改革实践中自主创设、提炼并用以分析中国实际与中共自身的政治理论语言。这类概念的生成往往具有特定的社会历史语境，并针对特定所指。因而，对这类党史学科的术语、概念、范畴，亟须进行概念史研究，即对"某个概念的生成发展变化的历史"的研究。这类概念史的研究，一方面有利于我们分析历史进程中所产生的概念与实情之间关系的一致性、偏移性或差异性，形成关于研究对象的准确表述；另一方面，通过分析概念自身的变迁史，即考察同一概念表述在不同语境下的使用及其意义是否一致，如若存在变化，则需要在具体运用中警惕"原始意义与衍生意义并存一体，但隐蔽了差异性"的可能与风险，避免概念的滥用与误用。[①]

　　中共党史学科术语、概念、范畴与中共自身政治理论语言的强相关性，在另一个层面上则提示着我们，需要注意区别党史学科与中共政治理论在术语、符号运用上的不同风格。中共政治理论一定程度上可以视为是中共对其自身历史与现实问题的总结、提升，内在包含着研究性。因而，运用中共政治理论中的关键性概念、范畴，对展开中共历史研究具有合理性与便利性。但中共政治理论在运用这些术语、概念、范畴等语言符号时，旨在形成解决具体问题的政策、方针或传达意识形态的规范性，其表达风格上带有基于真理性与政治性的权威姿态，给受众以指令性或导向性。作为历史学的党史学科，是运用创设、使用各种术语、概念、范畴等符号系统，对历史存在进行研究和探讨。因而，在话语表

---

　　① 郭若平：《概念史与中共党史研究的新视野》，《中共党史研究》2013年第5期。

达上，不能简单依赖概念、范畴及判断的真理性，更不能依赖话语的政治权威性或信念意图模式，而应该在具体、细致、深入的研究中，展现研究主体对研究对象的认知理路与可能结论，其表达风格应该是一种平权的对话姿态，研究者与受众间是共同主题的沟通者、分享者甚或启迪者。

此外，尽管不同的学科类似个性分明的职业甚至亚文化，"它们有各自的语言、价值、心态和思维方式，并不断被各自的训练进程或'社会化'所强化"。① 一个学科因而也不可能完全搬用其他学科的一整套话语体系来揭示与阐明自己的研究对象，展现其独特的思维方式与价值存在。但学科之间某些概念、范畴的借用同样是无法忽视的存在。对于中共党史学科而言，伴随着中共历史进程的不断展开，日益加剧的社会变迁不可避免地引起党史学科与哲学社会科学会聚局面的出现。一些党史学者的"理论转向"与一些理论学者的"历史转向"，在学术实践中越来越常见。应该说，历史学和理论的结合，存在着诸多可能性与方式，并使得历史研究日益呈现出更为多维的局面。如某些党史学者接受某种理论并尝试在研究中遵循它，亦有学者通过接触某种理论而意识到被搁置的问题的存在，无疑都丰富了党史研究的实践与党史学科的阐释方式，并取得了很多值得尊重的成果。但不可否认的是，这种做法本身也存在着某些潜在的风险。如不顾党史学科话语体系的整体语境，简单套用其他理论学科的术语、概念、范畴，生硬地从历史发生中"发现"问题。这种无视"学术话语问题具有确凿无疑的社会—历史内容"，完全抛开中国自近代以来一百多年的历史性实践、中国独特的现代化发展道路及中华民族向着未来筹划的复兴事业，只会陷入关于话语创新的"各种空疏散宕和肤浅贫乏的议论"，② 而无法真正从学术话语与实体内容的本质联系层面上创设、凝练抑或有效借用新的概念、范畴，推进学术实践的深入与学科话语体系的根本变革。

---

① ［英］彼得·伯克：《历史学与社会理论》，姚鹏、周玉鹏等译，上海人民出版社2001年版，第3页。
② 吴晓明：《论当代中国学术话语体系的自主建构》，《中国社会科学》2011年第2期。

新时代中共党史研究话语体系建构的维度[*]

话语及其话语体系是人们在交往过程中所建立起来的表达与接受、解释与理解、评价与认同等一整套语言符号。如果从深层次来看，话语体系还是反映文化传统和时代精神等思想理论体系的外在表现形式。并且，话语体系还深刻蕴含着国家特有的文化因素、价值取向和核心理论。因此，话语体系的建构需要多学科的配合来完成。不过，就历史的角度而言，中国共产党领导中国革命、建设、改革的进程，同时也是伴随着中共党史研究话语体系建构的过程。尽管中共党史研究起源于20世纪20年代前期，但由此而成为一门现代新分支学科却是在延安时期。毛泽东的《新民主主义论》和《如何研究中共党史》、刘少奇的《论党》、周恩来的《关于党的"六大"研究》以及1945年4月中共六届七中全会通过的《关于若干历史问题的决议》等党史文献，既是系统总结中国革命经验的产物，也是开展党史教育的结果，还是建构具有中共特点话语体系的基础。因此，这些文献为建构中共话语体系提供了有力的学理支撑。总的来看，从新中国成立后至改革开放前，党史研究话语体系建构得到一定程度的发展，并且，已出现了像胡乔木著的《中国共产党的三十年》[②]等党史通史类研究著作。改革开放以来，以胡华、张静如等为代表的党史学家在推进党史研究、完善党史学科体系、建构

---

[*] 本文作者汪兵，安徽农业大学经济技术学院讲师。本文原载于《甘肃理论学刊》2019年第4期。

② 胡乔木：《中国共产党的三十年》，人民出版社1951年版。

党史研究话语体系等方面作出了重大贡献。近年来,党史学界已逐步关注到新时代的党史研究话语体系建构的问题,先后涌现出诸如彭祥睿、朱志敏的《构建中共党史学科话语体系若干问题》[①] 以及沈传亮、王蕾的《再论构建中共历史研究的新话语体系》[②] 等论文。其中,彭祥睿和朱志敏主要是从党史研究与意识形态的关系阐释了党史研究话语体系建构问题,而沈传亮和王蕾则从构建范式和创新表达方式的角度提出要积极创建新的党史研究话语形式。为深化这方面问题的研究,本文再作探讨。笔者主要是从话语体系建构维度的视角,来推进党史研究话语及其话语体系的研究。这不仅对于构建具有中国气派和中国特点的学术研究话语体系具有积极意义,而且,也能为完善党史学科建设提供思路。

一 学科性质的界定:党史研究话语体系建构的逻辑基础

一般来说,在学科创建和发展过程中,学科性质(或定位)是比较明确的。但就中共党史学科而言,在改革开放以前,不仅极少有研究者关注党史学科性质,而且,已有的党史研究成果也并没有涉及这方面的问题。内在的缘由,既可能是与中国现代史学理论问题的讨论有关,也可能是与党史研究成果过早出现"教科书化"有关。首先,党史学科性质的界定问题,与早期的历史学科性质的讨论有关联。在20世纪二三十年代期间,国内的史学研究者就探讨有关历史学科性质的问题。当时,中国资产阶级的史学家们深受现代实证主义思潮的影响,他们多以自然科学的研究特点为榜样规划和建设历史学科。随后,西方的新康德主义和相对主义思潮也传入中国,这样就引起了史学研究思想上的冲突,进而引发了史学界的讨论。从表面上看,这一

[①] 彭祥睿、朱志敏:《构建中共党史学科话语体系若干问题》,《党史研究与教学》2015年第4期。

[②] 沈传亮、王蕾:《再论构建中共历史研究的新话语体系》,《湖北行政学院学报》2017年第4期。

史学研究思想方面的冲突似乎是与西方近现代各种史学思潮的涌入有关,其实,也与中国资产阶级史学研究力求突破原有的格局而寻求新的研究出路有联系。同时,在20世纪30年代的初期,中国马克思主义历史学的崛起,也加深了中国资产阶级史学研究者的危机感。因而,中国资产阶级史学研究者要寻找新的出路,必然先要就历史学性质问题进行理论上的反思和清理。比如,何炳松就宣称,历史学是与自然科学决然不同的"纯粹主观的学问",但"历史(学)不失其为一种科学"。[①] 不过,当时的中国史学界所讨论的历史学性质问题大致属于历史本体论的研究范畴,主要涉及历史学的本质等。正如有史学家所指出的,当时的中国史学界关于历史学性质的讨论进展,收获了三点认识:第一,否定了"史学只是史料学"的理论,认为历史学或历史科学不单单是史料整理,也包括对历史的解释与总结;第二,使一部分史家认识到,要承认历史发展中的因果关系,总结历史规律和承认史家在历史研究中的主体作用等;第三,通过史学界的讨论,提出了一些引人深思的理论问题。[②] 总之,在20世纪二三十年代期间,史学界关于历史学性质的讨论不仅影响着中国史学研究的深入发展,而且,对于党史学科性质的界定及其话语体系的建构也有着重要启示。党史学家张静如曾指出:"党史学长期以来不讲学科性质、学科对象,也就是不把它当作一门科学来对待。毛泽东在四十年代就很重视这方面的工作,其实是早应该有的东西。"[③]

其次,就党史学科的性质而言,学界之所以没有能形成一致的意见,可能也与这门学科在研究过程中过早出现"教科书化"的现象有关。"在新中国成立初由于形势的需要,对党员和知识分子的教育,需要有个教本,这就促使这门学科过早有了教科书。有了教科书就有了一定的模式,再深入就有了困难。"[④] 而改革开放以来,党史学界开始重视这个涉及深化党史研究以及有关党史学科建设的理论问题。较早探讨

[①] 张书学:《中国现代史学思潮研究》,湖南教育出版社1998年版,第296页。
[②] 蒋俊:《中国史学近代化进程》,齐鲁书社1995年版,第214页。
[③] 张静如:《张静如文集(第4卷)》,海天出版社2006年版,第1236页。
[④] 张静如:《张静如文集(第4卷)》,海天出版社2006年版,第694页。

这个问题的是马齐彬教授。他指出："党史是一门历史学科，也是一门马克思主义理论课。"① 不过，马齐彬虽指出党史学科是一门历史学科，但又指出它还是一门马克思主义理论课，没有讲清楚党史性质与党史课程之间的关系。真正深入地阐释党史学科性质问题的研究者是张静如。1987年，张静如明确指出：党史学是研究中国共产党历史发展过程的纵向学科，其学科性质自然应该属于历史科学。并且，学科性质问题是研究一切问题的前提。② 他的这个观点阐述了三个问题：其一，学科性质问题是开展相关问题的前提条件；其二，党史学科是一门历史学科，也属于中国近现代时限内的专门史（即政党史）；其三，党史学科的性质问题是建构党史学科研究体系和党史研究话语体系的前提。到目前，大多数研究者认定党史学科的性质是历史学科，要体现史学的学科范畴和学术规范。近来，还有研究者对于党史学科的归属问题作了新的阐述。比如，赵娜认为，党史学科尽管是一门历史学科，但是在研究中还要体现综合性的学科特色。③ 总之，党史学科性质的准确界定是党史研究话语体系建构的逻辑基础。

二　跨学科的会通：党史研究话语体系建构的思想资源

在党史研究话语体系的建构过程中，党史学界不仅要注重从历史学研究中汲取研究话语，还要注重从多学科或者跨学科的角度进行学术研究的会通，即要积极借鉴与运用跨学科的理论和方法中有用的内容。并且，现代各门学科发展的一个重要趋向就是寻求走跨学科或者进行多门学科整合的道路。有研究者明确地指出：所谓的跨学科研究，在特定的语境下，是指西方流行的治史理念、方式与方法。它与其说是一种思潮

---

① 张静如：《暮年忆往》，中共党史出版社2013年版，第238页。
② 张静如：《党史学科建设断想》，《党史研究》1987年第6期。
③ 赵娜：《中共党史学科归属争议及其历史考察》，《贵州师范大学学报（社会科学版）》2019年第1期。

或理论，不如说是一种历史研究的实际行为。① 这也说明了注重吸收现代各学科理论和知识的重要性。当然，跨学科会通的研究思路大致包括两个方面：其一，是各学科的研究领域或者研究内容之间的相互交融或融合；其二，是各学科之间在研究理论和方法方面的借鉴与运用。比如，有学者就指出："自然科学史从各方面使我们铭记在心的一个通则是科学的进展是同研究方法的进展密切相关的。近年来，整个自然科学的起源都来自方法学上的革命，而在取得了巨大成果的地方，我们可以确信，它们都是以先前方法上的改进或者以新的方法的发现为前奏的。"② 这对于党史研究也有着积极的启发意义。因而，党史研究的跨学科理论和方法，就是要通过吸收、借鉴和运用相关跨学科的基本知识、研究理论与学术范式，不断获取新的研究视角，以深化对党史问题研究的探讨与阐释。在党史研究中可以使用的跨学科研究方法，大致包括政治学、社会学、教育学、法学、历史学、心理学、传播学、经济学、管理学等诸多学科的理论与知识，通过跨学科的会通来不断深入推进党史研究的进展，以丰富对中共历史进程的认知。

其中，中国近代史研究（包括党史研究）的史学范式也许可以作为研究个案来透视跨学科会通的理论意义。如果就其中的党史学范式研究的轨迹来看，应要追溯到20世纪三四十年代党在延安的时期。因为，作为党史学范式重要组成部分的革命史范式，就是形成和成熟于这个时期。从那时起一直到20世纪80年代初期，革命史范式一直是国内历史学研究当中的主导范式或者说主流范式，深刻地影响着历史编纂以及历史学的教学和研究（包括党史研究）。因而，中国大陆范围内的史学范式研究历程，经过了以革命史范式为主导的阶段至诸多史学范式并立的时期。自20世纪80年代中期以后，国内史学界才逐步开展了社会史范式、现代化范式等其他范式的研究和探讨。史学范式转换的内在逻辑就是中国近代社会的演化过程。如果展开来看，促使这些史学范式的逐步

---

① 李红岩：《马克思主义史学思想史》第4卷，中国社会科学出版社2015年版，第438页。

② 张述祖：《西方心理学家文选》，人民教育出版社1983年版，第1页。

形成和重心转换的契机，主要表现为：其一，是中国近代社会转型和时代大变动，刺激了对历史学研究以及史学理论需求的呼唤。史学范式产生的主因，就是针对中国的近代历史和当代社会现实所提出的理论挑战或前沿问题。其二，在社会变迁中，史学范式具有借鉴运用社会科学理论方法的特性，研究者具有较强的理论反省意识，对于相关的新理论和新方法比较敏感，促使史学范式具有较强的生命力和更新能力。史学范式的核心理论大致是引入借鉴相关的社会科学理论后加以改造而形成的。其三，随着社会的变迁，史学范式的提出也是由历史学科内部研究不断深化的逻辑所导致的。比如，社会史范式研究的再度兴盛，就是改革开放初国内史学界为了应对"史学危机"进而反省历史学研究现状的产物。① 所以，在中国社会变迁的背景下，史学范式之间的前后相续、步步深化与逐步嬗变，也使得人们对中国社会变迁的认识逐步推向接近历史发展的实际和本质。其四，大量的史学基础性和实证性的研究成果，是进行理论概括与认知提升的最基本的材料和资源。这深刻说明了历史学研究和史学理论研究（包括史学范式）的关联。因此，史学的研究范式实质就是研究者在实践中或显或隐、自觉或不自觉地采用了某种研究路向、理论框架或分析方式，形成了某些具有一定共性的趋向和特征，而新史学范式的形成，往往是对旧有研究范式的深化与升华。因而，就党史研究话语体系的建构来说，这就要求研究者在系统总结党史研究经验的基础上，要关注国外史学的最新研究成果，借鉴与运用其概念和术语，推进党史研究话语体系的建构。

三　通史著作的编撰：党史研究话语体系建构的实践路径

党史研究话语体系建构的路径，不仅是一个理论性的命题，更是一

---

① 汪兵：《中国当代社会史研究的阐释及其思考》，《江南大学学报（人文社会科学版）》2017年第5期。

个实践性的课题。既然党史学科的性质（或者定位）是一门历史学科，那么，有关学科研究体系其实就是该学科的整体结构。因此，党史学科的整体结构与一般的历史学科也是一样的。张静如曾指出，它的"主体部分"是对中国共产党历史发展全过程进行深入的研究，从中找出特点和规律，发挥党史的社会功能。这个结构还应包括为主体服务的"辅助部分"，即指导研究的理论和方法，为研究提供基础的史料学，总结研究经验的史学史，即包括党史研究理论和方法、党史史料学、党史学史。[①] 当然，对于党史学科"主体部分"的深入研究，主要是通过党史通史、党史断代史、党史专史、地方党史、行业党史以及党史人物等的研究来完成的。党史研究话语体系构建的路径是多样的，但主要集中表现为党史学著作的编撰和研究，即党史通史著作的编撰构成了党史研究话语体系建构的主要路径。因为，这方面的成果不仅是人们深入认识和了解中国共产党历史进程及其全貌的载体，而且，也成为衡量党史研究整体水平的一个重要指标。[②] 同时，这也是具体呈现党史话语变迁以及党史话语体系建构的基础性条件和中介。下面，笔者想以党史通史的编撰为研究评析的切入点，大致阐释党史话语变迁以及党史话语体系建构的演进历程。

尽管在党成立后不久就开始了对于中共历史的研究，但是系统地阐述和揭示党的发展历程，则是在新中国成立以后。1951年，胡乔木著的《中国共产党的三十年》开启了党史通史编撰的历程。改革开放以后，有关党史通史的编撰更是引起了党研究部门和史学界的重视和关注。目前关于党史通史编撰的成果，既有胡绳主编的《中国共产党的七十年》（中共党史出版社1991年版）以及中央党史研究室编著的《中国共产党历史（一卷、二卷）》（中共党史出版社2011年版）、《中国共产党简史（修订本）》（中共党史出版社2010年版）、《中国共产党的九十年》（中共党史出版社2016年版）等"党史正本"；还有党史研究者编写的研究著述，诸如沙健孙等主编的《中国共产党史稿》

[①] 张静如、唐曼珍：《中共党史学史》，中国人民大学出版社1990年版，第402页。
[②] 张静如、王先俊：《中共党史学与20世纪》，《中共党史研究》2000年第1期。

（中央文献出版社 2006 年版）以及张静如等主编的《中国共产党通史》（广东人民出版社 2001 年版）、《中国共产党辉煌 90 年》（北京古籍出版社 2011 年版）等成果。不过，从党史研究话语体系建构的角度来说，对于党史学通史编撰及其蕴含的思想价值进行评析是一个值得重视的思路。

一般来说，史学家或有关机构关于历史通史的编撰，不仅需要一定的历史观和方法论作为指导思想，还需要在史著撰述的内容及其编撰的侧重点等诸多方面作出通盘的考虑和整体的谋划。如果要追根溯源，关于党史通史编撰的发展脉络应该可以从两个方面进行梳理与考察：第一个方面是延安时期关于中国通史的研究和编撰；第二个方面是新中国成立初期胡乔木撰写的《中国共产党的三十年》。其中，关于第一个方面，范文澜著的《中国通史简编》、吕振羽著的《简明中国通史》以及翦伯赞著的《中国史纲》等成果都是运用马克思主义唯物史观为指导写就的中国通史类著述，在涉及中国历史变迁的主体、动力、进程等方面都提出了不同于以前通史成果的新观点和新认知，实现了中国历史通史编撰体系的飞跃与变革，进一步推进了中国马克思主义史学研究和通史编撰的发展，大大丰富了人们对于中国通史编撰的认知。关于第二个方面，《中国共产党的三十年》一书在指导思想、历史分期、体裁体例、谋篇布局等诸多方面都为后来的党史通史编撰起到了重要的示范作用。在改革开放以来的"党史正本"中，胡绳主编的《中国共产党的七十年》和中央党史研究室编的《中国共产党的九十年》都是承接和发展《中国共产党的三十年》编撰体例的创新之作。并且，从《中国共产党的三十年》至《中国共产党的七十年》，再到《中国共产党的九十年》，其间深刻蕴含着党史研究话语体系变迁的思想。其中，《中国共产党的三十年》一书所透视出的党史研究话语特点，大致体现为"以论代史"。即注重引用马克思主义经典作家和革命领袖的重要论述代替了历史的史实分析，从政治因素来研究党的历史，这种编撰模式对以后的党史教学和研究产生了深远的影响。胡绳主编的《中国共产党的七十年》是改革开放以后所涌现出来的比较权威的一部中等篇幅的党史通史著作。这部"党史正本"所透视出的党史研究话语特点，大致体现为"论从史出",即力求客观述史,大大减少了从政治因素出发来阐述党的历史和党的建设,运用了新资料和提出了新论断,诸如社会主义建设探索期间的"两个发展趋向"等。中央党史研究室编的《中国共产党的九十年》则注意汲取和运用《中国共产党的七十年》的撰史体例,并积极吸收了党史研究的最新成果。这部"党史正本"所透视出的党史研究话语特点,大致体现为"史论结合",即把有关基本观点寓于对党的历史的生动叙述之中,既能以史为鉴,又开掘历史本质。总的来看,这三部"党史正本"推进了党史学通史编撰的进程,其撰史理念的嬗变也折射了党史研究话语的变迁。党史学界还对这三部"党史正本"进行比较研究。比如,有研究者就指出,《中国共产党的三十年》和《中国共产党的七十年》在各自的撰述上形成了风格并产生了深远的影响,其间的发展既蕴含着学术演进的内在逻辑,又凸显着外在的社会激情,显示出与时俱进的时代精神,推进了党史研究的创新。① 因此,关于党史通史编撰成果的评析,不仅成为透视党史学研究进展的窗口,也能凸显党史话语体系演进的轨迹。

四 理论价值:党史研究话语体系建构的趋向简析

综上所述,本文从党史研究话语体系建构的逻辑基础、党史研究话语体系建构的思想资源、党史研究话语体系建构的实践路径三个方面阐述了新时代的党史研究话语体系建构维度。并且,党史研究话语体系的建构关系到党史学科的建设,也关系到党史研究的发展水平和未来走向,还关系到党史研究成果在国际上产生的效应。因而,党史学界需要高度重视这方面问题的研究。这也是推进党史研究的学术化进程以及加强党史学科体系建设的需要。

---

① 宋学勤:《中共党史研究的两个里程碑——从〈中国共产党的三十年〉到〈中国共产党的七十年〉》,《安徽师范大学学报(人文社会科学版)》2008年第4期。

党的十八大以来，习近平总书记强调指出，要注意加强话语体系建设，要善于提炼标识性概念，打造易于为国际社会所理解和接受的新概念、新范畴、新表述；并且，这项工作要从学科建设做起，每个学科都要构建成体系的学科理论和概念。① 习近平总书记的这段论述，为推进新时代党史研究话语体系建构指明了重要的努力方向。当然，若就党史研究话语体系建构的趋向来看，中国史学界还要在重视马克思主义唯物史观指导的前提下，以更加开阔的视野和更加开放的姿态，借鉴和吸收世界上一切有用的成果（包括其中的研究理论和方法）来充实、完善以至于融入党史研究的话语体系，丰富党史学研究的理论思维。瞿林东曾指出："学术话语体系在很大程度上反映了一个时代的学术面貌及其走向，而学术话语体系的建构既有内在的历史联系与新的创造，又有内在和外在的沟通与借鉴。"② 而且，20 世纪以来的中国史学研究（包括党史研究）也表明，中国历史学之所以选择以马克思主义唯物史观作为理论基础，既是由中国近代历史条件所决定的，也是世界时代背景作用下的产物，即要注重马克思主义在历史学研究中的指导作用。具体到党史研究而言，有研究者指出：首先，坚持以马克思主义的立场、观点和方法来看待党的历史，就必须坚持马克思主义党性原则，必须坚持马克思主义人民立场，必须坚持马克思主义的唯物史观。其次，正确认识重大历史事件，公正评价党史人物，就要准确把握党的历史发展的完整过程，准确把握党的历史发展的主题和主线、主流和本质，公正评价党史人物。再次，要旗帜鲜明地反对历史虚无主义。③ 在历史学（包括中共党史研究）的研究中，我们要以科学的、严谨的态度对待马克思主义，用发展着的马克思主义指导历史学研究的实践。此外，不仅要提倡党史研究的会通，重视党史学著作的研究评析，还要注重讲好"中国共产党历史的故事"。周良书指出："要讲好党史故事，首先，必须坚持正确

---

① 习近平：《习近平谈治国理政》第 2 卷，外文出版社 2017 年版，第 346 页。
② 瞿林东：《关于当代中国史学话语体系建构的几个问题》，《中国社会科学》2011 年第 2 期。
③ 吴德刚：《坚持以马克思主义的立场、观点和方法研究党史——学习习近平总书记关于党史工作的重要论述》，《世界社会主义研究》2018 年第 1 期。

的历史观,坚持实事求是的原则,做到以人为本。其次,还要坚持科学的方法论,能灵活运用历史比较、综合研究、逆向考察、阶级分析等各种叙事手法。此外,讲好党史故事,也要注重将叙说'大事件'与分析'小细节'结合起来。"① 总之,党史研究者应该秉持这样的学术理念和研究思想,深化党史研究和建构党史研究的话语体系,不断向国际社会传递中国声音以及展现中共思想理论的魅力。这也许就是构建党史研究话语体系的意义。

---

① 周良书:《讲好中国共产党的历史故事》,《中国高校社会科学》2018 年第 4 期。

第五编

中国边疆学"三大体系"的构建与思考

夯实构建中国边疆学的基础[*]

在几代学人不懈努力下，中国边疆学学科建设步入了快速发展轨道，一门以中国边疆为研究对象的独立知识体系正在建构、正在培育、呼之欲出。近年来围绕中国边疆学所展开的互动交流、学术讨论十分热烈，有关研究成果超过以往任何一个时期。可以说，构建"中国边疆学"已经从"呼声"转化为学科建设的具体实践，成为边疆研究学术界的共同目标和任务。

关于中国边疆学学科建设，学术界提出了多种观点，可谓异彩纷呈，呈现出"百花齐放、百家争鸣"的良好态势。但是在众说纷纭中，中国边疆学学科建设的诸多命题似乎重新变得混沌起来，比如学科定位问题、学科内涵问题、学术体系框架问题等，思想在不断深化的同时，认识差异却有不断加大的趋向。尽管认识上的不一致是十分正常的现象，尽管各种观点理应得到尊重，但"不忘初心、方得始终"，在构建中国边疆学的讨论中，我们不能忽视提出这一命题的初衷，更不能迷失这一命题的方向。因此，始终清晰认识中国边疆学的理论起点、逻辑起点和实践起点，这是我们把握"初心"的根基；始终准确定位中国边疆学的学科目标、学科任务、学科宗旨，是我们"牢记使命"的关键；始终牢牢把握中国边疆学的时代背景、时代要求、时代方向，是我们"继往开来"的前提。唯有此，才能使中国边疆学的建设基础更牢固，才能使中国边疆学的发展航向不偏离。

---

[*] 本文作者李国强，中国社会科学院中国历史研究院研究员。本文原载于《云南师范大学学报》2020年第1期。

中国边疆学建设正处在一个定向定位的关键点，在这个节点上，需要回到原点加以冷静观察，更加科学地回答什么是中国边疆学、为什么要构建中国边疆学、要构建一个什么样的中国边疆学等一系列基础性问题。同时，还要从中国边疆学的性质、体系、结构、功能，从中国边疆学的理论、方法、手段、工具等问题入手，牢牢把握中国边疆学学科建设的核心要义，进一步清晰地辨析中国边疆学的主体内涵和学术外延。

在此，简要和大家分享三个方面的问题。

一　什么是中国边疆学

界定中国边疆学，是建构中国边疆学最基本也是最重要的环节之一。依据科学性、实用性、简明性、兼容性、扩延性、唯一性六个原则，从边疆研究对象、研究特征、研究方法、学科的派生来源、研究目的、目标等方面加以细致梳理、客观归纳、科学总结，才能更好地认知什么是中国边疆学，才能更好地探究中国边疆学的学理属性。

中国边疆学是哲学社会科学中一门以中国边疆为研究对象的独立知识体系。它包含的第一要素是"中国边疆"。中国边疆学把中国陆地边疆和海洋边疆作为整体进行全面考察，研究边疆起源、演进的规律以及国家治理边疆的全过程。它包含的第二个要素是"独立知识体系"。边疆研究的理论或知识基础，决定了中国边疆学所具有的独立性，它包含了中国边疆从无疆无界，到有疆无界，到有疆有界发生、发展的全部历史；它包含了国家边疆治理从无到有、从初级到高级、从简单到复杂的全部进程。在空间格局上，涵盖我国所有边疆地区；在时间脉络上，覆盖中国边疆由古至今的全时段。通过对边疆历史和边疆现实多层次、宽领域的学术考察，揭示中国统一多民族国家发展的客观规律，诠释国家历史疆域与国家领土形成演变的时代轨迹，凝练边疆治理与边疆发展历史嬗变的内在精髓。

二 为什么要构建中国边疆学

构建中国边疆学,是理论创新的必然,是时代发展的必然。我们之所以要构建中国边疆学,在我看来,其目的在于通过强化边疆问题的整体性研究、综合性研究,以更加完整、规范的学术体系、理论架构,实现边疆学理论研究的三个核心目标:一是探寻我国边疆形成、发展、变化的历史进程,为科学阐释中国统一多民族国家的必然性、合理性和合法性提供理论基石;二是探寻我国边疆治理的历史脉络,在思想、制度、手段、方式等多个层面追溯历史根源、阐释时代表征、破解现实难题,为我国边疆治理体系和治理能力现代化建设提供理论支持;三是探寻我国边疆开发经营的历史轨迹、当代进程、未来方向,为边疆长治久安和可持续发展、为实现边疆人民的福祉提供理论支撑。

基于上述思考,近年来中国边疆研究所持续加大构建中国边疆学的力度,不仅把它作为学科建设的核心目标,而且在中国社会科学院支持下,中国边疆学被纳入"登峰战略"中,集中优势学科资源,整合优势学科力量,展开中国边疆学学科建设的基础性工作,希望通过扎实、务实的工作,拿出我们构建中国边疆学学科体系化的成果。

三 构建一个什么样的中国边疆学

习近平总书记在哲学社会科学工作座谈会上的重要讲话,为我们加快构建具有中国特色的边疆学学科指明了前景方向,明确了具体要求。按照习近平总书记对中国特色哲学社会科学的指示精神,构建中国边疆学应围绕三个体系来展开。

首先,遵循学术规律,着力于中国边疆学学科体系创新。所谓学科体系,指的是对专业学科门类整体设置的系统化。学科是学术发展到一定时期的产物,它往往既体现社会实践的状况,也反映学术的进展。学科体系的科学性和完整性,是中国边疆学建设的前提,也是中国边疆学持续进步的重要依托。任何一门学问的体系化,首先是源于学问自身由碎片化向整合化提升的内在驱动。打造中国边疆学,必须按照边疆研究的基本属性,注重多学科有机结合、彼此交融,注重多学科研究手段和研究方法相互渗透;必须按照边疆研究的学术规律、形成具有时代特点、内涵多样、结构合理、立足前沿、适应国家需求的学科体系。

其次,合乎学术规范,着力于中国边疆学学术体系创新。所谓学术体系,指的是学术研究的系统化,其中既包括学术思想、理论观点的系统化,也包括学术标准、研究方法和科研手段的系统化。学术体系是中国边疆学的基本内核,也是中国边疆学的核心支撑。没有科学完备的学术体系,边疆学将是缺乏宏观性、系统性和整体性的低层次理论研究。建立完善的中国边疆学学术体系,必须准确把握边疆研究的特性,从廓清其内涵、学术范畴入手,建立起边疆研究的学术结构,形成边疆研究的学术规范。同时,不断创新学术思想,努力提出有客观依据、经得起实践和历史检验的原创性学术观点。

再次,顺应时代要求,着力于中国边疆学话语体系创新。所谓话语体系,是指一整套表述一种思维系统的语言系统。话语体系承载着特定思想价值观念,关乎价值表达、思想影响和真理传播等重大问题,是一个国家在国际舞台上确立话语权的前提和基础。话语权的创立者法国人米歇尔·福柯指出:"话语是权力,人通过话语赋予自己权力。"构建中国边疆学话语体系,是其理论价值和实践价值得以有效提升的重要环节。任何话语体系都有其政治立场,中国边疆学话语体系也不例外,对内它关系到边疆主流意识形态话语权,关系到马克思主义在边疆学研究领域的主导地位;对外它关系到中国边疆学在国际上的话语权力和话语能力,关系到中国边疆学在国际学术界的影响力和辐射力。构建中国边疆学话语体系至少应把握四个要素:一是必须坚持以马克思主义为指导,坚持以人民为中心的基本立场;二是要坚持"不忘本来、吸收外来、面向未来"的科学方法;三是要注重从学理性、通识性、公约性上打造出作用于构建中国边疆学话语体系的新概念、新范畴、新表述;四是要努力建构具有原创性、标识性的中国边疆学核心理论,这是构建中国边疆学话语体系的决定因素。

在学者们的辛勤耕耘和孜孜以求中，中国边疆学学科建设迎来了大发展和大繁荣的时期，中国边疆研究正在成为当代哲学社会科学中富有朝气、充满活力的学科。尽管中国边疆学已经具备了独立"学科"的若干特征，但是中国边疆学的学科构建并未完成，究其原因，恐怕在于我们对中国边疆学"共同理论基础或研究领域相对一致的学科集合"的认识还不透彻，在中国边疆学研究对象、理论体系、知识基础、研究方法等问题上的思考还不够深入。关于"中国边疆学"学科的讨论势必还将继续，思想碰撞势必还将延续，中国边疆学学科建设必将在学术交流、思想互动中得以推进。

试论中国边疆学"三大体系"建设*

对中国边疆学的学科建设，最近几年虽然没有撰写专门的论文阐述自己的看法，但也一直在积极推动学界同仁参与有关的讨论，并在组稿和编辑过程中逐渐有了一些不成熟的想法。最近有时间促使我将以前零星的看法串联起来，并形成了相对完整的认识，现整理出来，求教于学界有志于此的同仁，希望有助于推动中国边疆学学科建设。②

一　关于中国边疆学学科体系建设

有关中国边疆学学科体系的讨论由来已久，应该说涉及有关学科建设的各个方面，但由于关注点不同，出现分歧并难以形成一致的意见是情理之中的。就中国边疆研究所内部讨论而言，大家围绕中国边疆学学科体系的讨论实际上是涉及三个不同层面的问题：一是中国边疆学能否是一个学科；二是中国边疆学学科和中国边疆研究所研究的关系；三是中国边疆研究学科发展和研究所当前遇到的现实问题。仔细分析，这三者既有联系，但也有不同，并不是一个层面的问题，放在一起讨论似乎是难以形成一致意见的。故而，下面想将其分开谈些粗浅的认识。

---

* 本文作者李大龙，中国社会科学院中国边疆研究所编审。本文原载于《中国边疆史地研究》2020年第2期。

② 以往邢玉林、马大正、周伟洲、方铁、郑汕、李国强、邢广程等诸位先生对中国边疆学都有专论，为了完整展现自己的认识，同时也因篇幅所限，非必要不做评述。

（一）关于中国边疆学能否是一个学科

有关中国边疆学学科体系的思考在民国时期就已经出现了，当时有边政学和边疆学两种不同的提法，但也是混在一起的，并没有看到有学者做严格区分。当时不仅出现了很多名称中含有"边疆"的学会，不少高校也设置了边政系，新中国成立后众多的学会和这些系的设置都取消了，如果不取消的话，有可能中国边政学或中国边疆学的学科早已经形成了。当然，历史不能假设，但结合现有的学科体系却可以说明一个问题，即如果有专门的研究对象、研究队伍、形成了相关的理论和方法并有厚重的研究积累和影响，成为一个学科也不是不可能。目前的历史学学科体系的划分，其下已经分出中国史、世界史、考古学三个一级学科，其成为一级学科的原因尽管是多方面的，但似乎有专门的研究对象、壮大的研究队伍和形成了学科有关的理论和方法，并有重要影响和学术积累应该是基础的条件。中国边疆学以中国边疆为研究对象，而中国边疆就面积而言，占到了国土面积的60%以上，海疆则是全部；就人文而言，多元的民族与文化不同于内地；就社会发展而言，既面临着稳定的问题，更有发展的压力；就自然环境而言，保护与开发是当前面临的重大问题；就国际关系而言，陆地有14个邻国，还有海疆毗邻的，需要研究的问题更多。当前，历史学、民族学、社会学、政治学、地理学、国际关系、海洋等学科和研究领域的学者虽然也从事中国边疆研究，但中国边疆仅仅是其研究对象的一部分，并非全部，且在其学科体系中并不是主流，更难以形成主流。而中国边疆学则是以中国边疆的整体作为研究对象，从理论上说是通过学界有志于此的学者们的努力能够形成其他学科不具备的特点，并通过融合其他有关学科的理论与方法形成独特的学科特征。这是我认为中国边疆学能够成为一个独立学科的重要理由。至于中国边政学或中国边疆学的呼声早有，为何没有成为一个学科的原因，个人感觉是虽然社会各界都已经认识到了边疆研究的重要性，但中国边疆研究的研究队伍不够强大，学术积累也不够深厚，自己的学科体系不仅没有明确的定位，学术体系也尚未构建完成等，这些都是制约其成为一个学科的重要因素。当然，依靠行政部门的一纸文书而成为一个学科的例子也是存在的,但属于个案,并不具有普遍性。

(二)关于中国边疆学与中国边疆研究所研究领域的关系问题

尽管1983年成立的中国边疆史地研究中心在推动中国边疆研究的发展方面起到了重要推动作用,且已经由"研究中心"跻身为"研究所",取得了和其他研究所相同的身份,似乎体现着中国边疆研究所已有的研究领域已经得到一定程度的承认,但尚不足以得到是一个学科的位置认定。对此,我们应该有以下两点清醒的认识。

1. 中国边疆研究所目前的研究并没有涵盖中国边疆学研究的全部内容,与中国边疆学学术体系建设的需要还有很大差距。中国边疆研究所以往的研究尽管分为基础研究和现实研究两大类,但已有的基础研究成果尚不能为构建学术体系提供足够支撑,而现实研究成果则往往不能公开发表,而更重要的是对学科定位尚不明确,内部存在分歧,难以形成合力。但无论如何,对"中国边疆"的研究是中国边疆研究所存在的重要前提条件,也就是说,尽管历史学、民族学、政治学、国际关系等学科都在从事与"中国边疆"有关的研究,但只有中国边疆研究所的存在与发展和中国边疆学学科构成直接的因果关系,因此中国边疆学学科体系、学术体系和话语体系的建设是中国边疆研究所难以回避和亟需解决的问题。

2. 尽管在现有的研究范围上存在差距,但中国边疆研究所现有八个研究室的框架结构,应该说已经和中国边疆学学科的研究对象"中国边疆"形成完整的无缝对接。中国边疆研究所内部研究室的设置经过了由一个研究部、两个研究部到多个研究室的发展过程,尽管研究所内部对研究室研究内容和队伍建设尚没有一个成熟的认识,但东北、北部、新疆、西藏、西南、海疆、海洋与理论八个研究室的框架结构,应该说在涵盖范围上就是当今中国边疆学的研究对象"中国边疆"的区域划分,基本涵盖了中国边疆的所有领域。值得注意的是这个结构设计并非由中国边疆研究所内部提出,而是一个顶层设计的结果,体现着国家对中国边疆研究的需要。既然是顶层设计,而且与中国边疆学的研究对象"中国边疆"又是吻合的,那么中国边疆研究所科研工作的最高追求就应该是为了中国边疆学"三大体系"建设的完成,而能否完成这"三大体系"的建设不仅关乎中国边疆学学科建设,关乎中国边疆研究所的发展,更关乎中国边疆地区的稳定与发展。故而,中国边疆研究所和所属研究室研究工作的展开,"三大体系"建设是绕不开的重点。

(三) 中国边疆学学科和中国边疆研究所目前状况

中国边疆学目前最好的状态即是在中国社会科学院内部被认定为历史学下的二级学科,中国边疆研究所成为中国历史研究院六个研究所之一,而一些大学也设置了边疆研究院之类的机构,中国社会科学院研究生院设立了中国边史系从事硕博研究生培养,云南大学、南京大学等也有边疆学的博士授予点。但是,这些做法基本是在历史学的大框架下展开的,一定程度上为中国边疆学学科体系定位带来了迷惑和困难。面对这些迷惑和困难,想方设法去适应是一个无奈却应该和必须做的选择,只是在适应过程中我们不能完全放弃对中国边疆学学科的理想追求,因为我们从事的历史学研究和古代史研究所、近代史研究所等其他所有着显著不同的特点,同时对中国边疆现实问题的研究也是中国边疆研究所研究的主要内容。只有这样,中国边疆研究所的研究才有特点,才有存在的价值。因此,我完全同意在现有的历史学的大框架下谋求中国边疆研究所的发展壮大,但我们也要尝试着在具体研究中突破历史学的束缚,一方面在研究理论和方法上要整合多学科的理论和方法,形成自己的特色,另一方面在诸如研究生培养、研究队伍的整合等方面突出多学科综合的特点,为最终形成以"中国边疆"为研究对象的中国边疆学"三大体系"、稳定的研究队伍而做准备。实际上,中国边疆研究所现在已经形成了多学科构成的研究队伍,研究成果也呈现了多学科的特点,只是进一步明确研究方向、整合研究队伍是当前迫切需要做的工作。

总体而言,理想中的中国边疆学学科体系应该是以中国边疆为研究对象的独立学科,中国边疆研究所虽然目前的研究不能涵盖中国边疆学学科的所有领域,但构建中国边疆学三大体系却是关乎其生存与发展的重大问题,而学科是否被承认需要有丰硕的研究成果、壮大的研究队伍和完整的理论体系做支撑，充分利用现有中国边疆研究所及其八个研究室的顶层设计，明确研究目标、形成合力是当前亟需解决的问题。

二 关于中国边疆学学术体系建设

如果说学科体系是关系到学科定位的问题，那么学术体系则是事关一个学科内部体系结构、理论与方法等的建构问题。中国边疆作为一个研究对象，从目前的情况看，涉足这一研究领域并取得一定成果的大致有历史学、政治学、社会学、民族学、地理学及国际关系、海疆等研究方面的学者，出版的与学科学术体系有关的论著大致提出了中国边疆学、中国边疆政治学、中国边疆社会学、中国边政学等诸多说法，但似乎中国边疆学、中国边疆政治学、中国边政学和我们的讨论关系密切。

1. 有关中国边疆学学术体系的讨论

这方面的讨论，以邢玉林在《中国边疆史地研究》1992年第1期刊出的《中国边疆学及其研究的若干问题》和郑汕的《中国边疆学概论》为代表。前文认为为了和"中国边疆史地学"进行区分，主张用"中国边疆学"的名称，并进而认为："它必然与中国历史学、中国政治学等学科发生横向性的跨界关系……也必然与相应的学科如区域经济学、区域地理学等发生横向性的跨界关系……又不能不使中国边疆学与民族学、民族史学、民族语言学等学科发生横向性的跨界关系……又必然与国际法学、外交学、海洋学等有关学科发生横向性的跨界关系"，进而提出"人的历史活动应是贯穿中国边疆学体系的主线"，学术体系的建设应该遵循四个原则："传统的边疆研究与现代的边疆研究的贯通，脱离传统的边疆研究就等于割断了历史，现代中国边疆学的建设也就失去了根基"；"中国边疆学研究与外国边疆学研究的成果相融合"；"中国边疆学与其他学科的渗透"；"突出应用边疆学的地位"。[①] 后者则在

---

① 邢玉林：《中国边疆学及其研究的若干问题》，《中国边疆史地研究》1992年第1期。

认为中国边疆学是"包括了政治、经济、军事、国防、民族、宗教、外交、历史、地理等多学科、多领域的知识"的"一门系统学科"认识基础上，从筹边观、疆域、边界、周边关系、边政、边务、边防、边民社会等方面做了系统建构。①

对于中国边疆学的内涵，邢玉林给出了由中国理论边疆学、中国应用边疆学、中国边疆地理学、中国边疆历史学、中国边疆学史五大部分构成的学术体系结构，而马大正先生则给出了中国边疆历史学、中国边疆政治学、中国边疆经济学、中国边疆人口学、中国边疆文化学及中国边疆民族问题研究六大部分构成的学术体系。②此外还存在一些其他不同的说法。

2. 有关中国边疆政治学学术体系的讨论

中国边疆政治学是吴楚克、周平为主提出的概念。前者立足于民族学、政治学，提出"中国边疆政治学"概念，但并未对中国边疆政治学的学术体系做出完整阐述，其代表性成果是《中国边疆政治学》；③而后者的代表作也称为《中国边疆政治学》，立足于政治学提出构建中国边疆政治学，并从边疆政治、边疆形成与发展、边疆社会与人民、边疆政治制度与政府、边疆开发与建设、边疆民族与宗教、边疆社会组织及其管理、边疆社会与政治稳定、边境的维护与管理、边疆安全与防御、边疆的治理等构建中国边疆政治学的学术体系。④

3. 有关中国边政学学术体系的讨论

中国边政学民国时期已经有人论证，今人坚持此种说法的则主要是罗崇敏，其代表作即是在博士学位论文的基础上修订出版的《中国边政学新论》。从"新论"的书名上即可以看出是有意区别于民国时期的边政学，其关注点是边疆地区的政治与经济。⑤

---

① 参见郑汕《中国边疆学概论》，云南人民出版社2012年版。
② 参见马大正《关于中国边疆学构筑的学术思考》，《中国边疆史地研究》2016年第2期。
③ 参见吴楚克《中国边疆政治学》，中央民族大学出版社2005年版。
④ 参见周平主编《中国边疆政治学》，中央编译出版社2012年版。
⑤ 参见罗崇敏《中国边政学新论》，人民出版社2006年版。

4. 有关中国边疆社会学学术体系的讨论

这是云南师范大学毕云天从社会学角度提出的认识，代表作是《中国边疆社会学》，基本上是仿照社会学的框架建构在"社会学"基础上增加了"边疆"二字而构建的学术体系。[1]

此外还有特殊边疆学、一般边疆学等说法，但尚未见到其建构的学术体系。

上述这些探讨对中国边疆学学术体系的构筑具有奠基和启迪作用，研究分歧的出现是学者的目的和建构标准不同，不能用对错进行评判，因此笔者试图从研究对象的界定、中国边疆研究的发展及现实情况出发，谈点不同的认识，希望有助于讨论的深入。

对于研究对象的界定有一个从中国边疆史地研究到中国边疆研究或称为中国边疆学的发展过程，而对中国边疆史地研究，以往也有"中国边疆史地学"的提法，由中国边疆史地研究中心组织出版的几套丛书前言中即称"中国边疆史地学"，并对其研究范围有如下界定："中国边疆史地学研究范围广泛，举凡边疆史地理论、中国历代疆域、边疆民族、治边政策、边疆开发、边疆文化、边疆外交、边疆政教、边疆海岛、边疆人物、边疆考古、边疆历史地理和近代边界变迁等，都在研究之列。"[2] 现在《中国边疆史地研究》杂志的用稿范围也基本是依据此界定来确定的，但是现有的中国边疆研究或称为中国边疆学已经明显超出了"中国边疆史地学"的研究范围，基础研究（中国边疆历史研究）和应用研究（中国边疆现实问题研究）并重不仅仅是中国边疆研究所确立的研究格局，更是中国边疆稳定与发展的现实需要对中国边疆研究提出的要求，也是当前中国边疆研究呈现的明显特点。林文勋在为《中国边疆史地研究》百期纪念而撰写的《从边疆史地到边疆学》一文中对中国边疆史地研究与中国边疆学的关系给出了"边疆史地研究作为边疆学的源而非流"[3] 的结论。我赞同这一认定，并进而认为中国边疆史

---

[1] 参见毕云天《中国边疆社会学》，云南人民出版社2017年版。
[2] 李大龙：《都护制度研究》，黑龙江教育出版社2003年版，《〈边疆史地〉丛书序》，第1页。
[3] 林文勋：《从边疆史地到边疆学》，《中国边疆史地研究》2016年第2期。

地研究，或称为中国边疆基础研究不仅是中国边疆学的"源"，更是中国边疆学得以存在的基础和核心。

基于中国边疆学是研究中国边疆的一门学科的认识，而当前的中国边疆研究又可分为历史与现实两大部分，我个人主张中国边疆学学术体系的建设应该以中国边疆历史的研究为基础展开，其原因主要有两个：一是中国边疆是从历史上形成的，且"现实是历史的延续"，很多的现实问题也由历史因素所造成，单纯的针对现实问题的研究如果忽视历史也难以得出客观的结论，边疆现实问题研究也不能离开边疆历史的研究，中国边疆历史研究是基础，这也是上述有关中国边疆政治学、中国边疆学的著作都无法回避对中国边疆历史阐述的原因。二是当今中国边疆是历史长期发展的结果，学界对中国边疆研究的关注也首先发端于历史学界，且有了一定的学术积累，政治学、社会学、军事学等领域学界的介入尽管出版了阐述相关理论与方法的专门性著作，但也是近些年的事情，中国边疆学学科溯源只能是属于历史学分支的中国边疆史地研究。因此，虽然对中国边疆历史的研究和中国边疆现实的研究构成了中国边疆学学术体系的两大支撑，但对中国边疆历史的研究是中国边疆学的基础，或称为基石，而对中国边疆现实问题的研究则是在基础研究上的进一步拓展。中国边疆历史的研究同时也是中国边疆研究所的立足点，此或许也是中国边疆研究所能够成为中国历史研究院一个研究所的重要理由。

毋庸置疑，中国边疆不仅是中国边疆学研究的对象，也是历史学、民族学、人类学、社会学、政治学、地理学等学科的研究对象，故而从交叉学科的角度，提出在中国边疆学下设置中国边疆历史学、中国边疆民族学、中国边疆政治学等也是符合情理的，只是尚需要进一步论证中国边疆学与这些"学"及这些"学"的本源学科三者之间的关系。笔者倒是认为不妨省去这些烦琐的论证，直接在确立中国边疆学为一级学科的前提下讨论中国边疆学的学术体系建设。

从研究类别上看当前的中国边疆研究可以分为历史研究与现实研究，或称为基础研究和应用研究两大部分，这是对中国边疆学学术体系建构最基本的认定。无论是对中国边疆历史还是现实的研究，都可以援用政治学、历史学、经济学、文化学、军事学、民族学、宗教学、社会学、地理学、法学、国家关系等学科的理论与方法展开，但中国边疆学对中国边疆的研究是在中国国家的视阈下展开，其研究有别于这些学科的研究，具有自己特点。如中国边疆研究所对中国边疆历史的研究，和古代史、近代史、世界史等研究所的研究虽然同属于历史学研究，但研究的对象、研究的视角和研究的目的各有特点，即便是研究对象都是中国边疆历史，其关注点和研究目的也是存在差别的。也就是说，虽然同属于运用政治学理论与方法的研究，中国边疆学借用政治学理论与方法对中国边疆政治的研究属于中国边疆学的组成部分，突出的是中国边疆的特点，且在研究的同时还要借鉴其他学科的理论和方法进行综合探讨，并非简单地在"中国政治学"中加入"边疆"二字。

中国边疆学以中国边疆为研究对象，举凡与中国边疆政治、经济、社会、文化、地理、宗教、对外关系等有关的内容都是其研究范围。中国边疆学学科体系的建设鉴于中国边疆研究已有的学科体系，建议在历史学下谋求成为一级学科，学术体系建设大致可以分为两种不同的途径：其一是，如上述邢玉林和马大正先生的思路，从研究性质切入，在中国边疆学下可分为：中国边疆理论学；中国边疆政治学；中国边疆民族学；中国边疆地理学；中国边疆与周边关系学；中国海疆与海洋研究等；其二是，从研究性质切入，但兼顾中国边疆研究所现有的研究室设置构建学术体系。中国边疆学是一级学科，其下二级分为中国边疆历史（基础）研究、中国边疆应用（现实）研究，三级划分则可以按照研究所的研究室结构，分为中国边疆学理论研究；东北边疆研究；北部边疆研究；新疆边疆研究；西藏研究；海疆研究；海洋研究。每个具体研究方向既包括历史研究也包括现状研究，是对某个区域的综合研究。权衡上述两途之长短，我倾向于主张中国边疆学学术体系由一体、两足、八分支构成，即中国边疆学是一级学科，其下有中国边疆历史（历史）学、中国边疆应用（现状）学两足支撑，研究的具体展开则是进一步划分的中国边疆学理论研究、中国东北边疆研究、中国北部边疆研究、中国西北（新疆）边疆研究、中国西藏研究、中国西南边疆研究、中国海疆研究、中国海洋研究八个分支体系。

三 关于中国边疆学话语体系的建设

　　学科的存在既是学术研究进一步发展的需要,更是经济社会发展的需要。中国边疆学学科建设对于中国边疆研究的重要作用自不待言,而满足经济社会发展的需要则是中国边疆学学科建设中中国边疆话语体系建设应该实现的目的。

　　从当前中国边疆研究遇到的问题和挑战而言,主要来自四个方面:一是国内一般民众乃至不少学者受到历代王朝史观和"民族国家"影响下形成的"汉人"史观的影响,对中国边疆尤其是历史上存在的边疆族群与政权的归属存在模糊认识。二是国外学界长期以来存在一种脱离中国历史来探讨中国边疆的做法,而随着出版的有关论著翻译为中文在国内出版,被不少学者视为圭臬,进而对国内学界认识中国边疆带来了严重影响。三是相邻国家出于凝聚民心的需要而构建的"国史"往往将在中国边疆历史上存在的民族或政权视为并纳入其"国史",不仅让邻国民众对历史上中国边疆的认识出现了误读,甚至也严重影响到了中国边疆地区广大民众对居住地区历史的误读。四是境内外分裂势力相互勾结,出于分裂中国的目的,利用"民族国家"观念故意歪曲有关的中国边疆历史,对国内外一般民众认识中国边疆历史与现状都造成了误读。

　　中国边疆话语体系建设不仅要回答中国边疆是什么,从哪里来,向哪里发展的问题,更要回答当前国外学界乃至一般民众对中国边疆历史和现实众多问题上存在的质疑,诸如在传统的历代王朝话语体系下如何定位中国边疆在其中的位置?历史上存在于中国边疆地区的众多族群和政权的历史是属于中国历史还是邻国历史?如何认识和看待西方学者提出的"长城以北非中国""骑马民族国家""内陆亚洲"及"新清史"所认为的清朝"满洲国家"的认识?等等。这些都是中国边疆学应该给予回答的问题。毋庸置疑的是,1840年爆发的鸦片战争不仅导致大片领土的丧失,而且也摧毁了中国人的文化自信,魏源在《海国图志》

中提出的"师夷长技以制夷"思想尽管代表了知识精英希望学习西方资本主义各国在军事技术上的一套长处以发愤图强的良好意愿，但近代以来中国经济社会的一系列变革已经充分证明"中体西用"只不过是张之洞等洋务派的一个梦想而已，现实则不仅仅是中国社会变革，就是有关以历代王朝为体系构建起来的中国历史乃至中国边疆的传统话语体系也受到了西方史学及"民族国家"观念的严重冲击。当今学界，虽然浩如烟海经常被国人用于形容中国古籍众多，文化底蕴深厚，中华文明没有中断过也成为国人夸耀历史传统悠久的有力证据，而现实情况却是"在解读中国实践、构建中国理论上，我们应该最有发言权，但实际上我国哲学社会科学在国际上的声音还比较小，还处于有理说不出、说了传不开的境地"。① 这既是中国哲学社会科学研究面临的现状，更是包括中国边疆研究在内的我国历史学研究的现实状况，而改变这一状况的有效手段即是包括中国边疆研究在内的中国历史话语体系的建构并逐渐完善。

就当今的中国边疆研究而言，将有国界存在的黑龙江、吉林、辽宁、内蒙古、甘肃、新疆、西藏、云南、广西九省区及海疆的全部视为中国边疆涵盖范围的观点是有历史学背景的多数学者的一般认识，而近些年来随着政治学、军事学、经济学等学科背景的学者积极参与中国边疆研究，虽然促成了中国边疆研究的繁荣，但引发了关于中国边疆内涵的讨论，其结果是不仅出现了对中国边疆的不同解读，在显现多学科特征的同时，反而出现了更多分歧。也就是说，在何为中国边疆这一基本问题上，出现了不同版本的话语解读，让完善中国边疆学话语体系建设更凸显任重道远。

对中国边疆学话语体系都包括哪些内容，从逻辑上讲举凡与中国边疆有关的研究领域，都应该有符合中国边疆实际的话语体系，但从学科和中国边疆稳定与发展的需要来说，应该有一些关于中国边疆基本问题的话语体系建设。笔者在《新时代边疆学研究的热点与前沿问题》一文中对新时代中国边疆学研究的热点和前沿问题做了系统阐述，所言及

---

① 习近平：《在哲学社会科学工作座谈会上的讲话》，《人民日报》2016年5月19日。

的中国边疆话语体系建构、多民族中国形成与发展的理论解构、东亚传统天下秩序的理论解构、中国传统治边思想及其实践、海疆的形成与发展、中国边疆学学科体系建设等前沿问题,[①] 基本应该属于中国边疆学话语体系建设的核心内容,不妨在此再做进一步阐释。

1. 中国边疆话语体系的建设。这是中国边疆学话语体系的基本内容之一,该话语体系要回答的问题是关于中国边疆的类似人生的三大哲学问题,即中国边疆是什么,中国边疆从哪里来,中国边疆发展的终极目标是什么。就目前已有的研究成果而言,中国边疆是什么这个问题,尽管还存在一些因为学科背景不同造成的认识分歧,诸如在中国边疆的认定上既有上述九个省区的说法,也有高边疆、利益边疆、战略边疆等提法,更有"建构论"和"实在论"的认识,但毕竟已经得到学界关注,相关讨论在不断深入,而对于其他两个问题的探讨并没有得到学界重视。因此,就中国边疆话语体系建设来讲,相关的探讨还属于刚刚开始,距离话语体系建构完成及完善还有相当长的路要走。

2. 多民族国家形成与发展的话语体系建构。多民族国家形成和发展于中华大地上,传统认为中国有着悠久的历史,历代王朝更替构成了中国历史发展的主线,由此不仅形成了所谓的"二十四史"构成的正史系统,更是形成了历代王朝支撑起来的传统话语体系。1951 年 5 月 5 日,《光明日报》发表了白寿彝先生的《论历史上祖国国土问题的处理》,提出放弃"历代皇朝的疆域为历代国土的范围"的做法,主张"用中华人民共和国的国土范围来处理历史上的国土问题"。[②] 该文虽然直接指出了以历代王朝支撑起来的中国历史话语体系存在的问题,并引发了国内学界对"历史上中国"的讨论,但历代王朝史观和"民族国家"观念的影响并没有得到彻底改变,中国边疆及其在中国边疆地区生息繁衍的族群及其政权的历史依然是中国通史的附属部分,而历代王朝在边疆地区设置管理机构也依然被视为是边疆地区融入中国历史的主要

---

① 李大龙:《新时代边疆学研究的热点与前沿问题》,《云南师范大学学报》2019 年第 1 期。

② 白寿彝:《论历史上祖国国土问题的处理》,《光明日报》1951 年 5 月 5 日。

标志，以至于如何认定边疆政权的历史归属等则成为制约话语体系自圆其说的学术难点。因此，在中华大地乃至东亚或亚洲的视阈下客观阐述中华大地上所有人群和政权在多民族国家中国形成与发展中的贡献，才是多民族国家中国形成与发展的话语体系建构应该达到的目的。

3. 东亚传统"天下秩序"形成与发展过程的解构，或者称为中国与周边关系话语体系建设。在东亚历史上存在着以"中国"为中心的"天下秩序"，近代以来关于这一政治体系的探讨为中国学界所忽略或否认，是美国学者费正清提出"中国的世界秩序"和日本学者滨下武志提出"朝贡贸易体系"等之后，才促成了中国学界对"天下秩序"的重新关注。从目前已经出版的论著看，不仅出现了"宗藩关系""藩属关系""朝贡贸易关系""封贡关系"等不同的概念，对其形成与发展轨迹的解读也存在严重分歧，而面对"一带一路"倡议提出后国外出现的质疑之声，更是难以做出令人信服的解答。因此，有关东亚传统"天下秩序"形成与发展话语体系的建设，不仅关系着对中国历史及中国与周边国家关系史的客观认识，而且关乎中国与周边国家关系健康发展现状，故而也是中国边疆学话语体系的基本内容。

4. 中国传统治边思想及其实践话语体系建设。"中国"与"边疆"、"华夏"与"夷狄"之间关系不仅仅是困扰历代王朝统治者的关键问题，也是当今中国边疆学学科研究的基本问题，由此也决定了中国传统治边思想及其实践也成为中国边疆学话语体系建设的基本内容。受到当今"民族国家"观念的影响，外国学界长期存在着将"边疆"独立于"中国"之外进行探讨的做法，而国内也有学者打着从"边疆看中国"的旗号做着相同的事情，完全忽视了在中国传统治边思想中，虽然有"中国"与"边疆"、"华夏"与"夷狄"的区分，但是这一区分是在"大一统"之"天下"或"华夷一体"前提下进行的，在屡屡提及"严华夷之辨"的同时，"用夏变夷"也被历代王朝具体实践着，并最终促成了多民族国家中国疆域以及中华民族的形成与发展，而这是在"民族国家"或从"边疆"视角难以看清楚的。中国传统治边思想及其实践话语体系不仅要回答"中国"与"边疆"、"华夏"与"夷狄"何以成为"一体"的过程，同时也要回应国外学者难以解答的一系列疑问。

5. 海疆及海洋话语体系的建设。《山海经》尽管充斥着难以为今人理解的描述，但证明"海"的概念在中华大地上出现得很早，"四海""海内""海外"等词汇中的"海"并没有准确所指，但也已经成为古籍表达"天下"或理想中"中国"四至的标志。而"楼船将军"频繁地出现在记载汉朝历史的《史记》和《汉书》中，说明中华大地上的古人对海的利用与开发最晚在汉代已经成熟地应用于军事领域。1984年《联合国海洋法公约》出台，12海里领海和200海里专属经济区成为多数国家划分海洋权益的重要标尺，由此也带来了中国在海疆界定和海洋权益保护方面的一系列问题，有关海疆及海洋话语体系的建设由之不仅成为中国边疆学话语体系的重要组成部分，也是迫切的现实需要。

6. 中国边疆学学科话语体系建设。特纳的"边疆学"为美国开发西部提供了重要的学术支撑，"中国边疆学"概念的提出尽管在民国时期才出现，当今学界对"中国边疆学"的学科建设还处于探索之中，但中华大地上的古人对"边疆"早有清晰的认识和解读，并形成了一系列处理边疆问题的理论和方法，归纳其特点，并在此基础上确定中国边疆学学科体系，明确其学术体系，进而构建完善的话语体系，不仅是学科发展的需要，更是中国边疆地区稳定与发展的需要。

四 中国边疆学"三大体系"建设亟需应对的问题

以上所述只是针对中国边疆学"三大体系"建设的粗浅看法，就目前中国边疆学研究的现状而言，尽管已经取得了显著成就，[1] 但距中

---

[1] 对新中国成立后中国边疆研究进行综述或评述的论著较多，可参见厉声、李国强主编《中国边疆史地研究综述（1989—1998年）》，黑龙江教育出版社2002年版；马大正：《当代中国边疆研究（1949—2014）》，中国社会科学出版社2016年版；以及《中国边疆史地研究》2009年第3期刊载的"庆祝中华人民共和国成立60周年专栏"和2019年第2期刊载的"新世纪中国边疆研究回顾与展望"组稿。

国边疆学"三大体系"建设的要求还是存在较大差距。

（一）中国边疆学学科定位亟待明确

如前所述，中国边疆学发端于历史学下的中国边疆史地研究，但随着政治学、民族学、社会学、经济学及国际关系诸多学科学者的加入，中国边疆学的学科定位出现了较大分歧，而我国的学科体系中不仅没有其明确的学科定位，甚至都没有其名称，而新世纪以来边疆稳定与发展问题凸显，导致中国边疆学学科发展和现实需求之间形成了巨大差异，明确中国边疆学的学科定位成为迫在眉睫需要解决的问题。综观已有的论著，分歧的出现是不同的学科背景导致的切入视角和学科建设目的不同，上述所言中国边疆学、中国边疆政治学、中国边疆社会学等提法的出现即是表现，[①] 但尽管存在较大分歧，对作为研究对象的"中国边疆"的认识是大体一致的，通过进一步深入讨论，实现内部整合虽然存在很大难度，但也存在一定的可能性。即便是短期内难以形成共识，甚至在"中国边疆学"下难以实现完整整合，但明确各自对"中国边疆"研究的定位，尝试在不同学科下确立中国边疆研究在现有学科体系下的位置对于中国边疆学学科发展无疑都是有益的。

（二）中国边疆学学术体系亟待整合

就当前的中国边疆研究而言，多学科理论与方法的应用对于中国边疆研究繁荣无疑是必须的，这不仅是学科发展的需要，更是我国边疆地区稳定与发展的迫切需要。多学科学者的介入尽管有助于我们从不同视角对中国边疆的历史与现实进行全方位的探讨，但是在"百花齐放"和"百家争鸣"之后作为一个完整研究对象的"中国边疆"则依然需

[①] 中国边疆学的提出最初是为了和中国边疆史地学相区分，参见邢玉林《中国边疆学及其研究的若干问题》，《中国边疆史地研究》1992年第1期。而中国边疆政治学、中国边疆社会学的提出则是希望依附于政治学、社会学构建中国边疆研究学科，参见吕文利《新世纪中国边疆学的构建路径与展望——兼论中国边疆理论的三个来源》，《中国边疆史地研究》2019年第2期。

要学界给出一个综合的符合中国边疆实际的客观认识，这是中国边疆当前和今后稳定与发展的需要。多年来，在"交叉"学科的鼓动下，中国边疆多学科研究的态势已经形成，但遗憾的是尽管都是对"中国边疆"的研究，"合"的态势并不明显，"分"的趋势却已经显现，而中国边疆面临的诸多问题需要破解，学界对中国边疆知识的需求需要满足，国外学者对中国边疆历史的歪曲需要回应，因此对当前介入中国边疆研究的诸多学科进行整合，进而形成相对完善的中国边疆学术体系既是学科发展的迫切需要，更是中国边疆稳定与发展的现实需要。

（三）中国边疆学基础理论研究亟待加强

中国边疆的形成与发展、中国边疆的内涵及特点、中国疆域的形成与发展、中国治边思想的形成与发展、中国"大一统"思想的形成与发展、历代王朝治边政策的继承与发展、传统以"中国"为中心藩属体制的形成与发展、边疆与中国疆域的形成与发展、中国边疆治理机构的继承与发展、中国边疆治理体系和治理能力的现代化等，这些方面的研究都应该属于中国边疆学的基础理论研究的主要问题。从目前的情况看，尽管在"中国边疆"概念、中国疆域史、藩属体制、历代边疆管理机构等方面已经取得了很大进展，但由于视角、理论与方法上存在明显差异，在这些研究方面尚未形成具有符合中国边疆研究实际的为多数学者赞同的具有中国边疆学鲜明特点的主流观点。这种情况的存在，和中国边疆学具有多学科学界介入所出现的"交叉学科"的特征有关，同时也体现出当前的中国边疆学研究尚未形成自己的基础理论与方法，而缺乏明确的学科边界和鲜明的基本理论与方法的中国边疆学期盼通过某一单位或个人的努力获得在现有学科体系下一个显著位置的可能性微乎其微。

（四）中国边疆学研究队伍亟待整合壮大

中国边疆学学科的存在与发展需要依靠一支稳定并不断壮大的研究

队伍。尽管有学者提出了"中国边疆研究学术共同体"的概念，[①] 但不可以否认，少、散、乱却是当前中国边疆学研究队伍呈现的鲜明特征。少，是指专门从事中国边疆研究的科研人员少。目前，国内与中国边疆研究有关的机构，除中国社会科学院中国边疆研究所、中国藏学研究中心、陕西师范大学西北边疆研究院等少数有正式编制的实体机构外，很多属于非实体或人数很少的科研机构，而作为专职从事中国边疆研究的中国边疆研究所尽管有60个编制，目前在编的研究人员也只有40人左右。散，是指从事中国边疆研究的科研人员分散在全国各地尤其是边疆省区的科研单位和高校教师队伍中，北京、昆明、成都虽然相对集中，但也分散在不同的单位。乱，不仅是指从事中国边疆研究的学者分属不同单位、具有不同的学科背景且关注点也不相同，也指缺乏一个协调机构，基本是处于各自为战的状态。21世纪之初，中国边疆研究所（当时称中国边疆史地研究中心）通过申请"东北边疆历史与现状系列研究工程""新疆项目"及"西南项目"等国家社会科学基金特别项目的方式曾经对中国边疆研究队伍的凝聚起到了一定作用，但随着这些项目的完成，中国边疆学研究队伍之间的联系目前只有依靠相关研究单位举办的全国性学术讨论会来维持了，不仅难以满足"三大体系"建设的需要，就是与维持中国边疆研究正常发展的需求都存在很大差距。2019年成立的中国历史研究院被赋予了"团结凝聚全国广大历史研究工作者"[②] 的重任，隶属于该院的中国边疆研究所理应承担起"团结凝聚"中国边疆学研究队伍的任务，但从该所研究能力和多年的实践效果看也难以满足中国边疆学学科发展的需要，而民国时期全国性的边疆学会的兴起对中国边疆研究的重要推动作用则为当今中国边疆学研究队伍的"团结凝聚"提供了一个新的思路，即创立全国性的中国边疆研究学会，以实现国内边疆研究队伍的凝聚整合，为"三大体系"建设提供队伍支持。

---

① 参见孙勇、孙昭亮《中国边疆研究学术共同体巡检述略》，《云南师范大学学报》2017年第6期。

② 《习近平致中国社会科学院中国历史研究院成立的贺信》，《人民日报》2019年1月4日。

(五) 中国边疆学基本知识的普及亟待加强

中国边疆学研究不仅面临着学科建设的艰巨任务，而且也面临着国人对中国边疆学基本知识的现实需求。尽管中国边疆学话语体系建设尚未完成，但对中国边疆历史进行歪曲宣传不仅已经成为"疆独""藏独""台独"乃至"港独"等分裂势力蛊惑民众的重要手段，而且也成为一些邻国构建其"国史"瞄准的目标。在这种情况下，建立和完善有关中国边疆的话语体系，尤其是完善历史上边疆族群及其所建政权在多民族国家中国形成与发展过程中重要作用的话语体系，不仅是中国边疆学话语体系的重要内容，也是当今中国边疆地区稳定和发展以及争夺国际话语权的现实需要。可以说，中国边疆学基本知识的普及迫在眉睫。

总之，中国边疆学"三大体系"建设既有学科发展的需要，也是国家边疆治理体系和治理能力现代化及边疆地区稳定和发展的现实需求。鉴于中国边疆学研究根植于中国边疆形成与发展的历史长河之中，可以借鉴多学科的理论与方法在历史学下谋求发展壮大，故而中国边疆历史（历史）学是其立足的基石，而中国边疆应用（现状）学则是其有别于历史学下其他学科独有的创新点，是其进一步发展壮大的基础。在此学科定位下的中国边疆学学术体系建设，既可以按照研究的性质展开，也可以按照区域分类，而话语体系建设则需要围绕中国边疆学的基本问题进行。中国边疆学学科建设虽然近年来是学界探讨和关注的热点话题，但以少、散、乱为特点的研究队伍难以维持中国边疆学的正常发展，将其"团结凝聚"为"中国边疆研究学术共同体"，不仅是中国边疆学学科发展的需要，更是构建中国边疆学"三大体系"以满足中国边疆稳定和发展的艰巨任务。

中国边疆学构筑再思考

——"三大体系"建设之我见*

"中国边疆学正在构筑的过程中",这是 2020 年 11 月我接受《中央社会主义学院学报》编辑部采访时说的一句话。① 于我个人,中国边疆学构筑从提出到思考的不断深化,是一个渐进、持续的进程。在这个颇显漫长的过程中,我深感有四个节点不容忽视:"一是,对中国边疆研究千年积累、百年探索的继承,以及 30 年创新实践,是中国边疆学构筑的准备;二是,对中国疆域理论的不断探究,是中国边疆学构筑的学科基础;三是,对中国古今边疆治理理论与实践的全方位、多层面研究,是中国边疆学构筑的有效切入口;四是,当代鲜活的现实生活的迫切要求,是推动中国边疆学构筑的重要推动力。"②

对上述四个节点的探研,学界同仁著文立说,宏论频出。2020 年以来,我又先后拜读了邢广程、孙宏年和李大龙三位有关中国边疆学"三大体系"建设的宏文,推动了愚钝的我对中国边疆学构筑的再思考。广程所长《加快构建中国边疆学》③ 和宏年副所长《加快构建中国边疆学"三大体系"》④ 两文起点高、视野宽,明确提出中国边疆学学

---

* 本文作者马大正,中国社会科学院中国边疆研究所研究员。本文原载于《中国边疆史地研究》2021 年第 3 期。

① 杨东采访整理:《中国边疆研究的回顾与前瞻——马大正先生访谈录》,《中央社会主义学院学报》2021 年第 1 期。

② 马大正:《中国边疆学四题》,载邹建达、许建英主编《中国边疆学构筑文集》,社会科学文献出版社 2019 年版,第 4 页。

③ 邢广程:《加快构建中国边疆学》,《中国社会科学报》2020 年 8 月 24 日第 3 版。

④ 孙宏年:《加快构建中国边疆学"三大体系"》,《中国社会科学报》2021 年 2 月 1 日第 2—3 版。

科体系、学术体系、话语体系建设应成为中国边疆学理论研究重中之重的议题,将中国边疆学理论研究提升到一个新高度,可视为是对边疆研究者振臂一呼的号召书;大龙主编致力于中国疆域理论研究,厚积薄发,成果喜人,所撰之《试论中国边疆学"三大体系"建设》①贴近实际、言之有物,读后发人深省之处颇多。本文诸题即是我阅后的片段思考,可算是我们间的一次纸上对话。

一 中国边疆学可以成为一门独立的学科

一门独立学科得以形成,按学术研究规律大体上必须具备下述四个条件:一是,有专门研究对象;二是,有相对固定的研究队伍;三是,有厚重的研究积累和影响;② 四是,有现实生活紧迫的需求。

以此为标准,观察中国边疆研究演进历程,正如大龙所指出:中国边疆学则是以中国边疆的整体作为研究对象,从理论上说是通过学界有志于此的学者们的努力能够形成其他学科不具备的特点,并通过融合其他有关学科的理论与方法形成独特的学科特征。基于此,中国边疆学可以成为,也应该成为一门独立的学科。

中国边疆理论的不断探究,是中国边疆学构筑的学科基础,长期以来我们将统一多民族中国疆域形成和发展及其规律、多元一体中华民族形成和壮大及其轨迹、中国古代治边思想与实践的总结,以及近代以来边界、边境相关理论的研究作为研究的重点展开全方位、多层面研究,现在看来还远远不够。

新时代向边疆研究学人提出了新要求,如习近平总书记《在哲学社会科学工作座谈会上的讲话》中指出:"要按照立足中国、借鉴国外、挖掘历史、把握当代、关怀人类、面向未来的思路,着力构建中国特色

---

① 李大龙:《试论中国边疆学"三大体系"建设》,《中国边疆史地研究》2020 年第 2 期。
② 此处所列之一至三条件,系大龙《试论中国边学"三大体系"建设》文中所概括,本文凡赞同并引述大龙文中观点多多,不一一注明,特予说明。

哲学社会科学,在指导思想、学科体系、学术体系、话语体系等方面充分体现中国特色、中国风格、中国气派。"① 我们应在着力提高政治判断力、政治领悟力和政治执行力的高度上,审视中国边疆学构筑中的理论研究的新命题,亦即加快构建具有中国特色、中国风格、中国气派的中国边疆学学科体系、学术体系、话语体系,并将"三大体系"建设视为中国边疆学理论建设中的首议之题。

二 关于中国边疆学的学科体系

(一)中国边疆学学科体系初解

学科体系于我言是一个十分深奥的问题。借用一位学者的见解:"所谓'学科',指的是科学或知识研究的特定领域或分支。而'学科体系'即是指由科学研究的若干基本领域或分支以特定方式联系而成的具有特定结构和功能的学科整体。""它的基本特征是:第一,用分析的方法将作为一个整体的世界逐层切割为一些不同的领域,以此作为科学或知识研究的不同对象;第二,将这些逐层切割出来的不同领域视为一个按抽象程度从低到高逐层上升的归纳—演绎体系。体系的顶端是抽象程度最高的学科领域,即以探讨适用于各领域的普遍或第一原理为要务的哲学,底端则是来自不同领域的经验陈述。整个学科体系由此呈现出一种金字塔状或树状的形式。""学科体系是一种知识体系。"极具中国特色的中国边疆,其时空可用"上下五千年,东西南北中"来形容,中国边疆又是国人两大历史遗产——统一多民族中国和多元一体中华民族共生的平台。依我理解,中国边疆学即是"指由科学研究的若干基本领域或分支以特定方式联系而成的具有特定结构和功能的学科整体"。②

---

① 习近平:《在哲学社会科学工作座谈会上的讲话》,《人民日报》2016年5月19日第2版。

② 谢立中:《探究"三大体系"概念的本质意涵》,《中国社会科学报》2020年12月24日第1版。

中国边疆学既是一门探究中国疆域形成与发展规律、考察统一多民族中国历史发展轨迹的综合性学科，又是一门总结中国边疆治理理论与实践经验、探求当代中国边疆可持续发展与长治久安现实与未来的极具中国特色的战略性学科。尤其是中国边疆治理理论与实践研究是中国边疆学研究的重中之重，只有将中国边疆作为统一多民族国家的有机组成部分，作为一个完整的研究客体，我们才能更好地认识中国的边疆，研究中国的边疆，才能更好认识中国边疆面临的一系列历史上的难点问题和现实热点问题，并作出科学的回答，而所有这一切只有在中国边疆学学科建立后，才可望得到合理的开展。

中国边疆学具备战略性、综合性、实践性、现实性、预测性五个学科特点。

（二）中国边疆学学科体系的定位

中国边疆学是研究极具中国特色的中国边疆的一门综合性交叉学科，是社会科学的一个分支，应定位于社会科学学科分类的一级学科，为此我强烈建议将中国边疆学归入国务院学位委员会、教育部新设置的"交叉学科"门类，与"国家安全学"等一同作为我国第14个学科门类——"交叉学科"下设的一级学科。

是否符合国家重大战略需求，这是前提；已有知识体系和结构的储备情况，是否能支撑国家重大战略的可持续发展，是基础。这是学科能否上升成为一级学科的标准。[1] 平心而论，依据上述标准中的前提和基础，中国边疆学研究现状都是达标的。而"社会发展中出现的亟需解决的综合性现实问题，是推动交叉学科合作的根本力量"。[2] 一旦学科定位成为现实，将大大激发中国边疆学学科特点的无限能量，为当代中国边疆稳定、民族团结、社会和谐，为社会主义中国的可持续发展和长治久安做出应有的贡献。

---

[1] 参见杨飒、晋浩天《我国新设置"交叉学科"门类》，《光明日报》2021年1月15日第1版。

[2] 吴楠：《交叉学科前景广阔》，《中国社会科学报》2020年8月31日第1版。

三 关于中国边疆学的学术体系

如果说学科体系是关系到学科定位的问题，那么学术体系则是事关一个学科内部体系结构、理论和方法等建构的问题。所谓"学术"，"指的是接受过专门训练的人按特定规范进行的系统性研究活动"。而"学术体系"则是"指由学术活动的若干基本要素或环节以特定方式联系而成的具有特定结构和功能的学术研究活动的整体"。任何学术体系都包括三个方面：其一，学术活动的基本要素或环节；其二，这些基本要素或环节之间的联系方式，既包括横向联系，也包括纵向联系；其三，由这些基本要素通过特定方式联系而成的学术活动整体及其内部各要素所具有的功能。"学术体系是一种活动体系。"[①]

大龙对中国边疆学学术体系做了如此表述："我倾向于主张中国边疆学学术体系由一体、两足、八分支构成，即中国边疆学是一级学科，其下有中国边疆历史（历史）学、中国边疆应用（现状）学两足支撑，研究的具体展开则是进一步划分的中国边疆学理论研究、中国东北边疆研究、中国北部边疆研究、中国西北（新疆）边疆研究、中国西藏研究、中国西南边疆研究、中国海疆研究、中国海洋研究八个分支体系。"

上述见解为我们提供了可进一步思考的蓝本，我想表述愚意有三：

一是关于"一体"。考虑到中国边疆学应定位为社会科学学科分类的一级学科，并归入"交叉学科"门类，中国边疆学应有自己独立的学科体系，对其他学科的理论和方法应采取兼容并蓄、为我所用的方针，其中当然包括历史学的理论和方法。

在此，我想特别谈谈自己有关中国边疆学与历史学关系认识的变化。中国边疆学与历史学的关系，我不止一次做过表述。最近一次表述是："中国边疆学是一门研究中国边疆历史与现状的专门学科，历史学

[①] 谢立中：《探究"三大体系"概念的本质意涵》，《中国社会科学报》2020年12月24日第1版。

的理论与历史学的研究方法是中国边疆学赖以生存的基础,但由于中国边疆这一特定研究对象的多维性、复杂性,仅仅历史学科的理论和方法已不能完全适应新形势下边疆问题研究的全部,诸学科间互通、交融和集约成为必要,中国边疆学需要集纳多学科理论和方法,为构筑中国边疆学提供有益经验。"[1] 这一见解已得到学界多数同仁的认同,但我经思考再三,似可做三处补正:

其一,对"历史学的理论与历史学的研究方法是中国边疆学赖以生存的基础"的表述,在"赖以生存的基础"之后加上"之一",似更符合中国边疆学实际。其二,强调中国边疆学要依托历史学没有错,但切记,不要将"依托"变成"依附",若如此中国边疆学岂非成了历史学的附庸,丧失了独立性,这对一门学科的发展将造成致命的制约。其三,将边疆史列入一级学科历史学下二级学科专门史里,无疑是符合实际的,但中国边疆学决不是边疆史研究的简单发展,而应是边疆史研究的凤凰涅槃。

二是关于"两足"。将"两足"表述为中国边疆历史(历史)学和中国边疆应用(现状)学,"中国边疆历史学"当然没有问题,但"中国边疆应用(现状)学"的命名,加之,将中国边疆学一体之下按基础研究与应用研究作为支撑"一体"之下的"两足",似尚有进一步推敲余地。基础研究与应用研究实是指研究方法的分类,从中国边疆研究实际看,很难将基础研究与应用研究截然分开,而应是互补、互促的关系。

三是关于"八分支"。这一划分基本符合中国边疆学学术体系实际。中国边疆这一特定的研究对象其特点就是多样性和差异性。从地域层面看,中国边疆实际上涉及三个层面,即边疆地区本身、与边疆地区相连接的边内中原地区和边外相邻诸国。从东北、北部、西北、西藏、西南、海疆六大中国边疆地区看,不仅地理条件、民族民风、文化习俗、历史发展均各有特点,凡边疆研究者都深知,边疆研究难,首先是资料的相异,更不用言及相邻周边诸国的地缘政治研究了。从中国边疆

---

[1] 杨东采访整理:《中国边疆研究的回顾与前瞻——马大正先生访谈录》,《中央社会主义学院学报》2021 年第 1 期。

所涉之研究课题看，更可说是天文地理、社会百态、历史现状等，可谓是无所不包，即以边疆治理命题研究，从历史到当代，政治、军事、经济、社会、文化也缺一不可。所以，中国边疆研究专才难得，出一通才更是不易，因此，需集众人之力，形成合力、集体攻关、始成大业，而其中中国边疆学理论研究当起到核心引领的作用。基于研究对象中国边疆的实际，设置研究的学术体系的"八分支"是一种探索，可在研究实践中臻于完备。

有关中国边疆学学术体系，我曾在学科设置的命题下做过阐释。2019 年我在拙著《当代中国边疆研究（1949—2019）》中对中国边疆学学科的二级学科设置分列了七项：中国边疆历史学、中国边疆政治学、中国边疆经济学、中国边疆人口学、中国边疆文化学、中国边疆地理学、中国边疆民族问题研究。[①] 坦率说，个人对中国边疆学学术体系内涵的思考尚处在动态的变化中，此次受大龙"一体、两足、八分支"见解的启发，据我对中国边疆研究对象特点的认识，试提出中国边疆学学术体系"一体三领域"的设想。

"一体"，即是中国边疆学。"三领域"，即是中国边疆理论研究、中国边疆历史研究、中国边疆治理研究。

中国边疆理论研究可包括：中国边疆学"三大体系"建设、中国疆域理论、中国和世界各国边界理论等。

中国边疆历史研究可包括：边疆考古、边疆历史、边疆地理、边疆文化、边疆民族、边疆文献等。

中国边疆治理研究以当代边疆治理为主，内容除中国边疆治理古今思想与实践研究外，可依研究地域区分，亦可依研究门类区分。按地域分：中国东北边疆、中国北部边疆、中国新疆—河西走廊、中国西藏、中国西南边疆、中国海疆六大块；而依研究门类分，则可分为政治、经济、军事、文化、地缘政治、生态环境六大类。

---

① 参见马大正《当代中国边疆研究（1949—2019）》，中国社会科学出版社 2019 年版，第 766 页。

四 关于中国边疆学话语体系

"话语体系"指的是由言语实践的若干要素以特定方式联系而成的具有特定结构和功能的言语活动整体,话语体系是一种言说体系。而话语体系因其话语者相异又可区分为:学术话语与官方话语、中国话语与西方话语、现代科学话语与传统话语。我们就是要在现代中国话语体系的引导下,通过现代中国的学术体系,去创造现代中国的学科体系。[①]

大龙在"关于中国边疆学话语体系的建设"一题中,对当前中国边疆研究遇到的问题和挑战的分析,特别对中国边疆学话语体系建设六个方面核心内容的阐论,所言极是,我只是想在如下两个方面做点强调和补充。

一是,中国边疆的界定。中国边疆的界定是中国边疆学学科体系建设的出发点和归宿点,也是中国边疆学构筑的出发点和归宿点。如大龙所言,就当今中国边疆研究而言,将有国界存在的黑龙江、吉林、辽宁、内蒙古、甘肃、新疆、西藏、云南、广西九省区及海疆的全部视为中国边疆涵盖范围,是有历史学背景的多数学者的共识。然而,近些年来随着政治学及其他学科背景的学者积极参与中国边疆研究,在中国边疆的界定上又有高边疆、利益边疆、战略边疆等提法,更有"建构论""实在论"的认识。由此,在中国边疆学命名上,也提出了"边疆学""一般边疆学"的新理念。"百花齐放,百家争鸣",虽然有助于中国边疆研究的繁荣,但引发了关于中国边疆内涵的讨论。在何为中国边疆这一基本问题上,出现了不同版本的话语解读,让建构完善中国边疆学话语体系更凸显任重道远。我仍是力主还是抓住中国边疆这一特定研究对象来构筑中国边疆学!

二是,在中国边疆学话语体系建设中一定要重视"两大历史遗产"

[①] 谢立中:《探究"三大体系"概念的本质意涵》,《中国社会科学报》2020年12月24日第1版。

的研究，这是坚守国人历史文化认知的底线。对中国历史文化的认知是重大原则问题，是国人文化认同、国家认同的重要基础之一。对此，我国历史上许多有识之士有过精辟阐论。清代龚自珍曾言："欲知大道，必先为史。灭人之国，必先去其史。"①

我们曾多次论及，我们的先辈为今人留下了两项举世瞩目、无与伦比的历史遗产：幅员辽阔的统一多民族国家和人口众多、多元一体的中华民族。这是中国不同于世界上任何一个国家的特殊国情，也是每一个中国人历史文化认知的核心内容。这些都是大道理、大前提。有了这样的历史文化认知，大道理就能够管住小道理，大前提就能够管住小前提。我们要通过长期、扎实的研究，努力使这些大道理、大前提深入人心，成为中华民族每一成员的共识。

两大历史遗产是中国与中华民族生生不息的强大原动力，是物质与精神的有机结合、互补互促，并成为每一个中国人的宝贵精神财富。中国边疆是两大历史遗产的交会平台，两大历史遗产研究应成为中国边疆学话语体系一项重要内容。今天，我们更应该在中华民族共同体理论框架下开展对两大历史遗产宏观与微观相结合的研究，并将历史成果普及于国民教育之中。

由此，结合大龙所提，我认为中国边疆学话语体系建设核心内容至少可包括6个方面：1. 中国边疆界定的话语体系；2."两大历史遗产"在国人历史认知建设中战略地位话语体系；3. 统一多民族中国形成与发展中"统一"与"多民族"的话语体系；4. 亚洲传统"天下秩序"形成与发展过程的解构，或者可称为古今中国与周边关系话语体系；5. 中国传统治边思想及其实践话语体系；6. 海疆与海洋话语体系。

五 边疆学人的历史担当

中国边疆学"三大体系"建设当前亟需应对诸多问题，大龙提出

---

① （清）龚自珍：《定庵续集》卷2《古史钩沉二》，《龚定庵全集》，上海鸿文书局1902年印。

了五大应对的问题：一是中国边疆学学科定位亟待明确；二是中国边疆学学术体系亟待整合；三是中国边疆学基础理论研究亟待加强；四是中国边疆学研究队伍亟待整合壮大；五是中国边疆学基本知识的普及亟待加强。

我甚赞同，对上述五个问题深化探究，当是边疆学人的职责所在、历史担当。

"不忘初心、方得始终"，在中国边疆学构筑的讨论中，在中国边疆学"三大体系"建设的探研中，我们毋忘提出这一命题的初衷，更不能迷失这一命题的方向。因此，"始终清晰认识中国边疆学的理论起点、逻辑起点和实践起点，这是我们把握'初心'的根基；始终准确定位中国边疆学的学科目标、学科任务、学科宗旨，这是我们'牢记使命'的关键；始终牢牢把握中国边疆学的时代背景、时代要求、时代方向，这是我们'继往开来'的前提。"①

面对历史担当的重任，我想补叙两点愚意。

首先，最重要的是，中国边疆学构筑、中国边疆学"三大体系"建设、中国边疆学研究的全面展开，一定要防止边疆概念泛化倾向，千万不要忘了中国两字，不要脱离中国的实际，不要偏离了中国边疆学是研究极具中国特色的中国边疆的一门极具中国特色的"交叉学科"。为此，我愿重申两个担忧：

"第一，我们提倡的是中国边疆学，现在有一些专家，把'中国'两个字去掉了，或是先说边疆学，再加一个一般边疆学，再来一个中国边疆学。这里就有一个大问题了。我觉得中国边疆学这样一个边疆，在全世界除了俄罗斯有，其他都没有。小国有边疆吗？它们只有边境地区，没有边疆。边界是每个国家都有的，挨着边界的边境也有，但边疆则是有自己发展特点的地方，除了俄罗斯有边疆，包括美国都没有。美国的所谓边疆，特纳的边疆学讲的是开发西部，跟我们的边疆概念完全不一样。如果是边疆学，就要研究世界的边疆，世界很多国家没有边疆，不是给自己弄乱了吗？这是第一个担忧。"

---

① 李国强：《夯实构建中国边疆学的基础》，《云南师范大学学报》2020 年第 1 期。

"第二，现在有些年轻学者，外语好，用西方的边界理论来套中国的边疆，越套越乱。中国的边疆是中国特色的，它不是民族国家成立以后现代意义的边界。如果用现代意义的边界来看历史上的边疆，越说越糊涂。中国是东方国家，我们古代是有边无界的，那时的中国人脑子里没有那么清晰的边境线，这是中国特点。"①

其次，有关中国边疆学研究队伍亟待整合壮大问题，我也有些许认识可陈述。

其一，研究队伍的组成，应包括机构和人才，机构是指以研究中国边疆为己任的实体研究机构和非实体研究机构；而人才则应包括研究学人和研究工作的管理者。从当下实际看，相当多的资深研究者大多属业务、行政"双肩挑"者，这样的研究者现状，大大有利于中国边疆学研究能按学术规律的轨道有序推进。

其二，在中国边疆学研究的队伍建设上应着力培养既长于基础研究，又善于应用研究的复合型人才，因为中国边疆这一研究对象本身的特点就很难明确区分基础研究与应用研究的内涵，加之如果缺少了基础研究的长期积累，应用研究只能就事论事，难以取得带战略性和预测性的高质量的研究成果。我们提出依托历史、直面现实、着眼未来，其本意也即在于此。因此，那种机械地将中国边疆研究人才分为基础研究与应用研究两支队伍的认识是值得商讨的。

其三，如何实现"团结凝聚"中国边疆学研究队伍的任务，这是今天中国边疆研究面临的挑战，也是中国边疆研究所再创辉煌的难得机遇。如何实现"团结凝聚"中国边疆学研究队伍呢？近年一则"药方"，就是成立全国性的"中国边疆学会"，以整合全国涉边疆研究力量。对此，民国时期全国性的边疆学会的兴起对中国边疆研究的重要推动作用，被作为成功的"案例"。据知，有关部门为此已做了大量的前期筹划和准备工作。

对此，我想抒二言：

---

① 杨东采访整理：《中国边疆研究的回顾与前瞻——马大正先生访谈录》，《中央社会主义学院学报》2021年第1期。

言之一，改革开放以来，随着"科学春天"的降临人间，在研究发展大潮推进下，各色学术性学会、协会、研究会如雨后春笋出现在神州大地，但随着时间的推移，大多数学会，能坚持一年或几年开一次会、出一本论集就很是不错了，相反人浮于事、管理松散、资金短缺成了工作中明显的短板，加之不少学会陷入"衙门化"泥沼，顾问、名誉会长、会长论资排辈，常务理事、理事甚至逾百，学术性下降，官僚化上升，学人们看在眼里，心知肚明，要革除如此积疾非不能也，但也难矣！

言之二，说到民国时期（主要指20世纪20—30年代）有关边疆学会的兴起对中国边疆研究事业推动的实践，这方面研究成果颇多，我在拙著《当代中国边疆研究（1949—2019）》第二章论及"第二次中国边疆研究高潮"（第59—79页）一题中已有阐论。孙喆、王江的《边疆、民族、国家》（中国人民大学出版社2013年版），孙喆《江山多娇：抗战时期的边政与边疆研究》（岳麓书社2015年版），汪洪亮《民国时期的边政与边政学（1931—1948）》（人民出版社2014年版），汪洪亮《抗战建国与边疆学术：华西坝教会五大学的边疆研究》（中华书局2020年版），王振刚《民国学人西南边疆问题研究》（人民出版社2013年版）等，也多有宏论可供参阅。

其实即以当时成绩斐然的禹贡学会言，学会本身只是一个平台，关键还是利用这个平台的实际掌门人——顾颉刚先生的智慧与能力。顾颉刚先生能抓住推动一门学科发展的两大关键，即提出符合学科发展的远景规划，以及为实现这一规划的切实可行的近期计划；制定为能使符合学科建设需要的远景规划和近期计划实现的一套行之有效的学术组织工作的正确方法。今天，人们在回顾禹贡学会前辈的业绩时，有三点令人深思：

一是爱国之心与创业之情是推动禹贡学会同仁艰苦创业共同前行的原动力。

二是同事之间、同仁之间的"同声相应、同气相求"，是促进禹贡学会同仁默契配合、上下求索的催发剂。

三是禹贡学会学术组织工作的有声有色，成绩斐然，是与顾颉刚先生的努力分不开的。我们知道，一位著名的史学大师，并不一定是一位优秀的史学工作组织者。顾颉刚先生则是一身而二任，他兼具了作为一位优秀学术组织者不可缺少的品德：他学识渊博，心有全局，能将远景规划融于切实可行的实践之中；他广交同仁，切磋学识，随时吸取有益营养，日新又新地开发新的学术园地；他平易近人，心胸宽广，热心提携青年，不断扩大研究队伍。正是在顾颉刚先生的指导下，禹贡学会造就了生机勃勃的学者群体，并在20世纪20年代至30年代中国边疆史地研究诸学术团体中脱颖而出，在中国边疆研究第二次研究高潮中，极有光彩地将中国边疆史地研究推进到一个新的阶段。[①] 显然，关键不在于学会本身，而是是否有能利用学会平台的大师。

如今民国时期已远去，那么再一起回忆和审视30多年来从中国边疆史地研究中心到中国边疆研究所学术实践及其成为中国边疆研究第三次研究高潮出现的推动力之一的成功案例，记忆的亲切、启迪的深切，应该成为一代学人的精神财富。

习近平总书记《在哲学社会科学工作座谈会上的讲话》中指出："我们不仅要让世界知道'舌尖上的中国'，还要让世界知道'学术中的中国'、'理论中的中国'、'哲学社会科学中的中国'，让世界知道'发展中的中国'、'开放中的中国'、'为人类文明作贡献的中国'。"[②]

作为中国边疆学人群体中的一员，在读了大龙宏文之后，将对于中国边疆学"三大体系"建设思考片段写出来，是对自己多年有关中国边疆学构筑思考的延续和深化，寄望有更多同仁抒发宏论，参与讨论。

还是一句老话：

我最大的心愿是：祝愿中国边疆学早日成为中国学科之林中的一员和中国边疆研究所兴旺发达！

[①] 参见马大正《禹贡学会及其学术组织工作》，《中国边疆史地研究》1992年第1期。

[②] 习近平：《在哲学社会科学工作座谈会上的讲话》，《人民日报》2016年5月19日。

中国边疆学"三大体系"建设论析[*]

长期以来,学界考虑到中国边疆的客观存在及其诸多特殊性,均认为中国边疆学应该成为一门独立的学科。[①] 事实上,自中华人民共和国成立,尤其是改革开放以来,中国边疆研究出现了大量优秀的研究成果,不断丰富和深化对中国边疆问题的认识。学术界在此基础上对建立中国边疆学学科进行了广泛的讨论。[②] 有学者认为"'中国边疆学'远看貌似清晰,近观却非常模糊。……仅有'中国边疆学'名称,却没有明确的'线路和站点'"。[③] 有学者甚至直言"近年来学科建设的进展不大,很难说中国边疆学的这一学科已经构建完成,学科体系已经基本成型"。[④] 因此,研究其学科体系、学术体系、话语体系这"三大体系"的建设对于尚未建成的中国边疆学学科意义非凡。在中国边疆学建设

---

[*] 本文作者杨明洪,云南大学西南边疆少数民族研究中心教授。本文原载于《人文杂志》2022年第12期。

[①] 李大龙:《论中国边疆学"三大体系"建设》,《中国边疆史地研究》2020年第2期;李国强:《夯实构建中国边疆学的基础》,《云南师范大学学报》(哲学社会科学版)2020年第1期。

[②] 苗威:《建构有中国特色的中国边疆学话语体系》,《中国边疆史地研究》2018年第3期;王振刚:《新时代中国边疆学构筑的发展及反思》,《云南师范大学学报》(哲学社会科学版)2020年第1期;孙妙凝:《建立有中国特色的边疆学理论体系》,《中国社会科学报》2016年1月22日第1版。

[③] 吴楚克、赵环宇:《中国边疆学的新时代特征和知识原理》,《云南师范大学学报》(哲学社会科学版)2020年第1期。

[④] 孙勇、王春焕、朱金春:《边疆学学科构建的困境及其指向》,《云南师范大学学报》(哲学社会科学版)2016年第2期。

中，讨论中国边疆学学科建设的研究比较多，① 但鲜有将"三大体系"进行贯通性思考。本文拟从中国边疆学"三大体系"的连接性和贯通性出发，在"三大体系"间的关联和起承作用中重点揭示自中华人民共和国成立，特别是改革开放以来中国边疆学建设进展的困境，并在"新文科"建设背景下提出"三大体系"建设的路径选择。

一 中国边疆学的学科体系建设

在"三大体系"中，学科（discipline）体系是基础。学科显示的是学术共同（academia）的规则、规训，而学科规训则是学科之间的分门划界。每个学科都有与之相统一的知识框架，并延伸交汇于其他学科。能够汇聚某一类知识的平台就被视为学科建设，而学科体系的重点则由学术平台和社会建制构成。

学科体系发展是以学术体系为基础，以人才培养为归依，以处理与其他学科关系为重点。学科体系明显区别于学术体系，后者是按照内在逻辑关系把已知知识条理化、系统化、综合化，使之成为反映客观事实和规律的知识体系，而且这种知识体系总是处于不断地补充和完善之中。

（一）中国边疆学的学科属性争议

从中国边疆学的渊源来看，它是由一批研究中国边疆史地的学者提出的。在中国社会科学院中国边疆史地研究中心以及《中国边疆史地研究》诞生后，中国边疆史地研究就成为中国边疆学一个非常重要的研究领域。边疆史地研究作为历史地理的重点研究领域，严格来讲属于历史学的研究范畴，更上一级学科则是人文学科。

---

① 代表性成果如马大正《中国边疆学构筑再思考——"三大体系"建设之我见》，《中国边疆史地研究》2021年第3期；李大龙：《论中国边疆学"三大体系"建设》，《中国边疆史地研究》2020年第2期；孙宏年：《新文科背景下中国边疆学的转向与转型》，《云南师范大学学报》（哲学社会科学版）2021年第4期。

然而，当中国边疆学提出以后，学者对其建构出现了分歧。一方面，具有边疆史地研究经历的学者或许出于学科的偏爱或者其他方面的原因，总是念念不忘在历史学（中国史）这个范围下建设中国边疆学。另一方面，又正是这些偏爱在历史学学科门类下构建中国边疆学的学者，深刻感悟到边疆学研究不单单是历史学学科命题，进一步思考着中国边疆学应该实现从中国边疆史地研究向其他学科过渡，也提出了相应的设想："它必然与中国历史学、中国政治学等学科发生横向性的跨界关系……也必然与相应的学科如区域经济学、区域地理学等发生横向性的跨界关系……又不能不使中国边疆学与民族学、民族史学、民族语言学等学科发生横向性的跨界关系……又必然与国际法学、外交学、海洋学等有关学科发生横向性的跨界关系。"① 其中列举的不少学科又属于社会科学。如此一来，学者们在人文学科和社会科学之间给中国边疆学找位置，有众多学者提出在交叉学科中构建中国边疆学。②

如果认为中国边疆学是交叉学科，则需要进一步讨论交叉学科的特点。2022 年 8 月，国务院学位委员会和教育部颁布的研究生学位授权点意见中单列了"交叉学科"并赋予代码"14"。交叉学科包含 7 个一级学科，为体现交叉学科的特点，在授学位时明确规定多学科授位，例如区域国别学，可授经济学、法学、文学、历史学学位。这些政策的目的主要是促进新的科研点生长和完成复合型人才培养的目标，实际上，还是从原有学科出发介入到其他领域。另外一种交叉学科则是针对独特研究领域而言。实际上这种交叉学科研究领域是一个问题研究集（studies）。针对中国边疆学，一些学者对之的具体设想是，应该将中国边疆学定位为独立的研究领域。马大正等认为"人们一般将学术的分类称为学科，指一定的科学领域或一门科学的分支……在现代学术研究领域还可常见另一种学术分类与发展的情况，这就是在特定的学术领域将相关部门的知识结合起来而形成的学科。例如人们所熟悉的满学、蒙古

---

① 邢玉林：《中国边疆学及其研究的若干问题》，《中国边疆史地研究》1992 年第 2 期。
② 马大正：《中国边疆学构筑再思考："三大体系"建设之我见》，《中国边疆史地研究》2021 年第 3 期。

学、阿尔泰学、藏学、傣学、敦煌学、吐鲁番学等就是这一类型的学术分类。"① 诚然，将中国边疆学视为与满学等学科同一类型，存在其合理性。其合理性是仅从"中国才有边疆（最多在国外俄罗斯有边疆）"这一命题出发而得出的。不少学者认为，这一命题有些不可思议，甚至有些不符合事实。正如朱金春对此作出分析："中国边疆是人类社会边疆现象的具体表现，虽然有其特殊性，但是并不是唯一的存在"，"将中国边疆学与蒙古学、阿尔泰学、藏学、傣学、敦煌学等在特定的学术领域将相关部门的知识结合起来而形成的学科并置，以此来确定中国边疆学的学科性质与地位，是值得商榷的。"② 这说明对中国边疆学的学科属性认识是有较大分歧的。

　　边疆既涉及国家的疆域、边界等内容，又涉及人、文化、经济等内容。以此特殊区域作为研究对象而形成一种独立学科，则可以摆脱上述认识上出现的障碍。如果说，人们要构建的中国边疆学属于特定领域的研究，而且又是一个交叉学科，③ 那么，自从明代张雨所著《边政考》开始，经过清代和民国时期的发展，中国边疆学研究已经集成了大批优秀研究成果，能够确立为一门独立的研究领域。但是，如果人们构建的边疆学要超越中国意义上的边疆学，则这是很多学者对边疆学构建现实不满的主要原因。从学界对学科建设愿景来看，人们期望中国边疆学成为与人类学等学科具有同等地位的独立学科（ology），这是对中国边疆学需要"发生横向性的跨界关系"的潜台词。显然，对中国边疆学的学科属性尚需要深化认识，特别是当人们发现作为交叉学科的中国边疆学缺乏应有的理论体系指导而现实中又缺乏这些理论体系时，关于构建一般边疆学的呼声便随之高涨。

（二）中国边疆学学科规划建设特点的认识

　　一个学科需要得到学界的认可，这种认可最终体现在国家制定和颁

---

① 马大正、刘逖：《20世纪的中国边疆研究》，黑龙江教育出版社1997年版，第276—277页。
② 朱金春：《学科"殖民"与构建中国边疆学的困境》，《华西边疆评论》第4辑，四川大学出版社2017年版。
③ 邢广程：《构建中国边疆学学科体系的几个视角》，《今日边疆学》2020年5月18日。

发的学科目录之中。但是，如果中国边疆学至今没有走进国家制定的学科目录，其合法性和正当性就大打折扣。造成这种状况的主要原因：一是中国边疆学学科内的专业化知识和特定研究范式没有形成；二是由于第一方面的原因造成中国边疆学具有学科的可替代性，而其他学科在中国边疆学研究领域中的"学科殖民"现象比较突出，[1]说明中国边疆学尚未构建起具有边疆学学科特色的学术体系，反过来这一状况影响到学科体系的建设；三是学界没有认识到中国边疆学学科区别于其他学科的独特性和重要性，依托中国边疆学进行科学研究、人才培养和社会服务的必要性也没有显现出来。

学科规划建设带有双重性质，既有学术性又有行政性，前者是后者的基础，后者包含行政决策，因而制定学科目录是学术基础上的行政行为。中国现行的学科目录是本科与研究生分置，本科学科目录按照学科门类、学科大类和专业相机设置，而研究生学科目录按照学科门类划分一级学科和二级学科，即使是同一门类，本科与研究生的目录常常有一定的差异。此外，国家社会科学基金和国家自然科学基金，以及国家质量技术监督局都有自己的学科目录。这些目录并存，并形成各自的适应范围。从邢玉林开始，马大正、方铁、周伟洲、李大龙等著名学者均对中国边疆学提出了自己的设想，他们的一些设想被一些研究机构和高校所采纳。例如，一些科研机构和高校在一个或者几个研究生一级学科下自主设置二级学科，形成一个偏重于边疆史地研究的学科群，或涵盖政治、经济、历史、社会等领域的中国边疆学。这一做法后来被各学位授权单位自主设置交叉学科、新兴学科的政策所支撑。研究生目录的设置畅通了中国边疆学在研究生培养上的教育通道，培养边疆学专业知识人才机制和平台得到某种程度的实现。学者多言中国边疆学没有建立起来，其实就是在追求构建具有完整理论体系的中国边疆学。[2]

---

[1] 朱金春：《学科"殖民"与构建中国边疆学的困境》，《华西边疆评论》第4辑，四川大学出版社2017年版。

[2] 至于研究生学科目录，从中国边疆学的学科结构建设，笔者的初步设想是构建"卫星型"学科体系。事实上，现有不少学科门类都是"卫星状"结构。笔者拟另文分享研究心得。

（三）中国边疆学学科的建设方式

学科建设的推进机制应该包括学科专业化知识和特定研究范式的生产机制、学科的社会建构机制。只有这两个机制匹配才能顺利推进学科建设。关于这一点，朱金春以民国时期边政学为中心回溯了边疆研究的学科化，发现"一个学科如果只是在外在建制上具备，而内在知识建构缺失，即使建立起来也将面临迅速衰落的命运"。① 由此，他强调这一历史情形在当今似乎在重演，② 学科专业化知识和特定研究范式的生产机制与社会建构机制明显不匹配，主要在于学科的社会建构取得丰硕成果的同时，学科专业化知识和特定研究范式的生产机制却没能建构起来。从中国当代的情况来看，在学科的社会建构方面取得的成就有：一是中国边疆研究的机构得以建立。中国社会科学院建立了边疆史地研究中心并在2017年将其改为中国边疆研究所，成为中国边疆研究的国家队，近20所高校也相继成立了中国边疆研究机构，成为中国边疆学研究的生力军。二是中国边疆研究学术期刊队伍壮大。《中国边疆史地研究》是中国边疆研究的唯一专业期刊，为补充其不足，《华西边疆评论》《中国边疆学》等一批专业集刊相继创办，《云南师范大学学报》《新疆师范大学学报》《人文杂志》《云南社会科学》等高校学报和社科类综合期刊也开设了中国边疆研究的栏目。三是学术交流平台应运而生，多个专门研究中国边疆的论坛相继开设。然而，在学科专业化知识和特定研究范式的生产机制方面却明显不足。这主要表现在中国边疆学的学术体系和学术话语体系建设滞后上，现阶段中国边疆学建设机制发展的不平衡也在很大程度上影响了中国边疆学的向外推进，即使在学科社会建构机制内部也存在不平衡的问题。

另一方面，中国边疆学教材建设滞后也较为明显。教材建设有助于持续不断地生产和传播专门性知识，是否有相对成熟的教材是一个学科

---

① 朱金春：《边疆研究及其学科化：以民国边政学为中心》，《北方民族大学学报》（哲学社会科学版）2018年第6期。

② 朱金春：《边疆研究及其学科化：以民国边政学为中心》，《北方民族大学学报》（哲学社会科学版）2018年第6期。

成熟的标志；又由于教材是对专门性知识的规范性表达，而且是取得较多共识的知识集成，因而，教材建设是学科发展的基础。近年来，这一学科以教材名称出版的《中国边疆学概论》[①]，实质上仍是个人学术著作，因为这一著作并没有将其他学者的学术研究成果集成起来。吴楚克教授和周平教授分别出版了《中国边疆政治学》，这两部著作均自成体系。前者立足于民族学、政治学，提出"中国边疆政治学"概念，后者立足于政治学提出构建中国边疆政治学的设想，这两部著作都有构建起较为完整的"中国边政学"的学术自觉。[②] 它们虽然可以作为研究生学习的参考教材，但仍然属于学术专著的范畴，不属于一般性教材。

对专业性知识进行集成式开发是中国边疆学学科建设的重要基础。习近平指出："学科体系同教材体系密不可分。学科体系建设上不去，教材体系就上不去；反过来，教材体系上不去，学科体系就没有后劲。"[③] 现阶段之所以未出现被学界所公认的中国边疆学教材，最主要因素还在于学界对现有有关中国边疆学的专业性知识的集成式开发做得不够。因为学者之间分散研究是基于不同视角、不同方法和不同材料出发的，所得到学术观点和看法是聚焦的、局部的；与此相反，编写教材需要从学术全貌去综合，将彼此看似矛盾的观点和理论进行加工处理，形成相对系统、完整的知识体系。如果从学科建设的历史经验来看，民国时期的"边政学"学科化发展能给人以启示。民国时期边政学是边疆研究学科化的重要表现，不仅探索了边疆学学科建构的路径，而且使后来的边疆学者形成了鲜明的学科意识，激发了学界对边疆研究学科化的持续努力。但民国边政学迅速兴起又转瞬即逝，除受时局变化影响外，更重要的是关于学科建构中内在知识建构的缺失。当前边疆研究的学科化可能也会与民国时期的边政学有着同样的困境与问题。由此，笔者强调学科建设内外一致的重要性，即要突出加强内在知识和理论建构的重要性。

---

① 郑汕：《中国边疆学概论》，云南人民出版社2012年版。
② 李大龙：《论中国边疆学"三大体系"建设》，《中国边疆史地研究》2020年第2期。
③ 习近平：《在哲学社会科学工作座谈会上的讲话》，人民出版社2016年版，第23页。

中国边疆学学科建设的最根本障碍是中国边疆学的学术体系没有建立起来,如果依靠一纸公文建立起学科,但学术体系没有及时跟进,仍会面临很大的困境。解决学科建设问题,除了推动学科建设的社会建制外,最关键性的问题是推动中国边疆学学术体系和话语体系建设。

二 中国边疆学的学术体系建设

在"三大体系"中,学术(academic)体系是核心。学术是对存在物及其规律的学科化论证,始于问题,基于事实,链以逻辑,其任务在于揭示事物的本质和规律,用规律性认识去指导实践和改造世界。学术研究则是一个从感性认识向理性认识上升的过程,在这一过程中,概念是思维的细胞和理性认识的基本形式,[①] 持续不断对某一领域的体系化理论研究能够最终构成这一学科的完整学术体系。基于能够体现继承性和民族性、原创性和时代性、系统性和专业性[②]的学术研究,中国边疆学的学术体系是揭示本学科对象的本质和规律的成体系的理论和知识,而话语体系是其理论和知识的词汇表达,同时也是理论体系的表达形式和语言载体。

(一)中国边疆学理论体系的逻辑起点

理论基础能深刻揭示中国边疆学赖以存在的客观基础,并用以解释中国边疆现象,同时它又是指导边疆学研究和边疆治理实践的最基本理论,是中国边疆学理论体系的逻辑起点。

一是边疆的属性与特征认识。边疆是中国边疆学最基本的概念,对之的理解是这一学科建设的前置性条件,或者是逻辑起点。如果中国边疆学的学术共同体对边疆这一概念的理解出现了偏差,那么这一学科建

[①] 田心铭:《学科体系、学术体系、话语体系的内涵及相互关系》,《光明日报》2020年5月16日第11版。

[②] 习近平:《在哲学社会科学工作座谈会上的讲话》,人民出版社2016年版,第15—25页。

设将面临非同小可的麻烦。且不说民国时期就对边疆概念的理解出现较大争议,[①] 就是近年来其争议也相当大。[②] 笔者认为,对边疆的属性和特征讨论出现了两个极端。一端是讨论的哲学味道太浓。[③] 基于哲学思辨的中国边疆学研究似乎太抽象。因为,中国边疆学是基于"边疆"这一具体对象的讨论,所以仅停留在哲学思辨层面让人无法具体掌握边疆的属性和本质,应该深入边疆学中的具体问题中去讨论,哲学思辨仅作为思考具体边疆问题的思维基础。另一端则是非常具体地讨论边疆的属性和特征,而且这一学派常常是从历史上或者政治上的边疆来讨论中国边疆属性与特征,其主要局限在于没有对具体边疆进行抽象,上升到理性认识层面,从而无法为中国边疆学的理论体系奠定坚实基础。这两个极端做法都无法形成学术共同体公认的前置性概念,这导致中国边疆学理论体系建设的逻辑起点飘忽不定。

二是边疆的普遍存在性。对边疆普遍存在性的判断,主流的观点是领土特别小和领土特别大的国家没有边疆。例如,马大正这样写道:"界定边疆地区两个条件,即有边界线且具有自身历史、文化特点衡量。"依据这两条标准,"世界上一些国土面积小的国家就难以划出与中心地区相对而言的边疆地区了。即使一些国土面积辽阔的国家诸如美国、加拿大、巴西等国。……除中国外,唯有俄罗斯是一个可以称为有边疆地区的大国。"[④] 这一观点得到一些学者认可。例如,李大龙通过分析,认为这一标准在民国时期就形成了,"由此看,民国时期对'边

---

① 李大龙:《"中国边疆"的内涵及其特征》,《中国边疆史地研究》2018 年第 3 期。
② 杨明洪:《试论边疆的"二重属性"》,《新疆师范大学学报》(哲学社会科学版) 2020 年第 4 期;罗中枢:《论边疆的特征》,《新疆师范大学学报》(哲学社会科学版) 2018 年第 3 期;何明:《边疆特征论》,《广西民族大学学报》(哲学社会科学版) 2016 年第 1 期;罗中枢:《论主权国家边疆的临界性、边缘性和交集性》,《四川大学学报》(哲学社会科学版) 2020 年第3 期。
③ 例如,孙勇:《建构边疆学中跨学科研究的有关问题探讨——如何跨通边疆研究学术逻辑与事实逻辑的一致性》,《中央民族大学学报》(哲学社会科学版) 2016 年第 3 期;孙勇:《建构边疆学的底蕴以及相关问题续探——再论建构边疆学的跨学科研究》,《中央民族大学学报》(哲学社会科学版) 2017 年第 2 期;孙勇:《建构边疆学的发生学方法及隐喻解题探——三论建构边疆学的跨学科研究》,《中央民族大学学报》(哲学社会科学版) 2017 年第 4 期。
④ 马大正:《中国边疆学构筑是中国学人的历史担当》,载吴楚克、王浩主编《中国边疆学理论创新与发展报告 (2019)》,社会科学文献出版社 2021 年版。

疆'的界定受到了清代的影响,虽然多数学者意识到了有'国界'的地方才能视为'边疆',但'文化'的差异依然是划分'边疆'的重要标志,由此也使得对'边疆'的界定具有了'国界'与'文化'的双重标准。"[1] 吴楚克认为"世界上拥有'典型边疆'的国家和拥有'典型边疆历史'的国家屈指可数,中国则是典型中的典型"。[2] 周平从国家治理角度提出"幅员过小的国家,不需要也无条件把国土的边缘性区域划定为边疆;即使有着较大幅员的国家,也未必把某些特定边缘线区域认定为边疆;国家的某些区域曾被视为边疆……慢慢地不再被作为边疆看待"。[3] 然而,学界也对这一认识提出不同意见,他们认为所有国家都有自己的边疆,边疆是世界普遍存在的现象。[4] 这里也牵出中国边疆学建设的方向问题,前者主张仅仅需要构建中国边疆学,后者主张构建一般边疆学。这两种思路目前谁也说服不了谁。形成这两种思路的学术对垒固然是好事,但也在说明边疆这一最基本的概念上达不成共识。

三是领土边疆作为中国边疆学的唯一对象。这一方面的争议也非常大。国内一大批学者认为,边疆不仅仅包括领土边疆,也包括战略边疆、利益边疆、信息边疆等无形边疆,[5] 还包括高空边疆、底土边疆。[6] 而来自中国社会科学院中国边疆研究所的学者均认为,不应将无形边疆纳入边疆内涵中,甚至高空边疆(天疆)和底土边疆也不应该纳入其中。[7] 笔者过去也赞同前者,但后来经过长期思考,发现将边疆定义在

---

[1] 李大龙:《"中国边疆"的内涵及其特征》,《中国边疆史地研究》2018年第3期;孙宏年:《新文科背景下中国边疆学的转向和转型》,《云南师范大学学报》(哲学社会科学版)2021年第4期。

[2] 吴楚克、赵环宇:《中国边疆学的新时代特征和知识原理》,《云南师范大学学报》(哲学社会科学版)2020年第1期。

[3] 周平:《中国边疆治理研究》,经济科学出版社2011年版,第2页。

[4] 孙勇、王春焕、朱金春:《边疆学学科构建的困境及其指向》,《云南师范大学学报》(哲学社会科学版)2016年第2期;杨明洪:《关于"边疆学"学科构建的几个基本问题》,《北方民族大学学报》(哲学社会科学版)2018年第6期;杨明洪:《内涵、价值及意义:"拉采尔边疆量化定律"分析》,《北方民族大学学报》(哲学社会科学版)2020年第2期。

[5] 罗中枢:《论边疆的特征》,《新疆师范大学学报》(哲学社会科学版)2018年第3期。

[6] 郑汕:《中国边疆学概论》,云南人民出版社2012年版,第4页。

[7] 李大龙:《"中国边疆"的内涵及其特征》,《中国边疆史地研究》2018年第3期。

领土边疆或者国土边疆或者地理边疆上,简单可行。① 更为关键的是,战略边疆、利益边疆、信息边疆等无形边疆以及高空边疆(天疆)和底土边疆等边疆形式,仅仅是借助"边疆"这样一个概念去表达国家利益,与领土边疆的属性和特征的差异是天壤之别,不应放到中国边疆学学科之中。

总之,对学术概念、范畴、原理进行集成式研究是中国边疆学学术体系构建的基石,也是突出学科专业化的重要路径,进而作用于中国边疆学的学科体系建设。在中国边疆学理论体系的逻辑起点上不仅没有形成共识,而且在很多问题上还似乎表现出越来越大的分歧。

(二) 中国边疆学理论体系的逻辑起点

习近平强调"理论创新只能从问题开始。从某种意义上说,理论创新的过程就是发现问题、筛选问题、研究问题、解决问题的过程"。② 时代的问题是搭建中国边疆学学术体系的起点。中国边疆学的理论及其体系化方面已取得较大进展,但仍然面临不少问题,这里举例说明这一点。

举例一:中国边疆学的基本理论问题。中国边疆理论首先牵涉边疆要素、边疆结构、边疆运动、边疆形态等基本问题。边疆是由哪些因素构成的,这些因素之间有什么样的关系?边疆结构是高度抽象化的概念,也是分析边疆有意义的概念。从中国边疆现状出发来研究边疆结构问题,孙勇等创立了主边疆带与次边疆带概念;③ 邢广程提出外边疆和内边疆概念;罗静、冯建勇将边疆划分为内地、过渡地带、边疆地带和周边国家边疆;④ 郭荣星依据国家之间边界交汇的数量来说明边疆结构。⑤ 边疆运动主要是说明边疆的形成及其与非边疆之间的关系,这在

---

① 杨明洪:《影响边疆经济运行的四维因素论析》,《云南社会科学》2022年第4期。
② 习近平:《习近平谈治国理政》第2卷,外文出版社2017年版,第342页。
③ 孙勇、王春焕、朱金春:《中国边疆带治理重点指向》,《华西边疆评论》2016年第1期。
④ 罗静、冯建勇:《新时代中国边疆治理的新思路新实践》,《北京工业大学学报》(社会科学版) 2018年第3期。
⑤ Rongxing Guo, *Border-Regional Economics*, Physia-Verlag, 1996, pp. 36-38.

英国历史中得到阐释。① 边疆形态分别在王朝国家和民族国家下得到阐释。② 尽管如此，现有文献对涉及边疆基本问题的研究是初步的，更没有与实际结合进行验证分析，不少研究仍处于感性认识阶段，没有上升到理性认识阶段，其抽象程度不够。其次，中国边疆理论也涉及边疆意识、边疆价值等基本问题。对于边疆价值，方盛举认为其涉及多重含义，并对边疆在国家治理中的价值做出了分析。③ 对于边疆意识，安介生认为"实质上是一种特殊形态的国土意识，能够切实考验一个政权与民族对于自己疆土的关切程度与责任感"，据此提出不同时代有不同的边疆意识。④ 对于这些基本问题都需要进行理论提升。

举例二：边界与领土争端问题。边疆是临近他国的领土部分。在当代世界体系中，通过边界线将相邻两国分割开来，边界成为调节国家主权利益无限性与世界地理空间有限性之间的矛盾。⑤ 从传统的王朝国家向现代主权国家转变的过程，均面临着与周边国家的边界划分问题。⑥ 一方面，边界划分的妥善解决，即涉及的国家均正式认可边界划分并在实地得到落实，为相关国家的关系正常化提供了必要的条件。另一方面，由于历史和现实的原因，部分边界存在争议，解决这一问题的复杂性在于，它既涉及历史上国家的领土纷争，也涉及现实的国际政治纷争。在解决边界与领土的争端上，既有成功的经验可以借鉴，⑦ 又有不成功的教训可以总结，还有至今为这些问题走到兵戎相见的地步。这些都是中国边疆学需要研究的重要问题。

---

① 侯建新：《英国"边疆运动"及其对旧庄园制度的冲击》，《天津师范大学学报》（社会科学版）1998年第4期。
② 孙保全：《中国王朝国家的疆域格局与边疆形态》，《西南边疆民族研究》2018年第3期；孙保全：《中国民族国家构建与边疆形态的转型》，《思想战线》2016年第2期。
③ 方盛举：《边疆治理在国家治理中的地位和作用》，《探索》2015年第6期。
④ 安介生：《中国古代的边疆意识形成与发展》，《社会科学》2013年第3期。
⑤ 杨明洪、王周博：《"边界"的本质：主权国家的利益分割线》，《新疆师范大学学报》（哲学社会科学版）2022年第2期。
⑥ 近期国际上"边界研究（border studies）"兴起了"边界化过程（bordering process）"。参见 William J Baltuis, Michele – Lee Moore, "Whose Border? Contested Geographies and Columbia River Treaty Modernization," *Journal of Borderlands Studies*, No. 1, 2019.
⑦ 邢广程：《周边、周边外交与中国边疆》，《中国边疆史地研究》2018年第3期。

举例三：中国边疆治理问题。边疆治理是国家治理问题的一部分，关乎一个国家治乱兴衰，是中国边疆学研究的重要问题。中国陆路边界线长达2.2万公里，与14个国家接壤。如果按照省级行政区计算，有9个省区属于边境地区，边境省区的面积约占全国陆地面积的2/3，其中民族自治地方占92%，五大民族自治区中有四个属于边境省区；如果按照县级行政区计算，边境县的面积约占全国陆地面积的22%。[1] 针对这些边境地区，国家实施有效治理，构建了边内治理、边外治理、边疆治理格局，[2] 并将制度优势转化为边疆治理的效能。至于海疆，长达1.8万多公里的大陆海岸线、473万平方公里领海和大小5000多座岛屿，[3] 国家对之也进行了有效治理。学界从学理上阐释了边疆治理问题，并形成了较多的理论成果，但从中国边疆学学科出发进行学理化阐释的成果较为稀少。

（三）中国边疆学方法论体系问题

一个学科成熟的重要标志是有自己较为独特的方法论。中国边疆学方法论体系，是指推动中国边疆学生成、发展与成熟的各种研究方法。对中国来讲，中国边疆学发展问题是特殊问题，不少学者走不出从中国边疆的特殊性入手构建这一学科的思维困境。中国边疆学是一门与国家的历史命运紧密联系在一起的学科。随着形势的发展，特别是实现中华民族伟大复兴战略全局的渐次展开，中国边疆学构建确实需要从中国的历史和现实出发，将历史研究法、田野调查方法、比较研究和概念史等研究方法带入中国边疆学之中，将一般边疆学作为构建中国边疆学的前置条件，将民族宗教重点关注问题带入中国边疆学的核心议题之中，并避免被"学科殖民"。

田野调查是人类学的主要研究方法，这一方法是可以被中国边疆学引入的，目前从事人类学、民族学和社会学等学科工作的学者在中国边

---

[1] 郑汕：《中国边疆学概论》，云南人民出版社2012年版，第139页。
[2] 罗静、冯建勇：《新时代中国边疆治理的新思路新实践》，《北京工业大学学报》（社会科学版）2018年第3期。
[3] 郑汕：《中国边疆学概论》，云南人民出版社2012年版，第139页。

疆地区作了大量田野调查，但他们并没有与中国边疆学学术体系建构结合起来。比较研究是很多学科的方法，如果承认世界其他国家也有边疆的话，作边疆的横向比较研究将是一个重要课题，学术界占主流的观点是仅认为中国（顶多还包括俄罗斯）存在边疆，故限制了比较研究方法在中国边疆学学术体系建设中的应用。概念史也是广泛应用的研究方法，中国边疆学涉及概念的引入和概念在古今之间、中外之间的流变演化，如果中国边疆学将概念史带入其中，也有利于理解中国边疆和边疆学的"中国性"。

同时，在学科构建方法论上，将一般边疆学作为构建中国边疆学的前置条件存在很多争议。学术界还是应该对这种尝试给予鼓励和支持。有一种说法值得重视，即认为谈论其他国家的边疆及其理论，可能对中国边疆学建设造成不利影响。[①] 正确的方法是，只要我们坚持马克思主义的立场、观点和方法，坚持国家利益至上的原则，在这个前提下，可以大胆地探索一般边疆学，并在这个过程中大胆吸纳人类文明优秀成果。再者，将民族宗教重点关注的问题带入中国边疆学的核心议题之中，也是中国边疆学理论体系建设中必要的内容，这是因为中国边疆地区，既面临民族问题，又面临宗教问题，两者往往交织在一起，中国边疆学中许多议题都涉及民族问题和宗教问题。在这个背景下，将民族问题和宗教问题带入中国边疆学的核心议题之中是中国边疆学理论体系构建的中国特色。而现实是，中国边疆研究仅将民族和宗教作为其研究的背景，而不是作为核心议题，不少研究民族问题和宗教问题的专家并不涉猎中国边疆问题，而研究中国边疆问题的专家避免谈论民族问题和宗教问题。

将历史带入中国边疆学是中国边疆学建构的优势。中国边疆史地研究是历史地理学科的派生物，对中国边疆学的诞生起了十分重要的作用。邢玉林倡导从中国边疆史地研究转到"中国边疆学"，[②] 但所创造

[①] 刘珊珊：《中国边疆学构筑命题的提出与突破——访马大正先生》，《中国史研究动态》2020年第1期。

[②] 邢玉林：《中国边疆学及其研究的若干问题》，《中国边疆史地研究》1992年第1期。

的体系仍然在"中国边疆史地研究"范畴，虽然作为一个新兴学科在"中国边疆史地研究"中萌发并奠定很好的基础，而且提出中国边疆学建构需要依托历史学进行，① 但历史上的概念如果要应用到当今需要进行再开发。因此，从理论和实践来看，学术体系的建立，除了需要解决自身理论体系的逻辑起点问题、理论体系本身、方法论体系外，最为关键的问题是要从时代的需求出发，随着中国边疆地区改革开放的步伐，着眼于"两个大局"，重新建构中国边疆学的学术话语体系。

三 中国边疆学的话语体系建设

在"三大体系"中，话语（discourse）体系是关键。话语是表达边疆思想和边疆知识的介质。② 中国边疆学要成为一门独立学科，必须有自己的学术体系即理论和知识体系，而这种理论和知识体系必须通过话语表达出来。③ 可见，"三大体系"之间的相互连结才能共同致力于中国边疆学的研究，尽管学术体系与话语体系是不可分割的两个侧面，但它们是两个相对独立的领域。中国边疆学的学术话语是中国边疆学原创性、标识性的新概念、新范畴和新表述，其特点为：一是需要有学理支撑，因为话语的背后是思想；二是需要突出共识表达；三是用于争取制度性话语权，中国边疆学在争取和维护国家边疆利益上有特殊作用。成体系的新概念、新范畴、新表述便构成话语体系，也是认识主体从不自觉到自觉的过程，也是从自发到自为的过程。

---

① 方铁：《建设有中国特色的边疆治理理论体系》，《中国边疆史地研究》2016年第3期；李鸿宾：《对"中国边疆研究"概念的认识与界定——兼谈"中国边疆学"学术体系之建构》，《中国边疆史地研究》2018年第3期。
② 介质的物理学含义是一种物质存在于另一种物质内部时，后者就是前者的介质。这里是借喻。
③ 说到学术话语体系，不少将其与传播学甚至媒体上的话语及其体系联系起来。其实，这是两回事。哲学、社会学领域的话语及其体系是一种知识生产机制。其中，影响最大的是法国思想家福柯，福柯将"话语"看作知识生产和发展的本质力量，而非仅仅是载体或表述工具。参见［法］米歇尔·福柯《话语的秩序》，载许宝强、袁伟选编《言语与翻译的政治》，中央编译出版社2001年版，第1—31页。

(一) 中国边疆学话语的原创与转换

尽管我国一些学者也在讨论一般边疆学问题,但世界上并没有形成完整的边疆学学科体系。美国历史学家特纳较早使用了"边疆(frontier)"一词,以此解释美国历史以及美国国民特质,[①] 由此形成了美国历史研究的"边疆学派"。20 世纪 50—60 年代,欧美一些大学设置了边界和边境研究机构。1976 年美国成立"边境研究协会(Association of Borderlands Studies)",并出版了《边境研究杂志》(Journal of Borderlands Studies)。透过这个协会和期刊,我们发现:第一,西方没有一个完整的学科化的边疆学,仅有"边境研究",英文为"borderlands studies",即为一个问题研究集,与经济学、人类学、政治学等学科有着明显的区别;第二,西方学术界较少使用"边疆(frontier)"这个概念来指代与"borderlands(边境)"相关的概念,与"边境研究"相关的研究领域是"边界研究(border studies)"。事实上,边界研究在《边境研究杂志》上的文章中广泛存在。从这一点看,无论是建构一般边疆学还是建构中国边疆学,都没有西方的"先例"和"课本",因为西方也仅有"边界研究""边境研究",并且是一个研究领域,并非一门独立的学科。中国边疆学在国家治理层面的特殊意义为其原创性话语创造了极为有利的条件,中国人应该"自学成才"且能够为一般边疆学研究做出贡献。事实上,中国边疆史地研究为中国边疆学话语体系的建构贡献了诸如"主边疆带""次边疆带"等[②]很多原创性新概念、新范畴、新表述,但需要进一步走出原有学科研究的范畴,对这些新概念、新范畴、新表述进行再开发。

话语转化进路对中国边疆学话语体系构建也十分重要。按照话语的出处类型可以划分为官方话语和民间话语,按是否具有学理支撑可分为学术话语和非学术话语等。中国边疆学话语体系的构建和完善依赖于学

[①] [美] 弗里德里克·杰克逊·特纳:《美国边疆论》,董敏、胡晓凯译,中国出版集团公司、中国对外翻译出版公司 2012 年版。

[②] 孙勇、孙昭亮:《一般边疆学中的中国陆疆主次边疆溯源探究》,《西藏大学学报》(哲学社会科学版)2020 年第 3 期。

术用语的正确表达,这就需要从官方话语和民间话语的非学术语言中转化为学术语言,这其中主要涉及官方话语中的政治性话语和政策性话语的转换。这种方式在政治学的学术话语体系构建中比较普遍,①而在中国边疆学建构中则刚刚起步。② 事实上,即使不谈论历史上的边疆治理,仅中华人民共和国成立至今在边疆治理中已经产生了诸多政治性话语甚至是政策性话语,但是这些与学术话语有较大的区别。③ 此外,还涉及官方的一般工作话语和意识形态话语以及民间话语的转换问题。而意识形态领域各种思潮此起彼伏,作为学理性研究更需要对意识形态进行话语转化,现阶段意识形态的话语转化在统一思想、凝聚共识方面任务艰巨。

(二) 中国边疆学话语反思与清理

对现有学术话语的反思、清理和调整是中国边疆学话语建构的重要途径。现代化发源于西方,一方面,西方学术话语长期处于现代化进程的前端,对现代化后进国家和地区的学术持批评态度;另一方面,发源于西方的学术话语总是带有强烈的意识形态色彩。正是出于这样的原因,不少从事中国边疆研究的学者从建设有中国特色的边疆学出发,对来自西方的理论持警惕的态度,这是中国边疆学建构中的群体自觉行为。然而,即便如此仍嫌不够,还要对现有学术话语进行反思、清理和调整,反思那些不符合中国国情的学术话语,清理那些有损于中国主流价值的学术话语,调整那些过时和不符合中国国情的学术话语。

学术反思是学术发展的最重要方式。有学者指出"影响话语创新的原因有很多,最为突出的是缺乏真正的学术争鸣、有效的评价机制和良好的学术生态"。④ 我们看到,在中国边疆学建构中,学术批评与反思

---

① 徐勇、任路:《构建中国特色政治学:学科、学术与话语——以政治学恢复重建历程为例》,《中国社会科学》2021年第2期。
② 杨明洪:《中国边疆治理现代化中的政治势能构造》,《新疆大学学报》(哲学社会科学版)2023年第1期。
③ 当然,中国边疆学也担负为这些政治性甚至政策性话语进行学理阐释的任务。
④ 卢衍鹏:《要引导和鼓励学术批评与学术反思》,《中国教育报》2019年10月31日。

正在逐渐形成一种风气。① 对于西方的边疆学话语和理论，习近平指出"强调民族性并不是要排斥其他国家的学术成果，而是要在比较、对照、批评、吸收、升华的基础上，使民族性更加符合当代中国和当代世界的发展要求"，而且"对国外的理论、概念、话语、方法，要有分析、有鉴别，适用的就拿来用，不适用的就不要生搬硬套"。② 只有这样才能做到"洋为中用"。同时，中国边疆学建构中还存在对中国古代的治边理论和思想继承有余而批评不足的现象。给人的印象似乎是中国古代的治边理论、思想和策略对中国当代边疆治理有特殊作用，中国古代的治边理论和思想是当今构建中国边疆学的重要思想资源，需要对其加以认真研究和利用，但也要看到其时代的局限性。只有这样才能做到"古为今用"。

话语清理也是中国边疆学建构的重要途径。学术话语是学理化的概念、范畴和表述。一方面，来自西方的学术话语多偏向西方价值观，对中国边疆利益来讲是一种或明或暗的损害，因而需要从中国边疆的历史和现实的具体事实进行解构，清理其中不利于争取和维护中国边疆利益的学术话语，只有这样才能"洋为中用"。另一方面，来自中国古代的学术话语有许多是偏向统治者而脱离人民的价值观，这不能成为当今构建中国边疆学直接的思想资源，也需要从中国当今的现实出发，依据马克思主义基本立场和观点，对这些话语进行实事求是的解构，形成"古为今用"的学术话语。

---

① 围绕"边疆建构论"与"边疆实在论"的争鸣，一些学者参与讨论。参见方盛举《新边疆观：政治学的视角》，《新疆师范大学学报》（哲学社会科学版）2018 年第 2 期；朱碧波、李朝晖《"边疆建构论"与"边疆实在论"：对立抑或共生？——兼与马明洪教授商榷》，《新疆师范大学学报》（哲学社会科学版）2018 年第 3 期；孙勇、王春焕《时空统一下国家边疆现象的发生及其认识——兼议"边疆建构论"与"边疆实在论"争鸣》，《理论与改革》2018 年第 5 期；朱金春《边疆研究的本体论转向——"边疆实在论"与"边疆建构论"之争鸣再讨论》，《云南师范大学学报》（哲学社会科学版）2019 年第 5 期；朱碧波《中国边疆学：学术争鸣的回顾与学科发展的前瞻——基于"边疆建构论"与"边疆实在论"争鸣引发的思考》，《新疆师范大学学报》（哲学社会科学版）2020 年第 2 期；平维彬、武音茜《中国边疆的概念与特征——基于"边疆建构论"与"边疆实在论"争鸣的思考》，《贵州民族研究》2020 年第 4 期。

② 习近平：《在哲学社会科学工作座谈会上的讲话》，人民出版社 2016 年版，第 18 页。

话语调整是学术话语反思和清理的一种结果，也体现中国学界的群体自觉。通过学术反思和清理，将现有学术话语中的过时话语、缺乏严谨学理支撑的定义以及与当今中国主流价值不相符的话语找出来，淘汰一批，改造一批，转化一批，形成中国边疆学话语体系构建的知识流，让有中国特色、中国经验、中国场景、中国逻辑等具有"中国性"的话语体系构建成为中国边疆学术共同体的自觉研究行为。

（三）中国边疆学的话语权塑造

中国边疆学具有担负维护国家边疆利益的政治属性，在学术研究方面担负着正本清源的使命，应当为争取和维护国家的边疆利益而实施学理性辩护，因而在话语权塑造方面有责任构建有利于争取和维护国家边疆利益的话语体系，这是中国边疆学学术话语构建的重要内容，也是最终归属。

中国周边的国家分成两类：一类是在历史上处于以中国中央政权为核心的藩属体系之内，在西方列强入侵亚洲的过程中，尤其是"殖民体系"的碰撞中，一部分"藩部"地区"内地化"为中国这个多民族国家疆域的重要组成部分，而"属国"则脱离中国这个多民族国家，成为独立的主权国家;[1] 另一类是本身并不与古代中国发生多少联系，但近代以来侵夺中国的领土而成为中国的邻国。中国当今的邻国绝大部分是属于前一类型，这些邻国在历史上与中国存在藩属关系。这些历史和现实势必对中国边疆学话语体系的构建造成某些挑战。近代以来，西方列强入侵中国，给中国边疆造成了极大的危害，而且在这一过程中，也在不断制造不利于中国的边疆话语。例如，法国学界提出了"自然边疆"概念,[2] 美国学界也有"自然边疆"的说法,[3] 英国政界和学界提出

---

[1] 李大龙：《从"天下"到"中国"：多民族国家疆域理论解构》，人民出版社2015年版，第169—240页。

[2] ［美］诺曼·J. G. 彭斯：《法国"自然边疆"观的起源》，袁剑译，《中国边疆学》2018年第2期；［美］彼得·萨林斯：《再论自然边疆：17世纪以来的法国边界》，袁剑译，《北方民族大学学报》（哲学社会科学版）2017年第4期。

[3] 付成双：《自然的边疆：北美西部开发中人与环境关系的变迁》，社会科学文献出版社2012年版。

了"科学边疆"概念,并将其运用到英属印度西北部地区的治理中。①

另一方面,非学术的边疆话语也给中国边疆学话语体系建设带来影响。非学术话语的严谨性虽然弱于学术话语,但是,民间话语在社交媒体不断发展的形势下,传播速度远远快于学术话语,传播面也非常广。民间话语可维护国家边疆利益,也有可能在某种场合会解构甚至损害学术话语,进而伤害中国的国家利益。中国边疆学的学术话语构建是在这种社会背景下构建,必然面临清理有害于国家边疆利益的话语,吸纳有益于国家边疆利益的话语。同时,面对社交媒体广泛传播有关边疆的话语,需要中国边疆学界以其严谨的学术知识及时为民众解答难题,传播真相,说明事实。

综上,应该看到,中国边疆学话语体系建设的实践也在不断前行,在边界话语、治理话语、利益话语和安全话语四个方面作出卓有成效的努力,并形成了自己的话语体系特征,实现了对中国悠久历史的继承,平衡了主权国家的历史与现实,迎接了现实的挑战。② 有学者认为"应该看到,中国边疆学话语体系相对弱化,尤其是在某一个体系与邻国的学术体系相交叉、叠合时,往往自缄其口,造成话语断裂、缺语甚至失语"。③ 这一现象值得重视。

四　推动中国边疆学"三大体系"建设的路径选择

习近平在中国共产党第二十次全国代表大会报告中指出"加强边疆地区建设,推进兴边富民、稳边固边",④ 表明党中央对中国边疆学学

---

① 袁剑、刘玺鸿:《"科学边疆"及其实践——19世纪后期英国围绕印度西北边疆的治理政策及其影响》,《世界历史》2018年第6期。

② 苗威:《建构有中国特色的中国边疆学话语体系》,《中国边疆史地研究》2018年第3期。

③ 苗威:《建构有中国特色的中国边疆学话语体系》,《中国边疆史地研究》2018年第3期。

④ 习近平:《高举中国特色社会主义伟大旗帜　为全面建设社会主义现代化国家而团结奋斗——在中国共产党第二十次全国代表大会上的报告》,人民出版社2022年版,第22页。

科支撑作用的需求不断上升,学界推动其加速建构刻不容缓。从总体上把握中国边疆学"三大体系"建设方面面临的诸多问题和挑战,更容易从整体上思考推动中国边疆学"三大体系"建设的路径。概括起来,主要有以下几个方面:第一,中国边疆学学科体系建设较多关注学科建设的社会建制,而忽视中国边疆学理论体系的建构,使得二者不匹配,时代的强烈需求可以带动社会建制快速推进,学术界内部对建立中国边疆学理论体系即学术体系却缺乏必要的主体性。第二,中国边疆学学术体系建设支撑学科体系建设的能力较弱,面临着理论体系的逻辑起点摇摆不定、理论体系和方法体系建构缺失等重大问题,而这些问题又受制于中国边疆学话语体系建设,同时学术体系的不完善也在一定程度阻碍学科体系的构建进展。第三,中国边疆学的学术话语体系建设对其学术体系的支撑力较弱,学术界和理论界还没有完全从学理性、通识性、公约性上打造出用于构建中国边疆学话语体系的新概念、新范畴、新表述。这些问题说明,"三大体系"之间是相互制约的,需要贯通性思考问题,以系统的思维去解决。笔者认为,加快中国边疆学建设,需要从以下方面努力:

第一,以"新文科"建设为契机明确中国边疆学的学科定位。学界对中国边疆学的学科定位未形成共识,这使得学科建设缺乏方向感、方位感,可以"新文科"建设作为中国边疆学定位。2020年11月,《新文科建设宣言》是教育界应对新技术革命导致社会问题日趋错综复杂化的重要举措,并推出"新文科"建设举措,在2022年新颁发的研究生教育学科专业目录中增加了"交叉学科"。中国边疆史地这一学科虽然是中国边疆学的"源头",但从中国边疆学随后的发展和演化的历程来看,多种学科不断加入中国边疆问题研究之中。如此,中国边疆学本身一直处于多学科交叉融合生长的环境之中,顺势将中国边疆学定位为"交叉学科",争取下一轮学科目录调整时进入"交叉学科"行列,这是中国边疆学适应"新文科"建设的先天优势。[1] 在这个前提下,一

---

[1] 朱尖:《新文科背景下中国边疆学发展思考》,《云南师范大学学报》(哲学社会科学版)2021年第4期。

是尽快对中国边疆学的研究对象形成共识，以此引导学界在此范围内探索；二是鼓励多学科对这些研究对象所涉及的问题进行研究，打破学科堡垒，促进新技术革命所产生的研究方法应用于这一领域问题的研究。

第二，以学理性的思维扎实推进中国边疆学学术体系建设。相较于学科体系建设，中国边疆学的学术体系和学术话语体系更具基础性地位。运用学理思维对中国边疆学实践中新情况和新问题进行融贯性解释，并模式化构建中国边疆学理论体系，展示出学理思维方式的功能，成为未来应深耕的方向。一是建立中国边疆学基本概念和赋予其规范性意义，基于概念史和学术史的研究，将学者心目中的边疆看成本学科存在的"重力"，做到不把目光偏离中国边疆治理实践，展示学理思维的规范性功能。二是对中国边疆治理实践所涉及的理念、原则、制度和方法进行反思和学术提炼，展示学理思维的反思性重构功能。三是对学界形成的概念、范畴和理论进行体系化整合，在中国边疆学的学术话语体系和学术体系建设中，鼓励多做集成性工作，将看似矛盾的理论加以中和和集成，展示学理思维的体系整合性功能。四是以中国边疆治理的实践形塑中国边疆学的中国特色，将理论构建建立于实践的基础之上，挖掘中国历史和当代边疆治理实践宝贵经验，形塑中国边疆学学术体系的中国特质。

第三，以完备的形态承载中国边疆学"三大体系"。中国边疆学建设历程表明，在"三大体系"建设中存在若干"短板""弱项""瓶颈"，而每一个体系的建设中也有"短板""瓶颈"。这些"短板"和"瓶颈"的存在，使得这个体系的建设出现停滞甚至失败，实际上仍然是体系内部的各个要素的匹配性问题。因此，中国边疆学"三大体系"的形态完备至关重要。要达到这一点，就要在"三大体系"建设中，突出学术体系和话语体系这两个重点。在中国边疆学的学术体系中，学术体系的学术性品质最为重要，但学术性品质的提升必须以理论体系建设为中心，通过科学的研究予以达成。在学术话语体系建设中，既需要中国边疆学话语的原创与转换，又需要其话语反思与清理，还需要中国边疆学的话语权塑造。只有这些方面都得到完善，中国边疆学"三大体系"建设的整体效能才能显现。

第四，将马克思主义转化为中国边疆学的群体自觉和研究思维。中国边疆学一定要有中国特色，而体现中国特色的最主要方面是坚持以马克思主义为指导。习近平指出"坚持以马克思主义为指导，是当代中国哲学社会科学区别于其他哲学社会科学的根本标志，必须旗帜鲜明加以坚持"。① 编写有中国特色的中国边疆学教材，关键是要坚持以马克思主义为指导，需要对马克思主义与非马克思主义的边疆思想做出明确界定，同时将马克思主义理论和方法贯穿到中国边疆学学科体系构建的全过程，而不是简单地引用几条马克思主义经典作家的论述即可。早在2004年，中共中央就启动马克思主义理论研究和建设工程。自这一工程启动之后，很多的学科被纳入这一工程，但不幸的是，中国边疆学并没有纳入这一工程，这是学科社会建制上的缺失。假若能够得到这一工程的支持，中国边疆学建设将可能取得某种突破。

第五，以增强"三大体系"建设自觉性为抓手，强化中国边疆学学术共同体建设。学科"三大体系"建设的主体是科研工作者，他们是知识的生产者。其努力程度决定着这一具有重要战略意义的学科的前途命运。学者的主体性来自每一个学者内心深处对这一学科的情感。发挥学者主体性最主要的办法是百花齐放、百家争鸣，在平等的学术讨论中促进学术力量的创新，以创新驱动更多学理性的思考，并推动"三大体系"完善。无论增强学者的主体性，还是维护知识生产的良性环境，都需要一些载体和平台。在新时代，启动全国边疆学研究学术协会势在必然，虽然学科建设主要是学界自己的事，但尚需国家有关部门的鼎力支持。

五 结语

时代在呼唤中国边疆学尽快建立起来。在新的历史阶段贯彻新发展理念、构建新发展格局的进程中，深入研讨中国边疆学建设有着十分重

---

① 习近平：《在哲学社会科学工作座谈会上的讲话》，人民出版社2016年版，第8页。

要的现实意义。新时代需要回答三个问题：为何要建设中国边疆学？建设什么样的中国边疆学？怎样建设中国边疆学？这是时代之问。进而言之，即中国边疆学建设应以怎样的贡献来回应繁荣和发展中国哲学社会科学。从深层次的学科建设关系看，中国边疆学"三大体系"具有连接性和贯通性。从现实看，这"三大体系"建设面临着不少困境，其主要表现为学科体系建设进展缓慢，而造成其缓慢的关键性原因是学术体系和学术话语体系建设滞后。进一步看，这在"三大体系"建设过程中不仅相互牵制，而且在各个体系内部也分别存在"短板""弱项""瓶颈"问题。从这一逻辑导出的建设路径是通过强化话语体系建设推动学术体系建设，通过强化学术体系建设去推动学科体系建设。展望未来，中国边疆学"三大体系"建设，需要将马克思主义转化为中国边疆学的群体自觉和研究思维，以"新文科"建设为作为中国边疆学"三大体系"建设的切入点和突破点，以弥补中国边疆学建设的"短板""弱项""瓶颈"，强化学术共同体建设和人才队伍建设。我们相信，伴随着中华民族走向伟大复兴，中国边疆学"三大体系"将不断走向完善，位列学科之林。

第六编

构建世界史"三大体系"的理论与方法

构建世界历史体系的方法和原则[*]

与中华民族源远流长的文明历史和史学传统相比，世界历史在我国还算一个年轻的学科。鸦片战争前后，以林则徐、魏源为代表的先进知识分子"睁眼看世界"，编译《四洲志》《海国图志》，揭开了近代中国世界历史研究的序幕。直到新中国成立以前，我国的世界史研究和教学深受欧美的影响，对以西欧为中心编纂世界史的方法习以为常，大学历史系也通行讲授西洋史、断代史和以西方国家为主的国别史、专门史，很少以整体的眼光和方法进行世界史的研究和教学。由于世界历史时间跨度长、空间范围大、研究领域广，如何处理宏观整体研究与微观局部研究的关系，避免出现碎片化倾向，是新中国世界史研究长期探索的重大问题。

一　整体性：世界历史的本质特征和发展趋势

唯物史观昭示人们：世界史不是过去一直存在的，而是民族历史发展的结果。马克思和恩格斯在《德意志意识形态》中指出："各个相互影响的活动范围在这个发展进程中越是扩大，各民族的原始封闭状态由于日益完善的生产方式、交往以及因交往而自然形成的不同民族之间的

---

[*] 本文作者罗文东，中国历史研究院世界历史研究所研究员。本文原载于《历史研究》2019年第6期。

分工消灭得越是彻底，历史也就越是成为世界历史。"① 正是大工业"首次开创了世界历史，因为它使每个文明国家以及这些国家中的每一个人的需要的满足都依赖于整个世界，因为它消灭了各国以往自然形成的闭关自守的状态"。② 他们在《共产党宣言》中又强调："资产阶级，由于开拓了世界市场，使一切国家的生产和消费都成为世界性的了"，"过去那种地方的和民族的自给自足和闭关自守状态，被各民族的各方面的互相往来和各方面的互相依赖所代替了。"③

《共产党宣言》发表170多年来，世界各民族、各国家甚至各个人相互联系、相互作用越来越频繁和紧密，全球化和一体化的进程加快，世界成为一个日益开放、相互依存的"地球村"。世界历史不再是各民族、各国家、各个人分散发展的简单相加，而是各民族、各国家、各个人在各种历史和现实关系中构成的有机整体。马克思在《1857—1858年经济学手稿》中提出：社会有机体制"本身作为一个总体有自己的各种前提，而它向总体的发展过程就在于：使社会的一切要素从属于自己，或者把自己还缺乏的器官从社会中创造出来。"④ 马克思把社会的要素比喻为"器官"，以说明要素对总体的从属性，因为机体固然是由器官构成的，但器官离开机体，就失去了生存的条件和应有的功能。列宁在《哲学笔记》中也写道："世界历史是个整体，而各个民族是它的'器官'。"⑤ 各民族、各国家、各个人的发展变化在不同程度上受到世界整体发展的制约，反过来又影响世界历史发展的进程。因此，作为整体的世界历史与作为部分的民族、国家甚至个人的历史的相互关系，或者说世界历史的整体和部分的相互关系，就成为世界史必须解决的基本问题。

正确处理世界历史的整体和部分的相互关系，必须坚持整体研究原则，在世界历史各种因素的普遍联系和变化过程中，揭示历史规律，把握历史趋势。具体说来，在时间序列上，要把世界历史看作一个有内在

---

① 《马克思恩格斯文集》第1卷，人民出版社2009年版，第540—541页。
② 《马克思恩格斯文集》第1卷，第566页。
③ 《马克思恩格斯文集》第2卷，人民出版社2009年版，第35页。
④ 《马克思恩格斯全集》第46卷（上），人民出版社1979年版，第235—236页。
⑤ 《列宁全集》第55卷，人民出版社1990年版，第273页。

联系的、发展变化的过程，而不能随意割断历史；在空间范围上，要把世界各民族、各国家、各个人的历史看作一个相互联系、相互作用的整体，着重研究"世界历史性的事实"和具有世界历史意义的事件，而不能孤立地研究民族、国家和个人的历史；在研究方法上，要唯物辩证地研究生产力和生产关系、经济基础和上层建筑等各种因素的相互关系和矛盾运动，而不能陷入唯心主义和形而上学的困境。恩格斯告诫人们："经济状况是基础，但是对历史斗争的进程发生影响并且在许多情况下主要是决定着这一斗争的形式的，还有上层建筑的各种因素：阶级斗争的各种政治形式及其成果——由胜利了的阶级在获胜以后确立的宪法等等，各种法的形式以及所有这些实际斗争在参加者头脑中的反映，政治的、法律的和哲学的理论，宗教的观点以及它们向教义体系的进一步发展。这里表现出这一切因素间的相互作用，而在这种相互作用中归根到底是经济运动作为必然的东西通过无穷无尽的偶然事件……向前发展。"如果背离了历史唯物论和历史辩证法的这些基本原理，把世界历史理论应用于任何时期、任何地方、任何人，就会变成像恩格斯讥讽的"比解一个简单的一次方程式更容易"的庸俗史学了。[①]

早在新中国成立前后，周谷城就坚持整体性原则研究和讲授世界历史，认为："治历史而不能把握历史之完整性，或完整的统一性，则部分的史实之真相，最不易明白"；要注重民族间的斗争所引起的"世界各地之相互关系"，主张"注重各民族间的历史接触"为"注重全局"的观点和方法。[②] 他在1949年出版的《世界通史》突破了国别史之和即世界史的框框和"欧洲中心论"的束缚，力求从整体与部分的对立统一中探讨整个人类的历史。他明确提出："本人不认国别史之总和为世界通史，故叙述时，力避分国叙述的倾向，而特别着重世界各地相互之关联。"[③] 后来他在总结这一时期的思想时强调："我以为编写《世界通史》时，不能从单一的角度写起，而是须着眼全局或统一整体，从有

[①]《马克思恩格斯文集》第10卷，人民出版社2009年版，第591—592页。
[②] 周谷城：《世界通史》，商务印书馆1949年版，第235页。
[③] 周谷城：《世界通史》，"弁言"，第1页。

文化的或文化较高的许多古文化区同时写起。我所著的《世界通史》第一册，为了反对"欧洲中心论"，使读者对世界古史有一个全局的了解，便一连举了六个古文化区：曰尼罗河流域文化区，曰西亚文化区，曰爱琴文化区，曰中国文化区，曰印度文化区，曰中美文化区。"[1] 齐世荣评论说：周谷城强调"世界通史并非国别史之总和"，"主张把世界历史作为一个整体来研究，重视世界各地区之间的相互关系，并反对把欧洲作为世界历史的中心。这些观点对于我国世界史学科的建设，具有开拓性的意义"。[2]

改革开放以来，我国的世界历史研究和学科建设迅速拓展和深化，整体性研究得到强化。在吴于廑看来，既然历史在不断的纵向和横向发展中已经在越来越大的程度上成为世界历史，那么研究世界历史就必须以世界为一全局，"考察它怎样由相互闭塞发展为密切联系，由分散演变为整体的全部历程，这个全部历程就是世界历史。把分国、分区的历史集成汇编，或者只进行分国、分区的研究，而忽视综合的全局研究，都将不能适应世界历史这门学科发展的需要"。[3] 1994年出版的6卷本《世界史》正是按照上述观点、思路编纂的，是对纵横联系的"整体世界史"的探索成果。进入21世纪，如何构建有中国特色的世界史学科体系变成"热门"话题，引起世界史学界对宏观与微观、理论与实证、整体与个案之间关系的重视和争论。越来越多的学者认识到：只有坚持整体性方法和原则，才能构建从分散到整体的世界史体系。

二　碎片化在世界史中的主要表现和危害

与整体性研究相对立的碎片化倾向，中外世界史学界早已有之，到

---

[1] 周谷城：《着重统一整体反对"欧洲中心论"》，《中外历史论集》，复旦大学出版社2015年版，第478—479页。
[2] 齐世荣：《我国世界史学科的发展历史及前景》，《历史研究》1994年第1期。
[3] 吴于廑、齐世荣主编：《世界史·古代史编》上卷，高等教育出版社1994年版，"总序"，第31页。

20世纪70年代以后凸显出来。法国学者弗朗索瓦·多斯批评第三代年鉴学派背弃先辈注重整体史的传统,将历史上的重大时刻和转折抛在一边,把注意力转向社会边缘和公认价值的负面,从而使历史研究趋向"碎片化",并预言年鉴学派代表的"新史学"将出现危机和瓦解。多斯的批评切中了年鉴学派的要害,很快得到验证。《年鉴》杂志出版的1989年11—12月专号,宣称根本性的转折已经到来,应当对以前的立场进行批判。该刊社论说:"历史学的研究领域加速扩张,有待探索的领域层出不穷,这导致了意想不到的危险,即产生新的相互隔绝。这不再是社会科学各学科之间的隔绝,而是以新专业化的方式在历史学科内部造成的相互隔绝。"[①] 新中国成立70年来,特别是改革开放以来,世界史研究取得了巨大进展,但我们要清醒地认识到,我国的世界史也存在"碎片化"等问题,过分纠缠于历史的细节和表象,缺乏对历史的整体和本质的把握。国内外这种碎片化倾向至少表现在以下三个方面。

孤立地研究历史的某些细节从而肢解历史。人类社会是一个有机体,世界历史也是相互联系、相互作用而形成的多样性统一的整体。然而,受解构主义等后现代思潮的影响,战后西方许多历史学者放弃了宏大的政治、经济叙事,退缩到日常的社会、文化领域,把精神病人、儿童、肉体、梦、气候、微生物等纳入研究课题,热衷于多样化的研究对象和方法,不再探求各个研究对象之间的关联和历史的整体性,从而使"我们面临的史学是破碎的和包罗万象的,并受到不可抗拒的好奇心的驱使"。[②] 由于脱离了具体的历史环境和与其他事物的相互联系,上述研究对象就如天马行空,自行其是,成了超时态的事物,即便看到长时段中的变化,也与研究对象存在的基础没有多大关系。多斯认为:"这种历史论说缺乏总体理性化的意愿,而仅限于微观研究","堕入了唯心主义";"随着研究对象的支离破碎和大量增加,历史学将逐渐失去自我。历史学或许和昨天的动物学一样,也面临消亡的危险;或许和地

---

① [法] 弗朗索瓦·多斯:《碎片化的历史学——从〈年鉴〉到"新史学"》,马胜利译,北京大学出版社2008年版,"再版序言",第XVIII页。
② [法] 弗朗索瓦·多斯:《碎片化的历史学——从〈年鉴〉到"新史学"》,第168页。

理学一样,也将陷入危机和被边缘化。"① 列宁告诫人们:"在社会现象领域,没有哪种方法比胡乱抽出一些个别事实和玩弄实例更普遍、更站不住脚的了。挑选任何例子是毫不费劲的,但这没有任何意义,或者有纯粹消极的意义";"如果不是从整体上、不是从联系中去掌握事实,如果事实是零碎的和随意挑出来的,那么它们就只能是一种儿戏,或者连儿戏也不如"。② 那种细微琐碎地探究历史问题,缺乏整体关联性,"只见树木,不见森林",必然阻碍人们对世界历史的总体把握。

静止地研究历史的某些片段从而割断历史。世界历史既有连续性又有阶段性,是在继承前人成果的基础上不断创造和变革的历史过程。但某些学者不顾这种历史的联系,截取某一短暂的时段单独研究历史问题,肆意抬高某一时段的历史而贬低其他时代的历史,主观臆造历史的断裂和对抗。恩格斯以中世纪研究为例,批判了这种忽视历史事实和割断历史脉络的做法,指出:反对中世纪残余的斗争限制了人们的视野。"中世纪被看做是千年普遍野蛮状态造成的历史的简单中断";而中世纪的巨大进步,如欧洲文化领域的扩大,一个挨着一个形成的富有生命力的大民族,以及 14 世纪和 15 世纪的巨大技术进步,这一切都没有被人看到。这样一来,"对伟大历史联系的合理看法就不可能产生,而历史至多不过是一部供哲学家使用的例证和图解的汇集罢了"。③ 由于割断历史使过去、现在、未来之间的辩证关系被否定,历史研究不仅不再有鉴古知今的积极作用,而且会产生干扰社会进步的消极影响。20 世纪 80 年代苏联许多学者以"重新评价"历史为名,否定俄国社会主义革命和建设的历史,进而否定苏联共产党的领导和社会主义制度,从而造成了苏共党内外的思想混乱和组织涣散,为敌对势力搞垮苏共、瓦解苏联提供了可乘之机。"前事不忘,后事之师。"世界历史研究不能因为个人的好恶而限制视野,忽视历史演进的客观事实和主要线索,必须在整体研究的基础上对历史发展进行全面的深刻的把握。

---

① [法]弗朗索瓦·多斯:《碎片化的历史学——从〈年鉴〉到"新史学"》,第 175、235 页。
② 《列宁全集》第 28 卷,人民出版社 1990 年版,第 364 页。
③ 《马克思恩格斯文集》第 4 卷,人民出版社 2009 年版,第 283 页。

肤浅地研究历史的某些现象从而歪曲历史。 世界历史研究不能停留在庞杂史料的堆砌和各类现象的罗列上,而必须靠理论的指导性和穿透力,深入史料和现象的背后,去伪存真、由表及里,才能把握历史的本质和规律,从而揭示世界整体的历史。但是,某些历史学者专注于婚姻、家庭、妇女、儿童、老人、身体、感觉、记忆、服饰、象征、仪式等问题,不仅研究对象琐碎,研究视野狭窄,而且一味地进行无思想的现象描述,缺乏理论分析和价值判断,迷失了史学研究的目标和宗旨。法国的"新史学"像个在社会边缘寻觅往日幽灵和死者言论的游荡者,其最终目标不再是把握事实的中心,而是探索其周边,将心态、社会心理、情感等纳入"系列史"范畴,由此产生的史学论著的"主要特点是描述性而不是解释性,是实证性和经验性而不是科学性";反映出两方面的无能为力:"一是历史学家丧失了总体观念;二是历史中的人类被其无法掌控的系列分化瓦解。人类对现实不再有任何效力和作用。"① 美国学者菲利普·费尔南德兹-阿迈斯托撰写的《世界:一部历史》,试图把世界上从古到今各个地方、各类人群、各种文明找得到的东西都写进书里。这本全球通史类的书,虽然文笔生动、素材丰富,但是一本典型的不要理论体系的书。作者在导读中写道:大多数历史学家,"我也忝在此列——愿意就过去而研究过去,试图发现那些只对过去的人才有意义的、过去的人曾经面对过的问题"。"尽管我本人以为这样的历史果真无用也不见得是什么坏事情。"② 由此,历史的现实意义就被否定了,过去、现在、未来的历史联系就被消解了。读完这本洋洋洒洒100多万字的巨著以后,读者脑子里只有一个由大量史料碎片拼接起来的"马赛克",而不知道世界历史为何物。

世界史研究之所以出现上述碎片化问题,原因不在于是否需要微观的、局部的、个案的历史研究,而在于缺乏唯物辩证法的指导,不能正确处理整体与局部、普遍与特殊、现象与本质的关系,不能以客观的、

---

① [法] 弗朗索瓦·多斯:《碎片化的历史学——从〈年鉴〉到"新史学"》,第236、174—175页。

② [美] 菲利普·费尔南德兹-阿迈斯托:《世界:一部历史》,叶建军等译,北京大学出版社2010年版,"导读",第38页。

联系的、发展的观点考察世界历史。习近平总书记深刻指出："苏联为什么解体？苏共为什么垮台？一个重要原因就是意识形态领域的斗争十分激烈，全面否定苏联历史、苏共历史，否定列宁，否定斯大林，搞历史虚无主义，思想搞乱了，各级党组织几乎没任何作用了，军队都不在党的领导之下了。最后，苏联共产党偌大一个党就作鸟兽散了，苏联偌大一个社会主义国家就分崩离析了。这是前车之鉴啊！"① 如果任由碎片化倾向及其导致的历史虚无主义思潮滋长蔓延，不仅会危及世界史学科的性质和地位，而且会削弱世界史经世致用的功能和作用。正如高翔同志所说："真正成功的史学体系，不可能建筑在东拼西凑的资料碎片上，不可能满足于对历史细节的苛求，更不可能止步于对时代问题浮光掠影的考察。严肃的历史研究，必须从大处着眼，从本质着手，在经世中提升。"②

三 以大历史观统领新时代世界史体系建设

在致中国社会科学院中国历史研究院成立的贺信中，习近平总书记明确提出："坚持历史唯物主义立场、观点、方法，立足中国、放眼世界，立时代之潮头，通古今之变化，发思想之先声，推出一批有思想穿透力的精品力作，培养一批学贯中西的历史学家，充分发挥知古鉴今、资政育人作用，为推动中国历史研究发展、加强中国史学研究国际交流合作作出贡献。"③ 在五四运动一百周年前夕，习近平总书记在主持中共十九中央政治局第十四次集体学习时强调："要坚持大历史观，把五四运动放到中华民族 5000 多年文明史、中国人民近代以来 170 多年斗

---

① 中共中央文献研究室编：《十八大以来重要文献选编》（上），中央文献出版社 2014 年版，第 113 页。

② 户华为：《今天，我们需要什么样的历史学——专访中国社会科学院副院长、中国历史研究院院长高翔》，《光明日报》2019 年 6 月 17 日第 14 版。

③ 《习近平致中国社会科学院中国历史研究院成立的贺信》，《人民日报》2019 年 1 月 4 日第 1 版。

争史、中国共产党 90 多年奋斗史中来认识和把握。"① 这些重要论述不仅对中国历史，而且对世界历史的研究都具有普遍和深远的指导意义，为我们推动新时代世界史的繁荣发展，加快构建中国特色世界史学科体系、学术体系、话语体系指明了奋斗目标、科学方法和基本原则。

第一，坚持以正确的历史观为指导。历史观是人们对社会历史的总的看法和根本观点，决定着人类认识历史的程度和水平及其创造历史的能力和效果。马克思以前的历史学，虽然对历史事实的记载和收集、历史过程的描述和分析等作出了不同程度的贡献，但受各种唯心主义和形而上学历史观的束缚，都不能揭示历史发展的本质和规律。而马克思创立的历史唯物主义，则揭示了人类历史的内在奥秘和发展规律，使过去"在历史观和政治观方面占支配地位的那种混乱和随意性，被一种极其完整严密的科学理论所代替"，② 为历史学真正发展为历史科学奠定了牢不可破的理论基础。党的十八大以来，习近平总书记对历史和历史科学作出了一系列重要论述，强调要树立大视野的历史思维，把握人类历史发展的大趋势，发挥鉴古知今、学史明智的重大作用。他在哲学社会科学工作座谈会上指出："观察当代中国哲学社会科学，需要有一个宽广的视角，需要放到世界和我国发展大历史中去看。"③ 他在主持中共十八届中央政治局第四十三次集体学习时指出：尽管我们所处的时代同马克思所处的时代相比发生了巨大而深刻的变化，但从世界社会主义 500 年的大视野来看，我们依然处在马克思主义所指明的历史时代。这是我们对马克思主义保持坚定信心、对社会主义保持必胜信念的科学根据。④ 关于历史的作用，他认为："历史研究是一切社会科学的基础，承担着'究天人之际，通古今之变'的使命。世界的今天是从世界的昨天发展而来的。今天世界遇到的很多事情可以在历史上找到影子，历

---

① 《加强对五四运动和五四精神的研究　激励广大青年为民族复兴不懈奋斗》，《人民日报》2019 年 4 月 21 日第 1 版。
② 《列宁专题文集·论马克思主义》，人民出版社 2009 年版，第 68 页。
③ 习近平：《在哲学社会科学工作座谈会上的讲话》，人民出版社 2016 年版，第 3 页。
④ 《深刻认识马克思主义时代意义和现实意义　继续推进马克思主义中国化时代化大众化》，《光明日报》2017 年 9 月 30 日第 1 版。

史上发生的很多事情也可以作为今天的镜鉴。重视历史、研究历史、借鉴历史，可以给人类带来很多了解昨天、把握今天、开创明天的智慧。所以说，历史是人类最好的老师。"① 这些重要论述所阐明的"大历史观"将历史唯物主义基本原理与当今时代特征和中国具体实际相结合，赋予马克思主义历史观新的时代内容和民族形式，给包括世界史在内的整个历史科学提出了新的目标任务和方法途径，是新时代中国特色世界史体系建设的科学指南和根本遵循。

第二，注重整体和综合的研究方法。把握世界历史，既要认识人类社会发展的延续性，又要认识人类社会发展的广袤性。从历史唯物主义到"大历史观"，都强调坚持整体性的历史思维和世界眼光，在纵贯古今、横接中外的长时段和大视野中，研究考察影响历史进程的重大事件。习近平总书记在主持中共十八届中央政治局第十一次集体学习时说：学习和运用历史唯物主义，就要掌握社会基本矛盾分析法，"把生产力和生产关系的矛盾运动同经济基础和上层建筑的矛盾运动结合起来观察，把社会基本矛盾作为一个整体来观察，全面把握整个社会的基本面貌和发展方向"。② 他在纪念马克思诞辰 200 周年大会上强调：只有在整个人类发展的历史长河中，才能透视出历史运动的本质和时代发展的方向。今天，人类交往的世界性比过去任何时候都更频繁、更广泛，各国相互联系和彼此依存比过去任何时候都更频繁、更紧密。我们要学习和实践马克思主义关于世界历史的思想，"站在世界历史的高度审视当今世界发展趋势和面临的重大问题"，"同各国人民一道努力构建人类命运共同体，把世界建设得更加美好"。③ 历史学，尤其是世界历史，不同于哲学社会科学的其他学科，其研究对象和范围不是人类社会生活的某一方面或某一阶段，而是人类以往社会生活的所有方面和完整过

---

① 《习近平致第二十二届国际历史科学大会的贺信》，《人民日报》2015 年 8 月 24 日第 1 版。

② 中共中央宣传部：《习近平新时代中国特色社会主义思想学习纲要》，学习出版社、人民出版社 2019 年版，第 242 页。

③ 习近平：《在纪念马克思诞辰 200 周年大会上的讲话》，《人民日报》2018 年 5 月 5 日第 2 版。

程。因此，世界史研究更需要宽广的视角，在尽可能详尽地收集史料进行具体分析的基础上，进行系统综合的研究，因为历史的真理只有在各种因素的总和中以及在它们的关系和运动中才能达到。

第三，推动世界历史相关学科融合发展。近代以来，随着历史研究日益专业化，世界史学科内部专业划分越来越细，出现了政治史、经济史、社会史、文化史、生态史和古代史、中世纪史、近代史等分支学科，并且与其他学科渗透，出现了历史地理学、历史人类学、心理史学、计量史学等交叉学科。这种分化趋势，一方面扩展了世界史研究的领域和深度，使世界史研究日益细微化和多样化；但另一方面割裂了世界历史的普遍联系和发展过程，给世界史的整体性和统一性造成威胁，从而使世界史研究面临新的学科融合的任务。伯纳德·贝林1981年在美国历史协会第96届年会发表的演说中提出：历史学家未来若干年面对的最大挑战不是如何深化和丰富对过去生活的专门探究，而是如何将以前难以想象的具有复杂情节和分析因素的历史再度综合起来，以及如何将可资利用的信息资料（定量和定性的、统计和文字的、可视和口述的）融汇可读性强的重大事件的叙述中。[1] 当今中国，世界史已发展为门类齐全、初具规模的一级学科。推动世界史学科建设，不仅要加强世界史学理论与史学史、世界古代中世纪史、世界近现代史、世界地区与国别史、专门史与整体史等二级学科之间的对话和融合，而且要打破世界史与中国史、考古等历史学科，以及与其他人文科学、社会科学乃至与自然科学之间的学科壁垒，联合各方力量构建世界史学术共同体，开拓世界历史研究的新局面和新境界。

当今世界正在经历百年未有之大变局，当代中国正在经历广泛深刻的大变革。世界多极化、经济全球化、文化多样化、社会信息化深入推进，给世界历史发展和世界史体系建设提供了难得的机遇，也提出了巨大的挑战。习近平总书记殷切希望我国广大历史研究工作者"继承优良传统，整合中国历史、世界历史、考古等方面研究力量，着力提高研究

---

[1] Bernard Bailyn, "The Challenge of Modern Historiography," *The American Historical Review*, Vol. 87, No. 1, 1982, pp. 23 – 24.

水平和创新能力,推动相关历史学科融合发展,总结历史经验,揭示历史规律,把握历史趋势,加快构建中国特色历史学学科体系、学术体系、话语体系"。① 具体到世界史,学科体系是基础和依托,学术体系是灵魂和核心,话语体系是原料和载体,三者相互依存、融合贯通,结合为统一的整体。只有坚持以历史唯物主义和习近平大历史观为指导,更加注重整体的、综合的研究方法,才能构建起全面系统、科学完备的世界史体系,谱写无愧于当今时代和人民大众的历史新篇章。

---

① 《习近平致中国社会科学院中国历史研究院成立的贺信》,《人民日报》2019年1月4日第1版。

以现代化为主题构建世界近现代史新的学科体系[*]

一 "世界史"的含义

什么是"世界史"？这个问题早已老生常谈了，但为了讨论世界近现代史的体系问题，似乎还需要从这里说起。

关于世界史的含义，向来有两种理解。一种把它理解成"世界的历史"（history of the world），这是一种"整体史"（universal history）或"全球史"（global history）的观念；另一种把它看成是各国历史的相加（history of all countries），事实上是一种组合起来的国别史。持第一种理解倾向的国内学者可以吴于廑为代表。吴先生在逝世前曾多次表达世界史是一种"整体史"的思想。他曾说："世界历史是历史学的一门重要分支学科，内容为对人类历史自原始、孤立、分散的人群发展为全世界成一密切联系整体的过程进行系统探讨和阐述"，也就是说，把人类的历史看作一个整体过程。[①] 齐世荣也主张这样看待世界史。齐世荣先生说："人类历史是从原始、孤立、分散的人群最终走向全球一体化的过程。与此相适应，历史学也是先有国别史、地区史，然后才有世界史。"

---

[*] 本文作者钱乘旦，南京大学历史系教授。本文原载于《世界历史》2003年第3期。

[①] 吴于廑：《世界历史——为〈中国大百科全书·外国历史卷〉作》，载薛国中、安长春主编《十五十六世纪东西方历史初学集》，湖南出版社1993年版，第1页。

按照他的想法：在世界成为"全球一体"之前不可能写出真正的"世界历史"，因此他说：只有到 20 世纪，尤其是第二次世界大战以后，"世界政治、经济、文化各个方面日益密切联系成为一个整体，世界史的撰写到这时才成为时代的迫切需要"。①

在西方史学界最能代表并在自己的创作中体现这种思想的大概要算斯塔夫里阿诺斯，他在其名作《全球通史》中的第一句话就是："本书是一部世界史，其主要特点就在于：研究的是全球而不是某一个国家或地区的历史，关注的是整个人类，而不是局限于西方人或非西方人。"为了强调他的观点，他还特意引用另一位历史学家巴勒克拉夫的说法作为该书第一章的卷头语："世界史不仅仅是世界各地区史的总和，若将其分割再分割，就会改变其性质，正如水一旦分解成它的化学成分，就不再成其为水，而成了氢和氧。"② 有趣的是：巴勒克拉夫又以荷兰历史学家赫伊津加早在 20 世纪 30 年代就说过的一句话，作为他自己那本名著《当代史学主要趋势》的全书卷首语。赫伊津加曾经说："我们的文明首先是以全世界的过去作为它自己的过去的文明；我们的历史首先是世界史。"对此，巴勒克拉夫评论说："认识到需要建立全球的历史观——即超越民族和地区的界限，理解整个世界的历史观——是当前（史学界）的主要特征之一。"③

作为著名的史学史专家，巴勒克拉夫的论断无疑是正确的。20 世纪的历史学家认识到必须用"理解整个世界的历史观"来认识历史，由此而恢复历史的真实面目。在这个意义上界定的"世界历史"，确实只在 20 世纪尤其是第二次世界大战以后才产生。马克思曾经对"世界的历史"和全球化的关系作过论述，他说：大工业"首次开创了世界历史，因为它使每个文明国家以及这些国家中的每一个人的需要的满足

---

① 齐世荣：《齐世荣史学文集》，人民出版社 2002 年版，第 327、329 页。
② 参见［美］斯塔夫里阿诺斯《全球通史，1500 年以前的世界》，吴象婴、梁赤民译，上海社会科学院出版社 1998 年版，第 54 页。
③ ［英］巴勒克拉夫：《当代史学主要趋势》，杨豫译，上海译文出版社 1987 年版，卷首及第 242 页。

都依赖于整个世界,因为它消灭了以往自然形成的各国的孤立状态"。①如果说在19世纪,大工业还仅仅"开创了世界历史";那么到20世纪,它就算真正完成了世界史的形成过程。20世纪的科学技术发展与经济一体化把世界的每一个角落都卷入到世界的整体中来了,正是在这一背景下,2000年在挪威奥斯陆召开的国际历史科学第19次大会上提出的会议主题,就是如何研究"全球史"。②

从理论上说尽管如此,在实践中真能认识到这一点并以其指导历史研究的人却并不多,成功的作品就更少。对多数历史学家而言,国别研究是他们的专长,而且在国别研究中,他们感兴趣的也只是一些具体的专题。为数不多的历史学家努力构建"整体的"世界史,但在多数情况下,这些"世界史"只不过是组合起来的国别史。书写真正的"世界史"并不容易,"世界史"要求把握世界各地历史之间的相互关系和内在的逻辑关联,关联的缺失使多数"世界史"作品流为一团散沙。

实际上,在西方史学传统中,撰写"世界史"的努力自古就有,被尊为西方"史学之父"的希罗多德,其《历史》就称得上是西方第一部"世界史"。公元前2世纪的波利比阿已经把"世界"看成了"整体",在他看来:各地方发生的事都是相互关联的,"意大利和利比亚发生的一切与亚洲和希腊发生的一切密切相关",所以,"要对历史的全貌有一个实际认识,不能不说个别的历史已用处甚微。只有将各事件与总体之间千丝万缕的联系一起揭示出来,指出其相似和不同点,才有可能认识历史的全貌"。③ 19世纪英国的阿克顿勋爵也说过类似的话,他说:"所谓世界史,按照我的理解,它不同于一切国家的历史组合,不是脆弱的拼凑,而是一个连续的发展过程……它贯穿古今,各民族在其中只起辅助的作用。各民族的历史,不是为了它们自身而叙述,而是

---

① 马克思:《费尔巴哈》,《马克思恩格斯选集》第1卷,人民出版社1972年版,第67页。

② 该次大会的三大主题是:1."全球化的视野:概念和方法";2."千年纪、时间和历史";3."对历史的应用和滥用及历史学家的回应"。见《国际历史科学第19次大会简报》(Proceedings of 19th International Congress of Historical Sciences),奥斯陆大学2000年;并见拙作:《探寻"全球史"的理念》,《史学月刊》2001年第2期。

③ [美]斯塔夫里阿诺斯:《全球通史,1500年以前的世界》,第51页。

根据它们同更高的历史序列的从属关系，即根据它们对人类共同命运所做出的贡献的时间和程度来叙述。"① 这种"理想的"世界史很少有人真的能写出来，比如波利比阿的作品基本上是当时"世界"的国际关系史，而阿克顿主编的《剑桥近代史》则是典型的各国历史的堆砌，并且以西欧为中心。

从以上的介绍可以知道，"世界史"在专业圈子里，是历史这一大学科范畴下的分支学科，它是有严格的学科含义的，它的研究对象是"世界"，而不仅是一个个单个的"国家"。但是在中国的学科分类体系里，同时也在一般的公众理解中，"世界史"等同于"外国史"，而且是不包括中国在内的外国史。这是一个非常奇怪的现象，在国外绝不会是这种情况。事实上在任何一本西方人编写的"世界史"著作中，绝对不会没有他本国的历史，而且一定对它大书特书。这方面最好的例子就是德国大历史学家兰克的《世界通史》，现代人普遍承认，实际上在兰克所标榜的"客观历史"中，普鲁士中心论是他的基本主题。

中国人把"世界史"等同于"外国史"是有其历史根源的。中国人自古就缺乏"世界"的概念，其"天下"观把中国视为中心，在它周围有一些番邦蛮国。这种视野使中国的史学虽有记载"异域"的传统，但这不是书写"世界史"，而是对异邦风物的注意，常常出于猎奇心理加以记录。相比之下，西方历史发展过程中一雄独霸的局面相当少见，自希腊以降诸强并立的情况就几乎不断。如此之下，西方文化从来就承认多民族、多国家的"世界"格局，西方史学传统也就更多地承认"世界"的存在，因此更多地关注它们各自时代的"世界历史"，比如希罗多德、波利比阿记载希腊、罗马时代的"世界史"，兰克和阿克顿则记载地理大发现之后的"世界史"。

中国人关注"世界"是在鸦片战争以后，对"外国"的介绍也从19世纪中叶开始。最早介绍西方历史的是一些翻译书籍，直至1949年，研究性的工作仍旧少而又少。专门研究"外国史"在中国史学界几乎是站不住的，许多在国外留学、以所在国历史为研究对象的学者，

---

① 齐世荣：《齐世荣史学文集》，第329页。

回国后几乎全都要改做中国史。① 由于西方列强入侵中国的特殊背景，1949年以前，中国人主要关注欧美国家，因此"西洋史"这个名称又盛为流行，取代了具有较大内涵的"外国史"。长期以来，非中国的历史都由一个模棱两可的概念"西洋史"来表示，可想而知，这个概念和"世界史"的应有含义相去有何等之远。同时，这也就解释了中国历史学界何以把"中国史"和"世界史"截然分开，并且不能够形成国际学术界公认的"世界史"概念。

中国的"世界史"学科是在1949年以后建立的。这受到当时苏联的影响。在苏联，"外国史"是一门独立的学科，因研究"外国"历史而享誉学界的人不在少数。并且，苏联存在着公认意义上的"世界史"概念，苏联科学院耗时十年编撰的《世界通史》10卷，② 是一部名副其实的"世界"的历史，其涵盖面包括俄、苏在内的世界各地区。出于意识形态的需要，中国在引进苏联的"外国史"之后，一方面接受了"外国史"的独立学科地位；另一方面，又给它冠以一个名不副实的称号即"世界史"。这以后，"世界史"在中国就专指不包括中国在内的外国历史，它既做不到涵盖整个"世界"，又不具备西方"世界史"的严格定义，实在是词不达意，因此中国的世界史学科就很特别。但在引进这门学科的本意即建立统一的历史学体系方面，它却是完全成功的。下面就来谈谈"世界史"的体系问题。

二 "世界史"的体系

德巴里说：目前撰写世界史的最大问题是"缺少一个恰当而又得到一致承认的体系以便把世界文明表述为一个整体"。巴勒克拉夫也同意这种观点，他说："人们一方面都认为世界史是，或者应当是完全不同于国别史的拼凑物的东西，应当用不同的精神和方式来展开研究，但如

---

① 参见齐世荣《我国世界史学科的发展历史及前景》，《历史研究》1994年第1期。
② 俄文本1955—1965年在苏联出版，1977年又加编出版第11卷。

何建立这样的历史学,这个问题仍然没有得到圆满的解决。"实际上,把各个国家的历史堆积在一起,写成一部"世界史",这并不难;难的是形成一个体系。有体系的"世界史"就能最低限度地体现历史的整体性,没有体系的"世界史"哪怕把世界上发生的事最事无巨细地复述出来,它仍然是一团散沙。在这方面,最突出的例子就是联合国教科文组织于20世纪60年代开始编写的《人类史》,这部动用了大批来自各国的历史学家集体创作的鸿篇巨制,由于各自观察问题的角度不同,立场不同,结果虽然提供了"大量令人感兴趣的史料",但"显然没有提供令人清晰易懂的模式"。① 齐世荣曾这样评论20世纪国际史坛出现的几部超大型世界史著作(包括《人类史》、苏联十卷本《世界通史》等):这些著作虽内容丰富,撰写者都学有所长,但"缺乏严密的体系,甚至给人以杂乱无章的感觉"。② 实际上,缺乏体系的"世界史"一向并不少见,18世纪英国曾编过一部几十卷的《世界史》,但其破碎的程度,一如两个世纪以后的《人类史》。19世纪兰克和阿克顿的作品也有同样的倾向,只不过大小程度不同而已。

由此可见,"体系"是世界史的一个很大的问题。那么什么是"体系"?在我看来,体系是历史学家对历史的理解和解释系统,它决定历史学家选用哪些素材来编织他对历史的陈述。换句话说,体系制约对历史的解读,同时将散乱的历史细节组合成整体。没有体系的历史学充其量只能是知识的堆积,其中堆积的知识越多,内容就越破碎。体系实际上就是筛选历史的标准,巴勒克拉夫曾经问:如果世界史"不是国别史的拼凑",不是知识的堆积,那么我们怎么知道哪些事件应该写进"世界史",因为它具有历史的重要性;而哪些事实又不具备这种重要性呢?他还问:如果如塔尔蒙所言:重要不重要取决于它是否关系到"有意义的整体",那么衡量有没有意义的标准又是什么呢?③ 这个问题似乎把世界史学家推进了因果循环的绝境;但事实上,以"体系"为角度观

---

① [英]巴勒克拉夫:《当代史学主要趋势》,第244、247、248页。
② 齐世荣:《齐世荣史学文集》,第332页。
③ [英]巴勒克拉夫:《当代史学主要趋势》,第250页。

察历史,有意义和没有意义都排列得清清楚楚。历史是由无数的细节组成的,历史学家不可能穷尽这些细节;使用哪些史实来叙述历史,以及能否把历史重建为整体,其关键都在于"体系"。唐纳德·R.凯利说:"每一个历史学家都有一种视野的意识,在这种视野之内进行历史探寻";① 建立体系就是自觉地运用这种"视野的意识",通过它来选择史料、重现历史。因此可以说:建立体系就是建立判断的标准,确定"历史重要性"的依据;同时,建立体系也意味着对某些基本的历史理论问题进行解答,比如说,历史是否发展、发展的动力是什么、是否有发展的方向等。由此可知,体系问题不仅对世界史重要;就整个历史学科而言,都存在着有体系还是没有体系、要体系还是不要体系的问题。任何历史学有体系就能做到条分缕析,没有体系就会变得庞杂无章。

西方"世界史"编纂并不缺乏建立"体系"的传统。在中世纪,从圣奥古斯丁开始,就形成一套用神学来解释历史的理论,根据这套理论,人类历史只是上帝的意志在尘世的展现,因此历史学家的责任,就是用历史本身来揭示人类历史是如何无可回避地按照上帝的安排在人间展开的,从而证明上帝无所不在。② 启蒙时期,世界史的神学体系被打破了,伏尔泰用他的著作(如《论通史及各民族的风俗与精神》)来确立以人类社会自身为线索的新的世界史体系,企图说明"人类是通过哪些阶段,从过去的原始野蛮状态走向当代文明的"。③ 这以后,历史学家开始用"进步"的观点来看待历史,即认为人类社会是不断进步的,后一个历史阶段必然超越前一个。这种历史观成为18世纪、19世纪西方历史学的主流,而达尔文的进化论则使它显得更加有道理。在众多历

---

① [美] 唐纳德·R.凯利:《多面的历史:从希罗多德到赫尔德的历史》,陈恒、宋立宏译,生活·读书·新知三联书店2003年版,第11页。

② 中世纪神学历史学家认为《圣经》中的《但以理书》隐示着世界历史发展的轨迹,《但以理书》曾预言"四王将要在世上兴起",它们在但以理的梦中表现为四只怪兽,被解梦者说成是四个相继出现的"国"。基督教历史学家说这"四个国"就是古代世界相继出现的巴比伦、亚述、波斯和马其顿,后来则有人解释成是罗马帝国、奥斯曼帝国、拿破仑帝国甚至"苏维埃帝国",他们用这些说法来编制其世界史的"体系"。参见《但以理书》,第二章、第七章。

③ 转引自张广勇为斯塔夫里阿诺斯《全球通史》(两册)所做前言,见[美]斯塔夫里阿诺斯《全球通史》第18页。

史学家中，还有人把自然的进化和人类社会的进化连成一条线，认为人类社会的进步实际上是自然进化的必然延伸。在这方面，韦尔斯的《世界史纲》是一个例子，他的书从宇宙和地球的形成写起，一直写到第一次世界大战。① 顺便提一句，马克思的历史观也属于进步的历史观，马克思认为人类社会从低到高循序递进，物质生产的进步推动着社会的进步。以马克思的方法来书写历史，也形成了相当完整的体系。

20世纪，有人对进步的历史观提出挑战，他们认为历史未必是直线发展，文明有生有死，就如人的生命一样。各种文明生的生，死的死，相互交替，此生彼灭。因此，历史运动毋宁说是循环的状态，并非随时间进展就一定进步。历史学家的任务是解释文明生死的原因，寻找规律，揭示历史变迁的规律。这样，就形成一种新的世界史体系，斯宾格勒和汤因比是其中最著名的代表。斯宾格勒曾经这样概括循环的历史观念，他说："我看到的不是虚构的一份直线历史，那是只有在无量繁富的事实跟前紧闭双眼才能保持的。我看到的是一群伟大文化组成的戏剧……每一种文化各有自己的观念，自己的情欲，自己的生活、愿望和感情，自己的死亡。"② 汤因比则构建了21种"文明"的生死循环轨迹，他同样试图说明，历史并不是一条直线。③ 依照这种逻辑书写的"世界史"也有其独特的体系，尽管汤因比并未能避免堆积各国的历史。

如前所述，中国的"世界史"起步很晚，而且在含义上与国际学术界不尽相同，在"体系"构建方面也有其特殊背景。总体而言，中国的"世界史"形成后基本借用外来体系，尚未来得及创建自己的体系。迄今为止，中国世界史学界认真尝试建立体系的是吴于廑，他在去世前的最后几年里连续发表论文，阐明他的"从分散到整体"的世界

---

① ［英］赫·乔·韦尔斯：《世界史纲——生物和人类的简明史》，吴文藻等译，人民出版社1982年版。

② ［德］奥斯瓦尔德·斯宾格勒：《西方的没落》，齐世荣等译，商务印书馆1995年版，第39页。

③ 汤因比批判"关于统一文明的错误概念"，认为这种错误有三个思想根源：即"自我中心的错觉，东方不变论的错觉，以及说进步是沿着一根直线发展的错觉"。见［英］汤因比《历史研究》，曹枫等译，上海人民出版社1959年版，第44—45页。

历史观。他把世界历史的发展看作是"纵向"和"横向"的交叉,"纵向发展"和"横向发展"最终把世界连接成一体。吴于廑的思想明显具有独创性,可惜他来不及将它付之于一部《世界史》。

三 苏联体系

前面已经说过,中国的世界史学科是在1949年以后建立的,[1] 当时引进苏联的学科,同时也引进了苏联的体系。引进苏联体系有一个目标,就是在整个历史学乃至思想界建立统一的观念,形成统一的意识形态。苏联体系是一个大宏观系统,它确信全世界各个地方都无一例外地遵循共同的历史发展阶段逐一更替,由低级向高级发展,而发展的动力是阶级斗争。遵照这个体系,苏联历史书(不仅是"世界史",而且是一切历史书)都以阶级斗争为纲,[2] 因此判断历史事实是否"重要"并应否收入史书撰写的标准,就是它是不是体现了"阶级斗争"。这样,历史书写成了阶级斗争的历史书,历史变成了完全的阶级斗争史。这个体系是20世纪30年代最终形成的。

苏联体系在中国盛行几十年,曾经对我国世界史学科的形成和发展做出过重大贡献。没有这个体系,新中国的世界史学科不可能成为独立的学科,它的存在及重要性也得不到学界及社会其他方面的承认。没有这个体系,以及对这个体系的社会认同,我们就不可能形成一支专业的世界史学科队伍,世界史和中国史之间也难以明确地分工。没有这个体系,新中国世界史学科的学术成就是不可能这么大的,1949年后数以万计的论文、专著,尤其是改革开放以后涌现的大批学术成果就都没有

---

[1] 这是我国史学界的共识,如齐世荣说:"1949年新中国成立以后,我国的世界史学科逐步建立起来。"见齐世荣《我国世界史学科的发展历史及前景》。

[2] "阶级斗争贯穿于对抗性社会的全部生活中,时而表现为公开的阶级冲突形式,时而表现为隐蔽的形式,蒙上了思想体系的外衣,宗教的外衣和他种外衣。"苏联科学院主编:《世界通史》第一卷,生活·读书·新知三联书店1959年版,第13页。该书认为一切历史现象都是阶级斗争的表现,比如科学、艺术以及"整个文化的进步过程"都是在"阶级斗争的千丝万缕关系中完成的"。见该书第18页。

存在的基础。中国最早的世界史学者都是在这个体系下成长起来的,中国的世界史学科也因为这个体系而从中国史学科中正式分离出来。但这样一来就形成中国世界史学科独特的含义:它不是包括中国在内的"世界的"历史,它是不包括中国在内的"外国的"历史。时至今日,"世界史"仍然与"中国史"相对,在国家颁布的学科分类和人们的一般概念中都是这样。

尽管苏联体系对中国的世界史学科做出过重大贡献,但这个体系有其明显的弱点,现在,它已经不能够适应学术发展的需要及时代的要求了,因此应该对它做重新审视。

苏联体系的弱点如下:

第一,这个体系是在苏联特殊的历史条件下形成的,当时,十月革命刚完成不久,国内外形势十分复杂,苏维埃政府需要一种历史学说。同时,苏共党内也在进行激烈的斗争,其正当性似乎也需要得到历史学的支持。[①] 因此,在一个以"斗争"为主题的时代就形成了一个以"斗争"为主线的学科体系,阶级斗争几乎成为整本历史教科书的唯一内容。类似的历史条件在新中国建立后也存在过相当长一段时间,从新中国成立到"文化大革命"结束,"阶级斗争"一直是国家生活的主题,因此苏联体系的流行有其合理的时代背景,体系的建立和占优势与这个时代背景密切相关。但现在,这些背景都已不复存在了,本来让人感到很有道理的说法已经与社会的现实相距太远,体系丧失了它的时代性,其现实吸引力也大为缩小。

第二,从纯学术的角度看,这个体系的涵盖面不广,伸缩性不大,难以作自我调节。体系的基线是阶级斗争,用阶级斗争来贯穿整部历史。人类自从有阶级以来,一切时代都存在阶级斗争,这一点应该是无可置疑的。但若把这个命题解释为"历史的全部内容就是阶级斗争",

---

[①] 《联共(布)党史》说:"联共(布)在工人运动内部是同小资产阶级的党派……做原则斗争中,在党内则是同孟什维主义的、机会主义的派别……做原则斗争中成长壮大起来的",而"研究联共(布)的历史,研究我党同马克思列宁主义的一切敌人作斗争、同劳动群众的一切敌人作斗争的历史,有助于掌握布尔什维主义",确保"列宁斯大林党的伟大事业必将最后胜利"。参见《联共(布)党史简明教程》,人民出版社 1975 年版,第 1—2 页。

这样说就未免太狭窄，把过多的内涵从丰富的历史过程中抹杀掉了。20世纪以来，历史学的研究范围大大扩张，人类过去的一切都成为"历史"，无数新研究对象落入历史学的视角，本来很狭窄的历史研究范围，如传统意义上的政治史、军事史、外交史，至多再加上经济史等，已容纳不下膨胀的历史学研究了。苏联体系在传统的历史研究范围内似乎能够以一条线（阶级斗争的线）贯穿历史教科书，现在则因其容量小、伸缩性不够，而无法适应新的研究需要，无法把人类活动的很大一部分，如妇女史、环境史等纳入阶级斗争的线条上去，因此，苏联体系的适用性受到了挑战。

由于以上两个原因，苏联体系受到冲击并被突破，应该是正常的事。

在这种情况下，有必要构建新的学科体系，以适应时代和学科发展的需要。本文将探讨世界近现代史学科体系的问题，因此在以下叙述中，将仅限于谈世界近现代史问题。

中国建立什么样的世界近现代史体系？其实从不同的角度观察，可以做出多种尝试；其中以现代化为主题建立体系，应该是一种很好的尝试。基本的理由是：中国正处在一个以现代化为主题的时代，同时现代化又是世界进入近代以来共同发展的趋势。因此，我认为，用现代化为主线构建世界近现代史的学科体系，具有明显的时代性和科学性，就此，我想做进一步发挥。

第一，当代中国的主题是现代化，对此人们已无可异议。中国的现代化来自历史的不可规避性，来自中国自身的觉醒。作为一个后发展国家，中国的现代化需要借鉴其他国家的经验和教训，而世界史学科恰恰可以在这方面提供丰富的知识和积极的思考。以现代化为主题构建世界近现代史学科的新体系，正反映当代中国的需要，因此具有鲜明的时代性，也具有强烈的中国特色。一个有价值的学科体系要么具有时代的特征，要么具有民族或地域的特色。以现代化为主题构建世界近现代史的新学科体系，就有可能创建出具有当代中国特色的世界史学科，从而使这一体系成一派之言。中国的世界史学科长久以来一直是沿用外来体系的，现在它已达到相对成熟的阶段，可以尝试创建自己的体系了。

第二，从人类历史的发展来看，世界近现代史的主题确实是现代化，这是创建新学科体系的科学依据。事实上，近代以来，世界上几乎一切事关全局的大事或体现着大方向的进展都以现代化为中心，而不论这些进展是政治的、经济的、文化的还是社会生活的。"现代化"是一个含义广泛的术语，但我们一般从这个意义上来理解"现代化"：现代化是人类社会的一次转型，是文明方式的一次转换；现代化用工业生产力取代农业生产力，在此基础上引发了社会的整体变动，从而实现从农业文明向工业文明的转变；现代化是新文明取代旧文明的历史过程，在这个过程中实现了社会的全方位变革。① 如果我们在这个意义上来理解现代化，就可以看出：在过去五六百年时间里，世界确实是沿着这样一个轨迹在运动的。

以上两点理由就为我们以现代化为主题创建新的学科体系奠定了时代与学术的基础。

四 构建以现代化为主题的新学科体系

下面谈一谈在以现代化为主题的体系下，世界近现代史可以划分为几个阶段，这几个阶段就是构成新体系的基本框架。

第一个阶段是现代化的准备阶段，这个阶段起源于中世纪晚期，离现在约六七百年。现代化的产生要有合适的社会条件，这些条件只在中世纪晚期的西欧才逐渐成熟，而其基本特征，就是在相当程度上瓦解已经经历了几千年的农业文明。在中世纪西欧，存在着一种特殊的社会结构，由于这种结构的存在，资本主义首先在西欧发生。② 中世纪晚期在西欧出现的一系列事件导致一个共同的指向，即不断瓦解农业文明。这些事件包括：农奴制解体，文艺复兴，宗教改革，地理大发现，商业精

---

① 参见钱乘旦、杨豫、陈晓律《世界现代化进程》，南京大学出版社1997年版，第1章。亦可参见罗荣渠《现代化新论》，北京大学出版社1993年版，"序言"。
② 参见拙作《前资本主义世界发展：东方普遍性与西方特殊性》，《现代文明的起源与演进》，南京大学出版社1991年版，"代序"。

神的扩展，民族与民族国家的形成等。其中民族国家的形成对现代化的起步具有关键的意义，因为只有在民族国家形成后，现代化才得到有形的载体，才有可能起动。与西欧相比，世界其他地区在中世纪晚期也发生过许多重大事件，有些还具有重大的世界影响，比如奥斯曼帝国的扩张、莫卧儿王朝的建立、满洲人的入关等，但这些事件恰恰都巩固了农业文明，其发展方向与西欧正好相反。因此，在历史的这个分界线上，西欧已经潜在地（虽然还不是实质性地）走到了世界的前列。

第二个阶段是现代化的起动阶段，即现代化过程在西方国家发起。在我看来，现代化的第一步是在政治领域首先迈出的，当准备阶段的各种因素大体上具备时（这在西欧各国都差不多），谁先在政治领域迈出第一步，谁就率先走上了现代化道路。对西欧多数国家来说，这意味着克服专制王权。于是，我们看到，从英国革命开始，继之以大量的政治革命、解放战争、政变、战乱……所有这些摆在历史的长河中看，无非是争取一种合适的政治制度，为现代化构筑政治与社会空间。在这个过程中，有些国家起步早，有些国家起步迟，有些国家比较顺利，有些国家相对艰难，于是在现代化的时机与方式上都出现明显的差异，形成了不同的"模式"。

政治条件的成熟给经济发展创造了前提，工业革命是在这种背景下起动的。工业革命创造出一个新的生产力，引导出一种新的文明。但工业革命一旦在某个国家开始，现代化的压力就形成了，迫使与它相邻的所有国家紧紧跟上。十八九世纪，随政治革命逐一进行，工业革命也全面铺开，经济发展和技术革新一浪推一浪，社会经济全面变动，现代化在动荡中迅猛推进。

当现代化正在欧洲国家推进时，殖民扩张把越来越多的非欧洲地区卷进一个"世界体系"，因此从一开始，现代化就是一个世界现象。为争夺殖民地，欧洲国家激烈竞争；同时，征服与反征服又在欧洲与非欧洲之间愈演愈烈，世界形成一个整体，历史"在愈来愈大的程度上成为全世界的历史"。[①] 总之，在世界近现代史的第二个阶段上，由于西欧

[①] 《费尔巴哈》，《马克思恩格斯选集》第1卷，第51页。

的某一个角落开始现代化，整个世界都被拉进了一个新时代。历史的主流逐渐被调整到新的方向上来，一个"现代"世界注定要出现了。

第三个阶段是现代化在西方国家的成熟与发展阶段。此时，工业革命深入进行，生产能力几十倍增加，物质财富惊人地积累，城乡面貌发生巨变。现代化的优势至此充分地体现出来，西方显然已领先世界。但同时西方社会又出现许多新问题：贫富不均，价值失衡，社会冲突频起，自然资源遭受破坏……这些问题都必须解决，否则社会就永远处于不稳定之中，于是各种"修补"问题的尝试不断出现。总之，在这个阶段，社会进入全方位变化：经济上的工业化、市场化；政治上的民主化、官僚化；社会方面的世俗化、城市化；文化方面的商业化、大众化……一切都在发生巨大的变化，汇聚成全面的社会转型。尽管各国变化的方式和道路可以不同，但发展的方向都是一致的，现代化具有普遍意义，并不是一两个国家的特殊现象。

值得注意的是，在这个时期，社会表现出更多的阶级色彩：民主化体现为以阶级为依据扩大政治参与权，经济发展体现为不同的阶级获取不同的经济利益，社会生活按阶级组建，社会意识与阶级意识息息相关。在这个时期，我们看到的是阶级的政治，阶级的社会结构，阶级的文化，阶级的生活方式和娱乐方式……所有国家的现代化都是在冲突与整合中完成的，而冲突与整合又表现出强烈的阶级与阶级斗争色彩。由此我们理解诸如宪章运动，反谷物法运动，工会运动，社会主义运动，骚乱与抗议，社会改良活动，等等。经过种种的冲突与整合、调整与变革，"成熟的"现代社会逐渐在西方国家出现了，这个过程经历了大约两百年。

第四个阶段是现代化的全球扩张。就在西方国家向"成熟的"的现代社会迈进的时候，现代化的浪潮也冲向全世界，造成了现代化在全球的扩散。西方国家从地理大发现时期起就开始全球性的殖民活动，在这个过程中，各地原有的文明形式（通常是农业文明形式）和社会结构（通常是农业社会结构）受到破坏，"现代的"生产与生活方式与殖民侵略同时扩张，起到了为现代化作铺垫的作用。殖民主义一方面破坏了当地的社会，引发巨大的灾难；另一方面又把西方新出现的工业生产和生活方式带进它所征服的地区，使其取得谋求现代化的手段，被迫走上现代化的道路。这就是马克思所说的"双重的使命"。①

不过，这个过程极其痛苦。西方的侵略激起剧烈的反抗，在反抗中，西方的优势得以体现，非西方国家被迫承认西方的优势，于是不得不在某些方面学习西方，改造自己，并探索符合本国国情的发展道路。这是一个非常艰巨的任务：原有的文明积淀越深，转变的过程就越艰苦，"新"与"旧"之间的斗争越加剧烈，社会动荡的规模也就越大、越悲惨。这就是近代以来非西方国家大规模社会动荡的根源，非西方国家在现代化过程中付出的代价更大！

但在非西方国家现代化过程中很容易出现一种现象，即它们出于抗拒西方的动机，自觉或不自觉地扭转现代化的方向，把"现代化"转变成一种维护传统价值和社会结构的手段，而不再是改造传统社会、创建新社会的途径。这是一种反方向的"现代化"，我把它叫作"反现代化"。②"反现代化"在西方现代化过程中也有发生，但自19世纪中期以来，却最常在非西方国家中出现。

第五个阶段是现代社会出现新的转型迹象。在这个阶段上，非西方国家仍在为实行现代化而伤透脑筋，西方国家则似乎已出现超越现代化的新动向。这个阶段大致可以从第二次世界大战结束算起，从那个时候起，发达国家就出现了明显的迹象，标志着"现代社会"可能正在发生质变。从经济结构看，工业生产的比例显著降低，信息、知识的重要性日益增长，"服务"正在成为主导性的经济部门。从政治结构看，超国家的政治层面已经出现，工业社会赖以形成的基本政治单元即民族国家已遭遇挑战，主权的概念正在发生变化，民主的内涵也在悄悄转变。从社会方面看，变动的趋势也很明显，社会分层、阶级结构、婚姻关系、工作方式以及生活、娱乐、购物、饮食等等都已经出现明显的特征，"全球化"更已经不是一个空洞的术语。总之，西方社会是不是正

---

① 《不列颠在印度统治的未来结果》，《马克思恩格斯选集》第2卷，人民出版社1972年版，第70页。

② 参见拙作《反现代化：一个理论假设》，《学术界》2001年第4期；《再论"反现代化"：理论建构与实例分析》，《现代化研究》第1集，商务印书馆2002年版。

在向"后现代"、"后工业"社会发展？这是个人们正拭目以待的问题。也许，新的社会转型正在发生，"现代化"作为一个时代也将成为过去？

　　总之，回观世界五六百年以来的整体发展，我认为现代化的主线是十分明显的。以现代化为主题构建世界近现代史新的学科体系，应该是一件可行的事。以上粗略地勾画了这一设想，不成熟之处，敬请方家指正。

论新时代中国世界历史学话语体系的构建*

2019 年 1 月，习近平总书记致中国历史研究院成立的贺信指出："新时代坚持和发展中国特色社会主义，更加需要系统研究中国历史和文化，更加需要深刻把握人类发展历史规律"，"坚持历史唯物主义立场、观点、方法"，"加快构建中国特色历史学学科体系、学术体系、话语体系"。① 这里表达的既是时代要求，同时也指明了历史学发展的努力方向。新时代中国世界历史学话语体系如何构建，是对新时代中国特色历史学三大体系建设研究在世界历史学领域如何落实而进行的新探索。

中国世界历史学话语体系的构建，显然需要由中国学界主动开启，并由中国学者在自身历史经验和当代社会实践的基础上探索完成。事实上，我国的世界史研究者尤其是史学理论工作者已经在世界历史学的话语体系建设上进行了卓有成效的研究。例如，周一良、吴于廑主编的《世界通史》，吴于廑、齐世荣主编的《世界史》，武寅主持的百余位中国世界史学者合作完成的 8 卷 38 册 1500 余万字的《世界历史》，等等，这些世界通史性著作实际上都是世界史话语体系的展现和载体。又如，于沛的《当代中国世界历史学研究（1949—2009）》集中梳理和总结了新中国成立以来世界史的学科发展、学术发展和研究实践。这些理论与

---

* 本文作者董欣洁，中国社会科学院历史理论研究所研究员。本文原载于《史学集刊》2020 年第 2 期。

① 《习近平致中国社会科学院中国历史研究院成立的贺信》，《人民日报》2019 年 1 月 4 日第 1 版。

实证研究成果，为在新的时代条件下进一步发展世界历史学的话语体系提供了重要的学术资源。

世界历史学的话语体系蕴含在世界史的研究、编撰和教学之中，其实质是中国学者如何认识中国与世界的关系，如何界定人类历史的性质，如何阐明对人类社会发展演变的基本观点和基本判断，体现的是中国学者将世界历史理论化的途径，目的则在于实现自身的学术话语权，确保中国文化的发展空间。新的时代必然要求不断发展的话语体系。人类历史发展到当代阶段，是各国社会和国际社会的结构以及世界力量平衡发生根本变化的产物，各种历史和现实问题混合发酵，造成了一个剧变的经济全球化时代。相应地，这就要求世界历史学的话语体系能够科学把握和应对这个由各种社会关系网络与交流空间范畴组成的复杂世界，充分说明全球一体的演变和走向。所以，我们需要在唯物史观基本原理和习近平新时代中国特色社会主义思想的指导下，梳理世界史话语体系的演变历程，进一步提炼世界史研究的核心概念、表述框架和阐述方式，彰显中国世界史研究和编撰的当代理论视角，进而为打通三大体系建设探索内在的理论途径。

一 中国世界历史学话语体系建设的初兴

齐世荣在总结中国世界史学科发展历程时，概括为"三个阶段六代人"。这三个阶段分别是草创时期（19世纪末到1949年）、承前启后的打基础时期（1949—1966年）和专精发展时期（1978年以来）。世界史的学科体系在第二阶段开始建立，学科内部分工日益发展，研究领域从"西洋史"逐步扩展到亚洲、拉美和非洲等广大地区。改革开放极大地促进了世界史学科的发展：地区史、断代史、国别史和专门史的专业研究学会纷纷成立；专业刊物《世界历史》《史学理论研究》得以创刊；《中国大百科全书·外国历史》卷和各种世界历史地图集、各种世界通史作品纷纷出版，等等。这些具体工作在世界史研究力量的组织培养、世界史研究项目的规划制定等方面都起到了积极的推动作用。相应地，这也为克服"欧洲中心论"的消极影响、切实从全球视野出发推进具体的世界史研究提供了制度基础和人才储备。

回顾中国世界历史学的发展历程，就会发现关于世界历史学话语体系的探讨从近代中国世界史研究萌生以来，一直持续至今。从19世纪中期中国先进知识分子"睁眼看世界"开始，就与"救亡图存"的时代主题紧密联系在一起，这就使得中国的世界史理论研究始终与中国社会发展的时代脉搏密切相连。因此，在中国人民反侵略并实现国家独立和民族解放的过程中，在世界一体化进程中，在国际政治现实基础上考察中国世界历史学话语体系建设的初兴与探索，可以避免就世界史本身进行抽象的所谓"纯学术"的探究，这对真正理解和把握中国的世界历史学具有直接的意义。

从19世纪中期开始，西方资本主义列强为抢占资源和市场，携坚船利炮暴力打开清政府闭关自守的国门，强迫清政府签订不平等条约，将中国逐渐拖入了半殖民地半封建社会的深渊。中国面临着"亡国灭种"的巨大危机，如何"救亡图存"成为中国人面临的迫切时代主题。这个时代主题在历史学领域的理论表现之一，就是如何认识中西文化之间的关系，如何把握中国（史）与世界（史）的关系。当然，探索外部世界的意识在东西方的史学传统中都是一种长久以来的存在，中国学界正式接触到所谓的"西学"，亦可追溯到明末的基督教入华时期传入的学术。16世纪末以来，中西文化能够进行较为平等的交流，但到19世纪中期，西方资本主义文化展现出来的暴力性和侵略性，使中国知识分子产生了空前的文化危机意识。

1840年鸦片战争的爆发，促使以林则徐、魏源、徐继畬、姚莹、梁廷枏等为代表的一批先进知识分子，迅速对时代变局做出反应，积极吸收外国史述著作的成果，编撰完成《四洲志》《海国图志》《瀛寰志略》《康輶纪行》《海国四说》等作品，以满足国人急需了解外国和世界情况的现实需要。这标志着中国近代的世界史研究的萌生，同时也意味着中国世界史研究话语体系的初兴阶段，其突出表现就是魏源的《海国图志》及其提出的"师夷长技以制夷"论断。

作为当时中国人编撰的最为完备的世界史地全书，《海国图志》于

1842年底刊刻问世，这部开山之作为国人提供了广阔的世界知识图景，将中国的传统天下观念对接到近代的世界地理范围之中，对中国人新的世界观念的形成具有极大的助益。梁启超在《中国近三百年学术史》中指出：中国士大夫之稍有世界地理知识，实自此始。魏源（1794—1857）生于乾隆五十九年，历经乾嘉道咸四朝，正是中国从封建社会向半殖民地半封建社会转变的剧烈变革时期，他师从经学大师刘逢禄研习《公羊春秋》，从抵御西方列强侵略的现实前提出发，积极提倡社会变革思想。

魏源在《海国图志》中对"救亡图存"的时代主题给予了理论解答。他鲜明地提出："是书何以作？曰：为以夷攻夷而作，为以夷款夷而作，为师夷长技以制夷而作"，"去伪、去饰、去畏难，去养痈，去营窟，则人心之寐患祛"，"寐患去而天日昌，虚患去而风雷行"，"以守为攻，以守为款，用夷制夷，畴司厥楗"。[①] 面对西方资本主义列强的侵略，魏源并不纠缠于"华夷之辨"、"夷夏大防"，他敢于正视国家的不足之处，在用国别史体例和大量篇幅介绍西方资本主义发展状况的基础上，指出学习西方才能抵抗西方侵略，并对中国取得反侵略战争的胜利怀有坚定的信心。魏源将夷之长技归纳为战舰、火器和养兵练兵之法。[②] 他的论断对洋务派和维新派都构成了重要的学术资源。同时，这也表明中国近代的先进知识分子于艰危之世接触西方文化、接触世界之时，仍然秉承传统史学的经世致用的原则，没有将抵抗列强侵略与向外来的西方文化学习盲目对立，而是努力理顺两者的关系以达到摆脱侵略和实现中国文化自新的双重目的。这一鲜明的主体意识也成为中国历史学从传统向近代转型时期的重要理论特征。

作为"第一中国留学生毕业于美国第一等大学者"，容闳1854年启程归国时怀有的信念便是"以西方之学术，灌输于中国，使中国日趋于

[①] （清）魏源著，李巨澜评注：《海国图志》，中州古籍出版社1999年版，第67—68页。

[②] （清）魏源著，李巨澜评注：《海国图志》，第75—107页。

文明富强之境"。① 到19世纪60年代，这种提倡学习西方的科学技术以实现富国强兵目的的思想共识，得到了更加明确的表述。冯桂芬（1809—1874）在《校邠庐抗议》的《采西学议》篇中提出："今则地球九万里，莫非舟车所通，人力所到……今欲采西学……如以中国之伦常名教为原本，辅以诸国富强之术，不更善之善者哉。"② 以中国之伦常名教为原本，辅以诸国富强之术，这一论断在二三十年后得到更简练的表达，即"中学为体，西学为用"之说。例如，清末翻译家沈毓桂（曾用名沈寿康，1807—1907）供职于《万国公报》，在光绪十五年（1889）撰《西学必以中学为本说》一篇，指出"西学自当以中学为本，而提纲挈领固亦有道也。务愿有志西学者，勿视中学为具文，绅绎中国之文辞，以旁通西国之义蕴"。③ 再如，张之洞（1837—1909）在1898年刊行的《劝学篇·会通第十三》中指出，"今日新学、旧学互相訾謷，若不通其意，则旧学恶新学……新学轻旧学"，"不通之害"，导致"自塞""自欺""自扰"三蔽，他明确提出"中学为内学，西学为外学；中学治身心，西学应世事。不必尽索之于经文，而必无悖于经义"。④ 这种思路显然是当时的开明士大夫阶层在坚持中国文化主体性的同时努力汇通中西之学的表现。这也说明了中国学界对如何认识中西文化之间的关系、中国与世界的关系进行的长期探讨。

《海国图志》仍然将西方各国称为"西夷"。《瀛寰志略》开篇"地球"虽然提出"地形如球，以周天度数分经纬线纵横画之"，⑤ 但仍将中国视为"万方仰之如辰极"。⑥ 这些都是传统的天朝上国观念在当时世界史地研究中的反映。正如有学者指出，从鸦片战争到1875年，

---

① （清）容闳著，徐凤石等译：《西学东渐记》，生活·读书·新知三联书店2011年版，第22、27页。
② （清）冯桂芬著，冯凯整理，熊明心校对：《校邠庐抗议汇校》，上海社会科学院出版社2015年版，第123—127页。
③ 李天纲编校：《万国公报文选》，上海中西书局2012年版，第461页。
④ （清）张之洞著，程方平编校：《劝学篇》，北京师范大学出版社2014年版，第84—87页。
⑤ （清）徐继畬：《瀛寰志略》一，清道光三十年刊本，华文书局印行，第39页。
⑥ （清）徐继畬：《瀛寰志略》一，第42页。

国人亲历东西洋的载记，为数实在寥寥。① 到 19 世纪末，甲午战争使中华民族的民族危机空前严重。日本凭恃武力和强权向中国索取的 2.3 亿两白银，相当于当年日本国库收入的四倍之多。② 帝国主义列强加紧瓜分中国，中国的半殖民地化程度大大加深。国门大开，西学大量涌入，中国学者对于世界的观念日益扩展。王韬（1828—1897）、黄遵宪（1848—1905）等人都有在外国的亲身生活和工作经历，纷纷编写了关于对象国的史学研究著作。王韬的《法国志略》《普法战纪》，黄遵宪的《日本国志》，是这一时期的代表性作品，可以视为中国在法国史和日本史领域的开创性研究成果。这些作品研究的虽然是法国和日本的历史，但出发点是对中国社会现实的关注，将外国历史作为中国变法自强的借鉴。

受西方资本主义列强侵华的现实影响，中国近代的世界史研究首重自然是西方各国，对东邻日本近代的情况则有所隔膜。黄遵宪曾任清朝驻日本使馆参赞，驻美国旧金山总领事等职，与日本朝野交往广泛，他既认为日本明治维新后取得的进步可资借鉴，又对日本的扩张野心怀有警惕。黄遵宪明确指出："以余观日本士夫，类能读中国之书，考中国之事。而中国士夫好谈古义，足己自封，于外事不屑措意。"③ 1887 年黄遵宪完成了 50 多万字的典制体著作《日本国志》。典章制度之专史即为志，黄遵宪首次将典制体用于外国史研究，对日本各项制度进行了原始察终性质的分析，他还开创了《工艺志》的研究，阐述科学技术和生产技术。《日本国志》成书后曾送呈总理衙门，可惜未能引起重视，甲午战争中国惨败于日本，这部著作的学术价值和现实意义才逐渐为世人所知。

王韬在《普法战纪》（1873 年印行）前序中表明自己对 1870—1871 年普法战争的分析。他以春秋列国之大势例之欧洲，分析欧洲均

---

① 钟叔河：《走向世界——中国人考察西方的历史》，中华书局 2010 年版，第 131 页。
② 辽宁省档案馆编：《中日甲午战争档案汇编·序言》，辽宁人民出版社 2014 年版，第 1 页。
③ （清）黄遵宪著，吴振清等点校整理：《日本国志·日本国志叙》上卷，天津人民出版社 2005 年版，第 4 页。

势现象,认为"以英、法、普、俄四者并峙,可以维持欧洲,互相牵制";欧洲变局对中国的借鉴意义则在于"善体天心者,无虞邻国之难,而益励其修,奋武卫,振边防,习战守,练水攻,造舰炮,精艺术,师长技,明外情,先自立于无间之地,而后敌乃不得伺间以乘我"。① 王韬进一步整合天下与世界的观念,指出"天盖欲合东西两半球联而为一也……其所谓世界者,约略不过万年,前五千年为诸国分建之天下,后五千年为诸国联合之天下……地球不毁,人类不亡"。② 王韬痛陈那些因循守旧、夜郎自大的传统观念已经落后于时代。他作《中国自有常尊》篇,指出"中国天下之首也,尊无异尚,此古之通义,而非徒以口舌争者也。若夫盛衰之势,强弱之形,则自玄黄剖判以来,原无一定,固不得藉一时之盛,恃一日之强,而辄夜郎自大也"。③ 他作《变法自强》三篇,指出"我中国……溯乎立国规模,根深蒂固,但时异势殊,今昔不同,则因地制宜,固不可不思变通之道焉"。④ 他作《华夷辨》提出,"自世有内华外夷之说,人遂谓中国为华,而中国以外统谓之夷,此大谬不然者也……然则华夷之辨,其不在地之内外,而系于礼之有无也明矣……岂可沾沾自大,厚己以薄人哉?"⑤ 王韬提倡"君民共治,上下相通",认为"以我中国幅员之广,生齿之繁,甲于天下,以视欧洲诸国,其大小多寡岂可同日而语? 即如英国,屹然三岛耳,其地不足当中国数省,其民不足当中国二大省,而民心团结,有若长城,遂足恃之以无恐。我中国诚能收民心为己助,其何向而不利?"⑥ 王韬这些阐述将传统文化与外国历史结合起来,从器物层面扩展到制度层面,分析了中国在时代变局中应当持有的社会变革意识和文化定位,进一步推动了新的世界观念和历史研究问题意识的发展。

前述的《万国公报》,首创者为美国传教士林乐知(Young John Al-

---

① (清)王韬:《弢园文录外编》,上海书店出版社2002年版,第191—193页。
② (清)王韬:《弢园文录外编》,第168—169页。
③ (清)王韬:《弢园文录外编》,第115页。
④ (清)王韬:《弢园文录外编》,第33页。
⑤ (清)王韬:《弢园文录外编》,第245页。
⑥ (清)王韬:《弢园文录外编》,第18—19页。

len，1836—1907），初名《中国教会新报》，后来更名为《教会新报》，1874 年再更名为《万国公报》，其英文名直译为《全球杂志》(*Globe Magazine*，《万国公报》于 1883 年停刊，1889 年复刊，英文名称改为 *The Review of the Time*)。《万国公报》及其复刊后所属的广学会（前身为同文书会，由在华的英、美、德国人士创办），汇集了一批传教士撰稿人，例如，林乐知、慕维廉、李提摩太、李佳白，等等，他们积极在中国传播西学尤其是史学作品以便进行学术传教。林乐知编译的《中东战纪本末》、李提摩太编译的《泰西新史揽要》，都是其中的代表性作品。《中东战纪本末》是关于中日甲午战争的原始文献和评论的汇编，林乐知与其中国合作者蔡尔康在书中言道："身居局外，心系行间，博采见闻，详加纪载，几如杜诗韩笔，无一字无来历。"[①] 该书在丰富的史料基础上，描绘出甲午战争的社会历史背景、战争过程、国际形势、西方列强的对华政策，尤其是对中国战败原因的分析，颇见史学研究的深度。《中东战纪本末》《泰西新史揽要》这两部作品分别由林乐知和李提摩太口译，由蔡尔康（1852—1920）笔录完成。蔡尔康国学功底深厚，他的世界史书译撰活动，在这一时期的跨文化史学互动中很有代表性。他为《中东战纪本末》作序时写道：该书"事必求其真实，文无取乎浮华"，"当痛深创巨之时，重筹长治久安之策"。[②] 这表达了当时中国先进知识分子面对甲午战争惨败仍然持有的一种坚韧的文化心态，以及从事国别史和世界史研究中的实事求是的精神原则。

围绕《万国公报》展开的跨文化史学交流在这一时期颇为引人瞩目。例如，企德原著、李提摩太和蔡尔康编译的《大同学》（选录）于光绪二十五年（1899）在《万国公报》上刊登，此文已经提到了马克思和他的"安民新学"："其以百工领袖著名者，英人马克思也。马克思之言曰：纠股办事之人，其权笼罩五洲，实过于君相之范围一国。吾侪若不早为之所，任其曼延日广，诚恐总地球之财币，必将尽入其

[①] 上海广学会译著：《中东战纪本末·例言》卷一，上海图书集成局 1896 年铸版，第 1 页 b。

[②] 上海广学会译著：《中东战纪本末·蔡序》卷一，第 8 页 a。

论新时代中国世界历史学话语体系的构建 **299**

手……穷黎既至其时,实已计无复之,不得不出其自有之权,用以安民而救世。……迄无讲安民新学者,以遍拯此垂尽之贫佣耳。"① 而且,"全地球"的史学这时也进入了学界的视野。广学会署名所撰《速兴新学条例》刊于光绪二十四年(1898)的《万国公报》第115册,甚至声称"今泰西各大国之士人,无不究心于学问。而其所究之舆地,遍地球之舆地也。所究之教化,遍地球之教化也。所究之史学,遍地球之史学也……中国自古迄今,但究心于本国之学。……总之,人不囿于古,而共知新学之大有关系,国势必浡然而兴……今将泰西要书总目附开于后",在这份要书总目之中,在第六项史学所列的九支类当中,第一类就是"全地球史学"。② 这似可视为全球史学史意识的萌芽。我们从中可以管窥中西文化之间的跨文化史学互动现象的丰富性与复杂性。

19世纪末,大量的外国史学作品被翻译引进,世界史研究的编译渠道从欧美扩展及于日本。这使国人更加了解外国的历史知识,关于世界的基础知识的扩展,为中国的世界史研究继续积累条件。《万国史记》是这一时期受到中国学界重视的一本世界通史性作品。该书是日本学者冈本监辅在博采日本国内翻译的西方世界史著作的基础上用中文撰写而成,目的是为日本学校提供世界历史教科书,1879年以20卷刊印于世。《万国史记》进一步突破了中国传统的天下观念和华夷观念。该书显然参稽了魏源的《海国图志》,不过,重野安绎为《万国史记》作序,批评魏源《海国图志》"以五洲诸邦为海国","汉土亦一海国而已",魏源"以达识著称,犹局于素习而不自察"。③《万国史记》按照西方的上古、中古、近古的历史分期,将日本历史列于卷一开篇的"万国总说"和"亚细亚总说"之后,然后分述亚洲、非洲、欧洲、美洲等地区各个国家的历史。这种编撰方法表现出来的关于历史不断进步的观念和总体观念受到重野安绎、冈千仞等日本学者的称道。④ 该书随后

---

① 李天纲编校:《万国公报文选》,第547页。
② 李天纲编校:《万国公报文选》,第542、543页。
③ [日]重野安绎:《万国史记序》,[日]冈本监辅:《万国史记》第1册,上海六先书局1897年铅印版,第1页a。
④ [日]冈千仞:《万国史记序》,[日]冈本监辅:《万国史记》第1册,第2页b。

在中国广为翻刻,黄遵宪、郑观应、康有为、梁启超等人都对其有所关注并受到程度不同的影响。

二 中国世界历史学话语体系建设的探索

在19世纪末、20世纪初的世界史编译活动中,弱国的亡国史和帝国主义列强的侵略史都受到很大程度的重视,其意则在于使中国摆脱被列强瓜分亡国之危机。此类作品包括《埃及近世史》(1902)、《印度灭亡战史》(上海群宜译社)、《亚细亚西部衰亡史卷》(《译书汇编》本)、《波兰衰亡史》(1901),以及《西力东侵史》(1903)、《五洲三十年战史》(京师大学堂所藏译书)、《俄国蚕食亚洲史》(1902)、《世界殖民史》(1905),等等。对外国立宪史和革命史作品的编译活动也非常突出。《英民史记》(1907)、《法兰西革命史》(1903)、《美国独立史》(1903)、《美国立国原理》(1915)等都是此类作品。[①] 救亡、反侵略、自强、进化论、变法、立宪、革命、建国等都是这一时期世界史话语中的核心概念,这些核心概念通过世界通史、文化史、国别史、断代史、地区史、普及读物甚至外国人物传记等作品得到关注和讨论。

到20世纪初,中国学者对世界史的发展已经进行了一定程度的总结,其中也包括对西方史学中明显的"欧洲中心论"各种表现的反思。1901年,梁启超发表了《中国史叙论》,1902年,他又发表了《新民说》《新史学》《论中国学术思想变迁之大势》等文,积极倡导进化史观、新史学和史界革命,并在其中总结提炼了与世界史研究密切相关的三个问题。一是中国史与世界史的关系:"今世之著世界史者,必以泰西各国为中心点……盖以过去现在之间,能推衍文明之力以左右世界者,实惟泰西民族,而他族莫能与争也……而自今以往,实为泰西文明与泰东文明即中国之文明相会合之时代,而今日乃其初交点也。故中国

[①] 此处世界史编译作品的文本信息,参见张晓编著《近代汉译西学书目提要:明末至1919》,北京大学出版社2012年版,第109、347—388页。

文明力，未必不可以左右世界，即中国史在世界史中，当占一强有力之位置也。虽然，此乃将来所必至，而非过去所已经。故今日中国史之范围，不得不在世界史以外。"① 二是对"欧洲中心论"的警惕和对爱国精神的强调："吾不患外国学术思想之不输入，吾惟患本国学术思想之不发明……不然，脱崇拜古人之奴隶性，而复生出一种崇拜外人蔑视本族之奴隶性，吾惧其得不偿失也。"② 三是参照西人之著世界史的上世史、中世史、近世史的分期，将中国史划分为三个时代：第一为上世史，自黄帝以迄秦之一统，是为中国之中国，即中国民族自发达、自争竞、自团结之时代；第二为中世史，自秦一统后至清代乾隆之末年，是为亚洲之中国，即中国民族与亚洲各民族交涉繁赜、竞争最烈之时代；第三为近世史，自乾隆末年以至于今日，是为世界之中国，即中国民族合同全亚洲民族，与西人交涉竞争之时代。③ 这三个问题反映出梁启超对世界史研究核心问题的敏感性，也是中国学者对半个多世纪以来世界史研究的适时理论总结。

1901年清末学制改革，这对世界史教育的普及和学科发展具有直接的促进意义，对于话语名词也是一种梳理。1904年清政府颁布《奏定学堂章程》（癸卯学制），在初等、中等和高等教育三大阶段都开设了历史课程，其中就包括世界史。例如，1904年1月13日《奏定中学堂章程》指出："盖中学教育，以人人知国家、知世界为主"，历史课程先讲中国史，"次讲亚洲各国史"，"示以今日西方东侵东方诸国之危局"，"次讲欧洲、美洲史"，"凡教历史者，注意在发明实事之关系，辨文化之由来，使得省悟强弱兴亡之故，以振发国民之志气"。④ 癸卯学制不仅在中学堂以上各个阶段明确设定了世界史的各项课程，而且对中学和西学的关系进行了阐述。《奏定学务纲要》指出："中小学堂宜注重读经以存圣教……中国之经书，即是中国之宗教。……学失其本则

---

① 梁启超著，夏晓虹、陆胤校：《新史学》，商务印书馆2014年版，第67页。
② 梁启超著，夏晓虹、陆胤校：《新史学》，第129页。
③ 梁启超著，夏晓虹、陆胤校：《新史学》，第80—81页。
④ 璩鑫圭、唐良炎编：《中国近代教育史资料汇编·学制演变》，上海教育出版社2007年版，第329—330页。

无学，政失其本则无政。其本既失，则爱国爱类之心亦随之改易矣。安有富强之望乎？……在学堂时，经书必宜诵读讲解；各学堂所读有多少，所讲有浅深，并非强归一致"，① "经学课程简要，并不妨碍西学"，② "叙事述理，中国自有通用名词，何必拾人牙慧"，"中学堂以上各学堂必勤习洋文。今日时势不通洋文者，于交涉、游历、游学，无不窒碍"。③ 鉴于当时教科书急缺，《奏定学务纲要》还指出："教科书应颁发目录，令京外官局、私家合力编辑"，官编教科书未经出版以前，"采用各学堂讲义及私家所纂教科书"，"选外国教科书实无流弊者暂应急用"。④ 实际上，对于世界史研究而言，教科书是话语体系的基本载体。

王桐龄在1922年初版的《新著东洋史·序论》中开篇就提出一个严峻的问题："我中国今日竞言变法，谈政治则效法西洋，谈法律则效法西洋"，但是为何"西洋行之而日富以强"，"中国效之而日贫以弱"？他认为"凡事必有基础，基础不固，则全体动摇，效法人国者，不探讨其精神，徒规规于形式……儒夫举鼎，只以取绝脰之祸而已"，"历史者，合道德宗教法律政治文学美术风俗习惯等组织而成，各种学术之基础也，故欲研究其国之学术者，不可不知其国之历史"。⑤ 该书作为一本中等学校用教科书，对什么是世界史给出了明确的定义："世界史者，研究地球上各民族自古迄今互相竞争互相融合演成今日之社会状态，所经过之阶级者也"；世界史又分为东洋史和西洋史二部，西洋史学家"谓西洋史为世界史，其说非也"，"亚东民族，在历史上，绰有价值，欧人一笔抹杀之，大不可也"；世界史研究"全世界国与国之关系"，但是目前"东洋各国，孤立东亚，与西洋各国关系绝少……欲合一炉而陶铸之，恐无水乳交融之望"，所以，王桐龄提出，该书定名为东洋史，以作为"中国史之补助学科，以中国为主，而与中国有关系之国皆附

---

① 璩鑫圭、唐良炎编：《中国近代教育史资料汇编·学制演变》，第498页。
② 璩鑫圭、唐良炎编：《中国近代教育史资料汇编·学制演变》，第499页。
③ 璩鑫圭、唐良炎编：《中国近代教育史资料汇编·学制演变》，第501页。
④ 璩鑫圭、唐良炎编：《中国近代教育史资料汇编·学制演变》，第508—509页。
⑤ 王桐龄：《新著东洋史·序论》上册，商务印书馆1923年再版，第1页。

入",从而使世界史研究者能够更加了解东方形势之大略。① 王桐龄不仅指明了"欧洲中心论"弊端,而且从学科建设角度为如何加强中国史与世界史的内在联系提供了现实思路。

到20世纪上半期,随着五四运动和新文化运动的展开,西方有影响的历史哲学著作和史学理论著作被译介引入中国,中国学者在译介的同时也进行了相应的研究与回应,这一时期可以视为中国世界史理论研究的积累期,从理论研究的角度为学科形成准备条件。在这一时期,以鲁滨逊为代表的美国"新史学派",对中国新史学的发展产生了较大的影响。鲁滨逊的代表作《新史学》由何炳松译为中文出版。这部《新史学》认为"历史是一种研究人类过去事业的广泛的学问","到了现在,我们才知道世界是一个变化的东西,各种制度统是多年进步的结果,历史的继续是一个科学的真理"。② 该书之所以名为《新史学》,"就是特别要使大家知道历史不是一种停顿不进步的学问,只要改良研究的方法,搜集、批评、融化新资料,他定能进步的;历史的观念同目的,应该跟着社会同社会科学同时变更的;而且历史这种东西,将来一定能够在我们知识生活里面,占一个比从前还要重要的位置"。③ 何炳松认为鲁滨逊的新史学思想虽然是就欧洲史而言,但也可以对中国历史研究形成借鉴。他与郭斌佳合译了中国最早的西方史学史译著即美国学者肖特维尔(James T. Shotwell)的《西洋史学史》,他还翻译了美国学者亨利·约翰生的《历史教学法》,尤其是编撰了《通史新义》。何炳松在《通史新义》中不仅对中国传统史学中的通史编撰进行了总结,还借鉴了西方史学提出对新式通史的看法:所谓通史者,其特性在于描写具体之真相,叙述社会人群之行为与伟业,故通史之为物无异一切专史之连锁,通史中之事实无异专史中事实之配景。④ 这就要求通史家对于各类事实之关系必须具有明白公正之观念,然后方能权其轻重而综合

---

① 王桐龄:《新著东洋史·序论》上册,第3—4页。
② [美] J. H. Robinson:《新史学》,何炳松译,商务印书馆1924年初版,第1页,"译者导言"第6—7页。
③ [美] J. H. Robinson:《新史学》,何炳松译,第23页。
④ 何炳松:《通史新义》,上海古籍出版社2015年版,第88页。

之，既不可失其相对之重要，亦不引入主观臆测于事实之因果关系中。① 这些阐述对于通史的理论研究具有承前启后的积极意义。

俄国十月革命之后，唯物史观在中国知识界广泛传播。李大钊敏锐地意识到十月革命的世界历史意义。从1918—1923年，他陆续发表了《法俄革命之比较观》《庶民的胜利》《布尔什维主义的胜利》《唯物史观在现代史学上的价值》《马克思的历史哲学》《我的马克思主义观》《史学与哲学》《研究历史的任务》等文。1924年5月，他的《史学要论》由商务印书馆出版（署名李守常），这是中国近代第一部系统的史学理论著作。李大钊对唯物史观进行了较为系统的阐释，并从唯物史观出发对历史学的基本理论问题进行了初步概括，建立了具有鲜明时代特色的马克思主义史学理论话语体系。

李大钊分析唯物史观指出："马克思述他的历史观，常把历史和社会关联在一起；纵着看人间的变迁，便是历史；横着看人间的现在，便是社会"；李大钊将历史定义为："历史就是人类的生活并为其产物的文化……亦可以说历史就是社会的变革。"② 他分析历史和历史学的关系，指出"以历史为中心，史学可分二部：记述历史；历史理论"，记述历史的目的是确定各个零碎的历史事实并描写出来，历史理论的目的是将历史事实合而观之以研究其间的因果关系。③ 李大钊强调历史理论的重要性，指出历史理论说明历史现象的一般性质、形式和理法，实为构成广义的史学的最要部分。④ 他进一步说明历史学的科学地位和发展现状："史学不但就特殊事例为推理的考察，并当关于一般为理论的研究……史学之当为一种科学，在今日已无疑义，不过其发达尚在幼稚罢了……史学方在幼稚的时期，刚刚达到就各个事实而为解释说明的地步，自与其他已经达到概括的为理论的研究的科学不同。但此之不同，是程度上的不同，不是性质上的不同。"⑤ 李大钊将记述历史分为六个

---

① 何炳松：《通史新义》，第135页。
② 李守常：《史学要论》，商务印书馆2017年版，第83页。
③ 李守常：《史学要论》，第65—66页。
④ 李守常：《史学要论》，第118—119页。
⑤ 李守常：《史学要论》，第97—98页。

部分：个人史（传记）、氏族史、社团史、国民史、民族史和人类史，提出"人类史以把人类的经历看作全体，考究叙述，以明人生的真相为目的"。① 在此基础上，他分析了世界史发展的现状，指出"现在有所谓世界史者，其内容与此处所云的人类史不同。这种世界史，不是并叙各国史，即是叙说列国关系的发达；其内容仍为研究国家经历的事实，在学问的性质上，这不过是国民史的一种，决非吾人所说的人类史"。② 这一判断指明了世界史研究重史实而轻理论分析的要害所在。有学者指出，"李守常先生在中国近五十年思想史上贡献，非他人所可比及；其贡献不只破坏传统中国旧的思想，同时对于西洋思想亦加以攻击，而建立一种系统的、深刻的、新的思想"，"李先生是研究历史最有成绩的人，也是唯物史观最彻底最先倡导的人。今日中国辩证法、唯物论、唯物史观的思潮这样澎湃，可说都是先生立其基，导其先河"。③ 包括李大钊在内的中国共产党的早期领导人在传播阐发唯物史观方面做出了卓越贡献，马克思主义经典作家的作品也大量地译为中文出版，这对于中国世界史的话语发展具有极大的促进作用。

20世纪20年代有两部世界史作品颇有特点。一是1924年出版的张仲和的《西史纲要》，这本教科书在编撰上具有明显的特色。张仲和在该书的《编辑大意》中指出，"旧日教科学为体裁所拘束、务求言简意赅，于历史上重要之点均不能显出，本书编制则纯用提纲挈领之法，撷取西史重要材料，依次论列，原因，事实，结果，均朗若利眉，能养成读者对于学科之系统观念"。④ 张仲和还强调该书"特别注意中西之关系"，所以在上古史部分专章列出"东西接触时代"和"东西融合时代"。⑤ 二是1929年王纯一编译的《西洋史要》出版，其突出特点是以唯物史观为指导撰写西洋史。在第11章"1848年德国革命"中，该书专门介绍了马克思和恩格斯，指出"马克斯及恩格斯创造了唯物史

---

① 李守常：《史学要论》，第108页。
② 李守常：《史学要论》，第109页。
③ 郭湛波：《近五十年中国思想史》，上海古籍出版社2010年版，第98、103页。
④ 张仲和：《西史纲要》"编辑大意"，京华印书局1926年订正再版，第1页。
⑤ 张仲和：《西史纲要》，"编辑大意"第2页，第9、23页。

观","他们认为由生产力的发展而决定的社会经济生活的发展,就是历史进程的基础","一切人类社会的历史,就是阶级斗争的历史","共产党宣言是马克斯主义主要原则的第一次有系统的叙说,也就是第一个共产党的党纲"。① 在《西洋史要》中,封建社会、商业资本、工业生产、农民战争、资产阶级革命、英国宪章运动、工业革命、资产阶级、无产阶级、工人阶级、空想社会主义、科学社会主义、共产主义、1848年革命、民族解放运动、巴黎公社、帝国主义、资本输出、军国主义、第一国际、第二国际、第三国际、国际联盟等概念及术语都得到了运用,支撑了全书18章的总体结构。这不仅反映出马克思主义在中国的广泛传播与影响,而且代表着世界史新的话语概念的规范化进展。在20世纪30年代的中国社会史论战中,围绕对亚细亚生产方式等问题的讨论,唯物史观关于世界历史发展一般规律的学说影响日益扩大。

20世纪三四十年代,日本帝国主义悍然发动的侵华战争,和中国人民万众一心、抵抗侵略的浴血奋战,成为中国历史学研究关注的重点,主要表现之一就是在世界历史进程中分析中国历史和中国抗战的定位,批判帝国主义的侵华谬论,坚定国人的抗战胜利信念,总结历史经验,提振民族自信心。例如,韩启农指出:"从鸦片战争(1840年)到现在,已经整整一个世纪了。这一百年的历史,是用泪和血写成的,一方面,中华民族被奴隶的锁链紧紧束缚着,做着帝国主义的牛马;一方面,民族斗争一次又一次的掀起……就是为了自由,为了解放……我们得把每一次的经验教训,应用在今天的抗日战争上。"② 这反映出当时爱国知识分子的思想共识。

翦伯赞1938年8月出版了《历史哲学教程》,明确提出:"我们的民族抗战,已经把中国历史推到崭新的时代,中华民族已经站在世界史的前锋,充任了世界史转化的动力。"③ 他分析了世界历史进程中各民族的交互作用,指出:世界是整体的,每一个民族的历史都不断要受到

---

① 王纯一编译:《西洋史要》,上海南强书局1929年印行,第318—320页。
② 韩启农:《中国近代史讲话》,新华书店晋察冀分店1947年再版,第77页。
③ 翦伯赞:《历史哲学教程·序》,生活·读书·新知三联书店2015年版,第1页。

其他民族的历史影响，同时也影响其他民族，这样就严密地构成世界史的交互作用，把握历史发展中之空间的关联性是不容忽视的；我们不仅要从世界史发展的一般途径中去分别考察个别民族的历史，还要从个别民族的历史发展中去考察其与其他民族相互之间的影响作用。[①] 吕振羽在1942年初版的《中国社会史诸问题》中严厉批判了日本秋泽修二的法西斯主义侵略史观。[②] 他还分析世界史的研究现状指出："在吸收世界文化进步成果这一课题下，从洋务运动以来，就有两种主要的偏向：一是文化贩运主义的偏向，一是文化闭关主义的偏向"，文化贩运主义的偏向表现为对资本主义文化的无条件贩运，已经翻译的多种"西洋科学"的书籍多系贩运式的介绍，没有通过其时中国民族的具体环境加以批判、改造和消化；"所谓世界史，实际上只是欧美史，并没有中国史和亚洲及非洲等各民族历史的地位"。[③] 他进一步指出：数十年来，在帝国主义支配下的大地主大资产阶级所统治的中国教育事业的不死不活，症结就在于反映半殖民地半封建社会特性的文化贩运主义，"我们新文化工作者对'民族化'、'科学化'、'大众化'，特别对'民族化'也是'中国化'的工作还作得很不够"。[④] 这些阐述体现出马克思主义史学研究者对世界史发展的理论反思。

1943年，缪凤林在《中国通史要略》中不仅驳斥了"汉族西来说"，[⑤] 而且运用世界视野将"中国民性"概括为六点特征，分别是家族主义、中庸主义、世界主义、和平主义、政治上之不干涉主义和实用主义，认为"吾民族得失之林，大略在是"；他认为中国国民性中的世界主义优点在于"以平天下为理想，而以国治为过程，化育外族，施不责报"，弊端则在于"有世界思想，而乏国家观念"。[⑥] 周谷城1949年9月出版的三卷本《世界通史》被一些学者视作专业历史学家书写的第

[①] 翦伯赞：《历史哲学教程》，第150页。
[②] 吕振羽：《中国社会史诸问题》，生活·读书·新知三联书店1961年版，第48—56页。
[③] 吕振羽：《中国社会史诸问题》，第155页。
[④] 吕振羽：《中国社会史诸问题》，第156—157、159页。
[⑤] 缪凤林：《缪凤林中国通史要略》，吉林人民出版社2013年版，第20页。
[⑥] 缪凤林：《缪凤林中国通史要略》，第5—6页。

一部综合性世界史。周谷城明确提出：世界通史并非国别史之总和，该书力避分国叙述的倾向，而特别着重世界各地相互之关联；欧洲通史并非世界通史之中心所在，断不能忽视亚洲及欧亚之间的活动；世界各地历史的演进，无不有阶段可寻；概括的叙述不能转为抽象的空谈。[1] 他提出，世界通史之所谓世界，系以整个地球上的人类为范围，该书力求突出世界史在发展中各部分的"日趋联系"，从而得出一个比较完整的"有机统一体"，所以该书第一篇讲远古文化之发展，第二篇讲亚欧势力之往还，第三篇讲世界范围之扩大。[2] 周谷城在"远古文化区"上下两章中讲述尼罗河流域、西亚文化区、爱琴文化区、中国文化区、印度河流域和中美文化区，将中国史纳入世界史的书写。缪凤林的《中国通史要略》则努力在世界史背景下书写中国通史，力求"见天下之动而观其会通"。[3] 这两部作品正表明了中国学者对世界逐渐一体化的认识，同时也说明通史理论研究始终是通史编撰中的核心问题，这些理论话语构成了世界史话语体系探索的重要内容。

三 中国世界历史学话语体系建设的发展

1949 年中华人民共和国成立，中国人民赢得了国家独立和民族解放，中国社会的发展进入了崭新阶段。马克思主义唯物史观成为中国世界史研究的指导思想，对世界史研究的发展方向具有决定性的作用。随着社会主义建设各项事业的开展，世界史研究也相应地进入了新的发展阶段。广大史学工作者自觉学习马克思列宁主义和毛泽东思想，运用唯物史观研究世界史。1954 年，郭沫若在《历史研究》创刊号撰文指出：中国人民革命的胜利，对全世界是一个极大的鼓舞，因而世界人民特别是追求解放的人民对中国的历史和现实便感到莫大的憧憬，他们想从这

---

[1] 周谷城：《世界通史》第 1 册弁言，商务印书馆 2005 年版，第 4—5 页。
[2] 周谷城：《世界通史》第 1 册，第 2 页，"原影印本新序"第 1—2 页。
[3] 缪凤林：《缪凤林中国通史要略》自序，第 2—3 页。

里求得解决他们本身问题的钥匙,然而在世界史中关于中国方面的研究却差不多还是一片白页,这责任是落在我们的肩头上的,我们须得从历史研究这一角度来推进文化建设,促成社会主义工业化的实现。① 这显然是新的时代形势对世界史研究的客观要求。

20世纪50年代和60年代初,苏联世界史研究成果的引入,对于中国学界清除旧社会的资产阶级史学和封建主义史学的消极影响具有重要作用。三联书店1959年出版了苏联科学院主编的《世界通史》。该书分析指出:马克思主义的历史科学与各色非马克思主义的历史学派别具有根本区别,非马克思主义历史学甚至在其最为兴盛的时代,也只限于把各种事实加以证实和系统化,它虽然有许多深刻的观察和可靠的思想,仍然不能够揭露出那决定全部非常复杂而矛盾的历史过程,和决定各种政治制度、国家、思想体系和文化的更替的客观社会发展规律性;唯物史观给历史科学奠定了基础,这种历史科学是把人类历史当作合乎规律的、被内在矛盾所推进的社会发展过程来研究。② 该书进一步指出:统一的和合乎规律的历史过程的基础就是社会经济形态的前后相承的更替,即原始公社制、奴隶制、封建制、资本主义制,都是人类前进运动中的主要阶段,是人类进向更高一级即共产主义制度去的大路上的各个历史阶段,共产主义制度第一个阶段是社会主义;世界史过程的主导线索如此,它丝毫也不排除每个社会形态和世界史各个时期界限以内极其参差不齐的具体社会发展方式和途径。③ 该书明确提出:阶级斗争贯穿于对抗性社会的全部生活中,在各个历史时期有各式各样的表现方式,全部历史经验证实了马克思列宁主义的根本原理,只有通过社会革命道路,摧毁统治阶级的国家机器,把政权转移到劳动者手里,才能消灭剥削者的统治。④ 这部《世界通史》共十卷:前两卷专讲原始公社和古代

---

① 郭沫若:《开展历史研究,迎接文化建设高潮——为〈历史研究〉发刊而作》,《历史研究》1954年第1期。

② 苏联科学院主编:《世界通史》第1卷,生活·读书·新知三联书店1959年版,"总编辑部的话"第5页。

③ 苏联科学院主编:《世界通史》第1卷,"总编辑部的话"第7页。

④ 苏联科学院主编:《世界通史》第1卷,"总编辑部的话"第13—15页。

世界史（到公元4、5世纪）；三、四两卷专讲中世纪史（由5世纪到17世纪中叶）；五、六、七三卷专讲近代史（由17世纪英国革命到俄国十月社会主义革命）；最后三卷即现代史一直写到第二次世界大战结束。① 该书的世界史分期框架被中国的世界史研究者长期采用，其阐述方式成为世界史话语体系发展过程中的一部分，对于唯物史观在世界史研究中理论指导地位的确立具有重要作用。

这一时期还有耶·马·茹科夫主编的《远东国际关系史（1840—1949）》。该书指出其编写目的是要书写从19世纪中叶起直到中国人民民主革命取得世界历史性胜利和中华人民共和国成立这段时期的远东国际关系史，远东国际关系反映帝国主义时代各国经济和政治发展的极端不平衡性和冲突性，表明资本主义大国之间为重新瓜分世界而进行的斗争日益尖锐化，同时也证明亚洲各国人民和全人类的进步力量在不断增长，这种力量积极地反对帝国主义，卓有成效地抵抗帝国主义的扩张政策，并使资本主义剥削和殖民压迫的范围不断缩小，中国由帝国主义政策的对象变为国际舞台上的一支积极力量，说明帝国主义阵地的削弱；中国人民在共产党领导下对帝国主义和封建反动派的联合力量的胜利，是俄国十月革命以后现代史上最伟大的事件，它标志着帝国主义的一次最惨重的失败，并在亚洲各国人民历史上写下新的光辉一章。② 这部著作对中国新民主主义革命胜利的世界历史意义给予充分肯定。这一时期的苏联史学家来华讲学和中国留学生到苏联学习世界史，对中国世界史学科的人才队伍建设具有重要促进作用。

20世纪60年代，国际国内形势的发展急需加强对世界历史的研究。黎澍在《毛泽东同志的〈改造我们的学习〉和中国历史科学》一文中提出：中国历史科学的最根本的方向是以中国历史为依据，说明人类社会发展的共同规律和它们在中国历史中反映出来的特点；西方侵略者在中国横冲直撞一百年之久，始终没有能够使中国沦为他们直接统治

---

① 苏联科学院主编：《世界通史》第1卷，"总编辑部的话"第24—25页。
② ［苏］耶·马·茹科夫主编：《远东国际关系史（1840—1949）》，世界知识出版社1959年版，"前言"第2—3页。

的殖民地，到底也还是因为我们民族是有伟大革命传统和优秀文化遗产的民族，能够很快地领会世界最先进的文化成果；必须加强对世界历史的研究，资产阶级创造了世界市场，加强了世界各个部分的联系，这是对于人类发展的一个极其重要的贡献，但是资产阶级创造世界市场的手段是殖民主义最残暴的掠夺，资产阶级学者的"欧洲中心论"，极力贬低中国和其他非欧洲国家对人类文化的贡献，从世界历史中排除这些国家的地位；因此，马克思主义历史科学应当把重新研究世界历史并给以正确的说明当作中国历史科学的迫切任务。① 这些基本理论判断直到今天来看，仍有现实意义。这也表明，新中国成立后的世界史学科建设和话语体系建设，从一开始就努力在批判"欧洲中心论"的基础上通过具体的研究实践来进行。

新中国成立后的第一部世界通史性作品是1962年周一良和吴于廑主编的《世界通史》，当时多所高校的教师都参与了编写工作。这部《世界通史》从原始社会写到1917年十月革命，对世界上古、中古、近代各时期的历史，包括社会经济发展、阶级斗争、政治制度、重大事件、历史人物以及文化等内容，进行了比较详细的叙述。② 这套四卷本《世界通史》"未脱苏联教材窠臼，但多少有所改进，如采取一般公认的论点，注重史料的具体与确切，加强亚非拉各国历史，增加中外交流的章节等。各大学历史系教师多目为比较合用的教材"。③ 周一良提出：马克思主义史学十分重视历史分期问题，依照社会发展阶段的学说研究历史，需要明确不同时代的不同社会性质，掌握时代的特征，了解哪个阶级是时代的中心，决定着时代的主要内容和时代发展的主要方向，只有明确了某一时代社会发展的阶段，才能明辨当时什么是先进，什么是落后。④ 这是中国学者从世界史的编撰实践中得出的切实体会。

新中国成立后，第一部国别性通史著作是黄绍湘1953年的《美国简明史》。该书意在以资本主义的发展和阶级斗争的展开作为贯穿全书

---

① 黎澍：《马克思主义与中国革命》，人民出版社1963年版，第5—14页。
② 周一良、吴于廑主编：《世界通史》上古部分，人民出版社1973年版。
③ 周一良：《周一良学术论著自选集》，首都师范大学出版社1995年版，第620页。
④ 周一良：《周一良学术论著自选集》，第544页。

的线索，来写美国资产阶级的上升和没落，以及劳动人民必然获得最后胜利，该书运用马克思列宁主义观点和方法来进行分析，并以美国的新史学家对于美国历史的分析材料作为主要参考，叙述了从"北美发现"以来的美国各个时期的经济情况、经济政策及其后果，对外的扩张和侵略以及人民的斗争。① 这一时期在法国史、英国史、亚洲国家史、非洲史、拉丁美洲史等方面也都出现了一定数量的研究作品或译作。吕振羽还分析了世界历史发展中的特殊性和共同性，指出历史唯物论只规定人类社会在客观规律性的下面采取着一般的共同过程，但并不规定相同的历史阶段一定要经过相同长短的时间，更不否认世界史各部分都有其特殊性，忽略这种特殊性就不能了解具体的历史，会堕落到公式主义或原理论，把这种特殊性夸大到否认共同性的程度就不能把握历史的规律性，会堕落到唯心史观或多元论。②

"文化大革命"时期，马克思主义史学受到严重摧残，但一些有责任感的世界史研究者，在逆境中仍然坚持学术探索，虽然此时问世的作品带有"文化大革命"特定时期的痕迹，但客观上为在中国传播世界史知识起到促进作用。③ 其中的重要表现之一就是对美国学者海斯等人所撰《世界史》内含的"欧洲中心论"的批判。这部世界史是1932年美国出版的一本有代表性的教科书，该书认为，从伯利克里和恺撒的时代直到现在，历史的伟大戏剧中的主角都是由欧洲白种人担任的，从15世纪以来，欧洲各国就一点一点地把它们的文明传播到全世界，而要引导千百万的陌生人（黄色、棕色和黑色皮肤的民族）走上欧洲文明和进步的道路，是一个负担，而且是一个沉重的负担。④ 该书1975年的中译本"出版说明"明确指出：这部世界史深深地打上了资产阶级"欧洲中心论"的印记，其作者怀着种族主义的偏见，标榜欧洲白种人

---

① 黄绍湘：《美国简明史》，生活·读书·新知三联书店1953年版，"自序"第1页。
② 吕振羽：《中国社会史诸问题》，第57页。
③ 参见于沛《当代中国世界历史学研究（1949—2009）》，中国社会科学出版社2012年版，第57页。
④ ［美］海斯等：《世界史》下册，中央民族学院研究室译，生活·读书·新知三联书店1975年版，第1059—1060页。

自古希腊罗马时代以来一直担任历史的"主角",诬蔑非白种人是"落后种族""白种人的负担",在书中多方贬低和抹杀亚、非、拉人民在世界历史上的伟大贡献。① 这个判断点明了"欧洲中心论"的种族主义实质。"欧洲中心论"在西方传统世界史研究中的具体表现就是把西欧地区的进步视作整个世界历史发展的主题,其他地区则被排除在世界历史之外,而欧洲的自我中心、欧洲白种人肩负领导世界责任的种族优越论和帝国主义理论充斥其间。"欧洲中心论"不只体现西方狭隘的地域主义,而且体现西方狭隘的民族主义和种族主义,它把不同于欧洲和西方的历史和文化视野排除在世界历史的阐释体系之外,严重歪曲了对人类历史的整体考察。

1978 年党的十一届三中全会以后,中国开始实行改革开放,踏上了建设有中国特色社会主义的历程。解放思想、实事求是的思想路线重新确立,改革开放事业急需对外国情况和外国历史的深度了解,为世界史研究提供了时代发展机遇,其研究领域的广度和深度极大扩展,研究成果的数量和质量极大提高,尤其是形成了自身的世界历史理论体系,这就为世界历史学的话语体系建设奠定了基本的理论框架和阐述方式。

在改革开放的时代背景下,中国世界史学者对通史研究、编撰及教学的探讨迎来了热潮。例如,罗荣渠在 1984 年撰文指出:把世界历史作为全球性的历史活动与经验来进行研究,是近代资本主义兴起之后才逐步开展起来的,因为人类活动的范围是逐步扩大及于整个地球的,而把全球视为一个整体的新的世界观,也只能在资本主义冲破一切旧的区域性藩篱并把世界逐步连成一体的条件下才可能产生。② 罗荣渠认为:作为全球性世界史(不是指作为国别史的外国史),研究对象是整个世界,上下五千年,纵横数万里,内容无限丰富,不能没有一定的限界和主要的研究任务;要写出作为人类整体发展过程的世界史,并不是要把没有内在联系的历史条件和过程随便纳入一个统一的世界史结构,而是

---

① [美]海斯等:《世界史》下册,出版说明第 IV 页。
② 罗荣渠:《开创世界史研究的新局面》,《史学求索》,商务印书馆 2009 年版,第 94 页。

要写出人类历史如何随着生产斗争、阶级斗争和科学实践的发展，形成内在的有机联系，逐步汇合成为全世界的历史进程；他进而指出就世界史这门学科来论，世界愈是卷入统一的历史进程，对这种统一进程的整体研究，对世界不同地区、不同国家所展现的共同历史规律的共性与特殊性的相关研究，以及全球性相互关系的研究，必然会日益加强。① 这些阐述表明中国学者对世界史研究对象和学科性质的判定日益清晰。

作为中国第一部大型综合性百科全书，1990年的《中国大百科全书·外国历史》集中反映了当时中国世界史研究取得的进展。本卷由总论、亚洲史、欧洲史、非洲史、拉美史、北美大洋洲史、国际共产主义运动史、国际关系史八个部分组成。吴于廑在其中《世界历史》的专文中，系统阐明了世界史的学科性质、中国史与世界史的关系，梳理了古今历史学家对世界历史的不同认识，分析了世界历史的纵向发展和横向发展，并对世界历史进程做出全局性概览。这篇文本标志着中国世界历史学理论体系和话语体系的确立。

吴于廑指出世界历史是历史学的一门重要分支学科，内容为对人类历史自原始、孤立、分散的人群发展为全世界成一密切联系整体的过程进行系统探讨和阐述；世界历史学科的主要任务是以世界全局的观点，综合考察各地区、各国、各民族的历史，运用相关学科如文化人类学、考古学的成果，研究和阐明人类历史的演变，揭示演变的规律和趋向；世界历史绝非把中国历史排除在外的域外史，而中国历史也和所有其他国家历史一样，是人类历史发展为世界历史全过程的组成部分。② 他根据马克思、恩格斯的世界史观指出：人类历史发展为世界历史经历了一个漫长的过程，这个过程包括纵向发展和横向发展两个方面；纵向发展是指人类物质生产史上不同生产方式的演变和由此引起的不同社会形态的更迭，人类历史由原始的无阶级社会到直接生产者遭受不同形式奴役和剥削的阶级社会，又由阶级社会到未来共产主义没有奴役和剥削的无

---

① 罗荣渠：《开创世界史研究的新局面》，《史学求索》，第96—97、102—103页。
② 吴于廑：《世界历史》，《中国大百科全书·外国历史》，中国大百科全书出版社1990年版，第1页。

阶级社会，这个纵向发展的总过程具有普遍的、规律性的意义，马克思主义史学在阐明人类历史的纵向发展方面已经做出了不少可贵的成绩。[①]"所谓世界历史的横向发展，是指历史由各地区间的相互闭塞到逐步开放，由彼此分散到逐步联系密切，终于发展成为整体的世界历史这一客观过程而言的"，"推动历史从原始人类分散生活的各个点到最后联结为世界一体的这一横向发展过程的决定力量，同样是物质生产的不断发展……历史的横向发展过程仍然具有理论上的普遍规律性的意义"，"物质生活资料生产的发展，是决定历史纵向和横向发展的最根本的因素，它把历史的这两个方面结合在一个统一的世界历史发展过程之中"。[②]吴于廑的这些论述成为中国世界历史学的主流理论话语，对于世界历史学的话语体系建设具有极大的推动和促进作用。1990年，西方的《世界史杂志》(Journal of World History)创刊，中西方学界对新的时代条件下世界史的探讨可谓同步进行，以吴于廑为代表的中国学者在理论研究上的前瞻性尤其突出，他不仅分析了世界历史横向发展过程的内涵，而且指明了横向发展与纵向发展之间的基本关系，为此后中国世界历史学的理论体系探讨提供了基本框架。

1992—1994年，吴于廑和齐世荣主编的《世界史》六卷本由高等教育出版社出版。这套六卷本分为古代史编、近代史编、现代史编各两卷，注重史论结合，构筑新的编撰体系，力求体现吴于廑关于世界从分散走向一体的学术思想，对世界各地区的经济、文化交往有所加强，并将中国史纳入世界史体系。六卷本的古代史、近代史和现代史的分期是从人类起源至1500年；从1500—1900年；从20世纪初至第二次世界大战结束。齐世荣不仅是这套六卷本《世界史》的主编之一，他还于2006年主编了四卷本《世界史》，也由高等教育出版社出版。四卷本《世界史》明确指出是在六卷本《世界史》的基础上，吸取近年学术成果，从宏观与微观的结合上，从历史纵向发展即社会形态的演进与各国各地区的横向联系上把握世界历史进程的基本脉络及其发展规律。四卷

[①] 吴于廑：《世界历史》，《中国大百科全书·外国历史》，第5页。
[②] 吴于廑：《世界历史》，《中国大百科全书·外国历史》，第5—7页。

本增加了思想史和社会生活方面的内容，着力揭示宗教的演变及其对历史的影响；着重考察近代世界横向联系的加强及其对各地区、各文明、各民族的影响，探究现代化在世界各地的不同进程及其复杂影响；阐述了20世纪初帝国主义形成以来至第二次世界大战结束的历史，对国际关系演变、苏联社会主义建设历史经验的认识和亚非拉民族民主运动的不同类型及其特色研究等均有所深化。四卷本在六卷本的古代、近代、现代的分期基础上突出了"当代"（从二战结束至21世纪初），把当代史单独列为一卷。《世界史·当代卷》在六卷本《世界史·现代史编》（下卷）的基础上，增补了加拿大、澳大利亚等国的有关史实和联合国维和行动及其改革的近况，战后科技和文化所占的比重亦有所增加，力求为读者勾勒出当代世界历史的全貌。《世界史·当代卷》明确指出：二战结束以后，特别是从20世纪80年代起，以资本主义国家为主导的经济全球化出现了；政治上世界殖民主义体系瓦解，一系列发展中国家兴起，它们成为影响世界历史进程的一个十分重要的新因素；1991年苏联的解体震惊了世界，但是苏联的剧变和解体只是社会主义一种已经僵化而未及时改革的模式的失败，并非整个社会主义制度的失败；中国特色社会主义所取得的举世瞩目的成就，证明了社会主义这种新生制度富有生命力。[①] 六卷本《世界史》和四卷本《世界史》都是国家级规划教材，集中体现了吴于廑的整体世界史观，这就意味着中国世界历史学主流的基本话语阐释框架已经搭建起来了。

  这一时期现代化研究成为中国世界史的重要研究领域。这一研究的开创者罗荣渠把现代化视为一个世界历史范畴和历史过程，把现代化作为一个全球性大转变的过程即从传统农业社会向现代化工业社会转变的过程来进行整体性研究；他在马克思主义分析框架基础上，提出了一元多线历史发展观，主张"把历史当做一个十分复杂并充满矛盾但毕竟是有规律的统一过程来研究的途径"。[②] 罗荣渠从历史学的角度分析了现

---

  ① 齐世荣主编：《世界史·当代卷》，高等教育出版社2006年版，"前言"第Ⅲ页。
  ② 罗荣渠：《现代化新论——世界与中国的现代化进程》增订本，商务印书馆2004年版，"序言"第4—5页，第75页。

代化进程的内涵,提出以生产力作为社会发展中轴的理论框架,勾画了近两个世纪以来现代化的全球发展趋势的总轮廓和总线索,并把近代中国的社会巨变放在世界大变革的总进程中加以考察。他认为1955年以后的25年间,是历史研究发生急剧变化和重新估价的新时期,变化的原因则是历史学家的工作环境较之20世纪上半叶发生了急剧变化,世界各部分的密切相互关联与影响加强,历史成为真正意义上的世界史;科学技术突飞猛进,到处造成新的社会模式和知识模式;欧洲重要性降低,苏美崛起形成压倒优势,亚洲和非洲的兴起;传统的自由民主体制解体,以及与19世纪迥然不同的政治形势的出现;在这一形势下,西方历史学出现许多新趋向,其中就包括从以欧洲为中心的历史扩大到以亚、非、拉美以及整个第三世界作为研究对象、把世界视为整体从全球角度研究"世界社会"的宏观史学。① 钱乘旦则进一步提出以现代化为主题构建世界近现代史新的学科体系,倘若以现代化为主线,世界近现代史可以划分为五个阶段,这五个阶段首尾相接,组成了完整的世界现代化的过程。② 现代化研究构成了中国世界历史学话语体系的重要组成部分。

2010年,武寅主持的百余位中国世界史学者合作完成的8卷38册1500余万字的《世界历史》,由江西人民出版社发行面世。这是中国第一部将专题研究与编年叙事结合起来的大型世界通史著作。这套多卷本由理论与方法、经济发展、政治制度、民族与宗教、战争与和平、国际关系、思想文化、中国与世界各卷组成,体现出当代中国世界史学者对人类历史的独立理解和对当代社会发展中提出的重大理论问题及现实问题的认识体系。③ 这套多卷本的第一册就是于沛的《中国世界史研究的产生和发展》,他在书中明确指出:1949年之后中国的世界史研究进入了一个新的发展阶段,主要表现就是马克思主义唯物史观得到广泛传

---

① 罗荣渠:《积极推进中国的世界史研究》,《史学求索》,第120页。
② 钱乘旦:《以现代化为主题构建世界近现代史新的学科体系》,《世界历史》2003年第3期。
③ 于沛:《中国世界史研究的产生和发展》,《世界历史》第1册,江西人民出版社2010年版,"总序"第3—4页。

播，成为世界历史研究的指导思想和理论基础，通过中国世界史学的学科建设、史料建设和史学理论方法论建设，完成了中国世界史研究从译介到研究的转变。① 这个基本判断指明了中国世界历史学理论化和时代化的内在途径与发展历程。

经过几代世界史研究者的努力推进，在唯物史观的指导下，中国的世界历史学形成一门独立的学科。正如于沛指出：世界历史学已经完全具备了任何一门科学学科所具有的科学形态，以及不可或缺的理论和方法。② 2011年，根据国务院学位委员会和教育部公布的《学位授予和人才培养学科目录》，世界史正式成为一级学科。世界史的发展诚为不易，翦伯赞早在1938年5月曾经指出：当时在中国历史科学研究的领域内，还存在着许多荒原区域，需要继起的历史家从事于历史科学之拓荒运动。③ 此后的几十年中，世界史研究在通史、外国史学理论研究、文明史、断代史、地区史、国别史、国际关系史、一战二战史、国际共产主义运动史、专门史、中外历史比较研究、外国史学译著等诸多领域取得了丰硕的研究成果。因此，世界史成为一级学科是对几代学人的辛勤工作的充分肯定，同时也意味着世界史话语体系建设将面临时代提出的更高要求。

四　中国世界历史学话语体系建设的特点和新的时代要求

从19世纪中期以来，中国遭受了帝国主义列强残酷的殖民侵略，中国人民被迫付出了沉重的历史代价，历经御侮自强、艰难自新，终于在中国共产党领导下赢得了国家独立和民族解放，探索出一条社会主义建设和发展之路，并通过改革开放为世界整体和平与经济发展做出了重

---

① 于沛：《中国世界史研究的产生和发展》，《世界历史》第1册，"前言"第2页。
② 于沛：《当代中国世界历史学研究（1949—2009）》，"代序：中国世界史学者的社会责任"，第1页。
③ 翦伯赞：《历史哲学教程·序》，第8页。

要贡献。根据国家统计局公布的《新中国成立70周年经济社会发展成就系列报告之一》，1952年我国国内生产总值仅为679亿元，2018年达到900309亿元；中国对世界经济增长的年均贡献率为18%左右，仅次于美国居世界第二。相应地，在这大约180年的时间里，中国世界历史学的话语体系建设从初兴到不断探索发展，以1949年为界，大致可以分为两个相继相接的发展阶段。

第一阶段是从19世纪中期到1949年，在这大约110年的时间里，中国的世界史研究者筚路蓝缕，从无到有，开创了世界史的一些研究领域，经历了一个艰难的摸索和实践过程。在"救亡图存"时代主题的呼唤下，这个阶段的世界史在不断扩展对世界的认识和编译外国史学作品的基础上，形成了当代人研究当代史的突出特点。中国的世界史研究者努力为国家民族提供世界史的专业知识，能够迅速对世界上发生的重大事件做出比较专业的学术反应，而且努力对世界大势做出科学的学术判断。其中有些判断的精准，实令后人感叹。例如，王韬在《普法战纪》后序中分析欧洲和世界的走势，"欧洲列国辙迹几遍天下……夫彼既割据日多，则争竞迭出……舟车、枪炮之技尽人皆同，遂不得不更出新法，思驾其上。顾彼能然，此亦能然，日后必至斗智斗力之俱困然后已。……未有物极而不反者也。呜呼！不以大德宰之，元气安能久长也哉？"① 这已经指出了欧洲国家将面临的困局。黄遵宪在成书于1887年的《日本国志·学术志一》中指出："吾观欧罗巴诸国，不百年必大乱。当其乱则视君如弈棋，视亲如赘旒。而每一交锋，蔓延数十年，伏尸百万，流血千里，更有视人命如草菅者，岂人性殊哉？亦其教有以使之然也。"② 这种学术判断的前瞻性已经被后世的两次世界大战和冷战的世界历史进程所证实，同时也充分说明了世界史学术话语和思想的历史穿透性。当代人研究当代史的鲜明主体意识，促使这一阶段的话语体系建设努力在中国文化的主体性和史学研究的世界性之间确立一种适当的内在平衡，这种努力也推动了中华文化在新的时代条件下的不断

---

① （清）王韬：《弢园文录外编》，第194页。
② （清）黄遵宪著，吴振清等点校整理：《日本国志》下卷，第779页。

自新。

　　结合中国近代历史的发展，对世界历史学的话语体系建设会有更深刻的体会。从1840年鸦片战争以后，帝国主义列强和中华民族的矛盾，封建主义和人民群众的矛盾，是中国半殖民地半封建社会的主要矛盾。20世纪上半期，中国的社会矛盾已经空前尖锐。帝国主义列强侵略中国的目的是攫取巨大的经济利益，它们不会允许中国发展成为独立的资本主义国家甚至成为它们的竞争对手。1919年巴黎和会将德国"一战"前在山东的特权转交给日本从而严重损害了中国利益，就是帝国主义对华关系实质的明显表现。地主买办资产阶级政权为了维护自身利益在中国实行顽固的军事独裁统治，1927年蒋介石发动"四一二"反革命政变，就是地主买办资产阶级政权残酷统治的具体表现。中国近代的社会现实已经验证了资本主义道路在中国行不通，而要打破帝国主义和封建主义的双重枷锁，革命自然而然地成为中国人民的唯一选择。中国共产党领导的新民主主义革命的胜利，使得中华民族摆脱了被侵略被奴役状态，四亿中国人民挣脱了帝国主义殖民统治的枷锁，极大地鼓舞了亚非拉人民争取民族独立的斗争。这对于中华民族来说，是经过一个多世纪的艰苦奋斗赢得的真正历史性进步。同时，这也表明，中华文化已经从封建文化发展到新民主主义文化，即大众的、民主的新文化。史学作为文化中的文化，这一个多世纪的时代巨变，对其而言既是发展动力，也成为其研究的对象。中国的世界历史学实际上正是这种时代巨变的产物，世界史话语体系建设所反映的正是对这一历史进程的理论总结。马克思主义唯物史观与世界史研究的结合，使得中国的世界史研究深深扎根于中国社会的现实基础之上，成为中华民族文化自新进程中的重要组成部分。

　　第二阶段是从1949年以来，在这70年当中，世界历史学的学科建设获得长足进步，成为与中国史并列的一级学科。世界历史学的话语体系获得极大发展，可以看出，世界历史学的话语体系内含于世界历史学的学科体系和学术体系之中。这一阶段的突出特点是马克思主义史学理论在世界史话语体系建设中发挥了核心作用，无论是新中国成立之初，还是改革开放之初，或者世纪之交，在重要历史时刻，马克思主义史学理论对学科体系和学术体系构成了坚实的学理支撑,发挥了思想引领作用。例如,苏联东欧剧变以后,马克思主义史学在国际国内面临着严峻的挑战,实事求是地总结马克思主义史学在20世纪的经验得失就是一个迫切的现实问题。陈启能、于沛等人的《马克思主义史学新探》一书,一方面对马克思主义史学若干重要问题进行了思考,主要包括历史规律,社会形态,历史必然性、偶然性和选择性,历史思维,历史认识中的主体和客体等问题;另一方面具体考察了中国、英国和苏联的马克思主义史学,对这三个最具代表性的国家的马克思主义史学进行了反思。该书明确提出:马克思主义史学在20世纪的发展,既有成功发展的时候,也有失败和受挫折的时候,这本是符合事物的一般发展规律,并不奇怪;由于马克思主义史学总是密切联系现实,特别是与各国的革命实践或进步运动相联系,因而东欧剧变自然会给它带来较大的影响;关键是要善于从发展特别是从挫折中认真进行反思,及时总结经验教训,这样就可能使今后的发展更顺利些。[①] 70年来,正是在世界史的具体研究实践中,中国学者对中国与世界的关系、人类历史的性质、阐明人类社会发展演变的基本方式等世界史话语体系建设的核心问题,做出了明确的判断和阐发,这意味着中国学者已经探索了一条将世界历史理论化的基本途径,即在唯物史观指引下,从物质生活资料生产的发展这个最根本因素出发,从世界历史的纵向发展和横向发展两个方面入手,说明人类社会结合为统一的世界历史的发展过程。

新时代发展中国特色社会主义文化的现实要求,对世界史研究提出了更高的需求。实际上,我国是哲学社会科学大国,研究队伍、论文数量、政府投入等在世界上都是排在前面的,但目前在学术命题、学术思想、学术观点、学术标准、学术话语上的能力和水平同我国综合国力和国际地位还不太相称。要按照立足中国、借鉴国外,挖掘历史、把握当代,关怀人类、面向未来的思路,着力构建中国特色哲学社会科学,在指导思想、学科体系、学术体系、话语体系等方面充分体现中国特色、

[①] 陈启能、于沛等:《马克思主义史学新探》,社会科学文献出版社1999年版,"前言"第5页。

中国风格、中国气派。当代世界的突出特点是世界一体化的加速发展，即人与世界的联系日益密切，组成世界的各个部分之间相互作用程度不断提高，而且各个部分之间形成各种交流网络和不同层次的互动空间，具体表现在经济全球化、政治多极化、文化认同多样化等各个方面。国际社会的结构和世界力量的平衡正在发生根本变化，世界正在大陆性和全球性的规模上重新调整，各种历史和现实问题相互纠葛，使各国各地区都面临着一个剧变的全球化时代。中国世界历史学话语体系研究的成果已经成为中国在世界一体化进程中努力传承民族文化、构建国家认同的重要资源与载体。在具体实践中可以看出，这个话语体系侧重于分析世界历史的纵向发展过程。新时代对世界历史学话语体系建设的新要求，就是加强对世界历史横向发展过程的研究，进而更加充分地在经济全球化的时代背景下说明中国历史与世界历史的辩证统一，在复杂的国际政治现实中说明世界历史的整体性和多样性的辩证统一。

从学理角度而言，中国世界历史学的话语体系建设，既包括作为指导思想的唯物史观的基础理论研究，也包括世界历史学作为一门学科而言自身的理论方法论研究，批判吸收外国史学理论的学术成果，就是其中一项重要内容。在此意义上，西方学界的世界史研究对我们有可资借鉴之处。"二战"后西方传统世界史研究因其浓重的"欧洲中心论"色彩而广遭批评，西方学界也在进行相应的反思和重构，其成果就是"二战"后西方的全球史的不断发展，并与包括中国在内的各种史学传统日益发生互动。全球史就是全球化时代的世界史。西方全球史以研究不同人群接触后发生的多种交往（跨文化互动）为切入点，构建出跨国、跨地区、跨大陆、跨半球、跨海洋直至全球的多重地理空间，以及贸易、移民、技术、文化等多种社会性交流网络，全球史便具体化为在这些空间和网络内的各种人类活动，这样就可以研究空间和网络内的某个地方、不同空间和网络之间的交流、多个空间和网络的交叉互动，从而在同一个分析框架内兼顾地方和全球。① 西方全球史实际上意味着西方世界史研究的新一套话语体系。这套体系的核心概念是人类不同群体之

---

① 董欣洁：《巴勒克拉夫全球史研究》，中国社会科学出版社2017年版，第22—23页。

间的"跨文化互动",也就是对世界历史各种横向发展现象的研究。半个多世纪以来,西方全球史在世界历史横向的实证研究上取得了丰硕成果,不过也显露出新的问题,即如何界定发生跨文化互动的双方主体或多方主体的历史作用。这个问题的实质在于,脱离生产和交往的相互关系而单纯强调交往的历史作用,无法说明不同时期世界基本结构上的变化,无法说明不同时期各种交往现象的区别和联系。相应地,这就凸显出马克思"世界历史"理论对于世界史话语体系建设的重要学术价值。

马克思"世界历史"理论的核心观点是:世界历史是人类创造的社会生产力不断发展和在此基础上人类交往不断密切的产物,是人类整体的历史。其中两个核心概念就是生产和交往,生产的发展促进交往的扩大,交往的扩大有利于生产的保持,这两个相辅相成的要素构成了人类作为一个物种而言的两种基本发展动力。西方全球史的话语体系在具体实践中回避了对生产及生产基础上的社会形态更迭的分析,这是中国学界在对西方全球史的研究和判断中应当充分注意的问题。这也提示我们,可以考虑从生产和交往两个基本概念入手,从历史发展动力的角度来探讨世界历史的纵向发展与横向发展的关系,我们以往比较欠缺的对世界历史横向发展过程的研究,急需得到改善和提高。

具体而言,由生产和交往两条基本主线组成的纵横时空轴线,既包含了人类作为一个物种的整体性和统一性,也涵盖了人类不同群体发展的关联性和多样性。生产和交往的每一阶段的总和,都构成了人类能动的生活过程的一种形态,都意味着世界历史演进中的一个特定阶段。世界历史作为人的生活过程的集合体,也将随之继续演化并不断臻至新阶段。包括中国在内的各个国家和各个文明或地区的历史,显然构成了世界历史发展的各种支点,这体现了中国历史与世界历史的统一性。生产和交往在各个支点达到的水平和程度,表现为各种地方社会的具体化情境,这些具体化情境成为各种社会关系网络与交流空间范畴得以存在的现实基础。在这个现实基础上,才能充分理解各种地方网络之间的互动,以及地方网络和全球网络之间的互动,而这些不同层次的网络和范畴共同构成了世界历史的整体性和多样性的辩证统一。通过生产和交往两条主线构建的这个分析框架,可以清楚地看到,中国特色社会主义建设事业不仅是中国历史连续性的自然体现，而且也是人类社会发展规律的具体表现。

综上所述，从19世纪中期开始，中国世界历史学的话语体系建设走过了一个不平凡的发展历程，凝聚了几代学人的心血和热忱，体现出中国知识分子对如何把握文化主体性与研究视野全球性之间关系的不断探索，已经形成了自身阐述世界历史的基本概念和基本框架，这是世界历史学未来发展的重要理论资产。当代中国正处在新的发展节点上，复杂的社会生活实践向世界历史学的话语体系建设提出了更高的要求，以便充分理解和应对当代这个由多种社会关系网络与不同交流空间层次组成的复杂世界，阐明中国人对全球一体的演变和走向的基本判断。这实际上也就是世界历史学能够为新时代坚持和发展中国特色社会主义提供的历史智慧和学术支持。从生产和交往两个基本概念进一步分析世界历史演化的内在动力，显然是其中一种可行的研究思路。

中国史学话语体系建构中的"西方中心论"问题[*]

建构中国史学话语体系,需要解构和突破"西方中心论",这是现在史学界的基本认识。问题在于,应该怎样认识"西方中心论"的传入,怎样评估其存在的现状和突破的难度,怎样摆脱它的羁绊以推进中国史学话语体系的建构?本文拟就这些问题做一探讨,以求对中国史学话语体系的建构有所助益。

一 话语体系建构的基础问题

本文的"中国史学"包括世界史。之所以将中国史与世界史合一,主要是考虑"欧洲中心论"是两者共同突破的对象,突破过程中需要相互为援,彼此助力,世界史需要中国史的支持,中国史也需要世界史的支持。由于笔者的研究方向是世界史,涉及的内容、使用的资料以世界史为多。

在中国史学界,突破"西方中心论"的意识应该主要形成于改革开放之后,在此之前,似乎还比较淡漠。这涉及话语体系建构的基础问题,所以,首先对此做一考察。

新中国成立以来的世界史研究,可按学术界习惯以改革开放的启动

---

[*] 本文作者顾銮斋,山东大学历史文化学院教授。本文原载于《史学理论研究》2022年第2期。

即1978年十一届三中全会的召开为线划分为两个阶段：第一阶段为改革开放前30年；第二阶段为改革开放后40年。在此基础上，学术界在第一阶段又有"文化大革命"前17年和"文化大革命"十年的称谓。这对中国史研究也许是必要的，但就世界史研究而言，在我们看来，似乎差别不大。前17年通过翻译苏联的十卷本《世界通史》等著作，引进了苏联世界史研究的理论和方法，"西方中心论"遂成为世界史研究的基本理论。"文化大革命"十年虽然与苏联断绝了外交关系，但世界史研究基本上还是在"西方中心论"的框架中进行，似乎没有受到多少影响。

在第一阶段，由于新中国刚刚成立，世界史研究的条件非常有限，研究内容主要是解读马恩列斯等经典作家的著作，而成果主要是高校教材和数量不多的论文。虽也有学术著作出版，但数量十分有限。这一时期的教材，有些为正式出版，有些则为铅字印刷，但都用于大学历史系的课程讲授。

当时的教材编写主要是借鉴苏联的世界史研究，以周一良、吴于廑先生主编的四卷本《世界通史》为例，便是在苏联十卷本《世界通史》的基础上撰写而成的，无论思路、框架，还是理论、方法、概念、资料等，都深受其影响。① 而苏联的世界史研究就是以欧洲为中心，十卷本《世界通史》正是这方面的代表作。由于新中国刚刚成立，我们的世界史研究还处在"一穷二白"的境地，研究资源只能从苏联"老大哥"那里引进。中国史研究因有较好的基础，状况可能好些，但基本理论方法也深受苏联影响，这方面应该与世界史类似。这便决定了"西方中心论"在中国历史研究中的地位。特别是当我们将这些教材分发给学生要求他们阅读学习并传授相关知识的时候，我们实际上不自觉地充当了"西方中心论"的"传播者"。

我们应该重视教材编写对"西方中心论"在当时中国学术界影响

---

① 需要说明，周一良、吴于廑主编的《世界通史》在传播、普及世界史知识、培育世界史人才、推进、提升世界史研究等方面的贡献，特别是在中国现代史学史上的地位，是学术界公认的。所谓苏联影响，乃是时代的问题，任何一部教材、专著都难免留下这样的印记。

的作用。就世界史知识而言，当时学生的大脑还几乎是一张白纸，而就是在这个阶段，接受了"西方中心论"的历史教育。他们通过教材阅读学习，在自己的知识、学术上搭建了基本的框架，形成了世界史发展的基本认知，进而形成了自己的观念。而观念一旦形成，要想改变也就具有了难度。如同求学阶段的学生，这一时期中国的世界史研究也处在求知阶段，面对新鲜的世界史知识拼命吸收，很少有批判意识。正是在这样的情况下，"西方中心论"便开始扎根于数代世界史学者的观念中，这就决定了新时期话语体系建构的难度。

进入第二阶段，我国的世界史研究取得了重大发展，在论文发表、著作出版、科研立项等方面，都取得了重大成就。特别是在研究领域，形成了许多新的方向，如环境史、医疗史、概念史、观念史、情感史、宪政史、财税史、东北亚史、太平洋岛国史、环地中海史等。这些方向都填补了国内世界史研究的空白，标志着新时期世界史研究的重大发展。

如前所述，"西方中心论"在新中国初期主要是从苏联传入的。老一代历史学家虽有拒斥，但并没有影响它在中国学术界的传播。所以，这一时期大学教材的编写，是以欧洲历史为中心。如果说"西方中心论"在这时的传播因具有间接的特点而在力度和强度上还比较有限，且因传入未久，还主要表现为理论体系框架、基本发展脉络、主要历史人物与事件、主要历史景观的展示，那么，随着改革开放的启动，大量的西方概念、范畴、观点、理论、方法、资料等便由欧美国家直接涌入国门，"欧洲中心论"遂得到充实与巩固，进而基础化、工具化、观念化了。这种涌入，由于在力度、强度，特别是在数量上已远非改革开放前的传播所能比拟，当然推动了中国世界史研究的快速发展，但同时也大大加强了"西方中心论"对中国世界史研究的控制，从而进一步提升了突破的难度。

改革开放的大门开启后，随着经济的发展和国力的增长，学术界开始意识到突破"西方中心论"的必要性。这首先表现为大学教材的编写缩减欧洲史的内容，增加亚洲史的篇幅。与此同时，中国史学主体性等问题也成为学术界备受关注的话题。许多学者围绕奴隶制、封建制和中国资本主义萌芽、历史发展路线、中国史学叙事体系等问题展开了广泛讨论，这对突破"西方中心论"当然具有积极意义。但也应该认识到，所谓"突破"，还仅仅表现为在一些点上证伪了"西方中心论"的概念与观点，与颠覆"西方中心论"的理论体系还有很大距离。而要建构中国史学话语体系，当需重新设计中国史学的概念、范畴、发展路线和理论框架，这方面学术界所做的工作还比较有限。由此可见，建构中国史学话语体系的基础还很薄弱，对此，我们应该有一个基本的认识。

二 突破"西方中心论"的现状评估

如上所述，随着改革开放后经济的发展和国力的提升，学术界意识到突破"西方中心论"、建构自己的话语体系的必要性。今天，改革开放40年过去了，历史研究中"西方中心论"的现状如何呢？有学者认为，"西方中心论"的理论体系已经被"打散"或"破灭"。[1] 笔者觉得这一估计可能过于乐观了。这是一个形成于十八九世纪、统治学术界长达200余年的完整的理论体系，已经深深扎根于人们的思想观念中，仅凭学术界某些学者的文章和著作，恐还难以认定为"打散"或"破灭"。我们的学术体系仍然是西方人的架构，基本思路仍然是西方人的图式，基本认识仍然是西方"民主"，东方"非民主"。其中，虽然也包含一定的客观解读，并存在一定的恨铁不成钢的心理因素，但这些都与"西方中心论"不构成冲突。在笔者看来，这就是现代中国世界史研究的基本状况。而且，我们还应该了解"西方中心论"在思想界、学术界、知识界的观念中处于怎样一种状况。这些仅从出版物上还难窥全豹。我们已进入大数据时代，稍微探视一下微信群，就会感觉与上述作者所说的情况不同。我们应该充分估计"西方中心论"解体的难度，这样可能更有利于中国史学话语体系的建构。

---

[1] 郭震旦：《根植本土：当代中国史学主体性的崛起》，《文史哲》2019年第4期。

更为重要的是，我们必须对突破"西方中心论"的难度有一个基本的认识。"西方中心论"是工业革命的产物，而工业革命的核心是科学技术的进步、生产力的提高和经济的发展。科学技术的进步、生产力的提高使机器生产代替了手工劳动，引发了人类自新石器以来生产史的革命。机器生产推动了经济的腾飞和国力的强盛，实现了欧洲主要国家国际地位的提升和赶超。正是在此基础上，英法等国从与世界各国的对比中认识到可以控制世界了，于是依靠自己的富有和强大，建立了庞大的殖民体系。殖民体系的建立及其资源的利用，又进一步强化了"西方中心论"的物质基础。

"西方中心论"的形成以科学技术的进步、经济的富有和国力的强盛为基础。它的维持和演变仍然以科学技术的进步、经济的富有和国力的强盛为支撑。如果说工业革命发生后一直到20世纪初，欧洲的中心是英法，那么随着历史条件的变化，这个中心变成了美国。美国之所以取代英国占据了中心，首先因为它原来是英国的殖民地，与宗主国共享了工业革命的利好。更为重要的是，美国是一个移民国家，通过移民，欧洲各主要国家以及世界其他国家的大量科技人员移居美国，不仅巩固了工业革命的基础，而且为后来的科技发展、经济富有和国力强盛的维持提供了条件。进入互联网时代，美国仍然引领世界的发展潮流，一直享受美元的霸权地位，扮演世界警察的角色。所以，今天的世界中心与其说是西方，还不如说是美国。

既然科技、经济、国力等因素支撑了"西方中心论"的形成和维持，那么，讨论"西方中心论"的突破问题，就不能将这些因素置而不论。而所谓突破，便不单纯是概念、理论、方法、体系等的创建问题，也与科技进步、经济发展、国力提升密切相关。由此，论及中国历史学话语体系的建构问题，也应该从科技进步、经济发展、国力提升的角度进行思考。新中国的建立已有七十多年，之所以现在才提出话语体系的建构问题，主要是因为今天的中国已今非昔比，在科技进步、经济发展、国力提升等方面取得了重大成就，国际地位也实现了相应的赶超，具备一定条件提出话语体系的建构问题了。但我们还应该承认，在科技、经济、国力等方面，我们与美国以及西方一些发达国家之间还存在差距。正因为如此，相关中央文件和国家领导人的讲话仍然以"发展中国家"来定位当下的中国。① 这种差距要求我们，在开展话语体系建构本身工作的同时，也要加快推进科技的进步、经济的发展和国力的提升。而当科技、经济和国力的进步、发展提升到一定的高度，中国历史学话语体系建构的基础条件也就形成了。而现在，欧美国家的科技、经济仍居世界前列，由此更可见突破"西方中心论"的难度。

同时，我们还必须正确认识"西方中心论"存在的现状，正确评估我们的突破现在达到了怎样的程度。回溯人类历史，重大历史事件发生后，因其具有的关注度和影响力，总要引起人们的思考和讨论。而思考、讨论的结果，便是相关概念、范畴、理论和方法的创建和形成。工业革命即属此类事件，一经发生，便引起了广泛的关注、思考和讨论，进而在欧洲思想家、人文社会科学家群体中形成了一种"一览众山小"的傲视他国的至上感。由于感受了国力的强大和国际社会话语权的控制力，他们认为可以建立自己的人文社会科学的全球体系了。于是，在条件有限、特别是资料稀缺的状态下，开始了大规模的知识生产，"西方中心论"的建构便由此展开。知识生产的对象起初是近东、北非，继而是中东、南亚，然后是远东地区。形成的知识体系包罗万象，从民俗文化、历史传统，到种族环境、素养理念、建制体制等，可谓无所不包。关于国家政体问题，虽自古希腊以来已有不少研究，但比较而言，工业革命时代的著述似更具指向性。孟德斯鸠、伏尔泰等启蒙思想家，不仅论述了民主、专制等概念，而且限定到一定的地区和国家。

在这些概念中，有些因刚刚提出或形成，在同时代的东方包括中国，还缺乏相关知识；有些在这些地区和国家则早已形成，但内涵不同，例如民主，在古代中国，是指民之主，民之主宰，与西方的解释几乎相反。关于东方特别是中国古代的政体问题，他们使用了"专制"的概念。作为一个词语或名词，专制在中国古代文献中也早已出现，但内涵不同。在古代中国，意指权力的行使，主要用于君王治国理政，而

---

① 习近平：《决胜全面建成小康社会 夺取新时代中国特色社会主义伟大胜利——在中国共产党第十九次全国代表大会上的报告》，《人民日报》2017年10月28日。

这种治理被认为是理所当然、符合天道的。① 在18世纪的欧洲，专制则是一个贬义词，很多人文社会科学家在他们的著述中涉及了这个概念，孟德斯鸠即认为："专制政体的性质是：一个单独的个人依据他的意志和反复无常的爱好在那里治国。"② "在专制的国家里，政体的性质要求绝对服从……"，"绝无所谓调节、限制、和解、条件、等值、商谈、谏诤这些东西……人就是一个生物服从另一个发出意志的生物罢了"。由于地理环境的原因，亚洲是"世界上专制主义……已经生了根的……地方"③，土耳其、波斯、印度、俄罗斯、中国等都实行专制政体。在这里，国家的法律是专制君主个人意志的反映，统治的原则是"恐怖"。孟德斯鸠还从文字、礼教、土壤、疆域、风俗等多个方面分析了中国人何以适应于专制统治的问题。伏尔泰也涉及了中国的制度。在早期，他对中国的制度文化还是歌颂的，特别是对孔子，崇尚有加。但后来，他的观点发生了变化，说中国停滞不前，中国人缺乏智慧。④ 在孟德斯鸠思想观点的基础上，尼考拉·布朗杰出版了《东方专制制度起源》一书。⑤ 魁奈则以伏尔泰的思想和著述为基础，撰写了《中华帝国的专制制度》一书。⑥ 后来，狄德罗、赫尔德、黑格尔、穆勒、兰克等一大批思想家、人文社会科学家，在此基础上又进行了充实与扩展，这一知识生产和"欧洲中心"遂形成了庞大的理论体系。在这个体系中，一方面是欧洲：进步、发展、至上、理性、民主、自由、文明、富足、处于"世界历史"的中心；另一方面是东方：停滞、落后、低下、愚昧、专制、奴性、野蛮、贫穷、自私、处于"世界历史"之外。

随着工业革命信息的传播，特别是在西方坚船利炮的攻击下签署丧权辱国的条约后，清政府不得不走出"天朝上国"的迷梦，面对西方

---

① 韩广召：《专制概念古今流变》，硕士学位论文，天津师范大学，2015年，第35页。
② [法] 孟德斯鸠：《论法的精神》上册，张雁深译，商务印书馆1987年版，第19页。
③ [法] 孟德斯鸠：《论法的精神》上册，张雁深译，商务印书馆1987年版，第63页。
④ [法] 伏尔泰：《风俗论》上册，梁守锵译，商务印书馆1996年版，第73—79、213—215页。
⑤ Nicolas-Antoine Boulanger, Recherches sur L'origine du despotisme Oriental, Genève, 1761.
⑥ [法] 弗朗斯瓦·魁奈：《中华帝国的专制制度》，谈敏译，商务印书馆2018年版。

发展强大和中国落后挨打的现实。为什么会形成这样的局面？中国是文明古国，为什么会被后发的西方超越？应该怎样解决落后挨打的现实问题？于是，时代精英发出了"睁眼看世界"的呼声，并由此找到了解决问题的方法：首先是"师夷之长技以制夷"的自救运动（1861—1895年），继而是新文化运动的旗帜"德先生和赛先生"的崇尚与传播。随着向西方学习浪潮的形成，"西方中心论"也就进入了国门。

需要说明，这个时代的精英是以学习的心态接受"西方中心论"的。他们想了解工业革命和欧洲强大的现实。工业革命是怎样发生的？欧洲经济发展赶超的原因是什么？有哪些值得中国学习和借鉴的经验？欧洲人是怎样看待中国人和中国历史文化的？如同一群求知若渴的少年，在他们的眼里，来自欧洲的知识都是新鲜的、正确的，于是，"西方中心论"进入了他们的知识储备，随着时间的推移融入了他们的观念之中。对于自己的制度文化，他们也进行了反思和检讨。胡适即认为："我们必须承认自己百事不如人，不但物质上不如人，并且政治社会道德不如人。"[①] 陈序经也如此说：从物质生活、工、农、商业、政治、教育、科学、交通等方面看，我们都不如人家，而西洋文化是世界文化的趋势，西洋文化就是世界文化，你如不适应这一趋势，就只能坐以待毙。[②] 须知，胡适、陈序经等都有长期的国外留学经历，对国外有深入了解，他们对中西历史文化做了细致的比较和深入的思考后才得出了上述结论。

在此基础上，新中国建立后，"西方中心论"又通过苏联史学进一步传入，特别是在改革开放以后，随着西学资料的海量涌入，几乎可以说"西方中心论"完整的理论体系已在中国建立起来。这方面，前文已经论及。

接下来便是自我东方化或自我汉学化了。这里首先需要说明"西方中心论"、东方主义、汉学主义、自我东方化、自我汉学化几个概念及

[①] 胡适：《请大家照照镜子》，《胡适文集》第4册，北京大学出版社1998年版，第27页。

[②] 陈序经：《全盘西化的理由》，载陈序经《中国文化的出路》，岳麓书社2010年版，第81—102页。

其关系问题。关于汉学的概念，有学者认为，汉学与东方学不同，在其形成早期，不具有政治或意识形态性质。① 但后来，启蒙思想家添加并强化了意识形态指向。而我们的讨论，主要限于 18 世纪以后，即"西方中心论"形成、传播的阶段，与此之前的汉学关系不大，所以早期汉学是否有意识形态性质并不影响我们对自我汉学化的认识。关于东方主义、汉学主义与"西方中心论"的关系，在我们看来，它们同属一个体系，或者说是一个建构的两个方面。因为要突出欧洲的国际地位，就必须贬低世界其他地区和国家，所以就有了东方主义和具有意识形态指向的汉学主义。既然属于同一建构，它们的相似性就是显而易见的："西方中心论"是一种知识生产，同时是一种知识生产的实践理论，东方主义、汉学主义也是一种知识生产，同时也是一种知识生产的实践理论。在这一建构中，"西方中心论"是知识生产的基本目标，东方主义、汉学主义则是在"西方中心论"的控制或制约下按照它的设计运行。随着"西方中心论"的传播，东方主义、汉学主义也随之传入东方和中国。随着时间的推移，东方人或中国人也就逐渐适应了西方的价值、理念和思路，而最终形成了自身的东方化或汉学化，这在学术群体和知识群体中是显而易见的。"西方中心论"是欧洲人根据自己的历史和认识设计、创造的话语，是以欧洲或西方为中心认识世界历史的理论。"西方中心论"形成后，由于没有其他理论可供借用，无论是西方学者还是东方学者，只要编写世界史，都只能借用这一理论。东方诸国必须通过"东方主义"来认识世界和自身，必须在"西方中心论"的控制下书写自己的世界史。中国人接受了汉学主义，以汉学主义认识自己的历史，也形成了文化上的无意识。第二次世界大战后，西方部分学者认识到，以"西方中心论"来撰写的世界史并不是真正的世界史，但直到今天，即使是以破除"西方中心论"为己任的"全球史"，仍然没有摆脱"西方中心论"的影响。相对于"西方中心论"，东方主义、汉学主义又有一定的独立性，所以要建构中国历史学话语体系，在突破"西方中心论"的同时，同样需要突破东方主义和汉学主义，而且这种

---

① 顾明栋：《汉学主义，一种替代理论》，商务印书馆 2015 年版。

突破较前者可能更具难度。

　　进入自我汉学化阶段,关于"西方中心论"的认识就更加复杂了。如上所论,随着改革开放的开启,有关西方的信息资料较历史上任何时期都更多地涌入国门。在人文社会科学领域,从概念、范畴、理论、方法,到思路、框架、理念、体系等,可以说,西方元素几乎占据了国内学术的方方面面,而学者群体,无论专业还是方向,也就大多在学习、推崇甚至膜拜西方学术。更重要的是,正是此时,中国开始了现代化建设的进程。在世界历史上,现代化建设是以工业化为基础,当时也只有西方发达国家完成或实现了现代化。在这种情况下,中国要想建设现代化,就只能而且必须向西方学习。由此即可以想见,有关西方的信息资料在中国学者心目中的价值和意义,以及西方发达国家在知识人心目中的地位了。因此,"西方中心论"也就在中国学术研究中进一步扎根。于是,在西方历史文化的比照下,中国学者继五四新文化运动之后又开始了对本国历史文化的反思和检讨,而且在深度和广度上远非五四运动可比。这样,对本国历史文化的评价也就具有了自我汉学化的特点。西方学者关于中国历史文化形成的概念如民主、专制,也就为学术界所广泛接受,并以此来定性中国封建社会的政治制度;提出的问题如中国封建社会的长期延续、中国封建社会的城市、中国资本主义萌芽、李约瑟难题、四大发明的定性、中国是否有哲学等,也就成为国内学术界广泛讨论、经久不衰的话题。

　　当然,所谓自我汉学化并非指中国学者人人如此,有的学者特别是有的中国史学者可能未受或少受时风所扰,仍然沉潜于自己的研究。但这样的学者可能太少了。有的学者基于民族情感或意识形态立场也许会产生一定的警惕性,但是在具体操作过程中,由于"西方中心论"业已本土化,他们可能难以将本土因素与西方因素区分开来,因而无法将西方因素排除在外,甚至在研究过程中集体无意识。但重要的是还同时存在这样一个群体:"西方中心论"在他们的心目中一直居于重要地位,具有重要的学术价值,认为现在还没有新的理论或体系能够取代,其中关于西方历史文化和中国历史文化的很多认识是符合客观实际的。这个群体在量上可能大于前两个群体,从而在一定程度上显示了自我东方化和自我汉学化的程度和现状。

更大的难度还在于工业化和现代化理论的创建问题。历史研究只能以既定的史实为基础。可是关于工业化和现代化，除了西方发达国家，世界其他国家大多还没有完成，甚至还没有开始。因此，要研究这些国家的现代化还不具备条件，而只能借用完成了工业化、现代化的欧洲模式与未完成工业化、现代化的非欧国家进行比较。这就难以形成完整的理论，而且仍然以欧洲的经验评说非欧国家的事实。现在的人文社会科学只有"西方中心论"一种理论体系，这种体系大到人类历史的线性发展观、现代化理论，小至自由、民主、平等、法治等概念，都是西方历史的产物。我们既缺乏从本土历史文化资源形成的概念、框架、理论、方法，也缺乏从自身看世界的理论和模式。这样，在工业化和现代化的道路上，就无法说明在向西方学习之前我们自己的有别于西方的工业化道路，从而无法摆脱"西方中心论"的羁绊。另外，还必须承认，有的非欧国家虽然历史悠久，但对自己历史的研究还很不充分，到现在为止，还远没有自己的体系。基于以上原因，我们目前可能还难以建立起取代"西方中心论"的理论体系。①

综上所论，"西方中心论"是一个在19世纪末开始引进，经过多代人的传承、扩展，在我们的史学研究中已经基础化、工具化、观念化的知识理论体系。对这样一个我们正在使用的体系和据此形成且具有一定独立性的东方主义、汉学主义进行突破，其难度是显而易见的，这可能需要几代人甚至多代人的努力。对此，我们应该有充分的思想准备。

三 重新认识中西方历史的必要性

由于中西方历史研究都深受"西方中心论"的影响，中国史学话语体系就必须通过重新认识中西方历史来建立。20世纪80年代，马克垚先生出版专著《西欧封建经济形态研究》，在史学界发出了"重新认

---

① 参阅顾銮斋《马克垚的封建经济史研究》，《清华大学学报》2019年第1期。

识西欧封建社会"的呼声。① 今天，在突破"西方中心论"、建构自己的话语体系的大势下，我们更应该强调"重新认识"的必要、意义和价值。通过重新认识中西方历史，解构、摈弃西方那些缺乏客观性的概念和理论，依据本土资源，提出新的概念和理论，建构自己的话语体系。

一般说来，书写的历史与实在的历史在客观性上存在差距，古今中外，无不如此，即使以客观主义为撰史原则的兰克史学，也无法突破这一格局。而十八九世纪以来的欧洲史，是在"西方中心论"的设计下形成的，与客观历史的距离更大。中国史的情况可能好些，但因为受"西方中心论"、自我东方化和自我汉学化的羁绊，与客观历史的距离也比较大。由此，即可见重新认识的必要性。由于"西方中心论"对中国历史研究的影响具有涵盖性，我们的重新认识也应该具有全面性，而不能局限于某些领域。在重新认识的过程中，应注意剥离欧洲史学家的思想意识，剔除他们先入为主的指导理念和预设前提。这样，通过重新认识，就可以解构和摈弃"西方中心论"中那些缺乏客观性的概念、理论，提出自己的概念，建立自己的体系。当然，重新认识的工程太大，困难太多，但不进行这样的认识，所谓"突破"，效果就肯定是有限的。

实际上，学术界对中西方历史的重新认识很早就开始了，只是那时还缺乏组织筹划，所谓重新认识，主要是学者个人的行为，分散独立，不成系统，加之当时的国力不强，地位不高，在国际学术界的影响还很有限。

首先看关于中国历史的重新认识。例如，罗荣渠提出了"一元多线"历史观，认为五种生产方式的单线发展图式违背了马克思的原意，中国历史的发展路线不同于西方。② 黄现璠主张在中国古代史研究中以"中国中心观"替代"西方中心观"，认为"中国历史应重新分期"。③

---

① 马克垚：《西欧封建经济形态研究》，人民出版社1985年版。
② 罗荣渠：《现代化新论——世界与中国的现代化进程》，北京大学出版社1993年版，第52—80页。
③ 黄现璠：《中国历史没有奴隶社会：兼论世界古代奴及其社会形态》，广西师范大学出版社2015年版。

许多学者则从各自的视角对中国历史进行了分期。田昌五将中国历史划分为三个时代：洪荒时代、族邦时代和以周期性循回演进为特点的封建帝国时代。① 张金光划分为邑社时代、官社时代、半官社时代、国家个体小农时代。② 冯天瑜划分为封建时代、皇权时代、共和时代。③ 晁福林先生划分为三种社会形态，即氏族、宗法封建和地主封建。④ 王震中⑤、叶文宪⑥等学者也提出了自己的观点。

显然，上述学者已经在致力于中国历史的重新认识了，这对"西方中心论"当然会产生一定冲击，对中国史学话语体系建构也有一定意义。但也应该看到，在这种重新认识过程中，所使用的概念、框架、理论、方法基本上还是西方的，较少由中国学者原创。例如，封建、专制等，在多数学者的笔下，仍然是西方的概念。另外，上述学者的认识还多为个人之见，很多还存在争议，有些还不够成熟。这就必然会影响对"西方中心论"的突破和中国史学话语体系的建构。

其次看欧洲史。国内学术界对欧洲史的重新认识在改革开放初期也已经开始了。胡钟达先生即探讨了古希腊罗马奴隶制和欧洲封建制的关系问题，对欧洲史的传统分期提出了质疑。他仔细考察了古希腊罗马和封建社会前期的生产力构成、奴隶人数等，认为从生产力的角度说，奴隶社会和封建社会没有多大区别；在奴隶人数上，奴隶社会的奴隶并不多，封建社会的奴隶也不少。既然如此，就不应该将奴隶社会和封建社会划分为两个历史阶段，两种社会形态。⑦ 胡钟达先生的结论与许多西方学者的认识是基本一致的，关于奴隶人数，西方学者也一般认为中世

---

① 田昌五：《中国历史体系新论》，山东大学出版社2000年版。
② 张金光：《关于中国古代（周至清）社会形态问题的新思维》，《文史哲》2010年第5期。
③ 冯天瑜：《封建考论》，武汉大学出版社2006年版。
④ 晁福林：《夏商西周的社会变迁》，北京师范大学出版社1996年版。
⑤ 王震中：《邦国、王国与帝国：先秦国家形态的演进》，《河南大学学报》2003年第4期。
⑥ 叶文宪：《关于重构中国古代史体系的思考》，《史学月刊》2000年第2期。
⑦ 胡钟达：《再评五种生产方式说》，载内蒙古大学历史系世界史研究室编《世界史研究论文集》，内蒙古大学出版社1989年版。

纪初期较罗马帝国晚期多。① 这就说明，欧洲史的传统分期的确存在问题。那么，欧洲封建社会应该从何时开始？或者，是否需要创建新的概念促进这一研究？这些问题都还需要进一步探讨。而问题的解决，对于"西方中心论"中的古典时代和封建社会的概念和理论都将具有解构的意义。

关于欧洲封建制度，我们更应该强调重新认识的意义。对于"西方中心论"的一般批评，主要是指它以欧洲为中心编纂世界史，以偏概全，忽略了亚非拉等应有的历史地位。我们的研究则应该在批评这种编纂理念的同时，深入欧洲封建社会史的深处，直接揭示欧洲历史书写存在的问题，这对于"西方中心论"显然具有更强的解构意义。

在重新认识欧洲历史的过程中，我们应首先注意解构与摈弃那些缺乏客观性的概念，这里以封建为例做些分析。封建或封建主义的概念是在17世纪提出来的，其主要元素如封臣制、封土制、农奴制、庄园制、城市等，主要是德国史学家、法学家从法学上定义的，与历史实际存在很大差距。后来随着史料的增加和研究的深入，人们才认识到了这种差距，所以，很多史学家并不认同这些概念。梅特兰说，作为一个概念，封建主义只是一个复杂社会的一种社会成分，而且还不是最具特色的。依附关系以及由此产生的土地占有在这时是存在的，但不能因此称为封建时代。应该提出一个概念，涵盖一大片区域，包括法兰西、意大利、德意志、英格兰等国，从八九世纪到十四五世纪。封建主义则无法囊括这么多的内容和这么长的时间。② 波斯坦认为，德国法学家是欧洲中世纪经济史研究的先驱，他们生活于19世纪早期，经历了解放农民的斗争，并从中获得灵感，直接影响了他们笔下的中世纪农民地位变迁史的研究。英国中世纪经济史的奠基者都是德国法学家的追随者，他们继承了德国法学家的学术传统，于是也将英国中世纪农民地位的变迁史变成了丧失自由之后再获取自由的

---

① 马克垚：《西欧封建经济形态研究》，第43页。
② F. Pollock and F. W. Maitland, *The History of English Law Before the Time of Edward I*, Vol. 1, Cambridge: Cambridge University Press, 1923, pp. 66–67.

历史。在波斯坦看来，必须将农民的经济地位与法律身份区别看待，而且，农奴不是农村中最贫困的群体。① 关于庄园，其概念主要来自 9 世纪大修道院庄园的个案，而这类庄园数量非常有限，不具有一般性或典型性，也难以反映历史实际，所以有学者主张 9—11 世纪的土地制度史应该重写。②

进入 20 世纪晚期，西方学者关于封建制度的研究更加深入了。很多学者认为，封建主义的概念是法学家建构的产物，这种建构早在中古时期已经开始。1994 年，苏珊·雷诺兹出版《封土与封臣》一书，对封建主义的概念进行有力的解构。作者认为，传统观点严重夸大了封君封臣制的重要性和普遍性，将错综复杂的社会关系简单归结为封君封臣关系，必须进行重新考察、认识和概括。关于封土，12 世纪之前的地产大多为自主地，而非分封所得。12 世纪之后才具有了封建属性。作者分别考察了法兰克、法兰西、意大利、英格兰、德意志等王国的历史，认为在法兰克王国，国家并非通过个人关系进行统治，相反，民众对国家和王权都有很高的认同感。所谓采邑，这时还没有影响土地的自主性质。在法兰西，封土与封臣结合一直被视为 9—11 世纪古典封建主义形成的标志，事实上，这时两者之间并没有联系，直到十二三世纪，这种联系才得到发展。但十六七世纪的法学家却将这时的概念推前至加洛林时期甚至更早，因此误导了后世的历史研究。在意大利，相关认识也都与后来法学家的设计密切相关，历史的虚构在十二三世纪已经开始。英格兰在诺曼征服前还没有采邑的概念，军事义务由贵族和民众负担，地产也都是自主地。诺曼征服后，法兰西的封土概念才开始传入，但传入后内涵仍有别于法兰西，是可以继承的地产。被视为封建制度重要特征的军事义务，也远非学界强调的那样重要，而且在十三四世纪就演变为契约关系。在德意志，传统观点认为封建制度的特征是王权弱小和国土割据，但文献表明，封君封臣制在十二三世纪才开始传播，而充

---

① M. M. Postan, *The Cambridge Economic History of Europe*, Vol. 1, Cambridge: Cambridge University Press, 1966, pp. 604 – 605.

② Refer to R. Latouche, *The Birth of Western Economy*, London, 1961, pp. 177, 202.

分发展则是 14 世纪之后的事情。① 此书出版后，引起了强烈反响，甚至可以说产生了颠覆效应，以至于许多学者著文使用了"别了，封建""封建主义的死亡""我们已经不再相信封建主义了"等表述，进而形成了弃用封建主义概念、以领主权替代封建主义的趋势。②

既然主要元素与历史不符，"封建主义"或封建制度作为欧洲历史发展一个独立阶段的时代概念的客观性也就可想而知了。欧洲如此，亚非拉的历史就更不必说。十八九世纪的西方历史学家对亚非拉包括中国的了解还非常有限，他们主要是依据传教士、商旅家的记录进行著述，而这些记录很多是道听途说。这样，把这一概念用于世界历史的一个独立发展阶段，问题也就更加突出。

欧洲历史发展图式中的封建主义、封建社会或封建制度的概念如此，中世纪与文艺复兴呢？文艺复兴是欧洲历史发展的一个重要阶段，作为概念，最早由这个时代的人文主义者提出。为了突出复兴的历史地位，他们同时提出了"黑暗时代""中世纪"等概念。③ 学术界普遍认为，"黑暗时代"的最早提出者是被誉为"文艺复兴之父"的第一位人文主义者彼得拉克。他将 14 世纪以前的欧洲历史分为两个阶段：西罗马帝国灭亡前为第一个阶段，即古希腊罗马时期；西罗马帝国灭亡后至他生活的时代为第二阶段，即"黑暗时代"。在他看来，罗马的拉丁语、艺术和文化都是欧洲历史的精华，应该予以恢复，而西罗马帝国灭亡之后的历史则不值得研究。继"黑暗时代"提出后，另一位人文主义史学家比昂多于 15 世纪又提出了"中世纪（the middle age）"的概念。④ 他把 5—15 世纪的欧洲史称作中世纪，认为古典时代是文化发展的一个高峰，他生活的时代是文化发展的另一个高峰，介于两者之间的

---

① Susan Reynolds. *Fiefs and Vassals*: *The Medieval Evidence Reinterpreted*, Oxford, 1994；黄春高：《封建主义研究的新动向》，《世界历史》1999 年第 5 期。

② 黄春高：《从"封建主义"到"领主权"》，载北京大学历史学系世界古代史教研室主编《多元视角下的封建主义》，社会科学文献出版社 2013 年版。

③ 参见李隆国《"黑暗时代"的消退与"中古史"研究的认同性危机》，刘林海《中古与封建》，载北京大学历史学系世界古代史教研室主编《多元视角下的封建主义》，社会科学文献出版社 2013 年版。

④ 参见殷文《比昂多及其史学》，《史学月刊》1989 年第 2 期。

长达一千年的历史,是欧洲文化史的"空白",是一个"黑暗时代",没有取得什么成就,所以称之为"中世纪"。上述概念提出后,得到了人文主义者的普遍赞同。17世纪末,德国史学家克利斯托弗·凯列尔在他所著的《通史》中借用了这一概念,用于人类历史的分期,于是就有了古代、中世纪、近代的划分。① 进入18世纪,中世纪的概念更得到欧洲历史学家的普遍采用。

关于封建社会的文化成就,彼得拉克的"黑暗时代"和比昂多的"中世纪"显然远离了客观的历史。早在8世纪,欧洲大陆已有古典文化的复兴运动,只是范围和规模小些,学界称之为加洛林文艺复兴。② 之后,又有了12世纪的复兴运动(1050—1250年)③,论规模与成就,这次运动已远超加洛林时代,所以学界又将这次运动称为12世纪的文艺复兴。这两次复兴,在拉丁语改进、古代建筑修复、古代典籍保护、绘画、音乐、教育发展等方面都取得了重大成就。可以说,没有这两次复兴,意大利的文艺复兴是难以想象的。另外,在文化进步、经济发展、制度革新等方面,封建社会也取得了重大成就,如建立了大学、孕育产生了资本主义萌芽、制定颁行了《大宪章》文件等。关于资本主义萌芽,人文主义者也许还没有这样的概念。可是《大宪章》文件,作为时代的精英应该是了解的,起草者为著名的教会学者、坎特伯雷大主教斯蒂芬·兰顿,基本精神恰恰就是以人为中心。④ 可是许多人文主义者却认为,西罗马沦陷以来的变化与事件不值得研究。对我们来说,重要的是文艺复兴的概念。作为概念的提出者,提出后予以推广使用是可以理解的,但是进入现当代,五六百年过去了,为什么还在传承和使用这个概念呢?

---

① H. Spangenberg, "Die Perioden der Weltgeschichte", *Historische Zeitschrift*, 127: 1 (1923), pp. 1 – 49. 参见刘明翰主编《世界史·中世纪史》,前言,人民出版社1986年版。

② Carolingian Renaissance。参见李腾《"12世纪文艺复兴"概念发展史:从让-雅克·安培到查尔斯·哈斯金斯》,《世界历史》2018年第3期;王亚平《论西欧中世纪的三次文艺复兴》,《东北师大学报(哲学社会科学版)》2001年第6期。

③ [美] 查尔斯·H·哈斯金斯:《12世纪文艺复兴》,夏继果译,上海人民出版社2005年版,第5—6页。

④ D. C. H. Rothwell, *English Historical Documents III*, Eyre & Spottiswoode, 1998.

历史书写存在一个主体与客体的关系问题。作为主体的作者，总是要对作为客体的史料做出选择。这种选择可有多种情况，其一是按作者的选题或主题，理应涵盖某一阶段的历史。文艺复兴应属此类。"复兴"的对象是古典文化，"复兴"的参照则是西罗马帝国灭亡以迄人文主义者生活时代的千年史。按文艺复兴的表述，这段历史内没有复兴，所以他们自称为复兴。这样，在人文主义者的笔下，文化或文艺信息几乎是这个时代复兴的信息。而形成的文本，也就必然将非文艺复兴时代的复兴的信息予以掩盖或屏蔽，以至于整个中世纪都是黑暗的了。所以在学者的印象里，文艺复兴的产生给欧洲历史带来了跳跃性发展，使处在黑暗中长达千年之久的欧洲突然间阳光普照。此外，这种现象的形成还与当时人文主义者的夸张炒作和后来"西方中心论"的设计构建密切关联。在相关知识生产的过程中，他们一方面高度渲染文艺复兴的历史成就，另一方面又极力贬低中古时期的历史地位，而贬低了后者，也就抬高了自己。加洛林时代和12世纪对古典文化特别是古罗马文化复兴的成就明明具有划时代意义，他们却视而不见。这样，这些炒作和建构一经形成文字写入文本，作为知识的消费者，便必然认为这就是客观的历史了。

我们不否认文艺复兴在人文社科等领域取得的重大成就，不否认人文主义思想的创新性及其对欧洲历史乃至人类历史发展的重要意义，但"复兴"的表述存在问题。按传统史学的界定，14—16世纪文艺复兴运动之后，一直到19世纪中叶，随着历史资料的挖掘整理和学术研究的扩展深入，法国学者让－雅克·安托万·安培才提出加洛林文艺复兴和12世纪文艺复兴的概念。其后，特别是12世纪文艺复兴的概念，经过多代人的努力，到20世纪初期，美国学者查尔斯·霍默·哈斯金斯以《12世纪文艺复兴》为题出版专著，才最终使其成型，并为学术界所接受。[①] 由于此前意大利文艺复兴早已将包括加洛林和12

---

① 参见李腾《"12世纪文艺复兴"概念发展史：从让－雅克·安培到查尔斯·哈斯金斯》，《世界历史》2018年第3期；王亚平《论西欧中世纪的三次文艺复兴》，《东北师大学报（哲学社会科学版）》2001年第6期；田薇《关于中世纪的"误解"和"正名"》，《清华大学学报》2001年第4期，等等。

世纪的复兴在内的中古历史投入了黑暗，以至于很多人认为，意大利的文艺复兴就是欧洲历史上"唯一"的复兴。但在今天，虽然文艺复兴的概念已经普及化，许多学者仍然认为文艺复兴在当时的实际影响是有限的，引起的变化仅仅惠及欧洲的极少数人，大部分人的生活相对于中古时期基本没有变化，因此不承认文艺复兴是一个重要事件。有学者甚至认为，这个时代较中世纪还要落后，而且具有一定的破坏作用。例如拉丁语，本来在中古时期获得了很好的发展，但由于人文主义者痴迷于古典拉丁，认为中古拉丁与古典拉丁两相抵触，于是终止了拉丁语的自然进化。另有学者研究了当时的经济与科技状况，认为文艺复兴使经济发展趋于萧条，使科技进步速度放缓。①哈斯金斯则说："历史的连续性否认前后相连的时代间存在如此明显、强烈的反差，当代的研究也告诉我们，中世纪并非曾经想象的那样黑暗和静止，文艺复兴也不是那么光明和突然。中世纪展示着生命、色彩和变化，对知识和美好的渴望和追求，以及在艺术、文学和社会组织方面的创造性成就。意大利文艺复兴是以类似的运动——即使规模小一些——为先导的；的确，它如此自然而然地来源于中世纪，以至于历史学家们对于它什么时候开始并没有达成共识，有人干脆弃而不用15世纪风格（the Quattrocento）的文艺复兴这一名词，甚至否认存在这样的复兴。"②上述学者的观点对于我们建构中国史学话语体系应该有一定的启示意义，理应引起我们思考。这里讨论文艺复兴的概念问题还只是点到为止，在话语体系的具体建构中，则需要进行深入的考据和研究。

关于专制、专制主义、东方专制主义问题，西方早在启蒙运动时期

---

① Refer to R. S. Lopez and H. A. Miskimin, "The Economic Depression of the Renaissance", *The Economic History Review*, Vol. 14, No. 3 (1962), pp. 408 – 426; Lynn Thorndike, "Renaissance or Prenaissance?" *Journal of the History of Ideas* Vol. 4, No. 1 (Jan., 1943), pp. 65 – 74; Lynn Thorndike, *A History of Magic and Experimental Science*, Vol. 5, New York: Columbia University Press, 1941, p. 5; George Sarton, *Six Wings: Men of Science and the Renaissance*, Bloomington: Indiana University Press, 1957; George Sarton, *The Appreciation of Ancient and Medieval Science during the Renaissance, 1450 – 1600*, Philadelphia: University of Pennsylvania Press, 1955, pp. 5, 44, 50.

② [美] 查尔斯·H·哈斯金斯：《12世纪文艺复兴》"序"，第1页。

已经形成了这样的观点：西方是民主的、自由的、法治的；东方是专制的、奴性的、人治的。这一观点较早见于孟德斯鸠的《论法的精神》，后经黑格尔、密尔、穆勒、赫尔德、魏特夫等人的传播，逐渐形成"定论"，并在国际学术界得到普及。前也已论及，启蒙运动和德国古典哲学的学者对东方和中国历史的了解非常有限，限于当时的条件，很多内容是通过道听途说的材料写成的。但作为引领世界经济、科技的发达国家的学者，他们是知识的生产者，一经将关于东方和中国的历史信息形成文本，作为知识消费者的非欧国家，便只能接受他们的观点了。于是，东方专制主义的定性也就被普及化和国际化了。

那么，历史的真相究竟如何呢？怎样才能回归或接近历史实际？关于专制主义和东方专制主义问题，国内学术界也早有研究。改革开放初期，即被作为重点写入了大学世界史教材，认为西方奴隶社会、封建社会末期都曾形成专制制度，如亚历山大帝国、罗马帝国、英国的都铎王朝、斯图亚特王朝，法国的波旁王朝、西班牙等。这也是学术界的一般观点。后来，国内学术界又专就魏特夫的《东方专制主义》展开讨论，并出版了论文集，遂使这一问题获得了更深入的研究，且基本上达成了共识。[①] 问题在于，我们所使用的概念如民主、专制、封建主义、专制主义、东方专制主义等，都还是西方的概念，而专制、专制主义、东方专制主义在某种程度上也都是西方的预设。使用西方的概念、理论，却又想否定、突破这些概念和理论，这就决定了它的难度，而突破"西方中心论"的效力也就可想而知了。

马克垚的《古代专制制度考察》一书，对专制的概念进行了重新认识和定义，赋予了新的内涵。他认为，专制主义在古代的存在有其必然性，在当时的历史条件下是一种进步，这表现为国家、社会比较稳定；割据势力受到限制；人民生活相对安定；农工商具有更好的发展环境；文化教育事业得到保障支持；政府能够举全国之力办大事，如举办大型工程等。在性质上，专制主义不是无限王权，而是有限王权，受到

[①] 参见李祖德、陈启能编《评魏特夫的〈东方专制主义〉》，中国社会科学出版社1997年版。

法律、习俗、官僚机构和各种社会力量的限制。只有在极其特殊的情况下才会出现不受约束、不受限制的权力,这与政体关系不大。在这种政体下,君主享有独断权力,有时也造成消极后果,造成很大破坏,这在评价时也必须注意。① 如此,自己的概念形成了,西方的概念也就可以摈弃了。在提出新的概念的基础上,马克垚考察了古代罗马、中古西欧、中国、俄罗斯等国专制制度的历史,并概括了各国的特点,形成了自己的体系。他的专著,也就成为迄今为止突破或摆脱"西方中心论"的为数不多的专著。这样,通过客观历史的透视,对更多的西方概念、理论进行重新认识,我们的建构自然会对"西方中心论"的理论体系形成进一步解构,从而在更大程度上对"西方中心论"造成突破。

在证伪、解构、突破"西方中心论"的同时,我们还须依托本土历史,从世界史的角度,相应提出自己的概念、设计自己的框架、建立自己的理论。在此基础上,完成自己的组建,形成我们的话语体系。这方面,中国史学者已经提出了民本、礼制、天理等概念。接下来,应该从世界史的角度进行思考,如何完成这些概念与世界史的接轨。如上所论,在历史发展图式等方面,很多学者已经提出了自己的思考和设想。这些都是建立话语体系的重要资源。现在的问题是如何在此基础上,在加深研究的同时,将这些资源系统化。当提出的概念和理论达到一定的密度、形成一定的系统、全方位覆盖中西方历史时,所谓中国史学话语体系也就建构完成了。

四 应注意的问题

中华文明为人类文明的进步发展做出了重大贡献。我们的话语体系自然要对传统文化的精华和优长予以浓墨重彩,特别是对西方文明的发展作出的贡献,如印刷术、造纸术对文艺复兴及其传播的贡献、指南针对地理大发现的影响等大书特书。与此同时,也要把"欧洲中心论"

---

① 马克垚:《古代专制制度考察》,北京大学出版社2017年版,第40—41页。

对中国历史文化的掩盖抹黑予以清理复原，驳正那些缺乏历史依据的评论与观点，如孟德斯鸠、黑格尔等对中国制度文化的恶评，赫尔德、艾默生等对中国人的丑化等。这是构建中国史学话语体系的基本目标，无须多议。

在对传统文化进行浓墨重彩的同时，也要注意避免受民族主义情绪的干扰，掩盖过去的不足，对传统文化做出缺乏客观性的评价。学者是知识的生产者与传播者，民族主义情绪一旦介入生产过程形成文本，就必然带来后患。在历史文化领域，民族主义的兴趣所在，不仅是本土历史文化的亮点，也包括许多负面的内容，特别是在"西方中心论"面前，情况就更是如此。结果，就可能对负面的内容做出不恰当的评价，甚至正面化。如中国封建社会的长期延续，只要与西欧国家如英国的历史做一简单比较，中国中古后期发展的缓慢也就显而易见了。可是许多人认为历史实际并非如此，特别是在弘扬传统文化的大背景下，中国历史似乎处处阳光明媚，鲜花盛开。诸如此类的问题，都是建构中国史学话语体系绕不开的话题，都应该给出客观的评价。

因为我们所做的是历史研究，历史研究就必须坚持客观原则。掩饰传统文化的不足和缺陷，写出来的历史就肯定不是客观的历史，而且也得不到国际史学界的认同和承认。另外，不要以为将过去的不足置于话语体系之中就影响了建构的力度。恰恰相反，客观评价过去的不足或缺陷，更能反衬今天的成就，进而吸取历史的教训，推动未来的发展。否则，就会重蹈历史覆辙，付出更多代价。总之，我们必须正视传统文化的不足和缺陷，不能因为西方人曾予恶评、讥笑，就将这些不足和缺陷加以掩盖和修饰，甚至把它们说成优长。

同时，评价西方历史文化，特别是"西方中心论"的理论体系，也要秉持客观原则，忌受民族主义干扰。在我们看来，"西方中心论"传入中国后，所起的作用并非都是负面的，也助推了中国人文社会科学的发展。正如中国的四大发明西传推动了欧洲文明的进步、西方先进的科学技术通过改革开放引进国门推动了中国科技和经济的发展一样，五四新文化运动以来的人文社会科学也得益于西方先进的理论方法而获得了发展。在这里，学科方向有异，但道理没有不同，都推动了落后一方的进步与发展。否则，所谓开放、交流、引进，也就没有多少意义了。应该说，没有西方人文社会科学的理论、方法的借用、吸收，改革开放以来的人文社会科学可能就发展不到今天的水平。这方面，我们也应该做出客观的评价。

前已论及，"欧洲中心论"是欧洲思想界、学术界基于工业革命的发生于18世纪以来形成的理论体系，其中蕴含了许多有价值的因素，例如发展理念。发展理念原本是欧洲传统文化的重要构成，正是在这一理念的作用下，欧洲产生了近代自然科学，并在此基础上产生了工业革命。作为工业革命的结果，"欧洲中心论"自然也包容、传承了这一理念，因而进一步推动了工业革命的传播和欧洲历史的发展。其中的价值值得我们借鉴和吸收。作为突破的对象，我们对"西方中心论"的评价应持一分为二的原则，对它的基本理论体系必须持否定立场，予以证伪、解构、突破，直至颠覆；同时，也要注意存留、吸纳那些合理的、积极的、有价值的部分，把它们作为学术资源加以利用，以助力我们的话语体系建构。

谈历史研究的客观原则和民族主义情绪的干扰问题，自然会引出另一个话题，这就是中西历史文化中的自我批判精神。自我批判精神是西方历史文化的突出特点，但也是中国传统文化的一个重要组成部分。春秋战国时代的百家争鸣、历代学人对儒家学说和专制皇权的批评、批判等即体现了这种批判精神。近代洋务运动、五四新文化运动时期"师夷之长以制夷""德先生和赛先生"也表达或隐含了对传统制度文化的否定性评价。民国时期，在反思批判的基础上更诉诸实践，《大清民律草案》即引进了罗马法因素，以助力国家立法。关于中国封建社会的长期延续问题，中国近现代史上曾展开过多次讨论，特别是在改革开放后，形成了经久不衰的讨论热潮，这无疑是传统文化自我批判精神的更典型的表现。

自我批判精神是经济发展、制度革新、文明进步的重要条件。缺乏自我批判精神，就必然使社会进步、历史发展受到不良影响。作为传统文化自我批判精神的具体表现，批评、论争、批判、否定，无论在学术上，还是在政治上，都具有重要价值，都值得积极评价，应该引起学界的重视，在中国史学话语体系中赋予其一定的地位。

五 结　语

综上所论，"西方中心论"在五四新文化运动期间始入国门，改革开放前进一步传入并开始扎根，改革开放后随其构成因素的海量涌入，深植于中国历史研究，进而基础化、工具化、观念化。由此，即可见突破"西方中心论"的难度。而且，"西方中心论"不单是一个理论体系问题，它以国家实力为基础，在国家实力的支持下完成建构并维持运行。同理，中国史学话语体系建构也不单是理论体系问题，同样以国家实力为基础。这方面，我们与西方发达国家还存在差距，这也在某种意义上说明了突破的难度。不止如此，我们的学术研究中还存在自我东方化和自我汉学化问题，而祛除自我东方化和自我汉学化，可能较突破"西方中心论"更具难度。此外，还存在工业化和现代化理论的创建等问题。现在世界上西方发达国家较早完成了工业化和现代化，而"西方中心论"仍是目前影响最大的一种历史理论体系，因此要研究这一问题，往往以西方的经验评说非西方国家的事实。这类问题的存在也加大了突破的难度。由于"西方中心论"对中国历史研究的影响广泛而且深入，我们应该对中西方历史进行重新认识，依据客观历史特别是本土资源，解构和突破"西方中心论"的理论体系，在国力提升的基础上，建立起自己的史学话语体系。

后　　记

　　追踪、分析学界有关中国历史学"三大体系"建设研究的前沿动态，是中国历史研究院中国历史学学科体系学术体系话语体系研究中心成立后的一项重要工作。在这一过程中我们发现，自习近平总书记提出加快构建中国历史学"三大体系"以来，史学界相关研究成果层出不穷、力作频现，推动着中国历史学"三大体系"建设不断向前发展。为客观反映史学界探索建设中国历史学"三大体系"的历程，及时呈现相关研究前沿动态，以继续推进中国历史学"三大体系"建设，于是便有了《中国历史学"三大体系"建设研究》的策划、编辑和出版。

　　中国历史研究院中国历史学学科体系学术体系话语体系研究中心主任、历史理论研究所徐志民研究员提出编选本书的初衷、建议和具体方案后，得到了历史理论研究所所领导和中心成员的同意与支持。随后，在所领导的具体指导下，徐志民研究员和中心副主任、秘书长李政君副研究员首先收集和梳理了史学界有关中国历史学"三大体系"建设的研究论文，然后根据论文的内容、学科归属以及成书规模的实际需要选取了24篇具有代表性的论文，其他优秀论文不得不忍痛割爱，最后将选出的论文按照"历史理论""中国古代史""中国近现代史""中共党史""中国边疆学"和"世界史"六大部分进行了分类编排。这六大部分及每一部分各篇论文的排序，主要根据学术逻辑，无关其他。

　　按学科分门别类进行编排，主要是为了如实呈现目前史学界关于中国历史学"三大体系"建设问题的认知，同时也考虑到分学科的探索在一定程度上可以构成整个中国历史学"三大体系"的基础。不过，这种分学科探讨的模式是否合适，仍需时间的检验。我们认为，中国历史学"三大体系"最终还是应以具有系统性的整体面貌呈现，希望本书的出版可以引起学界对该问题的关注和思考。因为本书是中国历史研究院中国历史学学科体系学术体系话语体系研究中心丛书的首部，加之编者才疏学浅，错漏与不足之处，恐在所难免，敬请学界同仁批评指正。这既是对我们的鞭策与鼓励，也是对我们的信任与期待。我们将充分吸收学界的宝贵意见，并根据相关研究进展，持续推进中国历史研究院中国历史学学科体系学术体系话语体系研究中心丛书的编选、编撰工作，陆续推出中国历史学"三大体系"建设、构建中国历史学自主的知识体系等相关主题论著，以助力新时代中国历史学繁荣发展，助力中华民族现代文明建设。

  本书顺利出版，得到了中国历史研究院历史理论研究所的大力支持与资助，得到了中国历史学学科体系学术体系话语体系研究中心诸同志的支持和帮助。历史理论研究所黄畅博士和胡楚清博士承担了本书的文字转录工作，黄畅博士与程源源博士还帮助联系了相关论文的作者及其原编辑出版单位。中国社会科学出版社吴丽平编辑从内容编排到字斟句酌的修改与校对，付出了艰辛努力。在此一并致以诚挚谢意！

李政君
2023 年 11 月 28 日